SOUSAN AZADI

Flucht aus Iran

Eine Frau entrinnt den Klauen
der Ayatollahs

Erzählt von Angela Ferrante

SV international
Schweizer Verlagshaus
Zürich

Die englische Originalausgabe erschien 1987
unter dem Titel »Out of Iran«
bei Irwin Publishing, Toronto

Aus dem Englischen von Werner Waldhoff

CIP-Titelaufnahme der Deutschen Bibliothek

Azadi, Sousan:

Flucht aus Iran: eine Frau entrinnt den Klauen
der Ayatollahs /
Sousan Azadi. Erzählt von Angela Ferrante.
[Aus d. Engl. von Werner Waldhoff]. – 2. Aufl. –
Zürich: SV Internat., Schweizer Verl.-Haus, 1989

Einheitssacht.: Out of Iran < dt. >
ISBN 3-7263-6595-8

NE: Ferrante, Angela [Bearb.]

Schutzumschlag: Heinz von Arx, Zürich
Gesamtherstellung: Ebner Ulm
Printed in Germany

ISBN 3-7263-6595-8

Inhalt

FÜR HOMA
ohne dessen Inspiration und Entschlossenheit
dieses Buch nie geschrieben worden wäre.
Merci, Kali mamnon

SOUSAN

ERSTES KAPITEL

Rosen und Dornen

Mein Land hat gelitten unter des Schicksals gnadenloser Hand.
Nun herrscht ein Inferno, wo einst war mein Land.

KHAGANI SHIRVANI

Es war der 4. Juli 1982; im Hause meiner Cousine Fariba in dem reichen Teheraner Vorort Saltanatbad spürte man noch nichts von morgendlichem Erwachen.

Leise rollte ich mich auf dem behelfsmäßigen Bett, das sie mir auf dem Fußboden im Wohnzimmer bereitet hatte, herum und versuchte die Gestalt meines Sohnes Farhad zu erkennen, der völlig lautlos ein paar Schritte von mir entfernt schlief. Ich schaute ihn lange und intensiv an; nur mit Mühe konnte ich seine dunklen Locken und die kleinen, unter das Kinn gepreßten Fäuste erkennen. Gerade erst sieben Jahre alt, dachte ich, und gezwungen, sehr schnell erwachsen zu werden. Ist es richtig für dich, was ich tue? Hier kannst du sicher sein, als reicher Mann aufzuwachsen. Deine Großeltern, ganz gleich, wie sehr sie mich auch hassen, werden dich mit all den Privilegien und Annehmlichkeiten aufziehen, die Iraner ihren Söhnen zukommen lassen können. Doch was für einer Zukunft setze ich dich aus? Einer sehr ungewissen Zukunft. Mit viel weniger Geld, das ist gewiß. Und vielleicht der Einsamkeit.

Ich drehte mich vorsichtig um und warf einen verstohlenen Blick auf Kamal, der erst seit ein paar Wochen mein neuer Ehemann war, mehr ein Fremder als ein Lebensgefährte. Würde unsere hastig arrangierte Ehe den Tag überstehen? Seine Stirn war glatt, sein Schlaf ungestört und friedlich. Er hatte mich gewonnen, sosehr ich das auch zu verhindern versucht hatte. Auf seinem langen, schmalen Gesicht schimmerten nun die ersten Anzeichen eines weiteren heißen iranischen Sommertages auf. Es blieb keine Zeit mehr, sich irgendwelchen Zweifeln hinzugeben. Der Wecker war auf 5 Uhr früh gestellt, und bevor er klingeln konnte, erhob ich mich schnell und verstohlen. Bald begannen sich andere im Haushalt zu rühren. Kamal, plötzlich hellwach, schleuderte mit seiner entschlossenen Bewegung seine Decke beiseite. »Wann erwarten wir Marjani?« flüsterte er.

»Um Viertel vor sechs.«

»Bist du sicher, daß alles bereit ist? Das Geld, der Kontakt?«

»Alles.« Ich bemühte mich, meiner Stimme einen zuversichtlichen Klang zu geben.

Ich konnte hören, wie sich oben mein Vater, Fariba und ihr Ehemann fertigmachten. Wir hatten nur zwei Stunden geschlafen. Die Nacht hatten wir damit zugebracht, Abschied voneinander zu nehmen. Fariba tauchte zuerst auf; ihr Haar war ausnahmsweise zerwühlt und unordentlich, ihre Augen blickten schläfrig und besorgt. Schweigend begab sie sich in die Küche, um uns unser letztes iranisches Frühstück zuzubereiten. In dem Zwielicht kleidete ich mich schnell an. Ein Paar Bluejeans. Ein Paar schlichte, dunkle Wanderschuhe – keine Joggingschuhe; das wäre zu sehr aufgefallen. Ein ganz normal aussehender Gürtel. Ich tastete ihn sorgfältig ab, um zu kontrollieren, ob der Schmuck, den ich eingenäht hatte, noch an Ort und Stelle war. Im Geiste zählte ich mit: zwölf schwere Goldketten, zehn Diamantringe, vier Paar Diamantohrringe und vier dazu passende Armbänder. Ein leicht transportierbares Vermögen. Allein ein Halsband mit den dazugehörigen Ohrringen war ungefähr 20 000 US-Dollar wert.

Ich schlüpfte in ein langärmeliges Hemd und spürte sofort sein erstaunliches Gewicht. In der Schulterpolsterung eingenäht, ruhten zwei lange iranische Ketten. 22 Karat Gold, beste iranische Goldschmiedearbeit, die mir meine Mutter hinterlassen hatte. In der anderen Schulterpolsterung befand sich ein schweres Diamantarmband mit mehreren großen Steinen, das mein früherer Ehemann mir gegeben hatte, während in den Kragen noch viele feine Goldketten eingenäht waren. Über dem Hemd trug ich eine scheußliche blaue Jacke. Schließlich zog ich noch ein dunkelfarbiges *Hejab* über meinen Kopf, so daß es mein langes, blondes Haar und den größten Teil meiner Stirn bedeckte.

Dann überprüfte ich die Taschen. Jeder Erwachsene durfte eine kleine Reisetasche mitnehmen. Ich öffnete eine kleine, graue Nylontasche mit ein paar wenigen Kleidungsstücken zum Wechseln. Das war alles, mit Ausnahme der Kleidung, die wir auf dem Leib trugen. In der anderen Tasche befanden sich Nahrungsmittel: Dosen mit Fruchtsaft, Mineralwasser, Früchte und Sandwiches. Keiner von uns wußte, ob wir zum Essen anhalten konnten.

So sanft wie möglich weckte ich schließlich Farhad. Er jammerte ein bißchen vor sich hin, als ich ihn aufdeckte und ins Bad führte, um ihn zu waschen und anzukleiden.

»Warum müssen wir so früh aufstehen, Mami?«

»Ich hab's dir letzte Nacht erzählt, Luvijun«, sagte ich, seinen Kosenamen benützend. »Wir gehen auf ein Picknick.«

»Aber es ist noch so früh.«

»Schau mal, Kamal ist schon aufbruchsbereit. Du kannst im Auto schlafen.«

In gedrückter Stimmung saßen wir am Frühstückstisch; keiner wollte den anderen anschauen. Meine Cousine würde die letzte unserer Generation der Familie sein, die im Iran blieb. Mein Vater, der bereits sein Land, sein Heim und seinen Status verloren hatte, stand nun im Begriff, auch noch die letzten Reste seiner Familie zu verlieren. Falls es nicht unbedingt notwendig war – wie in meinem Fall –, würden weder mein Vater noch Fariba das Land verlassen. Mochte der Iran auch verheert und verwüstet sein, er war immer noch ihr Zuhause.

Ich erinnere mich noch immer an dieses letzte Frühstück in Teheran. Auf dem Tisch im Speisezimmer war ein üppiges, verschwenderisches Mahl ausgebreitet: Faribas hausgemachte Marmelade, zubereitet aus den berühmten, faustgroßen Aprikosen, die in den wilden Hügeln im Norden der Provinz von Aserbaidschan wuchsen, Honig vom Mount Sahand, frisches Brot und der frisch gepreßte Saft der Orangen aus den Gärten am Kaspischen Meer. Aber wir aßen ohne jeden Appetit, und es dauerte dann auch nicht lange, bis wir das Klopfen an der Haustür hörten.

Mit einer Vorsicht, die wir uns erst in letzter Zeit angewöhnt hatten, schaute Fariba aus dem Fenster, bevor sie die Tür öffnete. Vor ihr stand Marjani, wie versprochen. Er war klein, untersetzt und ordentlich gekleidet. In seiner Begleitung befand sich der große, hagere Kurde, der uns in die Freiheit führen sollte – gegen Bezahlung, natürlich. Fariba schob die beiden schnell ins Haus und vergewisserte sich dann, daß niemand unsere ungewöhnlichen Besucher bemerkt hatte. Wir konnten es uns nicht leisten, aufzufallen; im Teheran des Ayatollah Ruhollah Khomeini war so früh am Morgen jede Bewegung verdächtig. Dienstboten gab es keine mehr. Meine Cousine und die meisten ihrer Nachbarn beschäftigten keine im Haus wohnenden Diener mehr – zu viele von ihnen hatten sich bei dem neuen Regime als Spione verdingt.

»Hast du das Geld dabei?« fragte ich Marjani.

»Ich bekomme die türkischen Lira heute abend in Täbris.«

»Und was ist mit den D-Mark?«

»Verdammt. Das deutsche Geld. Hab' ich total vergessen. Wir müssen zurück zu meiner Wohnung, um es zu holen.«

Der Tag fing ja gut an. In jeder Minute, die wir durch die leeren Straßen von Teheran fuhren, würden wir in Gefahr sein. Nur zu leicht konnte uns ein wachsames Mitglied eines *Komiteh* bemerken und stoppen. Das war der Name der speziellen Revolutionskomitees im Dienste der Mullahs. Die Mullahs waren die Kleriker des Schiismus, die nun das Land regierten: Der höchste Rang war der *Ayatollah* oder das »Spiegelbild Allahs«.

Ich stellte im Kopf eine kurze Kalkulation an. Zwanzig Minuten, um bis zu seiner Stadtwohnung zu kommen; weitere zwanzig Minuten, um im nördlichen Teil der Stadt Shery abzuholen, eine alte Freundin, die uns begleiten würde. Insgesamt würden wir vierzig kostbare Minuten verlieren – vierzig Minuten, die vielleicht wichtiger waren als die D-Mark. Andererseits war das deutsche Geld – im Werte von ungefähr 10 000 Dollar – die einzige europäische Währung, die wir auf dem schwarzen Markt hatten kaufen können.

Ich faßte einen Entschluß. »Also gut. Holen wir das Geld.«

Jetzt, wo der Zeitpunkt des endgültigen Abschieds gekommen war, brachte ich es nicht fertig, meinen Vater loszulassen. Er legte seine Hand auf meine Schulter, und ich fühlte mehr, daß er weinte, als daß ich es gehört hätte.

Dann umarmte ich Fariba. »Sollten wir angehalten werden, sagen wir nichts davon, daß wir die Nacht hier verbracht haben, und falls zufällig das Komiteh bei dir auftaucht, erzähl ihnen einfach, du hättest uns nicht gesehen. Hast du verstanden? Geh kein Risiko ein.«

Farhad stürzte sich freudig in die Arme meines Vaters. Mit seinen Gedanken war er bereits bei dem versprochenen Picknick.

»Keiner von euch kommt mit raus«, befahl ich. »Man könnte euch sehen.«

»Unsinn«, sagte Fariba. »Mir ist es egal, wer uns sieht. Wir gehen hinaus, um euch auf Wiedersehen zu sagen. Keine Widerrede.«

Trotz unserer Warnungen sahen sie zu, wie wir in Marjanis braunen Range Rover stiegen. Als wir losfuhren, winkten sie uns fast trotzig nach. Wir schauten zurück, bis der Wagen rechts abbog und wir sie aus den Augen verloren.

»Keine Sorge«, sagte Marjani. »Alles wird gut werden. Ich hab' das schon oft genug gemacht. Ich verspreche euch, um Mitternacht seid ihr in der Türkei. In Freiheit.«

Frei. Heute nacht in der Türkei – und morgen vielleicht in Paris. Sie hatten uns nichts davon gesagt, auf welche Weise die Flucht vonstatten gehen sollte. Selbst uns, die wir mit dieser Flucht unser Leben riskierten, wurden die Einzelheiten vorenthalten. Wir wußten lediglich, daß wir heute bis Täbris fahren würden, der Stadt der Kaufleute, der alten Hauptstadt der Mongolen, siebenhundert Kilometer nordwestlich von Teheran, im Herzen von Aserbaidschan. Danach gab es nur noch meine wilden Phantasievorstellungen und die Versprechungen Marjanis und des schweigsamen Kurden. Wir mußten es schaffen. Eine zweite Chance würden wir nicht bekommen.

Ohne Zwischenfall erreichten wir Marjanis Wohnung. Der Kurde rannte nach oben, und nach einer knappen Minute kam er mit einem Umschlag zurück. Marjani stopfte ihn in irgendein Versteck unter dem Frontsitz und fuhr wieder an. Zwanzig Minuten später kamen wir vor dem Apartmenthaus an, in dem Sherys Schwester wohnte. Während wir die Straße hochfuhren, konnte ich eine Frau sehen, die sich aus einem Fenster lehnte und die Gegend beobachtete.

Wir gaben kein Zeichen, sondern blieben abwartend im Wagen sitzen. Kurz darauf trat eine Frau, mit einem Tschador verhüllt, aus der Haustür des Gebäudes. Die Frau trug ihren Tschador tief in die Stirn gezogen; mit den Zähnen hielt sie ein Stück des schweren, schwarzen Tuches fest. Sie sah aus wie das perfekte Ebenbild einer ergebenen Moslemfrau, ein schwarzer, gesichtsloser Vogel. Doch als die Frau das Tuch vom Mund nahm und uns ein blitzendes Lächeln schenkte, hielt ich die Luft an. Unter dem Tschador steckte Shery, meine elegante sechzigjährige Freundin, ein unermüdliches Arbeitstier, die eine Reihe von Schulen für Behinderte geleitet hatte. Nie hatte sie sich dem Druck der Mullahs gebeugt und einen Tschador getragen. Doch nun, da sie endlich alle Bedrohungen hinter sich zurückließ, hatte sie als Verkleidung die Uniform des Regimes gewählt.

Sie setzte sich auf den Rücksitz, und wir fuhren wieder los, suchten uns einen Weg durch stille Seitenstraßen quer durch die Stadt. Jeder von uns hing seinen eigenen, privaten Abschiedsgedanken nach. Die Stadt, die ich so sehr geliebt hatte, die so voller Leben gesteckt hatte, gab jetzt nur noch den Hintergrund für zur Gewalt aufrufende Plakate ab. Schah Mohammad Reza Pahlavi war zwar schon lange tot, doch noch immer gab es Aufrufe, ihn zu töten. »Tod dem Schah, Tod Amerika«, schrien die Schriften, und die rote Farbe sah wie Blut aus. Banken, Kinos und Ladenfronten waren mit Brettern vernagelt. In den Straßen türmte sich der Abfall. In einem Gully qualmte gelegentlich ein kleines Lagerfeuer. In der Ferne erhaschten wir einen Blick auf bewaffnete Revolutionsgruppen, die in ihren Range Rovers, das Gewehr im Anschlag, durch die Stadt kreuzten. Die wenigen Leute, die zu sehen waren, marschierten schnell und zielbewußt, doch mit gesenkten Köpfen dahin.

Mein Gott, wie ich mein Land geliebt hatte, was für eine glückliche Familie wir doch gewesen waren, welch ein Glück, im Iran geboren zu sein! Und jetzt war der Iran nicht länger mein Land. Ich dachte an das Haus, das mein erster Ehemann Bijan für mich gebaut hatte und das nun leer in den Hügeln über der Stadt stand; der Rosengarten verwilderte, und niemand kümmerte sich um die Obstbäume. Ich sah ganz deutlich Farhads Stofftiere vor mir, die unordentlich herumlagen, meine Schränke voller Kleidung, die Familienalben und die Filme, den Balkon, auf dem Bijan und ich oft gefrühstückt hatten. Nie wieder würde ich die Fahrt zum Haus am Kaspischen Meer machen und beobachten können, wie unterwegs die Berge ihre Farbe wechselten.

Das Auto umkurvte Shahyad, das Schah-Monument für die 2500jährige persische Monarchie, das am Haupttor von Teheran stand.

»All dem sage ich auf Wiedersehen«, murmelte Shery, zu dem berühmtesten Wahrzeichen der Stadt aufschauend.

Ein letztes Mal blickte ich zurück, während meine linke Hand die rechte Manschette meines Hemdes betastete. Unter dem Stoff fühlte ich, kaum spürbar, etwas Hartes. Es war ein Ring, ein antiker Türkis, der von meiner Großmutter Roghieh auf mich übergegangen war – der Ring, den sie selbst bei ihrer wilden Flucht in die Freiheit vor fünfundsechzig Jahren getragen hatte. Auch sie war vor einer Revolution geflohen. Bring mir Glück, Großmutter, betete ich, und hilf mir, ein neues Leben zu finden, so wie es dir auch gelungen ist. Dann drehte ich mich um und starrte entschlossen auf die Autobahn nach Täbris.

Roghieh. Immer habe ich sie als junge Frau auf der Flucht vor mir gesehen, wie sie zu Pferd durch das gesetzlose Kaukasien galoppierte, in Südrußland im Frühjahr des Jahres 1917, ein kleines, erst sechs Monate altes Kind auf den Rücken gebunden, ein anderes vor sich im Sattel. Ihre einzige Begleiterin war ihre Schwester, die sich um ihren eigenen Sohn und Roghiehs drittes Kind kümmerte. Sorgfältig in einem unter ihrem *Tschador* verborgenen Beutel trug sie das Familienvermögen in Juwelen bei sich: ihre herrlichen russischen Smaragde, eine große Anzahl von Diamanten und Rubinen und Perlenketten. Ich konnte mir vorstellen, wie der Staub um sie herum aufstieg, während sie durch das von bewaffneten Nomadenstämmen kontrollierte Gebiet ritten.

Jahre später, als sie eine elegante, alte Frau war, deren langes, dunkles Haar allmählich graue Strähnen bekam, die sie unter einem *Hejab*, einem langen, dicken Kopftuch, versteckte, fragte ich sie nach diesem qualvollen zweimonatigen Ritt von Kaukasien nach Täbris. Doch sie schüttelte stets nur den Kopf und lächelte ein in sich gekehrtes Lächeln.

»Das ist schon lange her, mein Kind. Wir wagten kaum anzuhalten. Zwei Frauen ganz allein unterwegs, und nie konnte man wissen, wann jemand ein Gewehr auf uns richten mochte – nein, nein, am besten, man denkt nicht daran.«

Trotzdem erzählte sie mir, wie sie und ihre Schwester den reißenden Fluß Aras überquerten, der den Iran von der Sowjetunion trennt.

»Wir gelangten an den Fluß und dachten: ›Wie sollen wir da hinüberkommen? Was sollen wir nun tun?‹ Hinüberlaufen ging nicht; er war zu tief, und außerdem hätte das Wasser die Kinder fortgerissen. Um Hilfe konnten wir auch nicht bitten; die Russen waren überall, und Armenier hätten uns die Kehle durchgeschnitten. Während wir noch überlegten, sahen wir einen Bauern, der mit einigen Tieren in einem flachen Kahn übersetzte. Wir beschlossen, uns selbst einen Kahn zu bauen. Wir suchten ein paar kräftige Äste und banden sie mit Stoffetzen zusammen. Es war keine großartige Sache, aber es schwamm mit uns allen an Bord; wir stießen uns ab, ohne zu wissen, ob wir je ans andere Ufer gelangen würden.«

Meine Großmutter floh vor einer Revolution, die einen Großteil Asiens einem radikalen Wandel unterziehen sollte. Kaukasien, der türkisch sprechende Teil Südrußlands, war ein heftig umstrittenes Land, eingezwängt zwischen dem Kaspischen und dem Schwarzen Meer. Die Eltern meiner Mutter waren schiitische Moslems, eine abtrünnige islamische Sekte, die den orthodoxen Sunni-Glauben der moslemischen Mehrheit verschmähten und daran glaubten, daß ein großer *Imam*, ein Messias, der sich vor elf Jahrhunderten zurückgezogen und versteckt hatte, eines Tages zurückkehren und dafür sorgen würde, daß das Gute siegte. Es war ein radikaler Glaube, getränkt von dem Wunsch nach Märtyrertum und Selbstaufopferung.

Meine türkisch sprechenden Großeltern lebten in Baku, wo die Beziehungen zu den örtlichen christlichen Armeniern schon immer gespannt gewesen waren. Mein Großvater, Mahmoud Salman, war ein Pionier und Geschäftsmann, der die Stadtschönheit heiratete, meine Großmutter Roghieh. Als das gewaltige Beben der russischen Revolution schließlich auch Kaukasien erschütterte, begannen die Salmans um ihr Leben zu fürchten. Die Kommunisten begannen Eigentum zu beschlagnahmen, und reiche Moslems wurden zu einem beliebten Ziel armenischer Drohungen. Schließlich beschlossen sie, daß sie alles zurücklassen mußten, was ihnen gehörte – mehrere Häuser und Ländereien –, und versuchen sollten, sich im südlichen Iran ein neues Leben aufzubauen, in einem Land, in dem schiitische Moslems wie sie lebten, wo sie nie wieder um ihr Leben fürchten mußten und wo sie für immer eine Heimat finden würden.

Roghieh sollte als erste aufbrechen und nach Täbris reisen, einer Stadt, die Mahmoud von zahlreichen Geschäftsreisen gut kannte. Er würde dann seiner Frau und den Kindern folgen, sobald er so viel

Besitz wie möglich verkauft hatte. Es dauerte zwei Jahre, bis er wieder auf Dauer bei ihr sein konnte. Meine Tante Tootie, die zu der Zeit vier Jahre alt war, erinnert sich noch daran, wie er mit zwei großen Koffern ankam, randvoll gefüllt mit russischem Geld. Doch innerhalb von Wochen wurde diese Währung wertlos.

»Hier«, sagte mein Großvater voller Abscheu und gab den Kindern die Koffer. »Spielt damit. Jetzt ist es nur noch Spielgeld.«

Die Juwelen meiner Großmutter wurden zur Grundlage ihres neuen Lebens; nach und nach wurde ein Stück nach dem anderen verkauft, um ein Baugeschäft zu gründen und ein Haus zu kaufen. Bis 1933 lebten sie in Täbris und setzten noch weitere fünf Kinder in die Welt, darunter meine Mutter Sima, die 1928 geboren wurde. Als sie nach Teheran umzogen, der wuchernden Hauptstadt zu Füßen des Alborz-Gebirges, hatte mein Großvater sich bereits einen Ruf als Bauherr erworben. Die dreißiger Jahre waren in Teheran die Jahre des Wandels. Unter Reza Khan, dem Vater des letzten Schahs des Irans und Gründer der kurzlebigen Pahlavi-Dynastie, entwickelte sich die Stadt sehr schnell zum wichtigsten Handelszentrum des Landes. Reza Khan hatte auf eine Kampagne gesetzt, den Iran nach Jahren des Krieges und des Aufruhrs zu modernisieren und neu aufzubauen. Und Mahmoud war einer jener Iraner, die bereit waren, ihm dabei zu helfen. Meinen Großeltern gehörte eines der größten Häuser in Teheran; es konnte sich beispielsweise einer der wenigen eingebauten Badewannen des Landes rühmen.

Da sie von Rußland gekommen waren, zeigten sich meine Großeltern progressiver und standen den Neuheiten aus dem Westen aufgeschlossener gegenüber als die einheimischen Iraner. In einem Land, das sich gerade erst von seinen Stammesursprüngen ablöste und das vor allen fremden Einflüssen zurückschreckte (und zwar zu Recht, denn Großbritannien und Rußland waren die Mächte hinter dem Thron), verkörperten meine Großeltern die neue Generation der Iraner, die sich für die Außenwelt interessierten. Ihre Blicke richteten sich stets nach Westen. Jedes ihrer Kinder hatte Privatlehrer für Englisch und Französisch. Zusätzlich mußte jedes Kind ein Musikinstrument erlernen – im damaligen Iran ein ungewöhnlicher Schritt.

Gegen Ende der dreißiger Jahre lebten die Salmans das Leben der Elite, obwohl sie noch keine zwanzig Jahre im Iran waren. Und im

Iran war das eine sehr kleine, familienverbundene Elite, die ihr eigenes, vom Rest der Gesellschaft fast völlig getrenntes Leben führte. Selbst nach Jahren des Ölreichtums und des Aufstiegs der Mittelklasse änderte sich daran nichts, jedenfalls nicht bis zu dem Zeitpunkt, als ich den Iran verließ. In Teheran besuchten meine Mutter und ihre Brüder die besten Schulen des Landes. Sie gehörten zu einer exklusiven Gruppe. So war zum Beispiel eine Klassenkameradin meiner Mutter die Schwester des letzten Schahs, Fatimah.

Mahmoud und Roghieh gehörten auch zu der ersten großen Gruppe von Iranern, die ihre Kinder nach Übersee schickten. Mein Onkel Kamel war zwei Monate unterwegs, bevor er in den Vereinigten Staaten nach Ann Arbor, Michigan, gelangte, um dort Maschinenbau zu studieren. Mein Onkel Kurosh ging nach Paris, um an der Sorbonne Maschinenbau zu studieren. Dort freundete er sich mit Männern an, die später eine bedeutende Rolle im Iran spielen sollten, unter ihnen Mehdi Bazargan, der erste Premierminister unter Ayatollah Khomeini, und Shapour Bakhtiar, der letzte Premierminister des Schahs. Sie erwiesen sich als nützlich, als meine Onkel die bereits berühmte Salman-Baufirma vergrößerten und ihren Platz in der durch den Ölreichtum neu geschaffenen Hierarchie einnahmen. Onkel Fayegh ging nach Deutschland, um dort ebenfalls Maschinenbau zu studieren; später trat er auch in die Familienfirma ein. Onkel Amir studierte zusammen mit Onkel Ardeshir Zahnmedizin an der Universität von Michigan; er blieb dort, nahm schließlich die amerikanische Staatsbürgerschaft an und spielte eine führende Rolle in seinem Beruf.

So progressiv Mahmoud und Roghieh auch sein mochten, so konnten sie sich doch nicht vorstellen, ihre beiden Töchter zur weiteren Ausbildung nach Amerika zu schicken, und so endete Tooties und Simas Erziehung mit einem Abschluß, der dem Highschool-Abschluß entsprach. Nach ihrer Eheschließung begann meine Tante Tootie Zahnmedizin zu studieren und wurde der erste weibliche Zahnarzt im Iran. Meine Beziehung zu meiner strengen, herben Tante war niemals herzlich, doch ich habe sie stets dafür bewundert, daß sie für die iranische Frau eine neue Rolle geschaffen hat.

Für Außenseiter mag es schwierig sein, die Faszination zu verstehen, die der Westen auf die iranische Elite ausübte. Doch der Iran der dreißiger Jahre war ein tief religiöses Land, das sich bemühte, die Fesseln von Hinterwäldlertum und Analphabetentum abzustreifen. Selbst jetzt noch kann über die Hälfte der Bevölkerung weder lesen noch schreiben. Erst im Jahre 1934 öffnete die erste Universität – die Universität von Teheran – ihre Pforten. Vieles, das in weiterentwikkelten Ländern als selbstverständlich hingenommen wurde, war im Iran eine Neuheit. Beispielsweise gab es bis zum Jahre 1956 kein fließendes Wasser in Teheran. Es existierten nur sehr wenige Autos – die meisten gehörten der königlichen Familie –, doch meine Familie besaß einen Wagen der ersten Stunde, ein Ford-Modell aus dem Jahre 1932. Meine Mutter und ihre Brüder gehörten auch zu den ersten, die dem Skilauf frönten. Der eine Onkel brachte aus den Vereinigten Staaten eine Skiausrüstung mit, und da man im Iran keine Ski kaufen konnte, ließen sich die anderen Onkel ihre eigenen Ski von geschickten Handwerkern fertigen, die das amerikanische Produkt kopierten. Es gab weder Ferienorte noch Skilifte, doch die Brüder und Schwestern mieteten einen Bus und fuhren mit Freunden in die Berge nördlich der Stadt. Die gleichen Berge haben nun luxuriöse Ferienorte – die Iraner sind ganz verrückt aufs Skifahren. Für die kleine Gruppe, die über genügend Reichtum verfügte, bildete der Westen eine ungeheure Attraktion, ein Symbol des Fortschritts, etwas Lockendes und Verlockendes. Sie sorgten sich nicht, die Werte zu verlieren, die sie zu Iranern machten.

Die Familie meines Vaters war reinstes persisches Establishment. Die Azadis waren Landbesitzer, direkt verwandt mit einem der wahren Schahs – nicht den Emporkömmlingen Pahlavi –, die nie ihren Stolz auf ihre Vorfahren verleugneten. Mein Großvater, Salim Azadi, war ein Adeliger, damit betraut, in der großen, bedeutenden Provinz Aserbaidschan Steuern einzutreiben – eine Aufgabe, die ihm Macht und Reichtum einbrachte. Er war außerdem ein Großgrundbesitzer, dem unter dem alten iranischen Feudalsystem viele Dörfer gehörten. Als Mohammad Reza Pahlavi, der letzte Schah des Irans, die sogenannte Weiße Revolution entfachte, wollte er das Land von dem primitiven Feudalsystem befreien und eine neue, moderne Ära einläuten. Mein Großvater und, in früheren Jahren, mein Vater besaßen fast die absolute Kontrolle über ihre Dörfer, einschließlich der Aufgabe,

Delikte abzuurteilen. Sie waren Vaterfiguren, entweder gütig oder streng, je nach Persönlichkeit. Auch wenn mein Vater während der Weißen Revolution einen Großteil seines Landes und seiner Macht verlor, so konnte er doch nie ganz das gebieterische Benehmen ablegen, das er sich als Herr über viele Dienstboten und als halber Monarch angewöhnt hatte.

Unter dem alten Landbesitzsystem bearbeiteten die Bauern das Land und gaben einen gewissen Teil ihrer Ernte an meinen Großvater ab. Er war der absolute Herr über sechs Dörfer – das hieß, ihm gehörte sogar das Land, auf dem die Häuser standen. Die Dorfbewohner bauten Tabak, Weizen, Früchte und Gemüse an; außerdem züchteten sie Schafe und Kühe. Als Landeigentümer mußte Salim für Wasser sorgen, in einem Land mit extremen Temperaturen ein wertvoller Rohstoff; er löste diese Aufgabe, indem er für das reibungslose Funktionieren der *Qanats* sorgte, der Tunnel, die Wasser von unterirdischen Strömen zu den Feldern leiteten.

Landbesitz war im Iran ein geheiligtes Symbol für sozialen Status und Reichtum. Meine Familie lehrte mich, daß regierende Landbesitzer, *Khans*, die erste Reihe der Elite bildeten, noch vor der Kaufmannsklasse, ja sogar noch vor den Angehörigen der neuen königlichen Dynastie, Abkömmlinge einer bescheidenen kleinen Bauernfamilie aus dem nördlichen Iran.

»Vergiß nie, wer du bist, meine Kleine«, pflegte mein Vater zu sagen. »Die Tochter eines *Khans*.«

Ich glaubte, alle Menschen würden so wie wir leben, mit fröhlichen Dienern, schönen Kleidern und allen sonstigen Bequemlichkeiten. Nie durfte ich wirklich die Welt um mich herum in all ihrer Armut sehen, bis es zu spät war, um all die widersprüchlichen Kräfte, die da zusammenwirkten, auch zu verstehen. Ich nahm an, daß für jeden ein bestimmter Platz vorgesehen war – es gab Diener und jene, die von ihnen bedient wurden –, und ich dachte, daß es immer und ewig so sein würde.

Doch nur wenige Jahrzehnte nach der fast absoluten Regentschaft meines Großvaters über seine Dörfer wurde der Besitz von Land zu einer teuren Verpflichtung. Familien wie die meiner Mutter, die sich in den Städten niederließen und neue Firmen gründeten, waren es, die am meisten von dem neuen Iran profitierten.

Mein Großvater Salim Azadi machte eine gute Partie. Mit all seinem Reichtum und Landbesitz heiratete er die ziemlich verarmte, aber nichtsdestoweniger königliche Tochter eines Prinzen der Qajar-Dynastie, die den Iran von 1786 bis 1925 regiert hatte. Ihr Name lautete Ashi, und ihr Vater, Prinz Reza Ghili Mirza, hatte in Täbris gelebt und die Provinz Aserbaidschan regiert. Sie erinnerte sich an ihren Vater als einen weichherzigen Romantiker mit einer Vorliebe für Poesie.

Ashi war vierzehn Jahre, als sie Salim heiratete. Obwohl sie über im ganzen Land verstreute Residenzen verfügten, zogen sie es vor, in Rezayeh zu leben, einem Ferienort am Rezayeh-See in der nordöstlichsten Ecke des Landes. Sie liebten diese Stadt, weil es hier viel lockerer und beschwingter zuging als in den Zentren des Irans. Die Stadt bildete eine Ausnahme von dem strengen islamischen Verhaltenskodex, der im restlichen Iran dominierte, da hier überwiegend christliche Armenier ansässig waren, die ihr Leben ganz öffentlich genossen und sich amüsierten. Ein guter Moslem trank keinen Alkohol, spielte nicht Karten, aß kein Schweinefleisch und kleidete sich nicht aufreizend. Doch in Rezayeh tendierten die Leute mehr zu europäischen Gewohnheiten. In einem Land, das öffentlicher Unterhaltung äußerst ablehnend gegenüberstand und wo als Folge davon die Leute gezwungen waren, sich in der Zurückgezogenheit ihrer Heime zu vergnügen, bildete Rezayeh eine bemerkenswerte Ausnahme, was Restaurants und Nachtleben anbelangte. Abends promenierten die Bewohner der Stadt, setzten sich in Straßencafés und aßen Eiscreme – ein Vergnügen, dem man sich selbst in der Hauptstadt kaum hingeben konnte. Als die ersten Kinos im Iran eröffnet wurden, gehörte Rezayeh zu den ersten Städten, die eins aufzuweisen hatten. Davon abgesehen war es eine Stadt, in der die Frauen sich mit unverhülltem Gesicht in der Öffentlichkeit zeigen konnten, ohne die Last des Tschadors tragen zu müssen.

Der Tschador: der formlose Streifen aus schwarzem Tuch, der über der normalen Kleidung getragen wird. Selbst jetzt kann ich das Wort nicht aussprechen, ohne das Gefühl zu haben, daß sich Dunkelheit wie ein schwarzer Mantel über mich legt, eine Dunkelheit, die sich zuerst über Kopf und Schultern senkt und dann bis auf den Boden hinunter. In diesen Momenten denke ich gern an meine Großmutter

Ashi. Man schrieb das Jahr 1936. In Rezayeh waren die meisten Gäste zu einem der gesellschaftlichen Höhepunkte des Jahres bereits erschienen – dem Ball des Gouverneurs von Aserbaidschan. Plötzlich gab es in der Nähe des Haupteingangs einen kleinen Aufruhr. Der Anlaß dafür war Ashi. Sie hatte gerade von dem Erlaß des Schahs, Reza Khan, gehört, der allen Frauen befahl, den Tschador abzulegen. An diesem Abend zeigte sie, was sie von der Moslemgewohnheit hielt, Frauen zu verstecken, damit Männer beim Anblick ihrer Haut nicht in Erregung gerieten. Und da stand sie nun, ihr stolzer Ehemann neben ihr, in einem leuchtenden geblümten Kleid mit dazu passendem Hut. Als sie den Ballsaal betrat, stockte den Gästen der Atem, nicht nur wegen ihrer farbenprächtigen Kleidung, sondern vor allem wegen ihrer überwältigenden Schönheit, die bis dahin ein nur den engsten Familienangehörigen bekanntes Geheimnis gewesen war. »Du hättest ihre Gesichter sehen müssen«, erzählte sie mir oft, ihren Triumph immer noch genießend.

Im Laufe der letzten fünfzig Jahre diente das Tragen des Tschadors als wichtiges Barometer für die politische Stimmung im Iran. Der Tschador kann eine Vielzahl von Signalen aussenden, was die Haltung und Einstellung einer Frau der Außenwelt gegenüber anbelangt; sozialer Status, Religiosität, ja selbst der politische Standort läßt sich daraus ableiten. Zu den mutigsten Dingen, die Reza Khan in seinem Ehrgeiz, den Iran in einen modernen Staat zu verwandeln, unternahm, gehörte die Verbannung des Tschadors für Frauen aller Klassen und jeden Alters. Mit einem Schlag wollte er jahrhundertealte Traditionen auslöschen und forderte so das mächtige, religiöse Establishment heraus. In diesem Jahr erschienen seine Frau und seine beiden Töchter zum erstenmal mit unverhüllten Gesichtern in der Öffentlichkeit. Roghieh, eine gläubige Moslemfrau, die ihr Leben lang einen Tschador getragen hatte, gewöhnte sich an, mit einem Hejab ihr Haar zu bedecken. Viele Frauen klammerten sich an den Tschador, weil sie glaubten, er beschütze ihre Reinheit. Der bloße Anblick von Haar, Fußknöchel oder Handgelenk einer Frau konnte einen Mann erregen und Kummer verursachen. Eine reine Frau war eine Frau, die Männer nicht in Versuchung führte. Der Tschador war eines der Instrumente, mit denen die Gesellschaft zu der Zeit jedes öffentliche Anzeichen von Sexualität unterdrückte.

Doch unter Reza Khan wurde das Tragen eines Tschadors zu einem ernsten Vergnügen. Der König hatte seinen Soldaten befohlen, jeder Frau, die sie damit erwischten, die Bedeckung an Ort und Stelle herunterzureißen. Viele religiöse Frauen blieben lieber im Haus, als sich verunreinigen zu lassen. Später, als Reza Khans Sohn, der letzte Schah, den Erlaß milder faßte und das Tragen eines Tschadors zu einer freiwilligen Angelegenheit machte, trug meine Großmutter Roghieh hin und wieder einen.

Meine Mutter Sima, die während Reza Khans erzwungener Liberalisierung aufgewachsen war, trug in ihrem normalen Alltagsleben nie einen Tschador. Lediglich bei Beerdigungen oder bei einem ihrer seltenen Moscheebesuche legte sie einen an, doch die Tschadors, die von den Frauen in ihren Kreisen getragen wurden, waren schwarz, spitzenbesetzt, zart gemustert und durchsichtig, so daß man Arme und Beine erkennen konnte. Trotz seines Erlasses gelang es Reza Khan nicht, den Tschador vollkommen zu eliminieren. Nach und nach konnte man an dem Kleidungsstück erkennen, welchen Rang die Trägerin in der Gesellschaft einnahm: Die ärmeren, älteren, religiöseren und weniger gebildeten Frauen klammerten sich an ihre unpraktischen, aber auch schützenden Bedeckungen. Selbst zu Zeiten des Schahs, als man einige Straßen in Teheran leicht mit den Straßen einer europäischen Hauptstadt hätte verwechseln können, wäre eine Frau kaum ohne Tschador in den Basar gegangen. In diesen engen Gassen, in denen ein Großteil des Reichtums der Nation per Handschlag den Besitzer wechselte, hielt sich die konservative Einstellung äußerst hartnäckig.

Ich trug nie freiwillig einen Tschador, höchstens mal als Kind, wenn ich mit meiner Großmutter Roghieh die Moschee besuchte. Dieses bunte, geblümte Tuch – Kinder durften strahlende Farben tragen – gab ein wunderbares Requisit für allerlei Spiele ab. Ich konnte es als Zelt oder als Markise im Garten benutzen, wenn ich es an einem Baum aufhing. Doch die Zeit würde kommen, in der mein Spielzeug zu einer Waffe wurde – die gegen mich verwandt werden konnte.

Ashi schuf das anmutige Ambiente, in dem der Vater meines Vaters lebte. Als wahre Prinzessin teilte sie die Leidenschaft ihres Vaters für die Künste, speziell für die Poesie. Nach islamischem Gesetz kann sich ein Mann vier Frauen nehmen, und Salim nützte dieses Gesetz aus, um noch eine weitere Frau zu heiraten, eine Frau von untergeordnetem sozialen Status, mit der er zwei Kinder hatte. Doch gab es keine Frage, wer im Haus herrschte. Ashi war die einzige, die mit meinem Großvater Salim speiste. Der Bereich der anderen Frau beschränkte sich auf die Küche, wo sie die Diener und die Kinder, einschließlich meines Vaters und seiner beiden Schwestern, überwachte. Sie hatte sich um sämtliche den alltäglichen Haushalt betreffenden Angelegenheiten zu kümmern, um Ashi diese Unannehmlichkeiten zu ersparen. Und wenn sich Salim öffentlich sehen ließ, dann waren es ausschließlich Ashi und ihre Kinder, die ihn begleiteten. Als ich erwachsen wurde, gab es so gut wie keine Vielweiberei mehr. Für reiche Männer war diese Praxis angenehm gewesen; sie verfügten dadurch über verschiedene Sexualpartnerinnen und über Ehefrauen, die miteinander wetteiferten, dem Mann alle nur erdenklichen häuslichen Aufmerksamkeiten zukommen zu lassen. Doch ich persönlich habe festgestellt, daß unweigerlich eine Frau immer besser behandelt wurde als die anderen – eine Situation, die notwendigerweise Eifersucht und zwei Klassen von Familienangehörigen schuf.

Wenn man sich ein Bild davon macht, wie die Eltern meines Vaters lebten, dann begreift man auch, wie das Leben in jenen letzten Tagen einer alten Elite von Landbesitzern funktionierte, in einem Land, das immer noch gegen Sezession und Stammesfehden anzukämpfen hatte. Der Luxus, in dem die Großeltern lebten, war der großen Mehrheit der Iraner unbekannt. Ihr elegantes Herrenhaus in Rezayeh war bevölkert von Familienangehörigen, zahllosen Dienern, mehreren Köchen, einem Kindermädchen für jedes Kind und einigen Fahrern. Mein Vater, der in seiner Erinnerung oft diesen Zeiten nachhing, beschrieb sie mir.

»Sousan, stell dir vor, was für eine wunderbare Szene das war. Sie nahmen ihre Mahlzeiten auf dem Fußboden sitzend ein; die Gänge wurden auf einem über einen herrlichen Täbristeppich gebreiteten Tuch serviert. Die Tafel war stets für mindestens zwanzig Leute gedeckt, auch wenn Ashi und Salim allein speisten. Ein Gastgeber mußte schließlich stets auf einen unerwarteten Gast gefaßt sein! Tatsächlich war es ganz normal, daß, sagen wir mal, zehn bis fünfzehn

Leute am Abend vorbeischauten. Versuch heutzutage, da den Gastgeber zu spielen!«

Gesellschaftliche Ereignisse, eine *Shabnishini* oder abendliche Party, waren und bilden auch heute noch die Hauptunterhaltung im Iran, und ein guter Gastgeber, ganz gleich, wie arm er auch sein mag, muß immer darauf vorbereitet sein. Von einem Augenblick zum anderen viele Menschen bewirten zu können – und es so aussehen zu lassen, als würde das völlig mühelos erfolgen – war das wahre Kriterium für einen weltoffenen, reichen Mann.

Persische Mahlzeiten bestehen aus vielen kleinen Gängen. Rindfleisch mit ganzen Auberginen in würziger Sauce. Huhn mit Granatäpfeln. Lamm mit Spinat. Dazu stets frische Minze zum Knabbern. Und zum Dessert eine üppige Auswahl an Früchten der Saison.

Die Grundlage der Hauptmahlzeit besteht immer aus Reis; die Art und Weise, wie er zubereitet wird, zeigt an, wieviel Sorgfalt und Bedeutung man dem Essen beimißt. Es dauert Stunden, um den Reis so anzurichten, daß alle Körner lang und weiß sind und nicht aneinanderkleben. Zuerst wird der allerbeste Langkornreis mehrmals gewaschen und über Nacht in gesalzenem Wasser eingeweicht. Dann wird der Reis in einem großen Topf gekocht und abgegossen. In eine andere große Pfanne, deren Boden leicht mit Öl bedeckt ist, werden verschiedene Zutaten gegeben – eine Schicht persischen Brotes, *Lavosh* genannt, oder Kartoffeln oder eine Mixtur aus Joghurt, Safran und Reis. Der Reis wird dann sorgfältig in Form einer Pyramide auf diese erste Schicht gehäuft. Die bedeckte Pfanne wird stark erhitzt. Jetzt wird eine Tasse mit einer Mischung aus Öl und Wasser über den Reis gegossen. Der in mehrere Leinentücher gewickelte Pfannendeckel wird über den Reis gestülpt und die Hitze reduziert. So kocht der Reis weitere zwei Stunden. Das Ergebnis: zarte Körner, die man einzeln herausklauben kann, und ein köstlicher Krustenboden namens *Tadig*. Zu dem Reis reicht man verschiedene Fleischsorten oder Joghurt- und Gemüsegerichte, *Horesht*.

Mein Großvater war für seine Gastfreundschaft berühmt. Einmal klopfte ein vollkommen Fremder an seiner Haustür, lud sich selbst ein und blieb drei Wochen. Niemand kannte ihn oder fragte ihn, woher er kam und was er in Rezayeh tat. Man akzeptierte kommentarlos seine Erklärung bei seiner Ankunft, daß er von einem gemeinsamen

Freund empfohlen worden war. Sie hätten sich selbst ein Armutszeugnis ausgestellt, wenn sie nach Details gefragt hätten, und so erfuhren sie auch nie, wer der Mann gewesen war.

Auch sein Interesse an der Welt jenseits der Grenzen machte Salim populär. Mit Hilfe von schwer zu beschaffenden ausländischen Büchern und einigen undeutlichen Überseesendungen, die er mit seinem Radio – einem der wenigen in der Stadt – empfangen konnte, brachte er sich oberflächliche Kenntnisse von Englisch und Französisch in Wort und Schrift bei, zusätzlich zu seinen beiden Muttersprachen Persisch und Arabisch. Jeden Abend füllte sich das Haus mit Freunden, die einen Blick auf die Welt jenseits der schneebedeckten Berggipfel, die eine natürliche Grenze zur Türkei und Europa bildeten, erhaschen wollten.

Während des Zweiten Weltkrieges wurde mein Großvater Salim eines Nachts getötet. Als zu Beginn des Krieges Reza Khan den Nazis eine geradezu beängstigende Sympathie entgegengebracht hatte, waren die Briten und die Sowjets in den Iran einmarschiert. Die Briten schickten den Schah sogleich ins Exil; im September 1941 brachten sie seinen jungen Sohn Mohammad Reza als neuen Herrscher an die Macht. Zur gleichen Zeit richteten sich die Sowjets auf Dauer in Aserbaidschan ein. Salim, ein großer Nationalist, der lange die Sezessionskräfte in seiner Provinz bekämpft hatte, verurteilte die sowjetische Besetzung aufs schärfste. An einem Neujahrstag stattete der örtliche Sowjetrepräsentant meinem Großvater als einer der führenden politischen Persönlichkeiten einen Höflichkeitsbesuch ab.

»Glückliches neues Jahr?« grollte mein Großvater auf die höfliche Begrüßung hin. »Es wird erst wieder glückliche Tage geben, wenn Ihre Leute unser Land verlassen haben.«

Furchtlos und starrsinnig, wie er bis zu seinem Ende war, ignorierte er sämtliche Warnungen, Ashis Warnungen eingeschlossen, und bestand eines späten Abends darauf, seinen üblichen Spaziergang trotz der vielen bewaffneten Männer auf den Straßen zu machen. Aus kurzer Entfernung wurde er von einem Mann erschossen, der nur für einen Moment aus dem Dunkeln trat und sofort wieder untertauchte.

»Es war eine öffentliche Hinrichtung, direkt hier auf der Straße«, sagte Ashi. »Für die Russen war er ein zu großer Nationalist.«

Erst 1946 verließen die Russen iranischen Boden, und das auch erst nach einer massiven Konfrontationsdrohung von US-Präsident Harry Truman, dessen Land sich im Iran während des Krieges ebenfalls Präsenz verschafft hatte.

Mit meinem Großvater starb ein ganzer Lebensstil. Familiengerüchte, daß Salim einen Juwelenschatz in einem Garten in Rezayeh vergraben hätte, veranlaßten meinen Vater, das ganze weitflächige Grundstück umzuwühlen, doch der Schatz wurde – falls er überhaupt je existiert hatte – nie gefunden. Kurz darauf verkaufte meine Großmutter Ashi das Herrenhaus, entließ die meisten Dienstboten und zog mit einem treuen Diener in ein viel kleineres Haus. Das persische Leben im grandiosen Stil war vorbei.

Im Jahre 1950 wurde mein Vater Jahangir der jüngeren Schwester eines Teheraner Salonlöwen, der für kurze Zeit in Rezayeh lebte, vorgestellt. Mein Vater war damals ein junger, gutaussehender, schnurrbärtiger Mann und als begehrtester Junggeselle der ganzen Stadt daran gewöhnt, daß man hinter ihm her war. Doch plötzlich war er nicht mehr vor gefühlsmäßigen Bindungen auf der Flucht. Er verliebte sich in eine unbestritten wunderschöne Frau namens Sima.

»Sousan, wenn du nur zu der Zeit deine Mutter hättest sehen können«, erzählte er mir, als ich allmählich zur Frau heranreifte. »Sie war erst zweiundzwanzig. Schwarzes, herrlich schwarzes, gelocktes Haar . . . vielleicht ein bißchen zu mager. Aber sie hatte Grübchen und ein Lächeln, mit dem sie die ganze Welt besiegen konnte. Und die größten, dunkelsten Augen, die ich je gesehen hatte.«

Sie trafen sich auf iranische Weise: Stets sahen sie sich nur in der Öffentlichkeit, scharf bewacht von einer Anstandsdame. Und selbst dieser Kontakt wäre unmöglich gewesen, hätte er nicht gleich zu Anfang seine Absicht, sie heiraten zu wollen, kundgetan.

Auch meine Mutter war von ihm verzaubert.

»Er war so ganz anders als andere persische Männer, Sousan. Er ging sehr romantisch mit Frauen um. Er liebte es zu malen. Wann immer er etwas besonders hervorheben wollte, tat er es in Versen. In seinem Haus gab es mindestens vier Köche, doch die besonderen Gerichte bereitete er nur zu gern selbst zu. Er besaß dafür ein Talent. Nun ja, du kannst dir vorstellen, wie ungewöhnlich es für einen *Khan* war, auch nur einen Fuß in die Küche zu setzen!«

Ihre Hochzeit im folgenden Jahr war sowohl in Rezayeh als auch in Teheran ein gesellschaftliches Ereignis; in jeder Stadt wurde ein großer Empfang gegeben, um Hunderte von Verwandten und Freunden zu bewirten. Das Kleid meiner Mutter kam aus Paris, eine Kreation aus weißen Spitzen, Federn und Perlen, die ich jahrelang sorgfältig aufbewahrte. Soweit ich weiß, hängt es immer noch in einem Schrank in unserem Haus in Teheran. Wir besitzen noch eine andere Erinnerung an diese wunderbaren Feste. Mein Onkel Kurosh hatte aus Frankreich eine Filmkamera mitgebracht – noch keiner seiner Freunde hatte je so etwas gesehen –, und damit filmte er all die glücklichen Momente, die leider immer viel zu kurz waren, und hielt sie so am Leben. Ich habe keine Ahnung, ob dieser Film immer noch existiert, denn das Komiteh hat die meisten Familienfotos und die Filme beschlagnahmt und mitgenommen. Diese kostbaren Erinnerungsstücke liegen immer noch hinter den Mauern von Teherans Monkerat-Gefängnis.

Nach ihrer Hochzeit lebten meine Eltern in Teheran. Jahangir hatte an der neuen Universität von Teheran sein Ingenieurstudium mit glänzenden Ergebnissen abgeschlossen und gründete nun mit zwei Partnern eine Baufirma. Seine Ländereien übergab er Verwaltern. Anfangs gediehen die Dörfer unter ihren lokalen Managern auch sehr gut, und mein Vater konnte sich auf seine neue Firma konzentrieren. Doch im Laufe der Jahre, als die Landwirtschaft an Bedeutung verlor und die Landarbeiter in die großen Städte aufbrachen, bekamen die Dörfer Probleme. Während der Schah und seine Berater von ihren Plänen, das Land zu industrialisieren, fasziniert waren, wurde die Landwirtschaft das Opfer veralteter Anbaumethoden und produzierte immer weniger. Unsere Länder, einst die Quelle der Stärke und des Reichtums unserer Familie, wurden für meinen Vater nach und nach zur Last. Er war gezwungen, immer häufiger seine Arbeit in Teheran im Stich zu lassen, um die zwölfstündige Reise zu seinem Besitz anzutreten. Schließlich traf er die schwierige Entscheidung, die Baufirma ganz aufzugeben und wieder nach Aserbaidschan zu ziehen. Die Stadt barg die Hoffnung auf die Reichtümer der Zukunft, doch niemals hätte er seinem Erbe den Rücken zuwenden können. 1963, als der Schah seine Weiße Revolution durchführte, verlor mein Vater einen Großteil seines Besitzes – ihm blieb nichts weiter als ein Dorf und einige Stücke Land. Er wurde zu einem bedrängten Landbesitzer, mächtig nur noch in seinen Erinnerungen. Und dann kam die Revolution und raubte ihm auch noch das, was ihm geblieben war.

Ich wurde am 17. September 1954 in Teheran geboren; meine Geburt blieb vor allem deswegen nachhaltig in Erinnerung, weil der Arzt meiner Mutter nicht aufzutreiben war, als die Wehen einsetzten. Simas Brüder entdeckten ihn schließlich mitten in einem Pokerspiel; er war betrunken und wütend, weil er hohe Summen verloren hatte. Sie mußten all seine Schulden bezahlen, bevor sie ihn bewegen konnten, mitzukommen und sich um meine Mutter zu kümmern. Mein Vater kämpfte zu der Zeit gerade mit seiner Entscheidung, ob er aufs Land zurückkehren sollte oder nicht; meine Geburt machte das alles nur noch problematischer für ihn. Als ich noch sehr klein war, lebte meine Mutter einige Jahre zusammen mit meinem Vater in unserem Landhaus, doch als ich das Schulalter erreicht hatte, beschlossen sie, daß es besser wäre, wenn meine Mutter mit mir in Teheran wohnen würde. Zur damaligen Zeit – und bis heute hat sich daran nicht viel geändert – lagen Welten zwischen dem Leben in der Hauptstadt und dem Leben in einem kleinen Dorf. Die Dorfschulen, falls es überhaupt welche gab, waren äußerst primitiv. Ein Kulturleben fand praktisch gar nicht statt – die einzige Abendunterhaltung bestand darin, Freunde zu besuchen oder Radio zu hören. In Teheran konnte ich eine von italienischen Nonnen geleitete Privatschule besuchen, und meine Mutter konnte, umgeben von ihrer Familie, ein gesellschaftlich aktives Leben führen.

Meine Kindheit war unterteilt in die Ordnung der Schultage im Winter in Teheran und in die Freiheit und die Freuden des Sommers im Dorf meines Vaters. Mein Vater steckte all seine Energien in sein Lieblingsdorf Sabbalon – das ihm später dann als einziges Dorf blieb –, das größtenteils von christlichen Assyrern bewohnt war, die für ihre fortschrittliche Haltung bekannt waren. Im Laufe der Jahre waren viele der Dorfbewohner in die Vereinigten Staaten emigriert; sie schickten weiterhin Geld und westliche Produkte in die alte Heimat, zusammen mit neuen Ideen, wie eine Gesellschaft funktionieren sollte. Als Folge davon waren unsere Dorfbewohner gebildeter und wohlhabender als die meisten anderen.

Wenn ich an diese Jahre in Sabbalon zurückdenke, dann sehe ich auch jetzt noch seine Schönheit ganz deutlich vor mir, und ich kann den Jasminduft in der leichten Brise riechen. Es lag auf einem Hügel mit Blick über den Rezayeh-See, die roten Lehmziegelhäuser lagen in einem Gartenlabyrinth versteckt. Auf der obersten Spitze des Hügels hatte mein Vater ein großes Haus gebaut. Er persönlich hatte das Haus mit den achtzehn Zimmern und dem großen, kaskadenartig abfallenden Garten entworfen. Eine unterirdische Quelle drang ganz oben im Garten aus dem Boden und füllte einen riesigen Swimmingpool; das Wasser floß dann in zwei Bächen durch den Garten nach unten und füllte dabei die Luft mit Feuchtigkeit und sanften, gurgelnden Lauten.

Zusätzlich baute er noch einige verstreut liegende Pavillons, so daß er jeden Morgen in einem anderen Teil des Gartens frühstücken konnte, umgeben von Tulpen, Azaleen und Zierbüschen; alles war so angeordnet, daß der Garten die ganze Saison hindurch blühte. Vor allem aber liebte er es, von seinen Rosen umgeben zu sein. Von meiner Mutter und der Poesie abgesehen, waren Rosen die große Leidenschaft meines Vaters. Mit großem Aufwand entwickelte er eigene Züchtungen und machte so seinen Garten zu einem der farbigsten und prächtigsten in Aserbaidschan. Ein gewaltiges Gewächshaus erlaubte es ihm, mit Pflanzen zu experimentieren und die zarteren, aus Übersee importierten Gewächse zu schützen. Morgens konnten meine Mutter und ich ihn oft sehen, wie er in Gesellschaft eines aufmerksamen Gärtners vorsichtig eine neue Pflanze seiner Sammlung untersuchte.

»Mit etwas Geduld könnte dieses Exemplar überleben. Es braucht nichts weiter als Geduld«, pflegte er zu sagen. Von dieser Eigenschaft profitierten die Pflanzen oft mehr als die Menschen.

Ich liebte mein Leben in dem Dorf. Nach den gesellschaftlichen Zwängen Teherans, wo ich mich wie eine wohlerzogene junge Dame benehmen mußte, konnte ich im Dorf meine Zeit mit Kameraden verbringen, die meine Eltern andernorts nicht als Spielgefährten gebilligt hätten. Während der langen Sommertage tobte ich mit den Dorfkindern herum, stahl Obst von den Bäumen (das in meinem Fall meinem Vater gehörte), wurde von den alten Männern geschimpft, die die Bäume bewachten (bis sie erkannten, wer ich war), und ging gelegentlich mit der zögernden Billigung meiner Mutter zum Mittagessen in das Haus eines der Dorfbewohner. Keiner vergaß je, daß ich die Tochter des *Khans* war. Wenn sie mir auf der Straße begegneten, tippten die Männer an ihre Hüte, und die alten Frauen bückten sich tief, um mir die Hand zu küssen.

»Mama, warum tun sie das? Ich mag das nicht.«

»Sousan, du bist die Tochter des *Khans*. Es ist ein Zeichen des Respekts.«

In Sabbalon wurde der strenge Verhaltenskodex, der in Teheran notwendig war – um die richtige Distanz zwischen der Familie und der Dienerschaft zu halten –, ignoriert. Der Höhepunkt der Woche war für mich sogar, wenn ich mit allen Dienern in der Küche essen durfte. Es war ein gewaltiger Raum, in dem der Chefkoch das Zepter schwang, unterstützt von seinem Gehilfen, dominiert von einer riesigen steinernen Feuerstelle, aus der den ganzen Tag über die Flammen schlugen. Ein überdimensionaler Kessel baumelte von einem eisernen Ring und brodelte fröhlich vor sich hin.

»Komm rein und iß einen Bissen«, pflegte der Koch zu sagen.

Ich war keine große Esserin, doch der Duft der kleinen, frisch geernteten Kräuter, der Tomaten und des schon lange vor sich hin brodelnden Eintopfs lockten mich an wie sonst nichts. Ich gesellte mich zu der lärmenden Menge der Dienerschaft, setzte mich an den gewaltigen Küchentisch, brach mir genau wie sie ein Stück von dem frischen Brot herunter und tauchte es in den Gemeinschaftstopf. Nur einmal die Woche durfte ich das, doch jedesmal sagte ich hinterher: »Das war die beste Mahlzeit, dich ich je bekommen hab'.« Alle Diener lachten, der Koch am lautesten, wußte er doch, daß ich ständig die Ergebnisse seiner besten Kochkünste vertilgte, die auf dem mit Silberbesteck und Porzellan ordentlich dekorierten Tisch im Speisesaal serviert wurden. Jetzt würde er erst recht lachen, wenn ich ihm erzählte, daß selbst die Speisen in den besten Restaurants, die ich in Europa und Nordamerika besucht habe, nicht mit diesen Küchenmahlzeiten mithalten konnten.

Zu unserer Dienerschaft gehörten zwei Köche, mehrere Dienstmädchen, einige Fahrer und ein Kindermädchen. Außerdem beschäftigte mein Vater noch einen Verwalter, der für die Einstellung von Saisonarbeitern zur Landbestellung verantwortlich war. Als Landbesitzer rechnete er damit, von seinem Verwalter bei den Abrechnungen betrogen zu werden, denn so funktioniert das im Iran – auch heute noch. Im Laufe der Jahre pumpte er sehr viel Geld in Sabbalon; als die Verhältnisse auf dem Gebiet der Landwirtschaft immer chaotischer wurden, mußte er die wertvollen Münzen-, Juwelen- und Briefmarkensammlungen seines Vaters verkaufen, um den Farmbetrieb weiterhin aufrechterhalten zu können. Nach und nach investierte auch meine Mutter einiges von dem Geld, das sie von ihrer Familie geerbt hatte, in das Land.

Manchmal entdeckte ich sie im Garten, wie sie sich leise unterhielten; meine Mutter hatte ihre Arme um seine breiten Schultern geschlungen, während sie ihn mit ruhiger Stimme ermunterte.

»Mach dir keine Sorgen. Alles wird gut werden. Nächstes Jahr werden wir eine bessere Ernte haben. Machen wir weiter. Versuchen wir es noch ein Jahr.«

Doch ich bekam nur selten etwas von ihren Sorgen mit. Ich erinnere mich lediglich daran, daß das Haus stets voller Lachen war, voller Spiele und Gäste aus Teheran. Wir pflegten gegen sechs Uhr abends zu spielen, und nach dem Essen las mein Vater oder einer seiner Gäste laut Gedichte vor. Hafis, Saadi, Omar Khayyam, Malavi – all unsere am meisten geliebten Poeten. Außenseitern mag das übertrieben romantisch und sentimental erscheinen, doch für Iraner ist Poesie wie Brot und Kartoffeln – tägliche Nahrung, die man zum Lebensunterhalt benötigt. In der iranischen Geschichte kommt sehr viel Gewalt vor, doch Iraner haben auch eine stete Sehnsucht, ihren Gefühlen und Hoffnungen Ausdruck zu verliehen. Nun, da ich mich so weit von diesem engen Familienleben und dieser geselligen Gemeinschaft entfernt habe, denke ich oft zurück an diese klaren Sternennächte. Sie schienen in duftender Luft zu hängen, ebenso losgelöst von der rauhen Realität wie unsere Leben von den Tagesscharmützeln und Aufständen, die sich in unserem Land ausbreiteten.

Die grausamere Seite war, daß die fünfziger Jahre, meine fröhlichen Jugendjahre, gleichzeitig auch Jahre des Aufruhrs waren. Diese Jahre erlebten den Aufstieg einer fanatischen nationalistischen Bewegung: Unter dem siebzigjährigen Premierminister Mohammed Mossadegh (»Old Mossy«, wie er auch genannt wurde) kämpfte das Land darum, den Briten die Kontrolle über die Ölfelder zu entreißen und den ausländischen Würgegriff, unter dem die eigene Innenpolitik so litt, zu lockern. Nachdem er es nicht geschafft hatte, ein neues Ölabkommen zustande zu bringen, putschte Mossadegh 1953 gegen den Schah. Ein paar Tage lang hatte es den Anschein, als führe der Premierminister das Land, der mit der von der Sowjetunion unterstützten kommunistischen Partei in Verbindung stand. Doch nach wenigen Tagen kehrte der Schah im Triumph aus seinem kurzen Exil zurück, dank eines von CIA und britischem Geheimdienst inszenierten Gegenschlags. Von nun an war der Schah entschlossen zurückzuschlagen, seine Machtbasis innerhalb des Landes zu verstärken und dafür zu sorgen, daß ihn nie wieder jemand wegjagen konnte. In Sabbalon vernahmen wir lediglich die fernen Echos seiner Salutschüsse.

Sima, meine Mutter. Für all jene, die glauben, daß sämtliche Moslemfrauen mit dem Tschador bedeckt im Schatten ihrer Männer leben, wäre meine Mutter eine Offenbarung gewesen. Sie war das Licht unserer Familie. Schon sehr früh wurde mir klar, daß sie eine ganz besondere Frau war, egal, nach welchem Standard man sie maß. Während sich mein Vater, der als Herr eines Dorfes aufgewachsen war, Ungeduld und autokratische Manieren angewöhnt hatte, war meine Mutter ein sanfter, bescheidener Mensch, der jedermann gut behandelte. Oft dämpfte sie den Zorn meines Vaters auf die Dienerschaft. Ich erinnere mich, daß wir einmal Gäste hatten und mein Vater einem Diener auftrug, einen großen Korb mit unseren allerbesten Weintrauben zu bringen. Er war stolz auf seine Trauben, und sein Wein war berühmt in Aserbaidschan. Als der Diener zurückkam, warf mein Vater einen Blick auf die Trauben und sah, daß einige nicht ganz perfekt waren; zornig schleuderte er den Korb zu Boden.

»Alles muß ich selbst machen!« donnerte er und ging los, um seine eigenen Trauben zu schneiden, während der Diener schreckensstarr zuschaute. Meine Mutter war es, die die verletzten Gefühle des Dieners linderte, die meinen Vater besänftigte und die dafür sorgte, daß die Gäste den Vorfall ignorierten.

In mancher Beziehung war meine Mutter das genaue Gegenteil

von meinem Vater. Angesichts einer Gesellschaft, die eifersüchtig ihre Tradition bewahrte, war meine Mutter eine äußerst moderne Frau. Zur Erntezeit, als das Korn gedroschen wurde – zur damaligen Zeit mit der Hand –, stand sie den ganzen Tag in der heißen Sonne, einen schützenden Strohhut auf dem Kopf, und zählte die Anteile ab, die dem Verwalter, den Dorfbewohnern und uns zustanden. Oft genug hielt sie meinen Vater davon ab, mit seinen Verwaltern wegen schlampiger Buchführung einen Streit vom Zaun zu brechen, da sie nur zu gut wußte, daß er auf diese Leute angewiesen war, ganz gleich, wie unehrlich sie waren. »Geduld«, pflegte sie zu sagen. »Auch sie müssen essen. Und davon abgesehen – so ist's nun mal.«

Erst jetzt wird mir klar, wieviel meine Mutter unausgesprochen gelassen haben muß, da sie sich niemals beklagte. Sie lebte zwei Jahre mit meinem Vater in Sabbalon, als ich noch nicht alt genug war, um die Schule zu besuchen. Kein einziges Mal erwähnte sie auch nur mit einem Wort, daß sie ihre Familie oder ihre Freunde oder das angenehmere Leben in Teheran vermißte. Die typische iranische Frau, die traditionelle Matrone, ist von Haus aus eine jammernde, klagende Person, die anscheinend glaubt, daß ihrer Familie etwas Schreckliches zustoßen wird, wenn sie sagt, daß alles in Ordnung ist; vielleicht könnte ihren Angehörigen sogar jemand einen Fluch auferlegen. Und so wurde das ständige Jammern praktisch zu einer kulturellen Ausdrucksmöglichkeit.

Sima war außerdem wesentlich unabhängiger von ihrem Mann als die meisten anderen iranischen Ehefrauen. Weil sie einen Großteil ihres Ehelebens von meinem Vater getrennt leben mußte, traf sie viele wichtige Familienentscheidungen. Sie besaß einen schnellen Verstand und sprach fließend Englisch und Französisch ebenso wie Persisch und Türkisch. Sie kleidete sich elegant, ohne sich groß Sorgen um die öffentliche Moral zu machen; den größten Teil ihrer Garderobe kaufte sie sich auf den zahlreichen Reisen, die sie mit meinem Vater unternahm, in Europa. Sie war neben meiner Großmutter Roghieh der wichtigste Mensch in meinem Leben, und ich wollte genau so werden wie sie, wenn ich einmal erwachsen war. Ich erkannte nicht, daß sie eine besondere Moslemfrau war und daß wir alle privilegiert waren. Ich dachte, jedermann sei so aufgeschlossen und modern wie die Mitglieder meiner Familie. Erst als ich heranwuchs, merkte ich, was für eine Ausnahme meine Mutter darstellte, wie selten unsere Art von Toleranz war. Selbst als sie noch eine junge Frau war, gab es schon Anzeichen für die wachsende Kluft zwischen der sich am Westen orientierenden, in die Zukunft schauenden Elite und der Masse der ärmeren, mißtrauischen Iraner. Doch sie und ihre Freunde konnten die gelegentliche öffentliche Kritik an ihrem Benehmen durch die Mullahs des Landes noch ignorieren.

Im April 1960 versammelte sich die gesamte Familie meiner Mutter an einem Wochenende – das iranische Wochenende ist Donnerstag und Freitag – im Sommerhaus meiner Großeltern in Shemiran. Damals war Shemiran nichts weiter als eine kleine, aber gutsituierte Sommersiedlung, ungefähr eine Fahrtstunde nördlich von Teheran. Dort hatten sich die reicheren Familien der Stadt ihre Wochenendresidenzen gebaut, in großen Gärten hinter hohen Mauern versteckt. Ihre Diener hier beschäftigten sie das ganze Jahr über, doch kamen sie lediglich im Frühjahr, Sommer und Herbst zu Besuch, da die Fahrt zu lang war und die Örtlichkeit im Winter zu trostlos.

Meine Onkel hatten überall in der Gegend Villen gebaut, doch das Mahl am Freitagabend wurde stets bei meinen Großeltern Mahmoud und Roghieh eingenommen. Mein Bruder Cyrus war gerade einige Monate zuvor geboren worden, was große Freude ausgelöst hatte, da meine Mutter nach meiner Geburt sehr viele Probleme gehabt hatte, wieder schwanger zu werden. Den größten Teil des Tages hatten wir im Garten verbracht. Gegen vier Uhr nachmittags begaben sich dann meine Großeltern nach oben in ihr Zimmer, um ihre Gebete zu sprechen.

Von Roghieh abgesehen waren die Salmans nicht sonderlich religiös. Wir hatten nur wenig Kontakt zu den turbangeschmückten Mullahs; einige von ihnen besaßen durchaus Macht, während andere nichts weiter als Bettler waren, die auf persönliche Reinlichkeit keinerlei Wert legten. Nur Roghieh besuchte ab und zu eine Moschee, und nur höchst selten luden wir einen Mullah in unser Haus ein. In dieser Beziehung waren wir typisch für unsere gesellschaftliche Gruppe, standen damit aber ganz im Gegensatz zu der Mehrheit der Iraner, für die Religion genauso ein Ausdruck von Nationalismus war wie ein ethischer Verhaltenskodex. Der schiitische Glaube hat den

Iran von den meisten seiner moslemischen Nachbarn getrennt und jahrzehntelang den Wunsch genährt, das Land von jeglichen fremden Einflüssen zu reinigen.

An diesem Nachmittag waren wir zwölf Enkel, die darauf warteten, daß Roghieh ihre Gebete beendete, damit wir alle in den Garten meines Onkels nebenan gehen und den Rest des warmen Frühlingstages genießen konnten. Großmutter hatte versprochen, uns auf dem Weg alle Blumen zu zeigen, die seit unserem letzten Besuch geblüht hatten. Roghieh besaß eine unerschöpfliche Geduld, was ihre Enkel anbelangte. Wenn ich bei ihr in Teheran übernachtete, pflegte sie mich jedesmal in eine Decke zu wickeln und mir Fabeln aus dem alten Persien zu erzählen. Unter dem Kopfkissen wartete stets ein Stück Schokolade auf mich.

An diesem Tag jedoch dauerte es sehr lange, bis sie wieder nach unten kam, und so rannten meine Cousine Lili und ich nach oben. Als wir leise ihr Schlafzimmer betraten, sahen wir meine Großmutter auf ihrer Gebetsmatte knien; ihr Körper war nach vorn gebeugt, ihr Kopf ruhte auf dem Boden. Wir riefen sie sanft an, aber es kam keine Antwort. Wieder riefen wir. Noch immer nichts. Wir rannten nach unten und alarmierten unsere Eltern.

Meine Großmutter hatte ein Herzleiden gehabt, und die Familie ahnte sofort, was geschehen sein mußte. Einer meiner Onkel fuhr nach Teheran, um einen Arzt zu holen, doch es war zu spät.

Ich war noch ein Kind, doch ich erinnere mich sehr wohl, wieviel Kummer und Trauer Roghiehs Tod auslöste. Sie, die Stammesmutter unserer großen Familie, hatte ihren Haushalt mit Festigkeit und Toleranz geführt. Sie hatte jedem ihrer Kinder einen gesunden Ehrgeiz mit auf den Weg gegeben, und sie hatte echte Macht in der Familie besessen, die weit über das hinausgegangen war, was das Gesetz oder sogar der Koran vorschrieben. Sie war dreiundsechzig, als sie starb. In der ersten Woche nach ihrem Tod besuchten jeden Tag ungefähr fünfzig oder sechzig Leute ihr Haus in Teheran. Für Mittag- und Abendessen mußte gesorgt werden. Sämtliche Onkel und Tanten schickten meiner Mutter ihre Diener und Fahrer zu Hilfe. Die engsten Freunde kamen jeden Tag. Tische mit Spezialgebäck, nur für derartige Gelegenheiten gemacht, standen bereit. Selbst die fortschrittlicher eingestellten Freundinnen trugen aus Respekt ihre spitzenbesetzten Tschadors. Meinen Bruder und mich hielt man für zu jung, um während der zweiwöchigen Trauerperiode im Haus zu bleiben; so wurden wir im Haus eines Freundes untergebracht, bis die größte Hektik vorüber war.

Das Ritual bei der Beerdigung meiner Großmutter mit seiner alles verschlingenden Trauer war typisch iranisch. Als vom Westen beeinflußter Iranerin ist mir klar, daß es einige Sitten und Gebräuche gibt, die Außenseitern als sichtbarer Beweis für unsere Rückständigkeit dienen könnten. Ein Moslembegräbnis zählt dazu. Der Tod eines nahen Familienangehörigen trifft den innersten Kern des Moslemlebens. Iraner sind, wie Moslems ganz allgemein, sehr emotional. Beerdigungen sind Anlaß für laute Klagen, Weinen, ja sogar für Selbstgeißelung. Ich habe gesehen, wie Frauen sich die Haare ausrissen, die Köpfe gegen Mauern hämmerten und bis zur Erschöpfung schrien. Eine Beerdigung ist außerdem ein wichtiger gesellschaftlicher Anlaß, und ein reicher Mann wird sehr sorgfältig darauf achten, daß an nichts gespart wird. Den Einfluß des Westens auf eine Familie könnte man im Iran daran erkennen, wieviel Gefühle und emotionale Ausbrüche es auf einer Beerdigung zu sehen gibt. Deshalb glauben auch viele Iraner, daß die Menschen aus dem Westen kaum Gefühle haben, da es ihnen nur wenig auszumachen scheint, wenn eine ihnen nahestehende Person stirbt.

Nach dem Tod meiner Großmutter änderten sich die Freitagabendtreffen der Salmans. Die acht Kinder und die zahlreichen Enkelkinder versammelten sich nicht mehr in Roghiehs Haus in Teheran oder in der Sommerresidenz in Shemiran. Statt dessen bewirteten meine Onkel und Tanten abwechselnd kleinere Gruppen. Der Mittelpunkt der Familie existierte nicht mehr. Mein Großvater, der Gründer der großen, florierenden Baufirma der Salmans, starb ungefähr zwei Jahre später; nichts hatte ihm Roghieh ersetzen können. Danach lebten meine Mutter, mein Bruder, mein Onkel Fayegh und ich allein in dem großen Haus in Teheran mit seinen hohen verzierten Decken und Wänden, während mein Vater weiterhin in Sabbalon wohnte. Schließlich verkauften wir das Haus und zogen in eine sehr geräumige Wohnung.

Doch es sollte noch schlimmer kommen. Ich war elf Jahre alt, als sich meine Welt unwiderruflich änderte. Mittlerweile war der Wechsel zwischen Teheran und dem Dorf für uns schon zur Routine geworden. Ich ging sehr gern in meine Schule, die von italienischen Nonnen geleitet wurde; für die meist ausländischen Schüler diente Englisch als Unterrichtssprache. Ich als eine der wenigen iranischen Moslemstudentinnen brauchte keinerlei religiöse Studien zu treiben. Eines Tages holte mich meine Mutter in ihrem Wagen mit Chauffeur von der Schule ab. Sie wirkte besonders fröhlich, als sie mich umarmte und fragte: »Sousan, hattest du einen schönen Tag?«

Ich stürzte mich sofort in eine Geschichte über eine der strengeren Nonnen, bei der ich Unterricht hatte, doch sie hörte kaum zu.

»Sousan, ich bin heute beim Doktor gewesen. Womöglich hab' ich dir nichts davon gesagt, aber ich hatte seit einiger Zeit Schmerzen im Magen. Der Doktor jedenfalls meint, es sei ein Magengeschwür, kein Krebs. Die ganze Zeit über hab' ich gedacht, es könnte Krebs sein.«

Es war typisch für meine Mutter, daß sie, wie sich herausstellte, nicht einmal meinem Vater etwas davon erzählt hatte. Erst jetzt, nachdem die Gefahr vorbei war, erwähnte sie ihre Ängste. Allerdings teilte sie uns nicht mit, daß sie nicht ganz an die Diagnose Magengeschwür glaubte. Der Arzt, den sie konsultiert hatte, war der Mann einer guten Freundin von ihr, und die Hinzuziehung eines zweiten Arztes hätte eine Beleidigung dargestellt. Also tat sie nichts und sagte nichts.

Kurz darauf brachen wir auf, um den Sommer in Sabbalon zu verbringen. Nachdem wir ungefähr zwei Wochen dort waren, füllte sich das Haus wieder mit Freunden und Verwandten – insgesamt so um die dreißig Personen –, die ebenfalls während der Saison hier zu Besuch waren. Doch es sollte ein problematischer Sommer werden. Die jüngere Schwester meines Vaters kam bei einem fürchterlichen Autounfall ums Leben, und er verfiel in tiefe Depression. Für eine Weile kam wieder allgemeine Freude auf, als meine Mutter entdeckte, daß sie nach Jahren endlich wieder schwanger war; bald jedoch wurde deutlich, daß es ihr nicht sonderlich gut ging. Anfangs führte man die Magenschmerzen, die Übelkeit, das Übergeben und den Gewichtsverlust auf die Schwangerschaft zurück. Doch als wir für den Herbst nach Teheran zurückkehrten, brachte meine Tante Tootie, die Zahnärztin, meine Mutter dazu, einen zweiten Arzt zu konsultieren.

Die Familie mußte sich mit der schrecklichen Wahrheit vertraut machen: Sie hatte tatsächlich Krebs.

Ich gebe mir Mühe, die folgenden Monate für immer zu vergessen. Sie war gezwungen, eine Abtreibung vornehmen zu lassen, und obwohl die Ärzte eine Operation versuchten, blieb ihnen nur die Feststellung, daß es dafür längst zu spät war. Mein Vater und mein Onkel Fayegh brachten sie für weitere Tests und Operationen nach Europa, doch auch die fortschrittlichere westliche Medizin konnte kaum etwas für sie tun. Zwei Monate lang blieben sie in der Schweiz, auf der Suche nach irgendeiner Behandlungsmethode, doch schließlich mußten sie ohne jede Aussicht auf Hoffnung wieder heimfahren.

Ende März wurde deutlich, daß meine Mutter im Sterben lag. Für die letzten Wochen engagierte mein Vater zwei Krankenschwestern, die Tag und Nacht bei ihr blieben. Die Wohnung in Teheran begann sich mit Freunden zu füllen, die kamen, um Abschied zu nehmen. Oft konnte meine Mutter sie nicht empfangen, doch sie kamen trotzdem.

April ist ein wunderbarer Monat im Iran, voll zarten Frühlingsgrüns und einer wärmenden Sonne, die das Land noch nicht versengt. Ich war gerade vom Ballettunterricht ins Haus meiner Tante Tootie zurückgekehrt, wo mein Bruder und ich wohnten. Der Chauffeur sollte uns abholen, um uns zu unserer Mutter zu bringen. Als er nicht erschien, rief ich zu Hause an. Jemand nahm den Hörer ab, und ich konnte im Hintergrund den schmerzlichen Klang eines betenden Mullahs hören. Ich begann zu schreien. Die Stimme sollte verschwinden, denn ich wußte, was sie zu bedeuten hatte. Mein Bruder, zu klein, um meine ohnmächtige Wut zu verstehen, starrte mich mit großen Augen an. Als Ashraf, die Schwester meines Vaters, uns abholte, trug sie schwarz. Ich wollte sie schlagen, ihr diese schrecklichen Kleider vom Leib reißen. Irgendwie schafften sie es, mich in den Wagen und zu der Wohnung zu schaffen. Ich rannte hinein, vorbei an meinem Vater und meinen Onkeln und Tanten, direkt in das Schlafzimmer meiner Mutter. Das Bett war frisch gemacht. Ich vergrub mein Gesicht in ihrem Kopfkissen, warf mich dann in ihren Lieblingssessel. Ich war fast von Sinnen, ich schrie und weinte.

Mein Vater packte und schüttelte mich, aber ich konnte nur schluchzen.

»Warum hat sie uns verlassen? Sie hat uns doch so geliebt. Wie konnte sie uns da verlassen?«

Später gaben sie mir Beruhigungsmittel, die mich einschlafen ließen. Im Iran finden Beerdigungen ohne die Anwesenheit von Kindern statt. Iraner glauben, daß eine derartige Trauer Kinder fürs Leben zeichnen würden. Im April 1966 verschwand meine Mutter einfach aus meinem Leben.

Der Tod meiner Mutter stellte meinen Vater vor eine schwerwiegende Entscheidung, was meine Zukunft und die Zukunft meines erst sechsjährigen Bruders anbelangte. Im Iran sieht sich ein Mann ohne Ehefrau oft nicht in der Lage, sich richtig um kleine Kinder zu kümmern. Und im Fall meines Vaters mußten rein logistische Probleme überwunden werden. Er war für ein junges, allmählich ins Pubertätsalter kommendes Mädchen und einen kleinen Jungen verantwortlich, der kaum erkannte, was er verloren hatte. Sabbalon war nicht der richtige Ort, um zwei junge Menschen zu erziehen. Ich gab deutlich zu erkennen, daß ich nicht bei meiner Tante Tootie leben wollte, die angeboten hatte, uns aufzunehmen. Sie erschien mir kalt im Vergleich zu meiner Mutter, und ich war eifersüchtig auf die Liebe, die sie ihren eigenen Kindern zukommen ließ. Die einzige Möglichkeit bestand darin, mich auf eine Schule zu schicken.

Mein Vater überließ mir die Wahl. Ich konnte in ein Internat nach Frankreich gehen: Auf einer seiner letzten Reisen hatte er dort einige Schulen besucht und an einer Gefallen gefunden. Oder ich konnte zu einem meiner drei Onkel gehen, die zu der Zeit in Amerika lebten: Ardeshir, Amir oder Darius. Nach dem Tod meiner Mutter hatten sie einen Familienrat abgehalten und beschlossen, mich einzuladen, bei ihnen zu leben. Mein Bruder sollte folgen, sobald er etwas älter war.

Ich fühlte mich schrecklich zerrissen. Ich hatte damit gerechnet, daß ich eines Tages eine Schule im Ausland besuchen würde, da das alle meine Freundinnen und Cousinen taten. Aber ich fühlte mich noch nicht bereit dafür. Nordamerika gefiel mir nicht. Es schien so viel weiter weg zu sein als Frankreich, das ich als Mädchen besucht hatte und an das ich mich vage erinnerte. Doch in Amerika konnte ich wenigstens mit Familienangehörigen zusammensein. Ich beschloß, nach Ann Arbor, Michigan, zu gehen, wo mein Onkel Amir an der dortigen Universität Professor für Zahnmedizin war.

Am Morgen des 15. Juli 1966 brachen mein Vater, Onkel Fayegh, Tante Tootie, mein Bruder und ich zum neuen Teheraner Flughafen auf. Am Abend zuvor war mein Vater mit einem kleinen Geschenk in mein Zimmer gekommen. Es war eine Goldkette mit einer Goldmünze, in die das persische Symbol für Allah geprägt war.

»Hier, nimm das mit dir«, sagte er und legte mir die Kette um den Hals. »Du gehst in ein fremdes Land, ein Land, das sich sehr vom Iran unterscheidet. Es ist kein Moslemland, doch Allah wird stets bei dir sein. Du wirst nie aufhören, eine Iranerin zu sein. Wenn du unglücklich bist, kannst du jederzeit heimkommen.«

Als ich ins Flugzeug stieg, träumte ich bereits von meiner Heimkehr. Ich hatte keine Vorstellung, wohin ich ging. Amerika? Was war das? Dorthin waren meine Onkel vor Jahren verschwunden, um zu studieren. Von dort kamen all die Kataloge mit den neuesten Landwirtschaftsgeräten, den neuesten Autos, dem neuesten technischen Spielzeug, dem neuesten von *allem*. Das Flugzeug war ein schlanker, neuer Jet, der stolz die Farben Blau und Weiß der eigenen Fluggesellschaft des Irans trug. Es war ein neues Spielzeug, und es gehörte dem Iran. Als ich fortflog, war Amerika bereits im Iran gelandet, aber ich würde das erst nach meiner Heimkehr merken.

ZWEITES KAPITEL

Eine Jugend in Amerika

Der Apfel errötet
die Quitte wird gelb
vor lauter Sehnsucht und Begierde
und so lehrt uns der Garten
die Geschichte der Liebe.

FARROKHI

Das erste, was mir an Ann Arbor auffiel, waren die fehlenden Mauern um die Häuser herum. Wenn man wollte, konnte man einem Nachbarn direkt ins Wohnzimmer schauen und sehen, welches Fernsehprogramm er laufen hatte. Die Leute empfanden keine Notwendigkeit, ihre Besitztümer oder ihre Frauen zu verstecken, so wie es die Perser nach Jahrhunderten des Eroberns und des Erobertwerdens taten. Das frühe persische Großreich, gegründet im 7. Jahrhundert v. Chr. von Kyros dem Großen, hatte sich 330 v. Chr. den Mazedoniern unter Alexander dem Großen unterwerfen müssen, und die folgenden Jahrhunderte hatten eine ganze Parade von Dynastien gesehen. Wir wurden von den Türken erobert und von den Mongolenstämmen Dschingis-Khans überrannt. Kein Wunder, daß wir Mauern nicht nur zum Schutz unserer Gärten vor den Wüstenwinden bauten, sondern auch um unseren Besitz vor jenen zu verbergen, die ihn an sich reißen könnten. Hier in Ann Arbor boten sich weite Flächen gepflegten Rasens den Blicken der Neugierigen dar. Diese Gärten versteckten nichts und bargen kein Geheimnis, nicht wie die persischen Gärten, die den Besucher, der die ein persisches Haus umgebenden hohen Mauern überwunden hatte, stets überraschten.

Wir hatten im Iran gewisse Vorstellungen, wie Amerika sein könnte – und genau so war es auch. Zwei meiner Salman-Onkel, Amir und Ardeshir, lebten in Ann Arbor, der dritte, Darius, in Los Angeles; sie hatten sich alle einen auf Hochglanz polierten Teil des amerikanischen Traums gesichert. Amir, bei dem ich wohnte, war ein

Zahnarzt, der mit Aktien und Immobilien ein Vermögen gemacht hatte. Er wohnte in einem Luxushaus, ganz oben auf dem Hügel. Jedes Fleckchen Fußboden war mit den kostbarsten persischen Teppichen bedeckt, die genau nach Maß im Iran hergestellt und dann verschifft worden waren; die Wände – voller Bilder und Skulpturen – legten Zeugnis ab vom iranischen Kunsthandwerk. Schwere Silbertische und Dekorationen verliehen jeder Ecke Glanz. Amerikanische Diener hielten unter der strengen Aufsicht meiner Tante Soraya alles sauber. Ihre amerikanischen Freunde nannten es »das persische Schloß«.

Doch es waren all die technischen Spielereien in meinem neuen Leben, die mich reizten und die meine Neugier stets wach hielten. Ich drückte auf einen Knopf und stellte verblüfft fest, daß plötzlich Musikklänge den Raum füllten oder daß ich mit meiner Tante in der Küche sprechen konnte, obwohl ich mich im Schlafzimmer befand. Und ich konnte so viele heiße Duschen nehmen, wie ich wollte, ohne Angst haben zu müssen, daß das Wasser versiegte. Niemand schien sich über die Verschwendung von Elektrizität Gedanken zu machen. Selbst die reichen Leute in Teheran gingen ständig durchs Haus und schalteten nicht benötigte Lampen aus. Ich merkte, daß im Winter niemand daran dachte, Heizmaterial zu sparen; jeder Raum war so warm, daß man in Sommerkleidung herumlaufen konnte. In Teheran, der Hauptstadt einer ölexportierenden Nation, zogen die Reichen dicke Kleidung an, während die Armen ganz ohne Wärme auskommen mußten, von ihren kleinen Kochfeuern einmal abgesehen.

Meine Lieblingsausflüge führten mich in die Supermärkte, glitzernde Wunder, die all die Nahrung unter einem Dach enthielten, die man sich nur wünschen konnte. Es war nicht wie zu Hause notwendig, ein Dutzend kleiner Läden aufzusuchen. Und trotzdem warteten meine Onkel begierig darauf, daß Freunde und Verwandte ihnen aus dem Iran persische Süßigkeiten und Kaviar mitbrachten. Alle sechs Monate erhielten sie per Schiff eine spezielle Ladung langkörnigen persischen Reis. Für einen reichen Iraner war es unvorstellbar, bezüglich der Reisqualität Kompromisse einzugehen.

Trotz all dieser Luxusdinge war ich ein einsames Kind.

»Du bist hier bei uns, um eine gute Ausbildung zu erhalten«, sagte mein Onkel Amir zu mir kurz nach meiner Ankunft. »Und wir werden dafür sorgen, daß du eine gute Ausbildung bekommst. Wir fangen damit an, daß wir nur noch englisch mit dir sprechen.«

Sie hielten sich strikt an diese Regel. Ihre beiden Söhne Andy und Alex waren in den Vereinigten Staaten zur Welt gekommen und konnten kein Persisch. Von Anfang an fühlte ich mich durch meine mangelnden englischen Sprachkenntnisse isoliert und war nicht in der Lage, zum Ausdruck zu bringen, was für ein Heimweh ich hatte. Die Amerikaner, denen ich begegnete, kamen mir alle so distanziert vor. Im Iran küßten sich selbst vollkommen Fremde auf die Wangen, wenn sie einander vorgestellt wurden. Freunde umarmten sich bei der Begrüßung. Wie sollte ich mich an eine Gesellschaft gewöhnen, die sogar mit dem Händedruck äußerst sparsam umging?

Erhielt ich Briefe von zu Hause, versteckte ich mich für Stunden in meinem Zimmer und las sie wieder und wieder, um meine Bande mit dem Iran und meine Erinnerungen frisch und lebendig zu halten. Niemand brachte mir sonderlich viel Sympathie entgegen. Schließlich waren die meisten meiner Cousinen in genau der gleichen Situation. Bei meinem Onkel Amir und meiner Tante Soraya wohnten stets mindestens zwei oder drei iranische Kinder neben ihren eigenen Kindern. Sie betrachteten es als ihre Pflicht – was für Menschen aus dem Westen vielleicht schwer zu verstehen ist –, es den Angehörigen im weiteren Familienkreis zu ermöglichen, eine erstklassige Erziehung zu erhalten, die im Iran immer noch nicht möglich war, um sich so einen Platz in der Gesellschaft der Reichen zu erobern.

Als erstes sorgten mein Onkel und meine Tante für Termine bei Arzt und Zahnarzt, die mich von Kopf bis Fuß untersuchen sollten. Sofort bekam ich neue und wirkungsvollere Zahnspangen angepaßt; mein heutiges Lächeln verdanke ich meinem Onkel und meiner Tante. Dann kauften sie mir eine neue Garderobe, wobei ich mich wie Aschenputtel fühlte, die ihrer guten Fee begegnet war. Ich hätte dankbar sein müssen, doch ich weinte mich jede Nacht in den Schlaf. Ich wollte zurück in den Iran.

Im Herbst kam ich auf die Junior Highschool, in die siebte Klasse; mein Englisch hatte sich durch die Übungen im Sommer nur leicht verbessert. Als einzige ausländische Schülerin wurde ich zu einer bemerkenswerten Kuriosität. 1969 schien Vietnam das einzige fremde Land zu sein, das die Studenten kannten, und auch das sahen sie durch den Zerrspiegel des Krieges. Vom Iran hatten sie noch nie etwas gehört, und selbst meine Lehrer hatten keine Ahnung, wo sie auf der Karte danach suchen mußten. Ein Student, der sich die Mühe machte, sich mit mir zu unterhalten, fragte mich, ob ich aus dem Land käme, »wo die Leute in Zelten in der Wüste hausen«. Amerikaner wußten überhaupt nichts von dem Land, dessen Name nur ein Jahrzehnt später Furcht und Haß auslösen sollte.

Zu Hause war ich in anderer Beziehung eine Fremde. Meine Tante, eine große Blondine mit feinen Gesichtszügen, die als Kind russischer Eltern im Iran zur Welt gekommen war, führte den Haushalt mit einer Präzision, die kaum Platz ließ für einen sehnsüchtigen, schmachtenden Teenager. Wir hatten Anweisung, sofort nach Schulschluß nach Hause zu kommen; an Wochentagen gab es kein Fernsehen; ich durfte außerhalb des Hauses keine Jeans tragen, auch weder Lockenwickler noch Bademantel außerhalb des Badezimmers; Make-up war verboten. Verabredungen mit Jungs waren vor Erreichung meines 14. Lebensjahres ebenfalls verboten, und auch dann durfte ich mich nicht mit iranischen Jungs treffen, denn die in unserer Nähe lebenden Iraner waren alle einige Jahre älter als ich und hätten mich von meinem Ziel – wie eine Amerikanerin auszusehen und zu klingen – abbringen können. In meinem ersten Jahr besuchte ich jeden Tag nach der Schule einen Privatlehrer zur Verbesserung meiner Englischkenntnisse. Mehrmals wöchentlich besuchten Andy und ich außerdem noch eine Art Benimmschule, wo wir lernten, anständig zu sitzen, mit Messer und Gabel umzugehen und mit guter Haltung zu laufen und zu tanzen. Mein Onkel und meine Tante waren entschlossen, uns das Beste angedeihen zu lassen, was Amerika zu bieten hatte. Doch keiner von uns vergaß auch nur für einen Augenblick, daß wir die Amerikaner nur deswegen imitierten, um bessere Iraner zu werden.

Nach einem Jahr wurde mein Bruder Cyrus in die Vereinigten Staaten geschickt, um dort zur Schule zu gehen. Mit seinen sieben Jahren wurde er ganz allein in die Maschine nach England gesetzt. Mein Onkel Kurosh hatte geschäftlich dort zu tun und sollte ihn am Flughafen abholen, bevor er ihn dann am nächsten Morgen in die Anschlußmaschine nach Detroit setzte. Da er kein Englisch sprach, trug Cyrus ein großes Blatt Papier an einer Kordel um den Hals, auf dem nützliche Fragen auf englisch und persisch standen (»Wo ist die Toilette, bitte? Könnte ich ein Glas Wasser haben, bitte?«). Als er in England ankam, verspätete sich mein Onkel unglücklicherweise um einige Stunden, und so saß der Junge ganz allein am Flughafen und frage sich, ob man ihn schlicht vergessen hatte.

Nachdem er sicher in Ann Arbor angekommen war und seinen Tränen freien Lauf lassen konnte, erzählte er mir: »Es war so eine furchtbar lange Zeit, und niemand kam mich abholen. Ich dachte, sie wollten mich bloß loswerden, deswegen hatten sie mich so weit fortgeschickt.«

Armer kleiner Kerl. Und anstatt daß er nun wie geplant mit mir zusammen in Ann Arbor leben konnte, schickten sie ihn weiter nach Los Angeles, da die Kinder meines Onkels Darius altersmäßig besser zu ihm paßten als wir drei bei Onkel Amir lebenden Kinder. Gegen Ende des Sommers wurde er wieder losgeschickt, allein und verängstigt; das gleiche Blatt Papier baumelte vor seinem Hals. Der Kulturschock so kurz nach dem Tod seiner Mutter löste bei ihm später sehr ernsthafte psychische Probleme aus. Das Schlimmste für ihn war, daß er zu einer Familie zog, wo kein Wort persisch gesprochen wurde: Die Frau meines Onkels war in Amerika geboren worden. Ungefähr sechs Monate nach seiner Ankunft wachte er eines Morgens auf und stellte fest, daß er ganz plötzlich persisch weder verstehen noch sprechen konnte. Das hat sich bis zum heutigen Tag nicht geändert; wenn wir jetzt irgendein Familientreffen haben und persisch gesprochen wird, dann muß einer von uns ihm das Gespräch übersetzen.

Ich wuchs heran, eine merkwürdige Mischung zwischen Iranerin und Amerikanerin.

Als ich sechzehn war, verkündete Onkel Amir beim Essen: »Es ist an der Zeit, daß du in diesem Sommer einen kurzen Besuch zu Hause abstattest. Dein Vater möchte dich sehen.«

Zu Hause. Das Dorf. Mein Vater. Endlich wurde ich freigelassen. Amerika hatte alle Bequemlichkeiten, alle nur denkbaren Konsumgüter, die beste Unterhaltung und Erziehung, doch ich wollte nichts weiter als die trockene, heiße Sommerluft des Irans atmen und mich in die lärmende, emotionale Umarmung meiner Landsleute stürzen. Ich wollte zurück – und wenn es sich irgendwie machen ließ, wollte ich nie wieder fortgehen.

Dieser Sommer im Iran, den ich hauptsächlich in Sabbalon verbrachte, war ein einziger Zauber. Verwandte verbrachten den Sommer bei uns, einschließlich mehrerer Cousinen von mir, die von überall auf der Welt verstreuten Schulen heimgekehrt waren. Selbst Seemin, die Tochter eines Generals und meine beste Freundin aus Kinderzeiten, die viele Sommer mit mir zusammen in Sabbalon verbracht hatte, kam aus Teheran zu Besuch. Jeder Tag schien ein einziges Fest zu sein. Mein Vater prahlte mit seinem Wein, die Köche servierten Delikatessen, die ich so lange vermißt hatte, und die Nächte waren angefüllt von den Klängen der Musikinstrumente, während mein Vater Gedichte der großen Poeten vortrug. Es war so, wie es immer gewesen war, mit Seemin an meiner Seite, doch es gab auch Anzeichen von Veränderung. Wenn jetzt die Fahrer meines Vaters Seemin, meine Cousinen und mich nach Rezayeh brachten, fanden wir dort Diskotheken und Bars vor, die auch von Frauen besucht werden durften. Meine weiblichen Verwandten, bei weitem nicht so streng wie meine Tante Soraya, ermutigten mich sogar, meine neuen amerikanischen Kleider anzuziehen. Wir konnten frei in unseren Minis oder Shorts herumspazieren. Die Leute starrten uns an und warfen uns gelegentlich finstere Blicke zu, aber wir waren gerade frisch aus dem Ausland zurück oder von Teheran gekommen, hatten dort die neuesten Trends aufgeschnappt und kümmerten uns nicht darum. Wir hatten das Gefühl, die Vorhut von Wandel, Spaß und Modernisierung zu sein. Mit wehenden Haaren und stolz entblößten Beinen eine Straße in einem Moslemland entlangzugehen, das gerade erst vor knapp dreißig Jahren den Tschador verbannt hatte – das war fast unvorstellbar.

Aber ich war zu jung und meine Zeit zu befristet, um mehr als nur einen verschwommenen Schnappschuß von dem Iran mitzubekommen, der während meiner Abwesenheit allmählich Gestalt angenommen hatte. Bald war ich wieder in den Vereinigten Staaten, mußte mich der Disziplin und den Vorschriften meines Onkels beugen und mich bemühen, mich einer fremden Kultur anzupassen, die ich gleichzeitig bewunderte und ablehnte. Als ich schließlich achtzehn war, wurde ich auf ein privates Kunst-College geschickt, Woodberry in Los Angeles, wo ich Design studierte, ein Gebiet, für das ich mich schon immer interessiert hatte. Zum erstenmal während meines Aufenthaltes in den Vereinigten Staaten spürte ich, was es hieß, frei zu sein und kommen und gehen zu können, wie es einem gefiel. Im Hause meines Onkels Darius ging es viel lockerer zu als bei Onkel Amir, und bald hatte ich eine Menge Freunde, vor allem unter den zahlreichen iranischen Studenten in der Stadt. Unter dem Schah waren Mittel bereitgestellt worden, die es auch Studenten der unteren und mittleren Schichten ermöglichten, im Ausland zu studieren; viele hatten diese Möglichkeit genutzt. Sie schlossen sich den Hunderten von reichen Studenten an, die von ihren Eltern in die USA geschickt worden waren, um in Stanford oder an der UCLA ihre Ausbildung zu beenden.

Ich liebte Los Angeles. Das Klima erinnerte mich an zu Hause. Ich war alt genug, um die Freiluftparties zu genießen, die fröhlichen Gesellschaften am Swimmingpool und das Nonstop-Nachtleben. Die revolutionären Aussteiger, die sich mit lokaler Studentenpolitik beschäftigten, waren mir fremd: Ich hatte nichts gemein mit Studenten, die barfuß herumspazierten und die Haare zu Zöpfen geflochten hatten, ganz gleich, ob sie männlich oder weiblich waren. Ich trank keinen Alkohol und interessierte mich nicht für Drogen. Ich war immer noch mehr Iranerin als Amerikanerin, und meine Interessen waren die einer wohlerzogenen Debütantin: Mode, Sport und junge Männer.

Eines Tages sagte eine Freundin zu mir: »Hör mal, Sousan. Du mußt mit mir zu einer Vorlesung an der UCLA kommen. Ein Professor dort spricht ganz großartig über den Iran. Er erzählt uns alle möglichen Sachen – Sachen, von denen uns unsere Eltern nichts sagen.«

Zu der Zeit war ich bereit, alles Neue auszuprobieren, überall Besuche zu machen und mit jedermann zu reden. Ich konnte nun meiner jahrelang streng gezügelten Neugierde freien Lauf lassen. Warum sollte ich nicht zur UCLA gehen? Außerdem mochte ich die iranischen UCLA-Studenten, die ich kennengelernt hatte. In ihrer lockeren, freundlichen Gesellschaft fand ich ein bißchen von der Wärme wieder, die mir in meinem Leben fehlte.

An diesem Nachmittag besuchten wir eine Vorlesung über die Verhältnisse der Gegenwart im Iran, gehalten von einem Professor, der erst kürzlich das Land besucht hatte. Er sprach über das bäuerliche Feudalsystem und über die großen, privaten Landbesitzer, wie mein

Vater einer war, die trotz der Reformen immer noch einen Großteil des Landes kontrollierten und in ihren Dörfern wie mittelalterliche Herrscher regierten. Dann erklärte er uns, daß 70% des Volkes weder lesen noch schreiben konnten, daß die meisten in absolut unwürdigen hygienischen Verhältnissen lebten und daß der Iran von zweihundert mächtigen Familien regiert wurde, die es auf die eine oder andere Weise geschafft hatten, den gesamten Reichtum der Nation an sich zu reißen. Beide Seiten meiner Familie konnte man zu diesen zweihundert Familien rechnen.

Es war das erstemal, daß ich einige kritische Bemerkungen darüber hörte, wie mein Land regiert wurde. Der Professor zeigte Dias von armen Iranern – ihre Bauernkleidung dreckig und zerrissen –, wie sie sich in ihren Lehmziegelhäusern drängten. Diese Bilder schockierten mich. Im Vergleich dazu ging es den Bewohnern des Dorfes meines Vaters sehr viel besser. Ich hätte gern etwas für sie getan, doch gleichzeitig war mir durchaus bewußt, daß allein schon meine Unwissenheit bewies, wie fern ich ihrem Leben war. Ich faßte den Entschluß, nach meiner Rückkehr dem Beispiel meiner Verwandten zu folgen. Wann immer die Salmans einen lukrativen Vertrag abschlossen oder die Azadis eine gute Ernte hatten, widmeten sie einen Teil des Gewinns wohltätigen Dingen. Meine Tanten achteten stets sehr sorgfältig darauf, daß ihre Diener und deren Verwandten alles hatten, was sie benötigten. Bei jedem Unglück in einer Dienerfamilie spendeten meine Onkel und Tanten Trost und finanzielle Unterstützung, bis das Problem überwunden war. Doch selbst als meine Augen und mein Herz der neuen, rauheren Seite des Irans gegenüber geöffnet wurden, stellte ich etwas so Grundsätzliches wie mein Recht, reich zu sein und Diener zu haben, nicht in Frage. Ich mußte allerdings feststellen, daß es genau das war, was die radikaleren Studenten von mir verlangten. Nach der Vorlesung unterhielten sich die Studenten in der Cafeteria über den Schah.

»Er ist korrupt und bestiehlt sein eigenes Volk. Er unterdrückt die Pressefreiheit«, sagte ein junger Mann.

Für mich war es ein Schock, daß ein Student, dessen Stipendium vom Schah bezahlt wurde, sich so bitter über ihn äußerte. Bis jetzt hatte ich gelernt – wie alle anderen braven Studenten auch –, im gleichen ehrfürchtigen Ton vom Schah zu sprechen wie von Gott oder vom Vaterland. Die drei bildeten zusammen ein unzerstörbares Dreieck der Autorität.

Ein anderer Student erklärte uns: »Wir stehen auf einer Liste, versteht ihr? Jeder Student, der zu diesen Versammlungen geht, kommt auf die Liste der Savak.«

Wann immer das Gespräch auf den gefürchteten Geheimdienst des Schahs kam, wurden die Studenten nervös. Das Gerücht ging um, daß jeder Student, der an einer Anti-Schah-Demonstration in den Vereinigten Staaten beteiligt gewesen war, sofort nach Betreten von iranischem Boden verhaftet werden sollte. Manchmal bekam ihn seine Familie nie wieder zu Gesicht oder fand auch nur heraus, was mit ihm geschehen war. Schlimmer noch, die Familie wurde offiziellem Druck ausgesetzt, entweder bei der Arbeit oder durch Regierungsdienstleistungen, die plötzlich nur noch sehr verzögert geleistet wurden. Die Geschichten waren zweifelsohne übertrieben, aber doch so weit verbreitet, daß sie gewisse Befürchtungen in meiner Familie auslösten, vor allem bei den Salmans, die weitverzweigten Besitz im Iran und viele Regierungskontrakte hatten.

Die anderen Studenten hielten mich für naiv. Sie wünschten radikalen Wandel im Iran. Obwohl die Professoren selbst nicht politisch motiviert waren, hofften die iranischen Studentengruppen, die diese Diskussionen veranstalteten, daß sie Leute wie mich allmählich politisieren könnten, indem sie ihnen die Armut und die Ungleichheit im Iran vor Augen führten. Sie wollten, daß wir nach Hause gingen und Reformen forcierten: Freiheit der Presse, die Ächtung der Savak, die Zulassung einer echten politischen Opposition und eine Beschneidung der übermächtigen Herrschaftsbefugnisse des Schahs. Der Schah regierte nach der Charta von 1906/07, nach der eine konstitutionelle Monarchie mit weitreichenden Befugnissen errichtet worden war. Er konnte Kabinette berufen und entlassen ebenso wie höchste Militärs und sogar Staatsanwälte. Je nach Lust und Laune konnte er das Parlament einberufen oder auflösen und Gesetze für ungültig erklären, die ihm nicht paßten. Ich war damals nicht der Meinung, daß der Schah über zuviel Macht verfügte – meine ganze Familie bestand aus überzeugten Monarchisten –, fühlte mich aber gleichzeitig fasziniert davon, wie unterschiedlich unser König beurteilt wurde. In den Augen vieler Studenten war er eine machthungrige Puppe in den

Händen ausländischer Staaten und hatte die Verbindung zu seinem Volk längst verloren. Obwohl ich nur einige wenige dieser kontroversen Vorlesungen besuchte, wußte meine Familie bald schon Bescheid, daß ich mich mit radikalen iranischen Studenten eingelassen hatte.

Die Art und Weise, wie sie es erfuhren, sagt sehr viel über die iranischen Männer und die iranische Gesellschaft aus. Kurz nach meiner Ankunft in Los Angeles hatte ich einen engen Freund meiner Familie, einen dreißigjährigen verheirateten Mann, getroffen. Auf iranische Weise war er sehr freundlich, doch merkte ich schon bald, daß er sich bemühte, viel Zeit in meiner Nähe zu verbringen, vor allem wenn ich allein im Haus war. Meine Erfahrungen mit Männern beschränkten sich auf die Aufmerksamkeiten eines einzigen iranischen Teenagers, der schwor, daß er mich liebte, und dann eine andere heiratete. (Er erklärte mir, er sei zu der Ehe gezwungen worden, weil die Frau gesagt hatte, sie sei schwanger.) Ich brauchte lange, bis ich bemerkte, daß die Aufmerksamkeit des Mannes ungewöhnlich war.

Eines Tages, als wir allein im Haus meines Onkels waren, besaß er die Kühnheit zu sagen: »Sousan, ich liebe dich und will dich besitzen.«

Schockiert starrte ich ihn an. »Aber du bist für mich wie ein Bruder. Und was ist mit deiner Frau? Du bist verheiratet.«

»Sie ist mir egal. Ich werde mich scheiden lassen. Ich möchte dich heiraten.«

Ich konnte ihn mit Mühe abwehren, als er mich zu küssen versuchte, doch bevor er ging, sagte er, ich solle über seinen Antrag nachdenken, er würde wiederkommen. Ich war zu verängstigt, um irgend etwas zu meinem Onkel zu sagen. Ich hoffte, den Mann nicht mehr zu sehen. Doch so einfach ging die Sache nicht ab. Er drängte sich mir einige weitere Monate auf, und als schließlich deutlich wurde, daß ich nicht seine Geliebte werden würde, sagte er: »Ich warne dich, Sousan. Ich will dich haben. Und wenn nicht, dann werde ich deinen Onkeln einige Dinge erzählen, die sie veranlassen werden, dich von hier wegzubringen.«

Zuerst nahm ich diese Drohung nicht ernst. Was konnte er meinen Onkeln schon Schreckliches sagen? Einen schwachen Punkt kannte ich. Mein Onkel Amir machte sich bereits Sorgen, daß meine Noten in diesem Semester nicht gerade die besten waren. Wenn er hörte, daß ich meine Zeit verschwendete, würde er mich nach Ann Arbor zurückbeordern. Ich widerstand weiterhin meinem unerwünschten Anbeter, fühlte mich aber gleichzeitig in der typisch iranischen Frauenrolle so schuldbewußt und hatte so viel Angst, in einer dieser Situationen überrascht zu werden, daß ich niemandem von meiner Zwangslage erzählte.

Bald darauf erhielt ich einen Anruf von meinem Onkel Amir.

»Sousan, ich bin sehr von dir enttäuscht. Wie konntest du uns das antun, nach allem, was wir für dich getan haben? Deine Noten sind schrecklich, und jetzt höre ich, daß du deine Zeit damit zubringst, dich mit einem Haufen Radikaler herumzutreiben und dich in Schwierigkeiten zu bringen. Wenn deine Noten in diesem Semester nicht auf dem Niveau von A oder B sind, dann wirst du in den Iran zurückgeschickt. Wir haben für dich getan, was wir konnten. Und das ist nun der Dank.«

Natürlich ahnte ich, woher mein Onkel seine Informationen hatte, aber nun war es zu spät, um ihm von meinem aggressiven Freier zu erzählen. Er würde mir niemals glauben. Ich arbeitete hart in diesem zweiten Semester, doch nachdem ich so viele Unterrichtsstunden versäumt hatte, konnte ich mich nicht verbessern, obwohl ich jetzt zum erstenmal in meinem Leben nicht mehr den Wunsch hatte, nach Hause geschickt zu werden. Die Vereinigten Staaten schienen in jeder Beziehung die beste Ausbildung anbieten zu können. Wo sollte ich im Iran Design studieren? Und wo sollte ich im Iran leben? Im Dorf meines Vaters gab es nach Sonnenuntergang nichts mehr zu tun. Plötzlich packte mich die Furcht, all die Dinge zu verlieren, die in Amerika für mich selbstverständlich geworden waren.

In meinen Semesternoten hatte ich eine Menge Cs. Ohne jede weitere Diskussion wurden die Vorbereitungen für meinen Rückflug nach Ann Arbor getroffen, wo ich meine Sachen packen sollte. Kurz bevor ich Los Angeles verließ, besuchte mich mein hartnäckiger Verehrer.

»Du mußt nichts weiter tun, als mich zu heiraten, dann kannst du hier bleiben«, sagte er. »Ich habe dir doch gesagt, daß ich einiges in Bewegung bringen könnte, und habe es dir jetzt bewiesen.«

Ich rannte aus dem Zimmer.

Ich blieb nur eine Woche in Ann Arbor. Obwohl nicht darüber gesprochen wurde, spürte ich die Enttäuschung, die mein Onkel und meine Tante empfanden: Ich war der einzige Fehlschlag, den sie in all den Jahren, in denen sie anderer Leute Kinder aufgezogen hatten, erlitten hatten. Mein Vater war nicht einmal konsultiert worden. Diese Entscheidung war ganz allein von den Salman-Onkeln getroffen worden, die für meinen Unterhalt aufkamen.

Einmal versuchte ich ihnen von meinem Möchtegern-Liebhaber zu erzählen, aber wie erwartet glaubten sie mir nicht. Vielleicht waren sie auch zu diesem Zeitpunkt bereits so enttäuscht, daß sie gar nicht mehr zuhörten. Wären meine Noten gut gewesen, dann hätte man vielleicht andere Dinge übersehen können. Doch die iranische Elite hängt am Karrieredenken. Ihre Mitglieder betrachten Erziehung und Ausbildung als eine Investition für die zukünftige Stärke der Familie, selbst bei Frauen, von denen erwartet wird, daß sie heiraten und von Männern versorgt werden. Die Ausbildung ist ein Teil der Mitgift, die eine Frau für einen potentiellen Ehemann attraktiver macht.

Damals wußte ich noch nicht, daß mein Onkel und meine Tante mich nur für kurze Zeit nach Hause schicken wollten, um mich einzuschüchtern; dann sollte ich, höchstwahrscheinlich weniger widerspenstig, zurückkehren. Doch ihr Plan wurde niemals Wirklichkeit. Kaum war ich wieder im Iran, wurde ich vom Strudel dieses neuen, vor Ölreichtum strotzenden Landes erfaßt; ein Iran, der sich im eigenen Stolz sonnte, ein Iran, der emporgewirbelt wurde von dem eigenen Drang, das Beste schneller zu haben als irgend jemand sonst auf der Erde.

DRITTES KAPITEL

Das falsche Juwel

Oh trage mich, trage mich,
herzerwärmende Hoffnung,
in die Stadt,
wo Verse und Leidenschaften blühen.

FORUGH FARROKHZAD

An einem strahlenden, trockenen, heißen Julitag landete ich in Teheran. Ich war achtzehn Jahre alt und fühlte mich wie eine Frau, die in
ein Land zurückkehrt, das sie nur als Kind gekannt hatte. Als wir vom
Flughafen zurückfuhren, bemerkte ich am Nordtor der Stadt einen
hohen, eleganten Turm, der direkt vor uns aufragte. Wunderschöne
Kacheln bedeckten die zarten Bögen.

»Was ist das?« fragte ich meinen Vater, der mit einigen meiner engsten Verwandten zu meiner Begrüßung gekommen war.

»Oh, das ist der Schahyad, der Tribut des Königs an die persische
Monarchie«, sagte er. »Ich denke, das Land kann sich jetzt solche
Monumente leisten.«

In diesem Jahr entstand das Image des reichen Persers. In letzter
Zeit war der Iran stetig gewachsen, genährt von den sprudelnden Öl-
quellen in den Wüstenregionen, beleuchtet von den lodernden Gas-
fackeln. Doch der im Oktober dieses Jahres stattfindende kurze, aber
heftige arabisch-israelische Krieg machte uns über Nacht reich. Um
den ägyptischen Angriff auf Israel zu unterstützen, schloß sich der
iranische Schah mit den arabischen Staaten zu dem Ölkartell OPEC
zusammen, der Organisation der ölexportierenden Länder, als Waffe
gegen die Alliierten der Israelis gedacht. Das Kartell verhängte ein
Embargo gegen die israelischen Freunde, und der Rohölpreis stieg
dramatisch. Über Nacht stieg das jährliche Einkommen des Irans
durch den Verkauf dieses kostbaren Rohstoffs von 5 auf 20 Milliarden Dollar. Dieser Reichtum kam unglaublich überraschend für ein
Land, das jahrhundertelang arm gewesen war und dessen Ölfelder

bis in die fünfziger Jahre hinein fest in ausländischen Händen gewesen waren. Es war der Beginn schwindelerregender Zeiten, sowohl für mein Land als auch für mich. Die Zukunft hatte, genau wie die Wüste, einen Horizont, der sich zurückzog, je weiter man auf ihn zuging.

Es ließ sich nicht bestreiten, daß ich in Wahrheit von der Salman-Seite meiner Familie aus den Vereinigten Staaten hinausbefördert worden war. Ich hatte dem Familienideal nicht entsprochen. Ich hatte schlechte schulische Leistungen erbracht und meiner Familie Schande gemacht, indem ich mit der falschen Sorte iranischer Studenten verkehrte. Meine eigenen Verwandten in den Vereinigten Staaten hatten mich dadurch recht deutlich zurechtgewiesen, daß sie mich in den Iran zurückschickten. Ich hatte düstere Vorahnungen, daß man mich bei meiner Rückkehr verleumden würde. Ich täuschte mich nicht. Gerüchte über meine Rauschgiftsucht und meine wahrscheinliche Schwangerschaft waren mir bereits vorausgeeilt, obwohl nichts weiter von der Wahrheit entfernt sein konnte als das. Doch im Iran reichten Gerüchte aus, um mich zu verurteilen. Schließlich war ich eine Frau, von der erwartet werden durfte, daß sie ein so makelloses Leben führte, daß nicht mal irgendwelcher Klatsch mit ihr in Verbindung gebracht werden konnte. Männer mußten nicht nach diesen Vorschriften leben. Doch ich muß gestehen, daß zu dieser Zeit selbst ich diesen doppelten Maßstab nur allzu bereitwillig akzeptierte. Ich glaubte, daß es irgendeine verborgene Indiskretion gegeben haben mußte, wenn sich Gerüchte um eine Frau rankten, obwohl mein eigener Fall mir doch bewies, wie falsch eine derartige Annahme sein konnte.

Obwohl mein Vater so herzlich und liebevoll wie immer war, bemühten sich meine anderen Verwandten, so wenig Kontakt wie möglich mit mir zu haben. Die peinliche Frage tauchte auf, wo ich wohnen sollte. Der Familienzweig meiner Mutter war nicht daran interessiert, mir ein Zuhause in Teheran zu bieten, und sowohl mein Vater als auch ich waren der Meinung, daß das Dorfleben für mich eine harte Strafe wäre. Entsprechend den gesellschaftlichen Regeln konnte ich nicht allein in Teheran leben, selbst wenn eine Bedienstete die ganze Zeit über bei mir gewesen wäre. Schließlich kam mein Vater mit seiner Schwester Ashraf, einer pensionierten Schulleiterin und Witwe, die für einige zusätzliche Mieteinnahmen dankbar war, zu einer Einigung.

Die folgenden drei Monate waren wohl die furchtbarste Zeit meines Lebens. Obwohl sie es gut meinte, war meine Tante sehr autoritär. Ashraf, eine gebildete, weitgereiste Frau mit kastanienbraunem Haar, war die weibliche Intellektuelle der Familie. Ihre Töchter und Nichten hänselte sie stets damit, daß sie auf Europareisen ihre Zeit mit Kleiderkäufen verschwendeten.

»Und was ist mit den Museen, den Kunstgalerien? Ihr habt nichts anderes als Einkäufe im Kopf«, klagte sie, nicht immer gutherzig.

Schon bald wurde mir klar, daß ich mit ihr nicht zusammenleben konnte. Nachdem ich mich in einem privaten College für englische Sprache eingeschrieben und die Bedenken meines Vaters überwunden hatte, zog ich in eine nahegelegene Pension, in der Studenten und Arbeiter von außerhalb der Stadt wohnten, die eine vorübergehende Unterkunft in der Stadt brauchten. Wieder einmal mußte ich mit einem Ultimatum zurechtkommen: entweder bessere Noten oder Rückkehr ins Dorf.

Was für Chancen hatte ein Mädchen der Oberschicht in meinem Alter im Iran des Jahres 1973, dem Jahr der großen wirtschaftlichen Befreiung? Wir durften nicht arbeiten, falls man unter Arbeit verstand, einfach irgendeinen Job anzunehmen. Nach und nach wurde hingenommen, daß eine Frau als Zahnärztin wie meine Tante Tootie oder als Ärztin wie einige meiner Cousinen arbeitete. Sollten wir allerdings nicht soviel Talent besitzen, dann unterstützten uns unsere Väter, Brüder, Onkel oder Ehemänner. Es war unvorstellbar, daß wir ganz für uns allein lebten, deshalb würde ich dem Befehl meines Vaters Folge leisten und ins Dorf zurückkehren müssen, falls ich in der Schule keine guten Leistungen brachte.

Es gab noch eine andere Möglichkeit, und bald schon wurde deutlich, daß beide Seiten der Familie darin die beste Chance sahen, einen familiären Problemfall loszuwerden. Ich sollte heiraten, so schnell wie möglich, den erstbesten in Frage kommenden Mann.

Ich war mir dieser Pressionen nur zu bewußt; ich reagierte äußerst empfindsam auf jede Zurückweisung, auf jedes Anzeichen von Kälte von seiten meiner Verwandten. Manche luden mich aus Mitleid in ihr Haus ein und gaben sich dann viel Mühe, mich während meiner Anwesenheit zu ignorieren. Es war eine große Schande, daß eine Familienangehörige der Salmans, denen eine der reichsten Baufirmen der Stadt gehörte, gezwungen war, in einer Pension zu leben, weil niemand sie aufnehmen wollte. Kein Außenstehender und nur wenige Familienmitglieder erfuhren überhaupt, wohin ich gegangen war. Ich wurde in der Beziehung noch schweigsamer, wenn eine der wenigen eingeweihten Cousinen zu mir sagte: »Paß bloß in der Pension auf, in der du wohnst. Ich habe gehört, sie sei voll von Prostituierten. O ja, sicher, sie behaupten, Studentinnen oder Sekretärinnen zu sein, aber jeder weiß natürlich Bescheid. Warum sonst würden sie ganz allein in Teheran leben?«

Obwohl ich wegen meines Status sehr deprimiert war, lernte ich allmählich die aufregende Stadt kennen, die Teheran während meiner Abwesenheit geworden war; eine Metropole von viereinhalb Millionen Einwohnern, die sich von den Hügeln der Alborz-Berge im Norden sanft bis in die Ebene erstreckte. Mit all den neuen Hotels, den Hochhäusern, den Bauprojekten und den sich in unterschiedlichen Stadien der Vollendung befindenden Straßen konnte man gut und gern behaupten, daß das Baugewerbe wahrscheinlich das größte Geschäft in der Stadt war. Die jungen Pappeln, die zu pflanzen Reza Khan seinen Soldaten in den Jahren nach 1930 befohlen hatte, als die Stadt gerade 35 000 Einwohner zählte, waren inzwischen groß geworden; ihre Blätter spendeten den breiten Boulevards Schatten, und das Wasser, das in Kanälen von den Bergen und über die Rinnsteine zu beiden Seiten jeder Straße floß, erzeugte Tag und Nacht ein besänftigendes Rauschen.

Die Reichen lebten auf den Hügeln in großen Herrenhäusern, die von massiven Mauerwällen umgeben waren, hinter denen sich duftende Gärten, Obsthaine und Swimmingpools verbargen. Die Mittelklasse wohnte etwas tiefer, und die ganz Armen hausten im heißen, staubigen Südteil der Stadt, unterhalb der Eisenbahnlinie, die als Grenze fungierte, direkt neben dem gewaltigen Behesth-Zahra-Friedhof, wo die Toten der Reichen, der Armen und der Mittelklasse begraben wurden. Regnete es, dann verwandelte sich der erfrischende Schauer, der die Gärten im Norden netzte, in einen Sturzbach, der den Abfall die Rinnsteine entlang schwemmte, bevor er sich schließlich in den ärmsten Quartieren zur Flut auswuchs. Der Basar mit seinen gewundenen, überdachten Gassen befand sich im Zentrum der Stadt, aber in den ersten zwanzig Jahren meines Lebens bekam ich ihn nie zu Gesicht; es gab auch keinen Grund, weshalb ich mich hätte südlich der belebten Einkaufsstraßen wagen sollen, um das Teheran der armen Leute zu sehen, wo sich Schafe, Hühner und kleine Händler den Platz in den überfüllten Straßen teilten.

Zusammen mit meinen alten Freundinnen Seemin und Yossi begann ich die neuen Discos, Nachtclubs und Restaurants zu besuchen: jede Woche schien ein neues Lokal aufzumachen, um die wachsende Anzahl junger Leute mit Geld aufnehmen zu können, die westliche Gewohnheiten angenommen hatten. Die beliebtesten Treffpunkte dieser Saison waren zwei glitzernde Privatdiscos mit den Namen »Key Club« und »Cheminee Club«. Doch am exklusivsten und erstrebenswertesten war der »Royal Club«, ein großer Komplex im Herzen der Stadt, wo man speisen, spielen und sich sportlich betätigen konnte. Neben Tennisplätzen, Pferdeställen, Golf und anderen Sportarten hatte der Club eines der besten Restaurants der Stadt zu bieten, wo man im Freien um den Swimmingpool herum sitzen konnte. Nachts trieben Kerzen- und Blumenarrangements über die Wasseroberfläche des Pools. Ein paarmal im Jahr, wenn die französischen Couturiers ihre neuesten Modelle herausbrachten, ließ der Club Models und Kleider für eine intime Show am Pool einfliegen.

Das Hauptclubhaus besaß mehrere Speisesäle mit unzähligen überflüssigen Kellnern in schwarzer Krawatte und weißen Handschuhen. Der große Empfangsraum war einem typischen englischen Club – oder was man dafür hielt – nachempfunden, mit schweren Ledersesseln, Jagdstichen mit den allergrünsten Wiesen, ja sogar ein Elchkopf hing über einem massiven Steinkamin. Vom Schmuck einer anderen Kultur umgeben, fiel es einem schwer, nicht zu vergessen, daß sich direkt im Süden der Stadt die Wüste flach und ohne jegliche Verheißung erstreckte.

An den Nachmittagen pflegten die Reichen, die Prominenten und jene, die nur ihre Schönheit vorzuweisen hatten, zur Cocktailstunde aufzutauchen, einer Art Vorspiel für das abendliche Dinner. Nachdem sie den größten Teil des Tages bei der Maniküre, der Pediküre und der Kosmetikerin verbracht hatten, tauchten die Frauen in ihren neuesten Modellkleidern von Dior und Chanel auf – ihre Ehemänner, Väter oder Liebhaber hatten den Einkaufstrip nach Paris bezahlt. Was die Männer anbelangte – Industrielle, Baulöwen, Importeure und Exporteure und Politiker –, so fanden sie stets die Zeit zu einer kleinen Diskussion über die besten der neuesten Restaurants. Diese *beautiful people* verdankten ihr leichtes Leben in erster Linie dem Schah, der während meiner Studienzeit in den Vereinigten Staaten das Land in eine Periode des Wachstums und der Modernisierung geführt hatte. Während meiner Abwesenheit waren die Reichen noch reicher geworden.

Bei all unseren Vergnügungen mußte ich mir wegen Geld niemals Sorgen machen. Obwohl ich von meinem Vater finanziell unterstützt wurde, mußte ich nie für die teuren Mahlzeiten oder für die Mitgliedschaft in einem Club bezahlen. Niemand – und das galt ganz besonders für die Männer – erwartete von einer Frau, daß sie für sich selbst bezahlte. Statt dessen übernahmen die Männer unserer Gruppe abwechselnd die ziemlich saftigen Restaurant- und Barrechnungen.

Ich sah auch andere Aspekte des neuen Irans, und wäre ich nicht so jung und sorglos gewesen, so hätte ich vielleicht erkannt, daß hier der Grundstock für zukünftige Probleme lag. Wohin ich mich auch wandte, in jedem Regierungsgebäude, in jeder Bank und jeder Fabrik starrten mich die Plakate an, auf denen der stolze Schah, seine dritte Ehefrau Shahbanou Farah Diba und ihre Kinder zu sehen waren als ständige Erinnerung, daß Gott, König und Vaterland im Iran eins waren. Ich war überrascht, selbst von unseren überzeugtesten Royalisten Klagen über die umfassende Macht der königlichen Familie zu hören. Wo einst fast unterwürfiger Respekt geherrscht hatte, fand man nun Verachtung. Die Jugend, die gerade erst von ihren Auslandsstudien zurückgekehrt war, beklagte die Unterdrückung der Meinungsfreiheit oder die fehlende Pressefreiheit.

Geschäftsleute beschwerten sich noch heftiger über die Korruption der königlichen Verwandten: Dutzende von Brüdern, Schwestern, Cousins, Tanten und Onkeln des Schahs setzten ihre Namen und Titel wirkungsvoll ein, um Profite zu machen, ohne wirklich dafür arbeiten zu müssen. Die meisten der Freunde und Geschäftspartner meiner Onkel hatten dem Druck nachgegeben und in die Aufsichtsräte ihrer Firmen Verwandte des Schahs als stille Partner aufgenommen. Diese königlichen Blutsauger kassierten einen ordentlichen Batzen der Firmengewinne allein dafür, daß sie die richtigen Verbindungen zu den Regierungsoffiziellen herstellten, die über Kontrakte oder Staatseinkäufe zu befinden hatten. Meine Onkel, die Salmans, weigerten sich stets, dieses Spiel mitzuspielen; auch wenn sie als größte Unternehmer des Landes weiterhin mit großen Projekten wie dem Bau von Krankenhäusern, Brücken und Straßen beauftragt wurden, so sahen sie doch nach dem Ölboom dieses Jahres, daß sie von vielen ihrer weniger prinzipientreuen Konkurrenten überholt worden waren.

Wenn die Leute sich beklagten, dann taten sie das, wie ich bemerkte, nur im Kreise ihrer vertrauenswürdigsten Freunde. Niemand wußte, ob nicht irgendwo ein Spion der Savak, der Geheimpolizei des Schahs, lauschte. Die Reichen hatten durch zu laute Klagen zuviel zu verlieren.

Eine Woche bevor ich Yossi bei ihrer Geburtstagsparty im »Key Club« (sie hatte den Club für diese Nacht gemietet) als Gastgeberin behilflich sein wollte, rief mich abends Tante Ashraf an.

»Sousan, ein paar Freunde der Familie haben dich für den Ingenieursball im ›Hilton‹ am nächsten Dienstag eingeladen«, sagte sie. »Mach dich bitte besonders hübsch.«

»Aber das ist der Abend von Yossis Party«, jammerte ich. »Außerdem will ich nicht zu einer langweiligen Party mit lauter Leuten, die ich nicht kenne.«

Doch sie bestand darauf, und im Iran ist das Familienleben nun mal so geordnet, daß man einem älteren Familienmitglied gegenüber nicht ungehorsam ist. Nach einer Weile wurde mir klar, daß diese Einladung wahrscheinlich nur ein Vorwand war, um mich irgendeinem verfügbaren Junggesellen vorzustellen. Und offen gestanden war mir dieser Gedanke gar nicht so unwillkommen. Ich erkannte, wie verletzbar ich war ohne Mutter, mein Vater weit entfernt in Aserbaidschan, mein Bruder zu jung und zu weit weg, um mir irgendeine Unterstützung zukommen lassen zu können, während meine Onkel immer noch wütend auf mich waren. Ich wußte, daß ich ohne die Hilfe eines Mannes im Iran nicht angenehm und bequem leben konnte. Obwohl ich vor wenigen Wochen einen jungen Mann kennengelernt hatte, der schon mehrfach bei Vergnügungen meines Freundeskreises dabeigewesen war, hatte ich doch nichts dagegen, anderen Männern vorgestellt zu werden. Ich war in den Staaten aufgewachsen, aber ich hatte nichts von den altmodischen Vorstellungen aufgegeben, was ein Ehemann im Iran vorzuweisen haben mußte. Er mußte aus guter Familie stammen, denn beide Seiten meiner Familie gehörten der obersten Schicht an, und er mußte reich sein, um mir das Leben bieten zu können, das ich gewohnt war.

Der Ingenieursball, der im »Hilton« veranstaltet wurde, war so langweilig, wie ich es mir vorgestellt hatte, und innerlich haderte ich mit mir, daß ich Yossis Party verpaßt hatte. Und was die hier verfügbaren Männer anbelangte, so waren die meisten alt, mit Ehefrauen im Schlepptau. Der einzige bemerkenswerte Mann war ein gutaussehender Playboy, so gegen Ende Dreißig, der in Begleitung einer attraktiven Frau hier zu sein schien, jedoch auch mit allen anderen flirtete. Er beachtete mich nicht, und bald schon strich ich ihn ebenfalls von der Liste.

Ich entschied, daß ich mich bezüglich der Motive meiner Tante schlicht und einfach getäuscht hatte, und vergaß die ganze Angelegenheit. Eine Woche später rief mich Tante Ashraf erneut an.

»Übrigens, auf dem Ingenieursball ist dir ein Mann begegnet, der dich gern wiedersehen möchte. Er möchte herausfinden, ob er sich genügend für dich interessiert, um in nähere Beziehung zu dir zu treten«, sagte sie in recht selbstzufriedenem Tonfall. »Aber ich warne dich, du hast keine besonders guten Chancen, diesen Mann einzufangen, also sei nicht enttäuscht, wenn er sich danach entschließt, dich nicht mehr zu sehen. Als Vermittler benützt er das gleiche Paar, das dich zum Ball mitgenommen hat.«

Sie sprach noch eine Weile darüber, wie schwer dieser Mann einzufangen sei, daß er eine große Baufirma leitete, daß er nie verheiratet gewesen sei und keinen Anhang habe, daß schon viele Frauen vergeblich versucht hätten, ihn in ihre Netze zu locken, und ähnliches mehr; schließlich wiederholte sie, daß ich keine allzu großen Hoffnungen hegen sollte.

»Er möchte einen Hausstand gründen und schaut sich schon seit vier oder fünf Jahren nach einer Frau um. Man hat ihm bereits Fotos von deiner Cousine Samineh gezeigt, aber er war nicht interessiert. Dann stellten wir ihn deiner Cousine Shideh vor – schließlich ist sie zehn Jahre älter als du und muß etwas dringender unter die Haube kommen. Aber auch da biß er nicht an. Jetzt werden wir sehen, was mit dir ist. Es wäre eine Schande, einen solchen großen Fisch entwischen zu lassen.«

Ich war diese formale Art der Eheanbahnung nicht gewohnt und behandelte das Ganze wie einen Scherz, während ich mir gleichzeitig vorzustellen suchte, welcher der uninteressanten Männer, die ich an diesem Abend gesehen hatte, plötzlich Gefallen an mir gefunden hatte.

Das Treffen fand einige Tage später im Hause des Vermittlerpaares statt. Ich wurde von meiner Tante Ashraf und meiner Großmutter Ashi begleitet, die zufällig gerade in Teheran zu Besuch weilte. Die Einladung war für den Nachmittagstee, und wir kamen pünktlich um 5 Uhr an. Als wir das offizielle Wohnzimmer betraten, sah ich einen großen, gebräunten Mann mit welligem Haar vor mir, der sich bei unserem Eintritt erhob. Mein Bewunderer war der Playboy, der an diesem Abend mit so vielen Frauen geflirtet und mich kaum beachtet hatte. Ich konnte nur denken: »Aber er ist doch schon so alt!«

Während unserer Begegnung blickte er mich fast nie direkt an, sondern unterhielt sich mit meiner Tante und meiner Großmutter. Selbst wenn er mir eine Frage stellte (»Wann sind Sie aus den Vereinigten Staaten zurückgekehrt? Sind Sie froh, wieder zu Hause zu sein?«), schien er auf einen Fleck irgendwo hinter mir zu schauen, als dürfe er mich nicht zu genau inspizieren. Weil ich die ganze Angelegenheit als einen merkwürdigen Anachronismus behandelte, fühlte ich mich wesentlich wohler als er, und ich nahm mir Zeit, ihn ausgiebig zu begutachten: Das Grau seiner Schläfen stand ihm gut, sein Körper war offensichtlich schlank und trainiert, seine Kleidung war teuer und geschmackvoll, mit einem Wort, für einen älteren Herrn sah er sehr gut aus. Sein Name war Bijan Amini, und er war, wie ich später erfuhr, neunundddreißig Jahre alt.

Nach ungefähr anderthalb Stunden höflichen, inhaltslosen Geplauders brachen wir drei auf. Auf der Heimfahrt im Wagen fragte ich meine Tante: »Was meinst du? Ist er nicht ein bißchen alt?«

Im Rückblick erkenne ich, daß meine Tante sehr geschickt vorging in diesem Spielchen, das vermutlich von vielen Iranerinnen schon gespielt wurde. Sie achtete sorgfältig darauf, keinen Druck auf mich auszuüben.

»Ich mag ihn sehr«, sagte sie wohlüberlegt. »Er ist offensichtlich ein angesehener Mann. Ein ungemein wichtiger Punkt. Ich bin mir nicht sicher, wie er auf dich reagiert hat. Womöglich will er dich gar kein zweites Mal sehen. So furchtbar viele Frauen haben sich ihm angeboten. Wer weiß? Der einzige Nachteil – da bin ich ganz deiner Meinung – ist sein Alter. Du bist erst achtzehn. Aber selbst das könnte ein Vorteil sein. Ein jüngerer Mann hat weder seine Position noch seinen Reichtum. Und da du so viel jünger bist als er, würde er wahrscheinlich rührend um dich besorgt sein. Wenn Männer wie er in ein gewisses Alter kommen und alles erreicht haben, was sie wollen, dann werden sie sehr anspruchsvoll, was Frauen anbelangt, vor allem Frauen in ihrem Alter. Bei einer jüngeren Frau ist das vielleicht anders.«

Meine Großmutter, die Qajar-Prinzessin, die in ihrer großen Familie viele Bewerber hatte kommen und gehen sehen, nickte und fügte hinzu: »Ja, er ist ein guter Mann.«

Obwohl meine Tante sorgfältig darauf achtete, so wenig wie möglich über Bijan zu erzählen, erwähnte sie doch noch, daß er eine eigene Baufirma besaß, eine der größten in der Stadt, die gerade neben anderen Projekten ein Krankenhaus erstellte; es hieß, er baue sich gerade eine prächtige Villa in Shemiran, nicht weit vom Königspalast Niavaran entfernt. Und er war selbst nach den Maßstäben meiner Onkel sehr reich.

Weil mich niemand drängte, reizte mich das Spiel mehr und mehr, und bald begann ich es als Herausforderung zu sehen: Würde er mich wie all die anderen zurückweisen? Und wenn ja, für was hielt er sich eigentlich? Würde ich mich gedemütigt fühlen, falls er es tat? Wir würden sehen; vielleicht hatte ich Erfolg, wo alle anderen versagt hatten. Ich war noch nicht reif genug zu erkennen, daß ich vom Augenblick meiner ersten Begegnung mit Bijan an mich daran zu messen begann, was er mir für Gefühle entgegenbrachte. Die uralte Kunst der Partnersuche lullte mich ein. Was anfangs ein Scherz gewesen war, entwickelte sich zu einem Test, ob ich attraktiv, interessant und aufregend genug war, um diesen Mann in meine Netze zu locken, der mich nun schon zweimal einer Musterung unterzogen hatte. Damals kam mir nicht in den Sinn, daß ich ihm vorgeführt worden war wie ein Rassetier einem potentiellen Käufer.

Einige Tage später erhielt meine Großmutter einen weiteren Anruf von dem Vermittlerpaar: Bijan wollte mich wiedersehen und bat meine Tante um Erlaubnis, mich in Begleitung einiger Anstandsdamen zum Abendessen ausführen zu dürfen. Weil er nicht merken sollte, daß eine Azadi und Salman in einer Pension hauste, begab ich mich wieder zu meiner Tante, damit er und die Anstandsdamen mich dort an dem betreffenden Abend abholen konnten. Es sollte ein qualvoller Abend werden. Wir gingen ins »Bistro Pop«, ein beliebtes neues Restaurant. Bijan war eindeutig nervös – bei weitem mehr als ich. Zwischen Verlegenheitspausen machte er einige Versuche, ein beiläufiges Gespräch mit mir in Gang zu bringen, fand es dann aber doch einfacher, mit dem anderen Mann über Geschäfte zu sprechen, während dessen Frau und ich vergeblich nach einem gemeinsamen Gesprächsthema suchten. Die Vermittler, die jetzt als »Anstandsdamen« fungierten, waren ein älteres Paar, ungefähr der gleiche Jahrgang wie mein Vater, und nur Bijan schien etwas zu finden, das er zu ihnen sagen konnte. Doch während der ganzen Zeit war er mir gegenüber sehr aufmerksam, und mir gefiel seine ruhige Art.

Danach lud er mich noch mehrfach ein, stets in Begleitung unserer Aufpasser, stets in ein neues Restaurant. Immer noch sehr reserviert, erkundigte er sich hauptsächlich nach meinen Studien in den Vereinigten Staaten (er selbst hatte ein Ingenieurstudium an der Universität von Teheran mit Auszeichnung abgeschlossen). Nur selten berührte er persönliche Themen. Ich stellte ihm noch weniger Fragen, einerseits, weil ich mittlerweile recht gut informiert worden war, andererseits, weil man mir geraten hatte, nicht zu neugierig zu erscheinen.

Nachdem diese formalen Begegnungen sich ungefähr einen Monat lang hingezogen hatten und ein stillschweigendes Einverständnis herrschte, daß diese Treffen – falls nichts Unvorhergesehenes passierte – zu einer Ehe führen würden, machte ich schließlich den Vorschlag, wiederum über eine dritte Partei, daß wir das nächste Mal vielleicht alleine ausgehen sollten, um uns etwas besser kennenzulernen. Es stellte sich heraus, daß er völlig meiner Meinung war; er hatte lediglich aus Respekt vor meiner Familie, deren Mißbilligung er fürchtete, diesen Vorschlag nicht selbst gemacht.

Nachdem ich ihn ausschließlich in der künstlichen Atmosphäre der vorangegangenen Treffen erlebt hatte, gingen wir nun endlich allein zum Tanzen und Speisen. Bald schon trafen wir uns jeden zweiten Abend, dann jeden Abend. Ich war mittlerweile wieder zurück ins Haus meiner Tante gezogen, da ich keinen Klatsch riskieren wollte. Ich merkte, daß sie es bedauerte, so streng mit mir gewesen zu sein und mich damit praktisch aus dem Haus getrieben zu haben, nun, da ich im Begriff stand, einen sehr reichen Mann zu heiraten. Emotional fühlte ich mich zu ihm mehr und mehr hingezogen – sein Charme, sein entschlossener Charakter und die Macht, die aus großem Reichtum entsteht, zogen mich an. Im Vergleich zu Bijan wirkte mein jüngerer Freund uninteressant, und bald schon traf ich mich – sehr zu seiner Entäuschung – gar nicht mehr mit ihm.

Ich betrachte es jetzt als eine Schwäche von mir, daß ich damals nur Männer mit Reichtum und persönlicher Macht attraktiv fand. Mir gefiel es, wenn ich mit Bijan einen Raum betrat und den unmittelbaren Respekt sah, den sein Auftreten hervorrief; oder wenn wir ein Restaurant besuchten und das Personal ihn mit der ausgesuchten Höflichkeit behandelte, die nur bevorzugten Gästen zugestanden wird. Zu der Zeit verschwendete ich keinen Gedanken daran, daß ich ein eigenes Selbstwertgefühl anstreben sollte. Iranische Frauen bezogen ihre Macht und ihren Gesellschaftsstatus von ihren Ehemännern, Vätern oder Freunden. Einen guten Fang machen bedeutete, jemanden zu heiraten, der einem die größtmöglichen Sicherheiten und Annehmlichkeiten des Lebens bieten konnte.

Bijan war die personifizierte Garantie für ein aufregendes, luxuriöses Leben. Ich hatte gehört, daß er neben dem Herrenhaus in Shemiran auch noch eine Villa am Kaspischen Meer baute, unweit des Landsitzes des Königs. Im »Royal Club«, in dem er Mitglied war, hielt er sich einige der besten arabischen Pferde. Sehr oft flog er bloß aus Spaß nach Europa.

Er pflegte zu mir zu sagen: »Sousan, wenn wir verheiratet sind, möchte ich, daß du stets einen gepackten Koffer bereithältst, damit wir jederzeit nach London oder Paris fliegen können. Wir werden sehr viel reisen.«

Oder: »Wenn das Haus in Shemiran fertig ist, möchte ich, daß du dir die Möbel aussuchst, die du magst. Wir werden zusammen einkaufen gehen, und du kannst alles haben, was du willst.«

Mehr als alle anderen Menschen, denen ich begegnet war, wußte er, was er vom Leben wollte, und er schien das völlig unter Kontrolle zu haben – was in scharfem Gegensatz zu meiner Rolle stand, wonach ich auf der Suche nach ein bißchen Sicherheit war. Und genau diese Eigenschaften waren es, die ich in einem Ehemann suchte.

»Ich weiß genau, was ich nach unserer Eheschließung tun möchte«, sagte er eines Tages. »Von der Arbeit kann ich mich mehr oder weniger zurückziehen. Ich habe eine Menge Geld verdient, ich brauch' nicht noch mehr. Ich möchte jetzt damit Schluß machen und eine Familie gründen und viel Zeit mit meiner Frau und meinen Kindern verbringen. Ich möchte im Garten ein bißchen herumwerkeln und nichts weiter tun als das genießen, was ich mir verdient habe. Ich hab' genügend Geld.«

Als ich Bijan kennengelernt hatte, war er gerade von einer zweijährigen Weltreise zurückgekommen, die er zusammen mit einem seiner Partner unternommen hatte. In Paris, wo er häufig seine Designer-Kleidung kaufte, hatte er auf Bitten eines der großen Häuser tatsächlich kurze Zeit als Dressman gearbeitet, weil seine Gesichtszüge so klassisch geschnitten waren. Bei ihm würde ich mir nie mehr Sorgen wegen eines Lebens in einer Pension machen müssen.

Als wir dann mehr und mehr Zeit miteinander verbrachten, begann ich allmählich zu erkennen, wie gern ich ihn hatte. Ich fühlte, daß ich ihn auch lieben und bewundern würde, wenn er nicht so viel Geld hätte. Zum Schluß wußte ich, daß mich sein Reichtum nicht sonderlich interessierte. Ich nehme an, ich hatte ganz einfach Glück. In meiner heiklen Lage und unter dem Druck meiner Familie hätte ich zu der Zeit womöglich irgend jemanden geheiratet, der weniger reich und weniger gut aussehend und liebevoll gewesen wäre.

In einer klaren Nacht im Dezember 1973, zwei Monate nach dem arabisch-israelischen Krieg und dem steilen Anstieg der Ölpreise, drei Monate nachdem wir uns kennengelernt hatten, fuhr Bijan mit mir die kurvige Straße zu den Alborz-Bergen hoch und parkte an einem Aussichtspunkt hoch über der Stadt. Wir hatten zuvor ein langes, romantisches Dinner und viele Gläser Pouilly Fuissé genossen und blickten nun glücklich und zufrieden auf die glitzernde Stadt hinab. Von hier oben hätte Teheran in all seiner Neonpracht irgendeine westliche Stadt sein können. Die weite Wüste vor der Stadt, die Lehmziegelhütten der Armen, der Rauch, der von den Ziegelbrennereien am Stadtrand aufstieg – all das wurde von der Dunkelheit zugedeckt. Doch auch bei Tag hätten wir die Armen nicht gesehen, zum einen deswegen, weil wir fast nie das südliche Teheran besuchten, in Wahrheit wohl aber eher, weil es einfacher war, sie nicht zu sehen. Der Glanz kam von einem falschen Juwel, das uns zu Füßen lag.

An diesem Abend küßte mich Bijan und machte mir einen Heiratsantrag. Meine Tante hatte mich gewarnt: »Wenn er dich um deine Hand bittet, dann sei nicht so albern und sag ihm, du würdest darüber nachdenken, wie es nun mal bei jungen Mädchen so üblich ist. Ich versichere dir, er wird dich kein zweites Mal fragen, wenn du das tust. Er ist ein stolzer Mann.«

Doch ich mußte darüber nicht nachdenken. Ich war an diesem Abend wie berauscht. Endlich war ich zu Hause und in Sicherheit.

Die Hochzeit war für den März geplant. Kurz nachdem er ganz formell bei meinem Vater und meinen Onkeln im Iran und in den Vereinigten Staaten um meine Hand angehalten hatte, fuhr Bijan für ein paar Wochen nach Paris. Bei seiner Rückkehr brachte er mir einen ganzen Koffer voller Geschenke mit, einschließlich einer kompletten Reitausstattung und eines Sattels aus England, so daß ich mich für den »Royal Club« angemessen kleiden konnte.

Eines Tages sagte er zu mir: »Sousan, es ist an der Zeit, daß du meine Familie kennenlernst.«

Es mag merkwürdig erscheinen, daß ich mich einverstanden erklärt hatte, ihn zu heiraten, ohne seine Familie zu kennen, doch nachdem meine Verwandten ihn für gesellschaftlich akzeptabel erklärt hatten, verschwendete ich keinen weiteren Gedanken mehr an seine Familie, in der Annahme, sie seien wie wir: westlich eingefärbt, weitgereist und religiös liberal. Er war sehr besorgt, daß ich bei der ersten Begegnung nervös sein könnte.

»Wenn du dich während des Essens nicht wohl fühlst, dann gib mir ein Zeichen. Ich werde einen Vorwand finden, und wir können sofort aufbrechen«, versicherte er mir.

Doch das Essen verlief in angenehmer Atmosphäre, und ich spürte so gut wie nichts von der fanatischen Religiosität, die mir später noch so viel Kummer bereiten sollte. Mitglieder meiner Familie, die sich im Land besser auskannten als ich, wußten wahrscheinlich, wie sehr sich diese Familie von der unseren unterschied, doch sagten sie nichts, um nicht die vorgesehene Heirat mit einem reichen und mächtigen Mann zu gefährden.

Die Aminis wohnten in einem großen, dreistöckigen Haus im Usefabad-Bezirk. Bijans Mutter Sarje und zwei unverheiratete ältere Schwestern, Parvaneh und Fatimeh, bewohnten ein Stockwerk, sein Bruder Ali, ein Arzt, lebte zusammen mit seiner Frau und seinen beiden Kindern in einem anderen Stockwerk. Der dritte Stock war seiner jüngeren Schwester Nasrine und deren Ehemann Parviz, einem Psychologen, vorbehalten. Das Haus selbst war bescheiden, doch wie in vielen iranischen Mittelklasseheimen lagen in einigen Räumen Reichtümer an persischen Teppichen auf den Fußböden. Unter den ziemlich gewöhnlichen Möbeln befanden sich einige bemerkenswerte Antiquitäten, die, wie ich später erfuhr, von Bijan gekauft worden waren. Die Mutter und die Schwestern waren gut gekleidet, trugen europäische Seidenkleider, und ich dachte mir nichts dabei, daß sie lange Ärmel bevorzugten und kaum Wert auf Make-up legten oder daß die Mutter auch im Haus ein Halstuch trug.

Während des Essens beobachteten sie jede meiner Bewegungen, doch ansonsten war ihnen nur die Freude, mich kennenzulernen, anzumerken. Ich erinnere mich, daß ich ein Minikleid trug – in dieser Saison zeigte man viel Bein – und schwarzgemusterte Strümpfe; meine langen, blonden Haare fielen locker über den Rücken – für einen religiösen Moslem lauter Beleidigungen. Ich war gewohnt, mich in Kreisen zu bewegen, die sich ihre Inspirationen aus dem Westen holten, und hatte nicht die geringste Ahnung, daß ich im Begriff stand, in eine Familie einzuheiraten, die wie die große Mehrheit der Iraner nicht nur unsere Gewohnheiten mißbilligte, sondern uns deswegen geradezu haßte. Sie betrachteten alles, das von außerhalb des Landes zu uns gelangte, als Beweis dafür, daß wir uns an eine korrupte fremde Kultur verkauften. Ich vermute, die Aminis wagten ihr Mißfallen an mir nicht zu zeigen, weil Bijan mich wollte. Schließlich war ich trotz allem eine Frau aus der Oberschicht und eine passende Partnerin. Was meine Familie anbelangte, so lag für sie Bijans Wert in seiner Persönlichkeit; seine familiäre Herkunft war ihnen mehr oder weniger gleichgültig.

Im Iran ist die Verlobung eine äußerst formelle Angelegenheit, und so erschien dann eines Tages Bijans gesamte Familie zu einem zuvor verabredeten Zeitpunkt im Hause meiner Tante Ashraf, um ein Eheangebot zu unterbreiten. Bevor er selbst erschien, hatte Bijan mit seinem Chauffeur einen riesigen Korb Orchideen geschickt. Von meiner Familie waren mein Vater anwesend, der von Rezayeh angereist war, mein Onkel Kurosh mit seiner Familie und mein lieber Onkel Fayegh, bei dem ich als Kind gelebt hatte.

Nach einem halbstündigen allgemeinen Geplauder sagte Bijan zu meinem Vater: »Wir sind gekommen, weil ich Sie um die Erlaubnis bitten möchte, Sousan heiraten zu dürfen.«

Mein Vater erwiderte: »Wir sind mit der Ehe einverstanden. Meine einzige Sorge ist nur, daß Sousan noch sehr jung ist. Ich möchte gerne sicher sein, daß sie ihre Studien fortsetzen kann.«

»Selbstverständlich«, sagte Bijan. »Das möchte ich ebenfalls.«

Nachdem alle einen Toast auf uns ausgebracht hatten, schenkte mir Bijan einen Goldring, und ich war nun ganz offiziell verlobt. Was für eine Wirkung doch dieses schlichte Eheversprechen hatte! Plötzlich war ich nicht länger eine gesellschaftlich Ausgestoßene, sondern eine Frau, die zu kennen sich lohnte. Von Freunden und Verwandten, von denen ich seit meiner Rückkehr in den Iran nichts mehr gehört hatte, bekam ich Einladungen zum Tee, zum Dinner und zu irgendwelchen Ausflügen. Es hatte der Billigung eines Mannes in einer von Männern kontrollierten Welt bedurft, um mir meine Respektabilität zurückzugeben.

Wir heirateten am 12. März 1974; die Zeremonie fand in dem großen Haus des Familienpatriarchen, Onkel Kamels, statt, in einem Meer von Blumen, Früchten und Gebäck. Dem Brauch entsprechend bezahlte Bijan die Hochzeitskosten, das Brautkleid von Dior für 5000 Dollar eingeschlossen. Zusammen mit meiner Tante kümmerte er sich um jedes Detail: Eine Armee von Kellnern, Fahrern, Floristen, Bäckern und Küchenchefs unter dem Kommando eines Proviantmeisters war ihnen behilflich. Ich hatte nichts weiter zu tun, als in Begleitung von Bijan zu den Kleiderproben zu gehen und mir einen Ehering auszusuchen. In dieser Angelegenheit demonstrierte meine Tante

Tootie ihr überlegenes Wissen, wie man im Iran an diese Dinge heranging.

Sie begleitete mich, als es um die Wahl des Ringes ging, und riet mir zuvor: »Entscheide dich nicht für den teuersten Ring, den du siehst. Es könnte peinlich für dich werden, wenn er sich entschließt, nicht soviel auszugeben. Suche dir statt dessen einen der billigsten Ringe aus, das gibt ihm die Möglichkeit, dir einen schöneren Ring zu kaufen, wenn er will.«

Folglich wählte ich einen Diamanten, der mir überhaupt nicht gefiel, und als Bijan zum Bezahlen kam, warf er ihn auf den Verkaufstisch des Schmuckgeschäfts und sagte: »Such dir einen anständigen Ring aus. Was soll dieses Ding?«

Meine Familie informierte mich über einen weiteren persischen Brauch. Bijan und ich hatten beschlossen, mit der traditionellen Mitgift der Frau ebenso zu brechen wie mit dem *Mehrieh*-Versprechen des Mannes – einer legalen Verpflichtung, daß die Frau im Falle einer Scheidung oder bei Tod des Ehemannes einen vereinbarten Geldbetrag als eine Art Schutz erhalten sollte. Wenn der Mann stirbt, wird die Mehrieh für die Frau vom Vermögen des Mannes abgezweigt, noch vor Abzug der Steuern und noch bevor die anderen Familienangehörigen ihren Anteil beanspruchen können. Doch als meine Tante Ashraf von unserem Plan hörte, sagte sie: »Du bist jung und brauchst einen Schutz, falls irgend etwas geschehen sollte. Du mußt die Mehrieh haben.«

Und so geschah es. Bijan setzte einen Betrag von ungefähr 170 000 Dollar aus. Die Mehrieh erwies sich allerdings für mich als sinnlos, da ich in dem späteren Chaos nie etwas von ihr zu sehen bekam. Im Grunde ist es so, daß ein Iraner, der seine Frau loswerden möchte, ohne die Mehrieh zu zahlen, ihr das Leben nur so lange zur Hölle zu machen braucht, bis sie ohne irgendeine Zahlung geht. In der Praxis kommt das relativ häufig vor. Soviel zum vom Koran vorgeschriebenen vielgerühmten Schutz der Moslemfrau. Anstatt einer Mitgift übergab uns mein Vater als Hochzeitsgeschenk zwei wunderbare Täbristeppiche, aber auch diese verlor ich zum Schluß.

Am Hochzeitstag selbst saßen Bijan und ich auf niedrigen Stühlen auf einem antiken, mit Perlen besetzten *Termeh* (eine Art kleiner Teppich), der der Frau meines Onkels Kamel gehörte. Der Mullah saß vor uns, und wir konnten uns in dem Spiegel sehen, der extra für diese Gelegenheit gekauft worden war. Dem Brauch entsprechend war er hinter dem Mullah aufgestellt worden. Alle Elemente für eine Moslemhochzeit waren vorhanden: der antike Koran, der *Nabot* (die kleine, aus Zucker bestehende Skulptur, die das süße Leben repräsentierte, und das lange, mit Koransprüchen verzierte persische Brot. Ich konnte kaum glauben, welch eine Wandlung ich in weniger als einem Jahr durchgemacht hatte: von einem amerikanischen Teenager, der von Verabredungen mit Jungs träumte, zur Ehefrau eines gutaussehenden iranischen Geschäftsmannes mit einem ansehnlichen Vermögen, zu Hause in den zunehmend reicher werdenden Gesellschaftskreisen von Teheran.

VIERTES KAPITEL

Blumen in der Wüste

Im Lande der Poesie
leben Nachtigallen und Rosen
ein gesegnetes Leben,
jawohl, das tun sie.

FORUGH FARROKHZAD

Durch meine Ehe mit Bijan erhielt ich Zutritt zu einer juwelengeschmückten Welt. Selbst ich, die ich so erzogen worden war, daß ich Bequemlichkeit und Ehrerbietung für selbstverständlich nahm, konnte mich des Staunens nicht erwehren. Überall um mich herum machte die Gesellschaft eine ökonomische Revolution durch. Die neuen Öleinkommen vergoldeten unser Leben. An einem Tag sah man einen Freund mit einem neuen Wagen. Einen Monat später hatte er einen besseren Wagen, und noch mal einen Monat darauf hatte er dann zwei Wagen. Und dann kaufte er sich vielleicht ein größeres Haus. Seine Frau behängte sich auf einmal mit viel mehr Schmuck. Feste blitzten im Glanz neu gekaufter und zur Schau gestellter Diamanten. Auch die Mittelklasse wurde reicher. Der »Royal Club« und die teuren Restaurants waren schon immer die Lieblingsplätze der Superreichen gewesen, doch nun tauchten plötzlich neue Gesichter auf, Leute, die sich auf einmal das leisten konnten, was zuvor ausschließlich der Elite vorbehalten gewesen war. Jedermann kaufte, kaufte, kaufte, beeilte sich, all das Geld auszugeben, das von allen Seiten nur so hereinzuströmen schien. Es hatte den Anschein, als würde Teheran selbst neu erbaut. Wohin man auch schaute, schoben sich neue Hochhäuser in den Himmel; neue Luxusvillen drängten an den Hängen der Alborz-Berge nach oben.

Unterdrückte Verwünschungen des Schahs kamen nur von den Leuten, die nicht so emsig damit beschäftigt waren, so viel Geld wie nur möglich aus dem Ölboom herauszuschlagen. Wie aus weiter Ferne sah ich die ersten Anzeichen wachsender Probleme: mündliche

Berichte über Intellektuelle, die plötzlich für Monate oder Jahre im Gefängnis verschwanden; die Klagen der religiösen Führer, der Mullahs und Ayatollahs, daß die westlichen Angewohnheiten des Schahs und seiner Clique eine Beleidigung für ein islamisches Land darstellten. Noch stärker ließen sich die Probleme in den gedämpfteren Klagen der *Bazaaris*, der mächtigen Kaufleute des Basars, vorausahnen, die von der Unfähigkeit der Bürokratie frustriert waren, von den langen Wartezeiten, bis irgendwelche Waren importiert werden konnten, von den geradezu unglaublich überladenen Docks. Der Iran erstickte an seinem eigenen Reichtum. Wir konnten nicht genügend Verbrauchsartikel bekommen, vor allem nicht schnell genug. Es war, als würde das ganze Land mit einer zu üppigen Kost zwangsgefüttert.

Wenn man in unseren Kreisen Klagen hörte, so drehten sie sich um das korrupte Verhalten des Schahs und seiner zahlreichen Verwandten. Die Firma meines Mannes gehörte zu den wenigen Firmen, die sich weigerten, sich ein königliches Familienmitglied »einzukaufen«, um so über die richtigen Beziehungen zu verfügen, obwohl es im Grunde so viel Arbeit gab, daß das kaum eine Rolle spielte. Doch keiner meiner Freunde und Bekannten dachte daran, daß dieses vergnügte Leben, das wir führten, einmal enden könnte. Gott, der Schah und das Land – so würde es immer sein. Und dann gab es natürlich noch die vierhunderttausend Mann starke Armee, die dieses Machtdreieck stützte. Im Iran hatte es immer eine Elite gegeben. Seit 2500 Jahren hatte es einen König gegeben. Nun existierte sogar eine aufstrebende Mittelklasse. Wenn man sich nicht laut gegen den Schah aussprach, dann tat einem niemand was. Der Preis dafür war ein kleines Stückchen persönliche Freiheit, aber was hatten wir nicht an Gegenwerten: ein wunderschönes Land, in dem die Familienbeziehungen noch herzlich, stark und bindend waren; jene Art von persönlicher Macht, die sich die meisten westlichen Industriellen nicht mal kaufen können, weil ihre Kulturen diese Art von Allmacht nicht zulassen; die leichte Verfügbarkeit von billiger Arbeitskraft in Form von Dienern, Arbeitern und Gärtnern. Und nun wurden wir auch noch zunehmend weltoffener und zivilisierter, da der Westen – hungrig nach einem Anteil an unserem Ölgeld – mit all seiner Technologie, seinen Waren und Dienstleistungen in unser Land drängte. War man reich im Iran, dann konnte man das Leben eines kleineren Potentaten führen. War man arm, nun ja ... darüber mußten wir uns nie Gedanken machen, wie ich jetzt bedauernd feststellen muß.

Wenn ich zurückblicke, wie mein Mann und ich lebten, dann bin ich angesichts der späteren Ereignisse erstaunt, daß wir damit in einem von Armut geplagten Land, das in Wirklichkeit immer noch zur dritten Welt gehörte, ungeschoren durchkamen. Wir lebten in einem Blumenmeer und vergaßen dabei nur, daß die Blumen in der Wüste blühten.

Am Abend unserer Hochzeit zogen Bijan und ich für einen Monat in die Königliche Suite im »Hilton«.

»Das Haus braucht noch ein paar Möbel«, sagte er. »Ich möchte nicht einziehen, bevor nicht alles absolut perfekt ist. Probieren wir ein paar der besten Hotels aus und erledigen einige Einkäufe.«

Und genau das taten wir. Nach dem »Hilton« verbrachten wir einen Monat im »Intercontinental« und einen weiteren Monat im »Sheraton«. Jeden Morgen erledigte Bijan in ein paar Stunden seine Arbeit, und den Rest des Tages stöberten wir in den Geschäften herum und kauften Möbel, Einrichtungsgegenstände und Kleidung. Wenn ich nur eine Andeutung fallen ließ, daß mir irgendwas gefiel, dann kaufte er es, ohne ein weiteres Wort darüber zu verlieren. Es schien so, als gäbe es für unsere Wünsche und Launen keinerlei Grenzen. Abends besuchten uns Freunde, und wir ließen entweder das Essen in unseren Räumen servieren oder führten unsere Besucher in die besten Restaurants aus. An den Wochenenden fuhren wir durch die von Flüssen durchzogenen Alborz-Berge zum Kaspischen Meer. Ich erinnere mich, wie ich die Villa zum erstenmal sah, eingebettet in einen schmalen, flachen Gürtel zwischen den waldbedeckten Bergen und dem Meer; eine luftige, moderne Villa mit vielen Fenstern, von denen aus man einen wunderbaren Blick auf den darunterliegenden Strand hatte. Der 25 000 Quadratmeter große Komplex schloß einen Swimmingpool, Tennisplätze, Windsurfbretter, Motorboote, einen gewaltigen Drachen und einen Raum für Spiele ein, die man nicht im Freien betreiben konnte. Ein Ehepaar lebte in getrennten Räumlichkeiten auf dem Gelände und kümmerte sich um das Haus, machte sauber und kochte für uns, wann immer wir zu Besuch kamen.

Die meisten der Villen in dieser Gegend hier waren neu erbaut worden. So wie unsere eigene Villa bildeten sie eines der am deutlichsten sichtbaren Zeichen des Ölgeldes. Doch die meisten Villenbesitzer waren zu sehr damit beschäftigt, noch mehr Geld zu verdienen, als daß sie die Zeit gehabt hätten, ans Kaspische Meer zu kommen und ihren Besitz zu genießen; so standen diese riesigen Häuser die meiste Zeit des Jahres über leer.

Bijan verkörperte all das, was ich mir von einem Ehemann erträumt hatte. Ich kam zu ihm als sexuell unerfahrene Braut. Tatsächlich hatte er klar zum Ausdruck gebracht, daß er eine Jungfrau zu heiraten wünsche. Und in einer so arrangierten Ehe wie der unseren war es durchaus akzeptabel, daß man die erwünschten Qualitäten einer zukünftigen Ehefrau deutlich machte. Natürlich mußte er nicht ausführlich erklären, was seine diesbezüglichen Wünsche wären. Er brauchte nur einmal zu erwähnen, daß er sich eine junge Frau wünsche, die »unschuldig« sei.

In der iranischen Oberschicht muß die Einstellung zum Sex Anfang der siebziger Jahre so ähnlich wie die der amerikanischen Mittelklasse in den fünfziger Jahren gewesen sein. Sexualität hatte ihren festen Platz – im allgemeinen in der Zurückgezogenheit des ehelichen Schlafgemachs. Junge Frauen, die etwas über die Geheimnisse der Sexualität wissen wollten, konnten sich bei älteren, erfahreneren weiblichen Familienmitgliedern erkundigen. Männer zogen es vor, Jungfrauen zu ehelichen; auch junge, attraktive Witwen mit einer guten Erbschaft hatten keine Probleme, wieder unter die Haube zu kommen. Ehebruch wurde nicht gutgeheißen, obwohl ihn die Mißbilligung nicht verhinderte. Doch eine Frau von guter Herkunft würde sich nie soweit erniedrigen und eine Affäre mit einem verheirateten Mann eingehen.

Selbst eine solch konservative Einstellung zum Sex war immer noch Welten entfernt von den Ansichten des durchschnittlichen, religiösen Iraners. Viele iranische Männer sahen das Gesicht der Braut zum erstenmal in der Hochzeitsnacht, wenn der Schleier in ihrer Gegenwart entfernt wurde. Männer und Frauen bekundeten sich in der Öffentlichkeit kaum Zuneigung, und ganz gewiß kam es nie zu Zärtlichkeiten. Sie gingen voneinander getrennt, ohne daß sich die Hände berührten. Sexualerziehung war auf ein Minimum beschränkt, selbst innerhalb der Familie. Häufig wurde eine Frau als Verführerin betrachtet, als Ursache des Sturzes eines Mannes. Aus diesem Grund riet der Koran den Frauen, sich züchtig anzuziehen, und das religiöse Establishment bestand auf dem Tragen eines Tschadors oder Hejabs.

Wie in vielen anderen Dingen, so gingen wir, die Elite, auch beim Sex unsere eigenen Wege, lebten nach unserem eigenen Standard, als würde die Masse der fundamentalistischen Iraner nicht existieren. Heute denke ich, daß wir ihren Gefühlen mehr Achtung hätten entgegenbringen müssen. Ich erinnere mich, wie unsere Diener Bijan und mich gelegentlich dabei überraschten, wie wir uns küßten und umarmten. Sie waren in ihren Gefühlen tief verletzt. Ich begann darauf zu achten, daß sie mich nicht zu oft auf Bijans Schoß sitzen sahen.

Bijan war ein sensibler, geduldiger Liebhaber. Ich hatte es kaum erwarten können, mit ihm ins Bett zu gehen, und war auch schon vor unserer Eheschließung dazu bereit gewesen, aber er hatte sich geweigert.

»Warten wir«, sagte er. »Nach der Hochzeit ist es besser.«

Jahre bevor er mich kennenlernte, hatte sich Bijan entschlossen, eine andere unschuldige junge Frau aus gutem Hause zu heiraten, die nie zuvor mit einem Mann ausgegangen war. Die Familien feierten die offizielle Verlobung, Einladungen wurden verschickt. Die Frau besaß genügend Selbstvertrauen, um ihm kurz vor der Hochzeit zu gestehen, daß sie bereits einen Geliebten gehabt habe und nicht so unerfahren sei, wie sie vorgegeben hätte. Sofort sagte Bijan die Hochzeit ab. Er war ein Perfektionist, der stets die höchsten Ansprüche stellte.

»Mehr als alles andere hat mich die Lüge betroffen gemacht«, sagte er. »Es ist schrecklich, eine Ehe auf der Grundlage einer Lüge aufzubauen.«

In unserer Hochzeitsnacht hatte ich Angst. Ich wußte doch kaum etwas von dem, was von mir erwartet wurde. Es dauerte lange, bis ich mich sexuell wohl zu fühlen begann. Während dieser Zeit war Bijan sehr rücksichtsvoll und stellte meine Gefühle vor seine Bedürfnisse. Ich war glücklich, einen solch perfekten Ehemann bekommen zu haben.

Bijan überraschte mich jeden Tag. Eines Tages standen wir am Hotelfenster: Er deutete auf ein sich im Bau befindendes luxuriöses Hochhaus und fragte mich. »Gefällt dir das Gebäude?«

»Es sieht beeindruckend aus«, sagte ich.

»Wir besitzen dort eine große Wohnung.«

Oder wir fuhren an einem großen Stück Land in einer sehr teuren Gegend von Teheran vorbei, und plötzlich sagte er: »All das gehört uns.«

Allmählich wurde mir klar, daß ich nur sehr wenig von meinem Ehemann wußte. Wie die meisten Iraner war er in geschäftlichen Dingen sehr verschwiegen. In meiner Welt hatten viele Ehefrauen keine Ahnung vom Besitz ihrer Männer, auch hatten sie keinerlei direkten Zugang zu irgendwelchen Geldern. Bijan sagte mir nie genau, was er besaß oder was für Regelungen er in bezug auf mich getroffen hatte. Bis zum Ende behielt er alles Geschäftliche für sich, was schließlich schlimme Folgen für mich hatte. Iraner machten sich auch selten die Mühe, mit ihren Frauen über Einzelheiten ihrer vielen Projekte zu sprechen. Oft genug hörte ich eine Bemerkung über ein großartiges Gebäude oder über die bewundernswerte Ingenieursleistung beim Bau einer gigantischen Brücke, ohne die geringste Ahnung zu haben, daß mein Mann oder meine Onkel die Bauherren waren. Offen gesagt, der Typ Frau, den ich verkörperte, interessierte sich nicht sonderlich dafür, wie das Geld verdient wurde. Wir lebten sehr angenehm, und nur darauf schien es anzukommen. Es mußte ein Preis dafür bezahlt werden, daß wir von unseren Männern »ausgehalten« wurden – aber das fand ich erst später heraus.

Anfangs war mein Leben mit Bijan absolut perfekt. Wir machten Pläne für Reisen nach Europa und Afrika. Im Juni zogen wir in unser Haus in Shemiran. Das an einem sanften Hang gelegene Shemiran gehört zu den grünsten, schönsten nördlichen Vororten von Teheran. Unser Haus zählte zu den größten, beeindruckendsten Häusern. Ein Arbeitstrupp meines Mannes hatte drei Jahre daran gebaut, und Bijan und der Architekt hatten viel Zeit darauf verwendet, hatten den Entwurf mehrfach verändert und Mauern wieder niedergerissen, wenn sie nicht den Vorstellungen entsprachen. Das Haus besaß sämtliche modernen Annehmlichkeiten: vier Bäder, fünf Schlafzimmer, ein Spielzimmer, ein Büro, ein Wohnzimmer, eine Dunkelkammer mit Fotobibliothek und Projektionsraum, ein separates Apartment im Erdgeschoß für die Dienerschaft und zwei große Balkone, die die Schlafzimmer im zweiten Stock einrahmten und von denen aus man einen herrlichen Blick auf den Garten hatte. Das Haus stand mitten in einem wunderschön angelegten Garten von zwanzigtausend Quadratmetern (der Schweizer Privatgärtner des Schahs hatte die Arbeiten persönlich geleitet), in dem die besten Obstbäume des Irans zusammen mit importierten exotischen Pflanzen und Büschen blühten. Drei Gärtner pflegten die üppige Pracht und sparten nie mit Wasser, ganz gleich, wie heiß es war. Der Chefgärtner wohnte mit seiner Frau in einem kleinen Haus am Ende des Gartens. Für das Haupthaus waren vier Diener und ein Fahrer zuständig.

Bijan hatte sich um jedes Detail persönlich gekümmert. Der Schlafraum für die Herrschaft lag getrennt vom Rest des Hauses inmitten einiger anderer Räume, zu denen auch ein großes Zimmer gehörte, das als begehbarer Schrank angelegt war. Dann gab es ein Bad mit importierter Keramikeinrichtung, vergoldeten Wasserhähnen aus Italien und handgemalten Goldkacheln an der Decke sowie eine kleine Bar komplett mit Kühlschrank, eine Stereoanlage, ein kleiner Ofen und eine Bibliothek. Die Couches im Wohnzimmer stammten aus Italien. Der gewaltige, runde Tisch im Speisezimmer war aus Rosenholz gefertigt, das auf Bijans Anweisung hin zehn Jahre lang in einem Spezialöl gelagert worden war. Vierundzwanzig Leute hatten an dem Tisch bequem Platz.

Da das Haus nur ein Stück südlich des Niavaran-Palasts des Schahs lag, war die Luft ständig vom Dröhnen der Hubschrauber erfüllt. Der König und seine Familie mieden den Teheraner Straßenverkehr, dessen Undurchdringlichkeit mittlerweile berühmt geworden war. Aus diesem Grund hatte Bijan auch auf einem speziellen Schallschutz für das ganze Haus bestanden; Fenster mit einem besonderen Glas und Schaumisolierung, die im Iran nicht erhältlich waren und mit großen Kosten importiert werden mußten. Und wirklich hörte man im Haus keinerlei Geräusche von außen.

Zusätzlich war noch ein kompliziertes Videomonitorsystem installiert worden, mit dem man Besucher vor der Tür überprüfen konnte, sowie ein durch Klingeldruck zu aktivierendes Luftstromsystem, das die Schuhe der vor der Tür wartenden Besucher vom Schmutz reinigte. Es gab heizbare Handtuchhalter, die die Handtücher stets angewärmt hielten. All dieser Luxus war in typisch iranischer Manier von einer hohen Mauer umgeben, obwohl das Grundstück so groß war, daß es von drei verschiedenen Straßen begrenzt wurde. Es gab drei Haupteingänge, alle mit Toren versehen. Trotz all dieser technischen Errungenschaften wurden wir jeden Morgen von Hahnengeschrei geweckt. In einer Ecke des Gartens hatte Bijan eine kleine Farm errichtet mit Ziegen, Hühnern und anderem Kleingetier. Jeden Tag hatten wir frische Milch und Eier.

Wenn wir morgens aufstanden, servierten uns die Diener ein großes Frühstück mit frisch getoastetem Brot, Kaviar, Früchten, Kaffee, Tee – all das auf einem wunderschön gedeckten Tisch im Garten, entweder am Pool oder unter einer der Rosenlauben. Wir frühstückten eine Stunde in aller Ruhe, dann machte sich Bijan gegen zehn Uhr auf den Weg ins Büro. Wenn ich ihn gelegentlich bat, zu Hause zu bleiben und mir Gesellschaft zu leisten, erledigte er seine Arbeit per Telefon, und dann schwammen wir oder ritten aus. Stundenlang fotografierte er die Blumen im Garten, während ich Aquarelle von den Rosen anfertigte. Er hatte genau das getan, was er sich vorgenommen hatte; er hatte sich mehr oder weniger von den Geschäften zurückgezogen, auch wenn die Firma mehr Aufträge denn je hatte, da der Schah entschlossen war, über Nacht eine große Industriemacht aus dem Boden zu stampfen.

An den Spätnachmittagen besuchten wir Freunde, Cousins oder Onkel und Tanten und beendeten den Abend in einem der im Moment beliebtesten Restaurants. Regelmäßig besuchten wir den »Royal Club« und ritten auf wunderschönen Araberpferden aus.

Ende Juli veranstalteten wir dann unsere tatsächliche Hochzeitsfeier (die stets einige Zeit nach der religiösen Zeremonie abgehalten wurde). Wir hatten so lange gewartet, bis mein Bruder und meine Onkel und Tanten aus den Vereinigten Staaten angereist waren. Es war eine wundervolle Nacht im »Hilton«. Der Ballsaal war mit großen Ästen und Zweigen dekoriert, von denen Reben und Weintrauben herabhingen. Blumen übersäten den Raum. Den Mittelpunkt des verschwenderischen Dinners bildete eine vier Fuß lange Eisskulptur eines Schwans, die mit fünfundzwanzig Pfund des besten kaspischen Kaviars gefüllt war.

Im November wollten wir nach Europa und dann nach Afrika fahren, doch kurz vor unserer Abreise entdeckte ich, daß ich schwanger war. Ich war etwas ängstlich und besorgt, jetzt schon ein Kind zu bekommen, wo doch noch all die Reisen vor mir lagen, die Bijan mir versprochen hatte. Doch er war außer sich vor Freude und rannte los, um mir einen riesigen Saphir- und Diamantring zu kaufen. In England suchte ich einen Arzt auf, der mir von der Reise nach Afrika abriet, und so blieben wir statt dessen noch einen Monat in London. Bijan schlug vor, einen Freund von ihm zu besuchen.

Sein Freund wohnte in einem Hochhaus, doch als wir in dessen Apartment im zwölften Stock ankamen, fanden wir nur Arbeiter vor, die in dem offensichtlich brandneuen Gebäude letzte Hand anlegten.

»Mein Freund ist wohl nicht da«, sagte Bijan, doch während ich zurückblieb, spazierte er unbekümmert herum und inspizierte die wunderbar möblierten Räume. Alles war ganz modern in glitzerndem Glas und Chrom gehalten.

»Gefällt es dir?« fragte er schließlich.

»Selbstverständlich. Es ist herrlich.«

»Das freut mich, denn es gehört uns.«

Als wir für einen Monat nach Paris fuhren, zog er den gleichen Trick noch mal ab. Unter irgendeinem Vorwand brachte er mich in ein wunderschönes Apartment in einem neuen Hochhaus mit Blick über die Seine, nicht weit vom Eiffelturm entfernt, und wartete meine Begeisterung ab, bis er verkündete, daß auch diese Wohnung uns gehörte. Bei einem Kaffee im »Royal Club« kaufte er Monate später ganz beiläufig ein Apartment in Valencia, Spanien, das ein Freund ihm zufällig in einem Katalog zeigte. Bijan genoß es, diese kleinen Besitztümer wie Trophäen aus dem Hut zu ziehen, um mich zu beeindrucken. Und ich *war* beeindruckt. Aber er machte weiterhin um alle Geschäfte ein großes Geheimnis, und ich erkundigte mich nie nach Details oder irgendwelchen Besitzverhältnissen.

Nach drei Monaten in Europa kehrten wir in den Iran zurück. Am 17. Juli wurde mein Sohn Farhad geboren. Mit der Geburt eines männlichen Kindes in einem Land, in dem Männer noch stets den höchsten Wert darstellten, war unser Glück vollständig. Bijan entwickelte sich zu einem wunderbaren Vater. Ich war noch so jung, daß ich dazu neigte, Farhad wie eine kleine Puppe zu behandeln. Ich zog ihm die exquisiteste europäische Babykleidung an und wieder aus. Bijan lachte darüber. »Laß doch das arme Kind in Ruh'. Du hast ihn heute schon viermal umgezogen.« Er war der geduldigere Elternteil. Er spielte stundenlang mit unserem Sohn, brachte ihm die ersten Worte bei, ermutigte ihn zu seinen ersten Schritten. Nie standen wir uns als Eheleute näher als in diesen ersten anderthalb Jahren nach unserer Hochzeit.

Unsere Nachbarn und Freunde kauften Immobilien in den Vereinigten Staaten und Europa, schickten ihre Kinder auf die besten Schulen in Übersee und eröffneten Schweizer Bankkonten. In Paris gab es Geschäfte mit dem Schild »Wir sprechen persisch«, gedacht für jene schnell reich gewordenen Iraner, die nicht die Zeit gehabt hatten, sich eine Fremdsprache anzueignen. Wann immer ich in Paris war, nie kam ich mit weniger als acht neuen Koffern mit Kleidung zurück. Aber eigentlich mußten wir gar nicht mehr nach Paris fahren. Die Geschäfte entlang des Schah-Abbas-Boulevards führten das Beste, was die Welt zu bieten hatte. Wenn man bereit war, dafür zu bezahlen, dann konnte man sich fast alles ins Land bringen lassen. Für die Parties, die wir besuchten, war offizielle Gesellschaftskleidung erforderlich – lange Abendkleider für die Frauen, wobei ein Kleid im Durchschnitt 5000 Dollar kostete. Es war nicht ungewöhnlich, daß die Frau eines reichen Mannes zu einem normalen Abendvergnügen Schmuck im Werte von 100 000 Dollar trug. Wenn unsere Freunde wirklich mal feiern wollten, dann ließen sie für den Abend die Blumen aus Holland und Speisen, Kellner und Küchenchefs aus Paris einfliegen.

Der Schah gab mit seiner Familie den Ton an, was Geldverschwendung anbelangte. Jeden Winter zog er mit seinem Clan in die Schweizer Alpen, wo er von den Skipisten aus das Land regierte. Bei seiner Krönung im Jahre 1967 setzte er sich eine Krone aus rotem Samt, weißen Silberreiherfedern und 3380 Diamanten auf den Kopf. Zur 2500-Jahr-Feier der Monarchie im Iran gab er für Zehntausende ein Dinner in den Zelten von Persepolis, der Stadt, die Darius zur Feier des neuen Jahres gebaut hatte und deren Ruinen heute noch Zeugnis ablegen von der Pracht des alten Persiens. »Maxim's« in Paris sorgte für die mit Kaviar gefüllte Wachtel- und Hummermousse, während als Erfrischung fünfundzwanzigtausend Flaschen Château-Lafite Rothschild – die Flasche zu 100 Dollar – gereicht wurden. Einmal kehrte Königin Farah in ihrem eigenen Jet aus einem Urlaub in Paris zurück, gefolgt von einer iranischen Boeing 707 mit drei Tonnen französischen Marmors an Bord für ihren neuen Swimmingpool. Im Niavaran-Palast waren die goldenen Hähne in den königlichen Badezimmern wie Delphine geformt, deren Augen aus Edelsteinen bestanden.

Unsere Freunde gaben ihr Geld nicht immer unbedingt geistreich aus. Ein Geschäftsmann, ein ehemaliger Lastwagenfahrer, der dem Schah während seines kurzen Exils im Jahre 1953 in Rom geholfen hatte, hatte als Importeur von Pepsi-Cola ein Vermögen verdient; für 15 Millionen Dollar baute er sich in Teheran eine Kopie von Petit Trianon in Versailles.

Irgendwie war mir klar, daß dieses Phantasieleben nicht ewig so weitergehen konnte. Und ich hatte recht. Mitte der siebziger Jahre begannen sich die negativen Folgeerscheinungen der Ölschwemme zu zeigen: Das rapide Wirtschaftswachstum führte zu einem gewaltigen Engpaß in bezug auf Arbeitskräfte und Rohmaterialien. Ein Krankenhausneubau mußte gestoppt werden, weil es an Beton fehlte. Eine Baufirma mochte eine dringend benötigte Schule rechtzeitig fertigstellen, aber dann fehlte es an Lehrern, um den Schulbetrieb aufzunehmen. Die Leute verdienten mehr, das stimmte, doch die Lebenshaltungskosten stiegen noch schneller. Jedermann wußte, daß man durch die ganze chaotische Regierungsbürokratie hindurch Leute bestechen mußte, wenn man irgendwas erreichen wollte. Wir bezeichneten das als Tee-Geld. In nur wenigen Jahrzehnten war der Iran von einem Nahrungsmittelexporteur zu einem Importeur geworden, weil die Versuche, die Landwirtschaft zu modernisieren, fehlgeschlagen und viele Dorfbewohner auf der Suche nach dem großen Geld in die Städte gezogen waren.

Unter dem westlichen Anstrich und dem Reichtum lag ein Land, das sich nicht wirklich fortentwickelt hatte, mit einem Volk, das in vieler Hinsicht gegen die stattfindenden Veränderungen war. Im Iran hatte es stets Reiche und Arme gegeben, aber wir waren alle durch eine lange Geschichte miteinander verbundene Iraner gewesen. Wir verstanden einander, akzeptierten die Hierarchie und die Gesetze des Königs, und einer respektierte den Platz des anderen in der Gesellschaft. Im Dorf meines Vaters hatte sich die Klassenstruktur seit Jahrhunderten nicht verändert. Die Menschen akzeptierten seine Dominanz und wandten sich bei Familienstreitigkeiten an ihn, genauso, wie sie es für selbstverständlich erachteten, daß er ihnen Wasser und Traktoren für ihre Ernten zur Verfügung stellte. Durch starke kulturelle Bande waren Arm und Reich miteinander verbunden. Jetzt aber sah die Elite ganz anders aus und sprach auch anders – fast wie Fremde. Die Reichen hatten jetzt vie_ mehr Geld als je zuvor. Wir hatten uns aus der lokalen Hierarchie geradewegs hinauskatapultiert. In den Augen der meisten Iraner waren wir nichts weiter als Imitatoren des Westens. Wir legten dem Islam gegenüber Lippenbekenntnisse ab, besuchten nur dann eine Moschee, wenn ein Familienangehöriger gestorben war, und prahlten mit unserer sexuellen Freiheit. Für viele waren wir nicht mal mehr Iraner. Die Abneigung gegen alle ausländischen Dinge wuchs. Und diese Ressentiments waren sogar bei den Iranern vorhanden, die am eifrigsten den Westen kopierten.

Selbst in meinem Privatleben verlor die Blütenpracht allmählich etwas von ihrer Frische – meist aus den gleichen kulturellen Gründen. Ich hatte einen Mann geheiratet, der mich gern tanzen sah und der versprochen hatte, mich in die besten Clubs auszuführen. Er erklärte mir, daß er meine Freiheit respektierte, doch mit der Zeit erkannte ich, daß ich eine Gefangene in einem goldenen Käfig war und daß seine Freiheitsbekundungen nichts als leere Versprechungen waren. Diese Erkenntnis dämmerte mir nur langsam. Anfangs hatte ich nichts dagegen, Gast in meinem eigenen Haus zu sein: Nie mußte ich irgendeine Arbeit erledigen, sondern konnte alles der Dienerschaft überlassen. Und es störte mich auch nicht, daß Bijan den ganzen Tag bei mir war und mir bei der Auswahl all der Dinge half, die ich vielleicht benötigen könnte. Er begleitete mich sogar zum Arzt oder schickte eine seiner Schwestern mit, wenn er verhindert war.

Bijan kümmerte sich um alles, was mit dem Haushalt zu tun hatte – er bezahlte die Diener, verhandelte mit den Gärtnern, ließ Reparaturen durchführen. Ich war lediglich dafür verantwortlich, daß der Kühlschrank gut gefüllt war. Aber er begleitete mich auch in den Supermarkt und unterwarf mich einer Prüfung.

»Wie viele Hühnchen haben wir im Kühlschrank, Sousan?«
»Zwei, glaube ich.«

»Nein, du täuschst dich. Wir haben drei.«

Er sagte, er traue mir nicht zu, Früchte kaufen zu können, ein Hauptbestandteil eines jeden iranischen Haushalts.

»Du erkennst nicht, wann die Frucht reif ist. Sie würden dich betrügen, was die Qualität angeht.«

Ich besaß keine Kreditkarten, keine Bankkonten. Nie bezahlte ich irgendwelche Rechnungen; ich trug stets nur etwas Wechselgeld bei mir, falls ich mal den Friseur bezahlen oder sonst irgendeine kleine Ausgabe bestreiten mußte. Außerhalb des Hauses war ich buchstäblich nie alleine, weil mich stets ein Fahrer begleitete.

»Ich weiß, daß du deinen Führerschein in den Vereinigten Staaten gemacht hast, aber der Teheraner Verkehr ist etwas anderes«, erklärte er mir, als ich den Wunsch äußerte, selbst zu fahren. »Du bekommst nur einen Nervenzusammenbruch. Also mach dir nicht die Mühe, eine hiesige Fahrerlaubnis zu erwerben.«

Ein Chauffeur war so bequem, daß ich mir überhaupt keine Gedanken über die Tatsache machte, daß meine Freiheit langsam Stück für Stück abbröckelte.

Dann machte sich bei Bijan allmählich ein anderer Charakterzug bemerkbar – seine überwältigende Zuneigung und sein Verwantwortungsgefühl seiner Familie gegenüber, die aus zwei Brüdern, drei Schwestern und der verwitweten Mutter bestand. Seine beiden älteren, unverheirateten Schwestern fragten ihn bei jeder Kleinigkeit um Rat. Sehr oft besuchte er sie nach der Arbeit oder in der Mittagspause; dann stopften sie ihn mit seinen Lieblingsspeisen voll, während ich daheim mit leerem Magen auf ihn wartete. Manchmal kam er gegen drei Uhr nach Hause und schenkte dem Mahl, das unser Koch für ihn zubereitet hatte, keinen Blick.

Außerdem begann er die Einladungen, die von meinen Familienangehörigen gegeben wurden, zu meiden. Wir besuchten zwar nicht die Feste des Schahs, aber meine Cousinen standen seiner Schwester Shams sehr nahe, und die Parties waren meist recht formeller Natur. Bijan zog es mehr und mehr vor, statt dessen seine Familie zu besuchen, wo es zwar zwangloser, aber auch weniger amüsant zuging. Ich durfte keine Einladung für uns annehmen, ohne ihn zuvor konsultiert zu haben, während er ständig Pläne machte und mich erst in letzter Minute davon in Kenntnis setzte.

Nach einer Weile weigerte er sich, in irgendeine Disco oder zu einem Tanzvergnügen zu gehen. Einst hatte er zu mir gesagt: »Ich liebe es, dich tanzen zu sehen. Ich möchte dich beim Tanzen filmen. Wenn wir verheiratet sind, werde ich in die besten Disco-Clubs eintreten, damit du tanzen kannst.«

Jetzt sagte er: »Warum willst du, eine verheiratete Frau, eine Disco besuchen? Nur Frauen, die auf Männerbekanntschaften aus sind, gehen in Discos.«

Ich konnte in solchen Momenten nicht glauben, daß es sich um den gleichen Mann handelte, den ich geheiratet hatte.

Mein wunderschönes Haus begann immer mehr einem Gefängnis zu gleichen. Ich erkannte, daß es nichts mit Gastfreundschaft zu tun hatte, wenn er mir erklärte, ich solle mir nicht die Mühe machen, mich mit meinen Cousinen zum Mittagessen in einem Restaurant zu treffen, sondern sie zu uns ins Haus einladen. Er versuchte, mich im Haus zu halten. Wann immer mich seine Schwestern zum Schneider oder zum Arzt begleiteten, es geschah nicht aus reiner Freundlichkeit. Sie fungierten als Aufpasser. Und wer war als Spion besser geeignet als der Chauffeur, der mich überall hinbrachte?

Bijan hatte stets gesagt, er ziehe meine Kochkünste denen unseres Koches vor, und ermutigte mich, aus den vielen in unserem Garten wachsenden Früchten Marmelade zu machen. Doch in Wirklichkeit interessierte er sich nicht für mein Kochen; er suchte lediglich nach Wegen, mich zu Hause zu beschäftigen.

Vor allem mißbilligte er es, wenn ich ohne seine Begleitung in den »Royal Club« ging. Er hatte unser Haus in eine Art Privatclub für mich verwandelt, mit Swimmingpool, Tennisplätzen und Spielzimmer. Doch ich wollte ausgehen, einfach nur, um mich frei bewegen zu können.

Einmal sagte er, kurz bevor er zu einer Geschäftsfahrt nach Täbris aufbrach: »Ich würde es lieber sehen, wenn du während meiner Abwesenheit nicht mit deinen Cousinen ausgehst. Lad deine Freunde statt dessen lieber ein.«

Ich war überrascht, wertete es aber nicht als direktes Ausgehverbot. Als sein jüngerer Bruder und einige meiner Cousinen mich zum Lunch in den »Royal Club« einluden, ging ich hin. Ich erwartete Bijan erst am nächsten Tag zurück und hatte nicht die Absicht, ihm von meinem Ausgang zu erzählen. Als wir nach dem Lunch alle zum Kaffee zu uns nach Hause gingen, näherte sich mir ein Diener und sagte: »Mr. Amini ist zu Hause. Er fragte uns, wo Sie seien, und als wir ihm sagten, Sie seien ausgegangen, zog er sich mit Kopfschmerzen in das Schlafzimmer zurück.«

Ganz plötzlich empfand ich Angst, ihm gegenüberzutreten. Mir wurde klar, daß ich mich vor meinem eigenen Ehemann fürchtete. Ich hatte nichts Unrechtes getan – selbst sein eigener Bruder war dabei gewesen –, doch das ängstliche Gefühl wollte nicht weichen. Als ich das Schlafzimmer betrat, lag er auf dem Bett und starrte zur Decke hoch.

»Wo warst du?« fragte er.

»Wir waren alle im ›Royal Club‹ – dein Bruder war auch dabei.«

»Ich dachte, ich hätte dir gesagt, daß es mir nicht gefällt, wenn du ohne mich dorthin gehst.«

Zum erstenmal in unserer Ehe stritten wir uns.

»Glaubst du, ich bin dein Eigentum?« fragte ich empört. »Glaubst du, du hast mich gekauft? Wenn es so ist, dann denke lieber noch einmal darüber nach. So funktioniert unsere Ehe nicht. Du kannst mich nicht einfach rumkommandieren.«

Er wurde wütend. »Du kannst tun, was immer du willst; du kannst gehen, wohin du willst, wenn ich dabei bin. So ist es, und so wird es bleiben. Aber ich dulde es nicht, daß du mit einem Haufen Mädchen irgendwohin zum Lunch gehst – und schon gar nicht in den ›Royal Club‹.«

Die lockere Atmosphäre im Club paßte ihm nicht. Jeder kannte jeden, und es war nicht ungewöhnlich, daß ein Freund sich zum Tisch gesellte und eine Weile mit uns plauderte und lachte. Was sollte daran falsch sein? Bijan war offensichtlich der Meinung, daß es für eine verheiratete Frau schon Sünde war, wenn sie sich mit einem Mann unterhielt, auch wenn sie sich in Gesellschaft von Freunden befand. Ich konnte nicht glauben, daß dies der vermeintlich moderne Mann war, den ich geheiratet hatte. Ich liebte ihn und verspürte nicht den Wunsch, ihn zu betrügen. Aber er traute den Leuten nicht, die ich vielleicht während seiner Abwesenheit kennenlernen konnte. Plötzlich erschien mir der Mann, den ich fast wie einen Gott behandelt hatte, als ganz gewöhnlicher Mann, der bei weitem nicht so selbstsicher war, wie ich mir eingebildet hatte.

Schließlich sagte ich: »Wenn du dir diese Art von traditioneller iranischer Ehefrau gewünscht hast, dann hättest du nicht jemanden heiraten dürfen, der in den Staaten mit einer ganz anderen Mentalität aufgewachsen ist. Du hättest ein hübsches kleines iranisches Mädchen heiraten sollen, das gern zu Hause sitzt und Marmelade macht.«

Er hatte eine Frau mit einem westlichen Anstrich gewollt. Meine amerikanische Erziehung hatte ihn fasziniert. Der Gedanke gefiel ihm, in eine liberale, vom Westen geprägte Familie der Oberschicht einzuheiraten. Doch tief in seinem Inneren war er ein Traditionalist – wie die meisten Iraner. Anhand seines Charakters hätte ich die grundsätzlich vorhandene konservative Tendenz im Lande insgesamt begreifen können, doch der Kreis, in dem ich verkehrte, war zu begrenzt, als daß ich erfaßt hätte, daß Bijan in gemäßigter Form lediglich das zur Schau stellte, was so viele Iraner empfanden: eine starke Ambivalenz dem Westen und seinen Werten gegenüber.

Nach diesem Streit ging ich kaum noch alleine aus. Bijan ließ deutlich erkennen, daß er nicht beabsichtigte, seine Meinung zu diesem Thema zu ändern. In den Vorfall, der die Sache schließlich auf die Spitze trieb, war jener junge Mann verwickelt, mit dem ich mich für kurze Zeit getroffen hatte, bevor ich Bijan kennenlernte. Einige Monate nach Farhads Geburt begann mein früherer Freund, mir über gemeinsame Bekannte Botschaften zu schicken, daß er mich immer noch liebe und mich heiraten und sich um mein Kind kümmern würde, falls ich mich von Bijan scheiden ließe. Ich schickte ihm entmutigende Antworten, doch seine Bemühungen rührten mich, und ich wollte ihn nur einmal in aller Öffentlichkeit sehen, um ihm zu sagen, daß ich glücklich verheiratet sei und es auch bleiben wolle. Ich kam mit meiner Cousine Firouzeh überein, der jüngsten Tochter meiner Tante Ashraf, daß sie ihn zu einer sehr großen Party einladen solle; ich würde dann versuchen, ein paar Minuten mit ihm allein zu sprechen. Als ich mich schon mit Bijan traf, hatte ich ihm von dem jungen Mann erzählt, und er hatte gemeint, es gebe keinen Grund, weshalb wir nicht miteinander befreundet bleiben sollten. In der ganzen Angelegenheit gab er sich sehr tolerant. Mittlerweile aber bezweifelte ich, daß er sich über ein geplantes Treffen freuen würde, und so sagte ich ihm nichts davon.

An diesem Abend machte mir mein ehemaliger Bewunderer viele Komplimente. Doch als ich die Chance zu einem kurzen Gespräch unter vier Augen mit ihm hatte, sagte ich ihm, daß er sich keine Hoffnungen machen dürfe. Ich stellte ihn sogar Bijan vor, den er sogleich zu einer Party einlud, die am gleichen Abend noch von einem Neffen des Schahs gegeben wurde – mein Ehemann lehnte ab. Ich hatte die Begegnung längst vergessen, bis ich einige Wochen danach mit Firouzeh telefonierte. Plötzlich hörten wir zwei weitere Stimmen in der gleichen Leitung. Wir wollten gerade auflegen, da derartige Störungen im Iran recht häufig vorkamen, als wir zu unserem Entsetzen erkannten, daß es sich bei den Stimmen um unsere eigenen handelte. Während wir lauschten, wurde uns klar, daß wir eines unserer früheren Gespräche hörten, eine harmlose Unterhaltung über einen Dienstboten. Mein Mann mußte meine Gespräche auf Band mitgeschnitten haben; durch irgendeinen technischen Fehler hörten wir jetzt zufällig das Tonband. Und mir fiel siedendheiß ein, daß er alles über meine Begegnung mit meinem früheren Freund wußte.

Als Bijan an diesem Nachmittag heimkam, stellte ich ihn zur Rede.

»Du hast meine Telefongespräche abgehört«, zwang ich mich trotz meiner Angst zu sagen. »Wie konntest du? Ich fühle mich so gedemütigt.«

Zuerst versuchte er über die ganze Angelegenheit mit einem Lachen hinwegzugehen. Was war denn schon dabei, wenn er mein Geplauder abhörte? War doch nur Spaß! Doch als er meinen Zorn bemerkte, wurde auch er ärgerlich. Tatsächlich beharrte er sogar darauf, daß ihm das Recht zustand, seine Frau im Auge zu behalten; in meinem Fall wäre die Überwachung wohl nur zu berechtigt gewesen. Als der Streit sich ausweitete, begann ich um unsere Ehe zu fürchten.

Im Iran ist es üblich, daß Ehemann und Ehefrau ihre Probleme mit nahen Verwandten besprechen. An diesem Abend besuchten wir meinen Onkel Ardeshir und Tante Guity. Anfang der siebziger Jahre waren sie von Ann Arbor wieder in den Iran übersiedelt, um hier eines der besten französischen Restaurants der Stadt, »La Réserve«, zu eröffnen. Als wir ihnen das Problem darlegten, nahm mein Onkel einen sehr liberalen Standpunkt ein. Wie die meisten anderen Mitglieder meiner Familie hatte auch er großen Respekt vor meinem ungestümen Gatten.

»Mr. Amini, wenn jeder kleine Gedanke einer Frau auf ihrer Stirn geschrieben wäre, dann würden die meisten Ehen zur Scheidung führen«, sagte er. »Sie müssen das sehen, was sie tatsächlich tut. Ich glaube nicht, daß man eine Frau für schuldig halten kann, bevor sie nicht wirklich etwas Unrechtes getan hat.«

Mein Mann blieb ungerührt. »Für eine verheiratete Frau ist es falsch, wenn sie auch nur daran denkt, sich mit einem früheren Freund zu treffen, wie beiläufig dieses Treffen auch immer sein mag. Sie ist schuldig. Und ich sage Ihnen eins: Wenn sie sich weiter mit ihren Cousinen herumtreibt, die einen schlechten Einfluß auf sie ausüben, dann wird diese Ehe ganz sicher zur Scheidung führen. Wenn mir zu Ohren kommt, daß sie diesen Freund noch ein einziges Mal wiedergesehen hat, ist es vorbei.«

Als Bijan und ich unseren zweiten Hochzeitstag feierten, bestanden zwischen uns ernsthafte Meinungsverschiedenheiten. Bei vergleichbaren Verhältnissen hatte ich erkannt, daß viele Iraner gern junge Frauen heirateten, um sie ihrer eigenen Vorstellung entsprechend zur perfekten Ehefrau zu formen. In meinem Fall wollte mich mein Mann nach außen hin modern, progressiv und chic, während ich innerlich konservativ, traditionell und demütig sein sollte.

Um die Spannungen in unserer Ehe abzubauen, beschlossen wir im Dezember 1976, gemeinsam eine unserer zahlreichen Europareisen zu unternehmen, diesmal jedoch ohne Farhad. Er sollte bei der Mutter und den Schwestern meines Mannes bleiben. Wie bei den meisten unserer anderen Reisen auch, machten wir zuerst in der Schweiz Station, wo sich Bijan in Genf wegen eines übersäuerten Magens untersuchen ließ. Die Iraner, die es sich leisten konnten, begaben sich meist nach Europa, wenn es um ihre Gesundheit ging. Trotz bester Absichten und großer Fortschritte in den vergangenen Jahren ließ sich die im Iran praktizierte Medizin immer noch nicht mit der westlichen Medizin vergleichen. Wir rechneten höchstens mit einem Aufenthalt von zwei Tagen, dann wollten wir weiter nach Paris. Doch nach Bijans üblicher Generaluntersuchung zeigten sich die Ärzte besorgt wegen seiner ständigen Magenbeschwerden und entschieden sich für eine Magenoperation.

Die Vorstellung entsetzte mich. In meinem ganzen Leben war ich noch nie allein in einem Hotelzimmer gewesen, auch war ich nie irgendwo ohne Begleitung meines Mannes oder meiner Familie gewesen. Während Bijan sich von der Operation erholte, würde ich tagelang im Hotel zubringen müssen – allein. Der bloße Gedanke, Krankenhausbesuche machen zu müssen und für einen sehr kranken Menschen verantwortlich zu sein, war zuviel für mich. Immer war jemand dagewesen, der sich um mich gekümmert hatte, und nun mußte ich zum erstenmal in meinem Leben stark sein für eine andere Person.

Wir waren im Hotel »Président« am See abgestiegen und buchten nun ein Zimmer für 700 Dollar die Nacht im obersten Stock des »Hôpital Cantonal«. Im obersten Stock schienen hauptsächlich ausländische Patienten untergebracht zu sein, viele davon reiche Iraner. Hierher kamen auch die Verwandten des Schahs, wenn eine Operation unvermeidlich war. Der König konnte mit dem Ölgeld westliche Technologien importieren, doch westliches Know-how und westliche Berufsausbildung ließen sich nicht über Nacht adoptieren.

Am Abend vor der Operation blieb ich bis Mitternacht bei Bijan; der Bruder von Jamshid, einem der beiden Partner meines Mannes, der uns gerade besucht hatte, anerbot sich, mich zurück zu meinem Hotel zu fahren. Jamshids Bruder war Arzt; ihm gehörte eine Privatklinik in der Stadt. Es war eine regnerische Nacht kurz vor Weihnachten. Er fuhr schnell, um bald nach Hause zu kommen; dabei übersah er ein Stoppschild und rammte einen anderen Wagen. Unser Wagen geriet ins Schleudern und krachte schließlich in einen Graben. Ich hatte einen Schock, schaffte es aber, irgendwie aus dem Wagen zu kommen. Ich war über und über mit Glassplittern von der zerbrochenen Windschutzscheibe bedeckt. Der Doktor kletterte auf seiner Seite ebenfalls aus dem Wagen und erkundigte sich sofort, ob mit mir alles in Ordnung sei. In der Dunkelheit und dem Regen untersuchte er mich, so gut es ging.

»Nur ein kleiner Schnitt über dem rechten Auge«, sagte er. »Ich bringe Sie in mein Haus. Meine Frau wird Ihnen beim Entkleiden behilflich sein. Die Klinik ist direkt nebenan, falls einige Stiche notwendig sein sollten.«

Er rief die Polizei und bestand darauf, das Eintreffen der Beamten abzuwarten. Dann lieferte er einen genauen Bericht des Unfallhergangs. Während dieser unwirklichen halben Stunde hielt mich einzig und allein seine professionelle Ruhe davon ab, laut zu schreien. Aus dem Schnitt über meinem rechten Auge tropfte das Blut, und meine Beine trugen mich kaum noch. Später dann in seinem Haus half mir seine Frau – eine ausgebildete Krankenschwester – beim Ausziehen. Als ich meine Bluse über den Kopf zog, spürte ich die winzigen Stiche der unsichtbaren Glassplitter auf meiner Haut. Unter der Dusche und beim Haarewaschen hörte ich das leise Klirren von Glas auf Keramikkacheln. Als ich meine Haut mit einem Waschlappen rubbelte, färbten feine Blutspuren das Wasser rötlich. Selbst meine Augenbrauen steckten voller Glas, und als ich mit den Fingerspitzen darüber fuhr, erschienen winzige Blutrinnsale auf meinem Gesicht. Als ich mich im Spiegel betrachtete und mein aufgeschürftes, geschwollenes rechtes Auge und die Blutspuren in meinem Gesicht sah, erschauerte ich unter einer bösen Vorahnung.

Nach einer schlaflosen Nacht, in der ich mich um Bijan gesorgt hatte und darum, ob ich auf dem verletzten rechten Auge erblinden oder dauerhafte Narben zurückbehalten würde, besuchte ich gleich am nächsten Morgen das Krankenhaus. Mein Mann befand sich immer noch im Operationssaal, obwohl er schon längst wieder auf seinem Zimmer hätte sein müssen. Die Stunden verstrichen, und ich wurde immer nervöser. Wieso dauerte das so lange? Nach fünfstündiger Operation kam der Arzt schließlich heraus und nahm mich beiseite.

»Es tut mir leid«, begann er. »Ihr Gatte hat Magenkrebs. Wir mußten den größten Teil seines Magens entfernen. Wir glauben, daß keine Metastasen zurückgeblieben sind, doch in derart ernsten Fällen wissen wir erst nach zehn Tagen, ob sich der Patient erholen wird. Kommt es zu inneren Blutungen, dann können wir kaum noch etwas tun.«

Ich spürte noch, wie ich zu Boden sank, doch der Doktor fing mich auf und half mir auf einen Stuhl. An eine westliche Sitte werde ich mich nie gewöhnen: daß die Ärzte Patienten und deren Angehörigen schlechte Nachrichten direkt und ohne jede Vorbereitung übermitteln. Sie sprechen über einen bevorstehenden Todesfall, als handelte es sich um nichts weiter als eine schlechte Wettervorhersage, und auf kummervolle, schmerzliche Gefühle reagieren sie, als gehöre so etwas nicht hierher.

Ich begann zu weinen und flehte den Arzt an, meinem Mann die beste nur mögliche Pflege angedeihen zu lassen. Ich kam aus einem Land, in dem man mit Beziehungen und der richtigen Art von Druck alles erreichen konnte; vermutlich dachte ich, daß er meinen Mann retten konnte, wenn er es nur wirklich wollte, wenn es ihm genügend bedeutete. Ich erwähnte sogar, daß meine Onkel in den Vereinigten Staaten über gute medizinische Beziehungen verfügten. Vielleicht sollten wir einen amerikanischen Arzt einfliegen lassen? Der Vorschlag kränkte ihn ganz offensichtlich.

»Wenn irgend etwas getan werden kann, dann werden wir es tun, das versichere ich Ihnen«, sagte er steif und ließ mich mit der schrecklichen Nachricht allein.

Ich war zweiundzwanzig Jahre alt, hatte ein kleines Kind, führte ein fast unvorstellbares Luxusleben und liebte meinen Mann, mit dem ich nun drei Jahre verheiratet war, ganz egal, was für Probleme wir hatten. Jetzt hatte es den Anschein, als würden all meine Träume sich in nichts auflösen. Wann immer in meinem Leben Krisen aufgetaucht waren, hatte ich meine Familie angerufen, und so rief ich auch an diesem Morgen, während Bijan sich von der Operation zu erholen versuchte, ohne eine Ahnung von der Bedrohung seines Lebens zu haben, meine Onkel in Teheran und meinen Vater in Sabbalon an. Alle wollten sie sofort nach Genf fliegen, doch ich bat sie, das nicht zu tun. Der Doktor hatte mir die Entscheidung überlassen, ob Bijan sofort oder erst nach der kritischen Zehn-Tage-Periode informiert werden sollte, daß er Krebs hatte. Ich hatte die letztere Möglichkeit gewählt und wollte nicht, daß sich Bijan wegen der Ankunft von Verwandten aus dem Iran des Ernstes der Lage bewußt wurde.

Einer meiner Onkel rief Bijans Familie an, um sie von der Operation in Kenntnis zu setzen, und sein Bruder Ali, der auch Arzt war, kam nach Genf. Während der Zehn-Tage-Periode verbrachte ich jede Nacht auf einer Schlafstatt neben dem Bett meines Mannes, hielt dort

Nachtwache und lauerte auf irgendein Zeichen, daß sich sein Zustand verschlechtern könnte. Schließlich verkündete der Doktor, daß die unmittelbare Gefahr vorüber sei, und teilte meinem Mann zum erstenmal mit, daß er Krebs habe. Mit der für ihn typischen Selbstsicherheit und Stärke nahm Bijan diese Nachricht ruhig hin – ganz anders als sein Bruder, der zusammenbrach, obwohl er über die Krankheit bereits informiert war.

Da der Arzt sagte, Bijan müsse drei Monate lang regelmäßig untersucht werden und sich sechs Monate nach der Operation einer weiteren Untersuchung unterziehen, zogen wir drei zurück ins Hotel »Président«. Den Hotelmanager baten wir, für meinen Mann speziell pürierte Mahlzeiten zubereiten zu lassen. Nach drei Monaten Hotelaufenthalt – in dieser Zeit unternahmen wir lediglich gelegentliche Spaziergänge in der Stadt – erklärte der Doktor, Bijan gehe es gut genug, um die Heimreise anzutreten. Der gesamte Aufenthalt einschließlich Krankenhaus und Operation kostete uns 300000 Dollar, die mein Mann von einem Schweizer Bankkonto abhob, von dem ich nichts gewußt hatte.

Nach zwei Monaten im Iran begann Bijan wieder über Schmerzen zu klagen, die diesmal allerdings in der Nähe seines Blinddarms lagen. Dieses neue Krankheitssignal entsetzte mich: Jetzt, wo sein Leben bedroht war, wurde mir mit jedem Tag klarer, wie sehr ich Bijan liebte und wie erschreckend die Aussicht auf ein Leben ohne ihn war. Ich wollte alles tun, was in meiner Macht stand, um ihn am Leben zu halten. Ich beabsichtigte einen speziellen medizinischen Service in Anspruch zu nehmen, der in Genf für reiche Iraner eingerichtet worden war: Auf Anforderung konnte ein Jet komplett mit Ärzten, Krankenschwestern und Notfalleinrichtungen innerhalb weniger Stunden nach Teheran starten, den Patienten aufnehmen und zurückfliegen. Wenn es sein mußte, konnten an Bord Notoperationen durchgeführt werden. Der Service kümmerte sich um die Hotelreservierungen für die Familienmitglieder und alle weiteren Details.

Auf Drängen unserer Verwandten konsultierte Bijan zuerst einen örtlichen Arzt, einen Freund meiner Familie. Ali und ich begleiteten ihn. Kaum hatte der Doktor ihn untersucht, da sagte er: »Dieser Mann hat eine fortgeschrittene Blinddarmentzündung. Ich würde eine sofortige Operation empfehlen. Für einen Flug nach Genf bleibt keine Zeit.«

Während wir bei dem Arzt waren, erwähnten weder Bijan noch sein Bruder etwas von der Art der vorangegangenen Operation. Als Ehefrau hatte ich mich mittlerweile mehr an die iranischen Sitten gewöhnt und schwieg ebenfalls, um nicht vorlaut zu erscheinen. Der Arzt begann mit der Operation, ohne eine Ahnung zu haben, daß Bijan Krebs hatte. Als er einen großen Tumor entdeckte, entfernte er so viel wie möglich und wartete dann das Ergebnis der Gewebeuntersuchung ab. In einem Land, das sich Villen und Paläste leisten konnte, waren die Krankenhäuser und die Laboratorien für Gewebeuntersuchungen derart primitiv, daß es zehn Tage dauerte, bis wir das Ergebnis vorliegen hatten. Es war wieder Krebs. Mittlerweile war Bijan so geschwächt, daß wir die Absicht aufgaben, nach Genf zu fliegen.

Als er wieder reisefähig war, machten wir einen Erholungstrip in die Vereinigten Staaten, wo er sich in der Mayo-Klinik anmeldete. Hier erklärten ihm die Ärzte, daß sich in seinem Körper keine Krebszellen mehr befanden. So fröhlich wie seit Monaten nicht mehr, besuchten wir meine Onkel in Ann Arbor und Los Angeles.

Ich erinnere mich, wie Bijan auf den Pazifik hinausblickte, dem Donnern der Wellen lauschte und sagte: »Wenn Allah mir mehr Zeit schenkt, dann ziehen wir um und verbringen den Rest unseres Lebens hier.«

Wir waren erst wieder für kurze Zeit im Iran, als Bijans regelmäßige Untersuchung in Genf fällig war. Wir irgnorierten alle Anzeichen einer tödlichen Krankheit, nahmen Farhad mit und beabsichtigten, von Genf aus gleich weiterzureisen. Statt dessen wurde Bijan sofort ins Krankenhaus eingewiesen; die Ärzte überlegten, ob sie ihn gleich operieren oder warten sollten, bis er etwas kräftiger war. Sie entschieden sich für die Operation. Diesmal klang ihre Prognose absolut trostlos.

»Ihr Gatte hat nur noch kurze Zeit zu leben«, teilte mir der gleiche Chirurg mit. »Ich würde Ihnen raten, ihn nach Hause zu bringen.«

Bijan und ich sprachen nie über die Möglichkeit seines Todes. Er hatte keinerlei Vorbereitungen getroffen und gab sich weiterhin geheimnisvoll, was seine Geschäfte anbelangten. In den wenigen Monaten, die uns noch blieben, waren wir keinen Augenblick mehr ungestört, denn sein bevorstehender Tod lieferte uns einer Kultur aus, die iranischen Ursprungs, doch mir fast vollkommen fremd war. Seine Schwester Parveneh und Ali schlossen sich uns in Genf an, und wir bezogen ein möbliertes Apartment in der Nähe des Hotels. Seine Familie übernahm sofort unseren kleinen Haushalt und kümmerte sich um alles, was mit dem Krankenhaus zu tun hatte. Ich durfte nirgendwohin, ohne nicht Rede und Antwort stehen zu müssen oder genau beobachtet zu werden. Zum Glück besuchte mein Vater zu der Zeit zufällig seinen Neffen Dara in Bern, und er kam öfter mit dem Zug nach Genf. Seine Besuche brachten wenigstens etwas Abwechslung in das deprimierende Leben, das Bijans Familie mir aufzuzwingen versuchte.

Sie schienen die Einstellung zu vertreten, daß man keinen Kummer empfinden konnte, wenn man keine große Show daraus machte. Weil ich einen kranken Ehemann hatte, durfte ich kein Vergnügen am Leben haben. Selbst ein Spaziergang im Park, um frische Luft zu schnappen, war nicht erlaubt, weil ich ja für einige Minuten die Agonie meines Mannes vergessen könnte. Die Familie zeigte genau diesen Zug, der für religiösen Fanatismus im Iran typisch ist, dieses Sich-Suhlen in Schmerz und Martyrium, diesen Stolz auf Selbstgeißelung. Sie wollten, daß ich mich wie eine traditionelle Moslemfrau benahm, deren Mann im Sterben lag.

Die ganze Zeit über riet uns der Doktor, die Schweiz zu verlassen und nach Hause zu fahren. Allmählich bekam ich das Gefühl, daß er uns hier nicht haben wollte, was mir angesichts der Summen, die wir ausgaben, unverständlich erschien. Bijan wollte in der Nähe seines Arztes bleiben, dort, wo sich die besten medizinischen Dienstleistungen kaufen ließen. Vielleicht erkannte der Doktor deutlicher als wir, wie wichtig es für uns war, in einer derart kritischen Zeit in unserem eigenen Kulturkreis zu sein.

Nach zwei Monaten fuhren wir endlich heim, und ich wurde noch mehr zu einer Gefangenen der Aminis. Seine Mutter und seine beiden Schwestern wohnten nun ständig bei uns, und die restliche Familie war den ganzen Tag über zu Besuch. Ich durfte nicht mehr im gleichen Raum mit Bijan schlafen; nicht mal fünf ungestörte Minuten mit ihm blieben mir mehr, eine Zeit, in der er vielleicht hätte sagen können, daß er mich liebe, oder in der er mir Ratschläge für die Zukunft hätte geben können. Sie ließen es nicht einmal zu, daß ich ihm während dieser Monate, in denen er im Sterben lag, auch nur ein Glas Wasser reichte. Sie rissen die Haushaltsführung an sich, und ich durfte weder einkaufen gehen noch Früchte von den Bäumen pflükken. Als ich es wagte, von einem überladenen Kirschenbaum ein paar Kirschen zu nehmen, um sie meinem Onkel Ardeshir zu schicken, behandelten sie mich wie eine Diebin.

In den folgenden sechs Monaten verließ ich das Haus vielleicht dreimal, jedesmal wegen Notfällen in der Familie. Freunde und Verwandte besuchten mich, um mir Gesellschaft zu leisten, und verschwanden bald wieder, entsetzt von der Atmosphäre in meinem Haus. Was wir da zu sehen bekamen, war die zutiefst fanatische Seite des Irans – das konservative Gesicht des Landes. Die Aminis unterschieden sich in nichts von irgendeiner anderen fundamentalistischen Moslemfamilie. Ich hatte einen Mann geheiratet, also hatte ich nach ihrer Ansicht weder jetzt, wo er im Sterben lag, noch später ein Recht, das Leben zu genießen. Mein Leben sollte mit dem seinen vorbei sein.

Mein Vater und meine Onkel verstanden etwas mehr von den fundamentalistischen Moslems und erkannten, wie sehr die Aminis mich unter einer Fassade vorgeblicher Familienliebe haßten. Deshalb schärften sie mir ein, sie sofort anzurufen, falls sich Bijans Zustand verschlechtern sollte. Sie hatten Angst vor dem, was seine Verwandten mit mir anstellen könnten, falls ich zum Zeitpunkt seines Todes allein mit ihnen im Haus wäre. Zufällig war mein Vater von Aserbaidschan gekommen und an dem Morgen in unserem Haus zu Besuch, als Bijan ins Koma verfiel. Es war der 25. Juni 1977, drei Wochen vor dem zweiten Geburtstag meines Sohnes. Mein Vater weckte mich gegen fünf Uhr früh, um mir zu sagen, daß ich nun am besten von Bijan Abschied nähme. Ich eilte in sein Zimmer, ohne auf seine Mutter und seine Schwestern zu achten, die neben seinem Bett saßen und mich anfunkelten. Zum letztenmal hielt ich seine Hand.

Dieser Tag wird mir in schrecklicher Erinnerung bleiben, nicht nur, weil ich in jungen Jahren Witwe wurde. Während der Revolution von 1979 gewöhnten sich die westlich geprägten Menschen an den Anblick von Tausenden von islamischen Trauernden, die sich selbst geißelten und schmerzerfüllt aufschrien; sie sahen die Leidenschaften, die durch den Tod von Demonstranten, die sich gegen den Schah erhoben hatten, freigesetzt worden waren. Doch bis zum Tod meines Mannes hatte ich diese düstere, gewalttätige Form der Trauer nicht gekannt.

Als deutlich wurde, daß Bijan bald sterben würde, rief mein Vater Onkel Ardeshir an, der kurz darauf mit Tante Guity eintraf. Wir alle saßen im ehelichen Schlafgemach und warteten darauf, daß der Tod Bijans Schmerzen ein Ende machen würde. Außer seiner Mutter und seinen Schwestern waren auch noch Bijans Bruder Ali und Parviz, der Ehemann der jüngeren Schwester, ein Psychologe, anwesend. Ihre Feindseligkeit uns gegenüber war so stark, daß sie uns nicht mal ansehen konnten.

Einmal wandte sich der Psychologe an meinen Vater und schrie ihn an: »Warum tust du nichts? Hol einen Arzt! Hol Sauerstoff! Tu etwas!«

Er schien nicht mehr erfassen zu können, daß ein Arzt anwesend war – in dem Fall sogar Bijans eigener Bruder – und daß für meinen Mann keine Hilfe mehr möglich war. Meine Verwandten senkten lediglich die Köpfe und schwiegen. Ich weinte unbeherrscht, während ich Bijans lange, ausgemergelte Hand hielt und versuchte, ihm etwas von meiner Kraft zu geben.

Gegen acht Uhr morgens tat Bijan seinen letzten Atemzug, leise und fast unmerklich. Als deutlich wurde, daß Bijan tot war, begannen seine Mutter und seine Schwestern schrecklich zu jammern und zu jaulen. Parviz sprang auf und stellte sich vor uns.

»Ihr habt ihn getötet. Ihr wolltet keinen Doktor holen. Ihr habt nichts für ihn getan.«

Mein Vater lehnte es ab, eine Antwort zu geben. Er nahm mich bei den Schultern, als ich versuchte, Bijans Hand zu küssen, und sagte ruhig: »Für dich ist es hier nicht mehr sicher. Gehen wir nach unten.«

Ich hatte furchtbare Angst, daß die Aminis mich schlagen würden. Bijans Tod löste eine schreckliche Trauer in mir aus, gleichzeitig aber war ich mir der Gefahr, in der ich mich befand, nur zu bewußt und war froh, daß meine Familie zu meinem Schutz hier war.

Innerhalb einer halben Stunde nach Bijans Tod hatte sich das Haus mit unseren Verwandten, Freunden und Geschäftsfreunden gefüllt.

Zu den ersten gehörten Bijans Partner, Jamshid und Abdullah Taslimi, die sofort nach oben gingen, um mit den Aminis zu reden. Nach einer Weile kam einer von ihnen herunter und bat meinen Vater und mich nach oben. Ich hatte Angst, aber die Anwesenheit meiner Verwandten gab mir Mut. Die Aminis befanden sich jetzt in einer noch schlimmeren Verfassung. Sie hatten den Aktenkoffer meines Mannes geöffnet, der neben seinem Bett gestanden und rechtliche Dokumente enthalten hatte, einschließlich seines Testamentes. Außerdem hätte darin noch eine große Brieftasche mit 30000 Dollar in ausländischer Währung sein müssen, die er stets für den Fall einer schnellen, ungeplanten Reise bereithielt, sowie Tumans – die iranische Währung – im Gegenwert von 50000 Dollar.

»Wo ist das Geld? Was habt ihr damit gemacht?« fragte Ali.

Ich starrte ihn ungläubig an, betrachtete dann die anderen Aminis. Am Abend zuvor war die Brieftasche noch da gewesen. Ich schaute in den Aktenkoffer und merkte, daß auch ein Beutel mit unserem schönsten Schmuck fehlte.

»Gib es zu«, sagte Parviz. »Du und dein Vater, Ihr habt es gestohlen.«

Bevor Bijan reich wurde, hatten die Aminis zur Mittelschicht gehört, waren nie im Ausland gewesen, hatten nie ein Shemiran-Herrschaftshaus von innen gesehen, und ihr Blick war nie über die Grenzen ihres Vororts hinausgegangen. Jahrelang hatten sie dankbar Bijans Geschenke entgegengenommen, und ich bezweifle nicht, daß sie ihn geliebt hatten. Nun, da er tot war, würden sie auf keinen Fall einer jungen Witwe erlauben, seinen Reichtum zu genießen.

Mein Vater und mein Onkel waren zu peinlich berührt, um auf diese Anschuldigungen zu antworten; die Brieftasche und der Schmuck tauchten nie wieder auf.

Trotz ihres anscheinend unkontrollierbaren Schmerzes fanden die vier Aminifrauen zwischen lautem Geschrei und Haareraufen irgendwie Zeit, schwarze Kleidung und schwere Tschadors anzulegen. Ich war so durcheinander, daß man mich an die Trauerkleidung erinnern mußte. Ich schickte eine meiner Cousinen nach oben ins Schlafzimmer, um ein paar passende Kleidungsstücke zu holen. Nach ein paar Minuten kam sie aufgelöst zurück.

»Tut mir leid, Sousan«, sagte sie, »aber sie sagen, es würden hier

Sachen geraubt, und sie erlauben nicht, daß irgendwas entfernt wird, nicht mal deine eigenen Sachen. Du müßtest sie schon persönlich holen.«

Meinen Widerwillen überwindend, ging ich nach oben, begleitet von einigen meiner Freunde, und schaffte es, einen schwarzen Rock, Bluse, Halstuch und Schuhe zu packen. Damit eilte ich wieder nach unten. Nach einer Weile stimmte ein Mullah, den die Aminis ins Haus geholt hatten, ein Klagegebet an. Gegen zehn Uhr waren so viele Leute im Haus, daß es an der Zeit gewesen wäre, den Leichnam der Sitte entsprechend in einen persischen Teppich zu wickeln und ihn zu der Beerdigungszeremonie zum Friedhof zu bringen. Doch Bijans Mutter bestand darauf, auf weitere Trauergäste zu warten, obwohl das bedeutete, daß die Beerdigung zur heißesten Zeit des Tages abgehalten werden mußte. Es war fast Mittag, als wir endlich zu der vierstündigen Beerdigungszeremonie aufbrachen.

Während des Rituals, als Bijans Körper gewaschen und in ein Leichentuch gewickelt und sein Grab ausgehoben wurde, stieß meine angeheiratete Verwandtschaft weiterhin Beleidigungen gegen meine Familie aus; mehrmals mußten meine Freunde und Verwandten sie bitten, die Lautstärke ihrer Stimmen zu mäßigen.

Von Ali war zu hören: »Sie hat ihn getötet. Ihre Mutter hatte Krebs, und sie hat den Krebs an ihn weitergegeben.« Das kam von einem in Iran ausgebildeten Mediziner.

Mein Vater hörte zufällig, wie Ali seinem Onkel sagte, er solle den Seidenteppich, in dem der Leichnam transportiert worden war, in seinen Wagen legen und nicht ins Haus zurückbringen. Mein Vater wartete einen Moment, bevor er den Onkel zur Rede stellte.

»Heute sind genug bösartige Dinge gesagt und getan worden«, rief er, zum erstenmal die Beherrschung verlierend. »All das haben wir ignoriert. Doch wenn dieser Teppich nicht ins Haus zurückgebracht wird, dann wird es eine Szene geben, die Ihre Familie bedauern wird.«

Schweigend lud der Onkel den Teppich in einen unserer Wagen um, doch einige andere Teppiche – einschließlich der beiden, die mein Vater uns als Hochzeitsgeschenk gegeben hatte –, die Bijan und ich aus Sicherheitsgründen im Hause seiner Mutter untergebracht hatten, während wir wegen der Operationen in Europa weilten, tauchten nie wieder auf.

Als die Beerdigung vorbei war, zog die gesamte Amini-Familie wieder zurück in mein Haus, um die offizielle Trauerperiode abzuhalten. Iranische Beerdigungen und die darauffolgende Trauerperiode sind äußerst kompliziert und zeitaufwendig. In der ersten Woche nach einer Beerdigung ist das Haus stets mit Menschen gefüllt, die hereinschauen, um ihr Beileid auszusprechen, und dann oft zum Lunch oder Dinner bleiben. Jede betroffene Familie, egal, ob reich oder arm, stellt das Beste an Essen und nichtalkoholischen Getränken zur Verfügung, das sie sich leisten kann. Für ein anständiges Begräbnis gehen die Leute häufig weit über ihre Verhältnisse hinaus. Bijan, der stets auf alle Details achtete, hatte 40 000 Dollar allein für die Beerdigung beiseite gelegt, doch auch meine Familie trug noch sehr viel dazu bei. Mein Onkel Ardeshir schickte Küchenchefs und Kellner von »La Réserve« und genügend Speisen für fünfzig Leute täglich. Am siebten Tag, einem besonderen Trauertag, servierten wir zweihundert Menschen ein Dinner.

Weil die Aminis immer noch im Hause waren, blieben ständig fünf oder sechs Verwandte bei mir. Während dieser ganzen Trauerperiode zeigten die Aminis mir und meiner Familie nichts weiter als blanken Haß. Sie haßten mich, weil ich meinen Mann überlebt und nun Zeit hatte, sein Geld zu genießen und weil ich einfach anders war als sie.

Eines Tages besuchten mich zum erstenmal Bijans Verwandte vom Land. Sie waren schlichtere Menschen, meist kleine Geschäftsleute aus Arak, einer Stadt südwestlich von Teheran. Alle Frauen trugen Tschadors, und ich merkte, daß sie mich genau beobachteten, um zu sehen, ob ich – eine westlich erzogene Witwe – meine Trauer auch in der traditionellen Art und Weise zum Ausdruck brachte. Ich sah, wie sie den Luxus in unserem Haus anstarrten. Die Männer schritten tatsächlich den Garten ab, maßen die Länge und Breite und zählten die Bäume, eine Mischung aus Bewunderung und Neid in ihrem scharfsichtigen Blick.

Falls ich je eine Lektion nötig gehabt hatte, was die Kontraste in meinem Land anbelangte, diese Beerdigung lieferte sie mir. Meine Familie einerseits trug westliche Trauerkleidung; die Frauen waren etwas weniger hergerichtet als sonst, die Männer plauderten über Trivialitäten, um die trostlose Stimmung etwas zu durchbrechen. In Bijans Familie dagegen trugen die Frauen alle einen Tschador und keinerlei Make-up; sie schrien und jammerten endlose Stunden und legten nur eine Pause ein, um gewaltige Mahlzeiten zu verdrücken. Sie sprachen dabei, als wäre das Ende der Welt gekommen, selbst für jene, die Bijan seit Jahren nicht mehr gesehen hatten. Ich begann den Verdacht zu hegen, daß hinter diesen Sturzbächen an Trauer ebensoviel Künstlichkeit wie echter Kummer steckte. Nachdem der Mullah gegangen war, sorgten die Aminis dafür, daß das schreckliche Jaulen weiterhin das Haus füllte; sie brachten Tonbänder mit Gebeten mit und ließen sie von morgens bis nachts laufen.

Ich kannte die Sitten und Gebräuche der überwiegenden Mehrheit der Iraner so wenig, daß ich während der Trauerperiode nach einer Dusche mir ganz automatisch etwas Parfüm auf den Nacken tupfte. Danach begegnete ich zuerst der in Amerika geborenen Frau eines iranischen Cousins, die leise, damit die Aminis es nicht hören konnten, zu mir sagte: »Sousan, um Himmels willen, du darfst doch jetzt kein Parfüm tragen.«

»Warum denn nicht?« fragte ich, ehrlich verwirrt.

»Weil das für einen Moslem ein Zeichen ist, daß man glücklich ist.«

»Aber die Tage sind so heiß. Ich möchte lediglich nicht stinken.«

»Für einen Moslem ist es besser zu stinken als Parfüm bei einer Beerdigung zu tragen.«

Eines Tages ging Bijans Schwägerin, Alis Frau, in die Küche, um einigen Gästen Scherbet zu servieren. Plötzlich hörten wir einen Schrei und Geklirr. Wir rannten in die Küche: sie lag auf dem Küchenboden und wurde von irgendeinem Anfall hin und her geworfen. Ihr Ehemann begann prompt panikartig zu schreien, doch meine Cousine Chloe besaß die Geistesgegenwart und versuchte es mit Mund-zu-Mund-Beatmung. Bald darauf erlangte die Frau das Bewußtsein wieder. Schließlich kam ein Arzt, der sie untersuchte und ihr eine Spritze gab (zu welchem Zweck, hab' ich nie erfahren). Rein zufällig waren Chloe und ich einen Moment mit ihr allein. Das Sprechen bereitete ihr große Mühe, aber trotzdem erzählte sie uns eine sehr merkwürdige Geschichte.

»Ich habe Bijan gesehen«, sagte sie. »Er kam zu mir und dankte mir für die Hilfe bei der Bedienung der Gäste.« Dann klammerte sie sich an mir fest und starrte mir in die Augen. »Sei auf der Hut vor ihnen.

Vor ihnen allen. Sie sind Teufel. Sie sind hinter dem Geld deines Mannes her. Ich bin ein religiöser Mensch, ein guter Moslem. Ich kann es nicht ertragen, daß meine Kinder Nahrung zu sich nehmen, die rechtmäßig einem anderen Kind zusteht. Gott wird mich strafen, wenn das geschieht. Sei auf der Hut vor Bijans Familie.«

Als sich jemand näherte, verfiel sie in Schweigen und kam auch später nie wieder auf dieses Thema zu sprechen. Ihre Furcht und ihre Geschichte schienen geradezu gemacht für diese düsteren Tage. Erst jetzt, wo ich von all dem Jahre und viele Meilen entfernt bin, erkenne ich, wie phantastisch diese Ereignisse waren.

Einige Tage nach der Beerdigung wurde meinem Vater und meinen Onkeln das Testament meines Mannes vorgelesen. Als sie mir von dem Letzten Willen meines Mannes berichteten, fühlte ich mich gedemütigt und schockiert. Mein Mann hatte all seine Anteile an der Baufirma seinen Brüdern und Schwestern hinterlassen. An seine Mutter und seine beiden unverheirateten Schwestern gingen sehr großzügige Geldsummen, da sie ja keinen Mann hatten, der für sie sorgte. Meinem Sohn hatte er all seinen Besitz hinterlassen: die Villa, die Apartments im Ausland, Grundstücke in der Stadt und auf dem Land – ein Wert von vielen Millionen Dollar, wenn sich nicht alles mit der Revolution verändert hätte. Mich, seine Frau, hatte er wie ein wehrloses Kind behandelt, das sich nicht mal selber ein paar Früchte kaufen konnte; er hatte mir so gut wie nichts hinterlassen. Lediglich eine kleine Geldsumme – Wertpapiere im Wert von ungefähr 150 000 Dollar –, ein Almosen für einen Mann, der normalerweise mit Millionen um sich warf. Es war so, als hätte er einem Diener, der schlechte Arbeit geleistet hatte, zwei Pennies zugeworfen.

Doch der vielleicht beleidigendste Teil seines Testamentes bestand darin, daß mein Name nicht in der Liste der Personen auftauchte, die für meinen Sohn verantwortlich waren. Nach islamischem Recht kann eine Witwe leicht das Sorgerecht für ihre Kinder an die männlichen Verwandten des Ehemannes verlieren, obwohl unter dem Schah Frauen begrenzte Rechte erworben hatten. Doch ich hatte geglaubt, mein Mann habe eine liberalere Einstellung gehabt und mich als Mensch mehr geachtet. Statt dessen war er bis zu seinem Ende ein traditioneller Iraner geblieben. Er hatte die Kontrolle über Farhad und sein Vermögen an seine beiden Partner und seinen Bruder Ali übergeben. Mir blieb nichts weiter als die Rolle eines Babysitters. Außerdem hatte er dafür gesorgt, daß ich, eine junge, attraktive Witwe, nicht viel von seinem Geld mit einem anderen Mann durchbringen konnte.

Es war der endgültige Verrat. Ich hatte einen Mann geheiratet und einen anderen Mann sterben sehen. Solange ich nicht wieder heiratete, konnte ich mit meinem Sohn in dem Haus leben, mit den Autos meines Mannes herumfahren und ein bescheidenes Taschengeld in Empfang nehmen, mit dem sich kaum die monatlichen Unkosten des Shemiran-Besitzes decken ließen. Heiratete ich wieder, so würde ich alles verlieren, vielleicht sogar Farhad. Jederzeit konnten die Aminis Druck auf die beiden Partner ausüben, mit denen sie nun durch die Firma geschäftlich verbunden waren, und mir Farhad wegnehmen. Sie mußten lediglich beweisen, daß ich als Mutter nicht geeignet war, und im Iran ist es nicht schwer, Beweise gegen eine Frau anzuführen. Mit achtzehn würde mein Sohn ein reicher Mann sein, mit Besitztümern im Iran und in Europa, von denen ich immer noch kaum eine Ahnung hatte.

Doch während mein Mann im Sterben gelegen hatte, war auch der Iran verschwunden, den ich gekannt hatte. Jeden Tag kam es zu Anti-Schah-Demonstrationen auf den Straßen. Jeden Tag bekamen wir in den Nachrichten mitgeteilt, daß die Armee eine Versammlung von Studenten oder linken Agitatoren aufgelöst hatte. Bijan hatte geglaubt, daß er das Imperium, das er aufgebaut hatte, weitergeben könnte und daß es wachsen und gedeihen würde unter dem unangreifbaren Gesetz des Schahs. Doch die Zeit war nicht mehr fern, wo es einem Schuldeingeständnis gleichkam, reich zu sein und Land zu besitzen. Vieles von dem, was er seinem Sohn hinterlassen hatte, würde Farhad niemals für sich in Anspruch nehmen können.

FÜNFTES KAPITEL

Der goldene Käfig

Du wurdest als König erschaffen,
um Unheil von deinem Volke abzuwenden,
um seine Wunden mit belebendem Balsam zu behandeln.

NIZAMI GANJEVI

Mitte 1977, als mein Mann starb, war es selbst in unserer beschützten Enklave unmöglich, die ernsthaften Angriffe auf die Monarchie und das politische Regime zu ignorieren. Im Mai dieses Jahres richteten dreiundfünfzig Rechtsanwälte einen offenen Brief an den kaiserlichen Gerichtshof, in dem sie eine unabhängige Gerichtsbarkeit forderten. Unsere Gerichte waren berüchtigt dafür, daß sie auf jeden Druck von oben reagierten. Führende Autoren und Intellektuelle schrieben dem Premierminister und verlangten ein Ende der Zensur und die Wiedereinführung der Pressefreiheit. Vor zwei Jahren noch hätten sie es nicht gewagt, derart öffentlich zu sprechen. Doch obwohl die Unzufriedenheit mit dem Schah weitverbreitet war, wollte niemand, den ich beim Einkaufen oder auf einer Cocktailparty traf, einen Wechsel in der Führung. Für meine Verwandten, Freunde und mich gab es einfach keine Alternative. Die Opposition schien in erster Linie aus linken Studenten, radikaleren Mullahs und zahlreichen miteinander zerstrittenten Splitterparteien im ganzen Land zu bestehen sowie Resten der alten Nationalen Front, jener Partei, die unter Mossadegh in den temporären Sturz des Schahs im Jahre 1953 verwickelt gewesen war.

»1953 wird sich lediglich wiederholen«, sagte einer der älteren Männer in meinem Kreis. »Wartet nur ab. Der CIA wird sich einmischen, und dann darf man auch die Armee nicht vergessen. Glauben diese Jungs wirklich, sie könnten gegen die Armee angehen?«

Wir hatten um unsere Armee einen Mythos aufgebaut. Der Schah hatte riesige Summen für die bewaffneten Streitkräfte ausgegeben.

Zwischen 1972 und 1976 hatte er Waffen im Wert von 10 Milliarden Dollar in den Vereinigten Staaten gekauft. Er hatte F-14 Grumman-Tomcat-Düsenjäger, bewaffnet mit Phoenix-Raketen, ein 850 Millionen Dollar teures elektronisches Überwachungssystem von Rockwell International, Zerstörer der Spruance-Klasse und zahllose Panzer in einem Anfall von Kaufwut erworben und damit der restlichen Wirtschaft sowohl Geld als auch Arbeitskräfte entzogen. Schätzungsweise 140 000 Mann taten aktiven Dienst, und 400 000 Mann standen als Reserve bereit. Doch wir alle unterschätzten die Kräfte, die im Land wirkten, und falls wir überhaupt eine Bedrohung sahen, dann von seiten der Armee, die vielleicht losschlagen und die Studentenunruhen beseitigen würde. Noch sprach niemand von der Macht von Ayatollah Ruhollah Khomeini. Der fanatische Religionsführer lebte zu der Zeit im Irak. Der Schah hatte ihn 1964 ins Exil geschickt, nachdem Khomeini eine blutige Revolte gegen die Landreform des Schahs angezettelt hatte. Khomeini hatte gegen die Attacke des Schahs auf den Landbesitz der Moscheen gewettert.

In meiner eigenen, privaten Welt war ich damit beschäftigt, möglichst schnell erwachsen zu werden. Nachdem sie für die zehntägige Trauerzeit in meinem Haus geblieben waren, brachen die Aminis schließlich auf, allerdings erst, nachdem mein Vater ein Treffen mit den Firmenpartnern und dem Doktor einberufen und ihnen höflich mitgeteilt hatte, daß sie jetzt gehen müßten. Widerwillig zogen sie aus, und damit war ich zum erstenmal in meinem Leben für den Haushalt verantwortlich. Da sich mein Einkommen drastisch verringert hatte, entließ ich sofort den Chauffeur und einen Gärtner sowie einige andere Diener. Ich behielt lediglich einen Dienstboten, einen festen Gärtner und einen Aushilfsgärtner. Zu Bijans Lebzeiten hatten sich die monatlichen Unkosten für das Haus auf ungefähr 12 000 Dollar belaufen, doch ich machte Schluß mit diesem verschwenderischen Stil und drückte meine Ausgaben auf 3000 Dollar im Monat, wobei mir meine Familie unter die Arme griff. Ich lebte keineswegs in Armut, aber mit diesem grenzenlosen Luxus, den ich gekannt hatte, war es vorbei.

Der Iran und ich mußten ungefähr zur gleichen Zeit den Gürtel enger schnallen. 1977 wurde deutlich, daß sich der große Traum des Schahs, aus dem Iran über Nacht eine industrielle Weltmacht zu machen, in einen Alptraum verwandelt hatte. Das viele Ölgeld reichte nicht aus, um die Rechnungen der Nation zu bezahlen, und der Schah mußte die Mittel für seine geliebten Streitkräfte mühsam zusammenkratzen.

Ich erinnere mich, wie ich meine erste Haushaltsrechnung erhielt – für Wasser und Strom. Voller Panik rief ich meinen Onkel Ardeshir an und fragte ihn, was ich damit tun sollte. Geduldig erklärte er mir, daß ich damit zur Bank gehen und bezahlen müsse. Ich schaffte es, die Dienerschaft zu bezahlen, und behielt die Quittungen, wie ich es bei meinem Mann beobachtet hatte. Ich hatte immer schreckliche Angst vor dem direkten Umgang mit dem Gärtner gehabt, weil mein Mann mir nie Gelegenheit gegeben hatte, mich um etwas so Kompliziertes wie einen Garten zu kümmern. Jetzt aber stellte ich fest, daß ich durchaus in der Lage war, die Blumen und Sträucher auszusuchen, die bestellt und gepflanzt werden mußten. Ich fand heraus, wen ich anrufen mußte, wenn mit dem Swimmingpool oder der Klimaanlage irgendwas nicht in Ordnung war. Dann beobachtete ich die Arbeiter bei der Reparatur, entschlossen, etwas von dem zu lernen, was sie taten.

Das waren so simple Dinge – doch für mich, ein behütetes Spielzeug, dessen einzige Aufgabe es gewesen war, hübsch auszusehen und neue Kleidungsstücke auszusuchen, begann damit ein ganz neues Leben. Über Beziehungen schaffte ich es sogar, einen internationalen Führerschein zu bekommen, ohne noch einmal eine Fahrprüfung machen zu müssen. Ich benützte ganz einfach meine abgelaufene amerikanische Lizenz als Beweis für meine Fahrtüchtigkeit. Der furchtbare Teheraner Verkehr erwies sich schließlich als gar nicht so schlimm. Im Laufe der Zeit bekam ich Selbstvertrauen und sogar eine gewisse Selbstachtung. Mir war nicht bewußt geworden, wie tief ich mich selbst eingeschätzt hatte.

Meine größte neue Verantwortung war Farhad. Während seiner letzten Monate hatte sich Bijan bemüht, so viel Zeit wie nur irgend möglich mit seinem Sohn zu verbringen. Erst in den allerletzten Wochen hatte er uns gebeten, seinen Sohn von ihm fernzuhalten, da er befürchtete, sein ausgemergeltes Gesicht und sein aufgedunsener Bauch könnten eine bleibende, traumatische Erinnerung bei Farhad hinterlassen. Während der Trauerzeit wohnte Farhad im Haus einer

Freundin, doch als er dann zurückkehrte, spürte er sogleich, daß sich sehr viel verändert hatte. An meinen verweinten Augen und den gesenkten Blicken unserer Verwandten erkannte er, daß irgend etwas nicht stimmte, doch Farhad war ein sehr introvertiertes Kind, und selbst jetzt stellte er keine Fragen. Ich wußte, wie schrecklich er seinen Lieblingsspielgefährten vermissen würde, und da ich ihm die schlimme Nachricht allmählich beibringen wollte, erklärte ich ihm, sein Vater sei in der Schweiz. Monate später noch sprang er jedesmal erregt auf, wenn er einen silbernen Mercedes – der Autotyp seines Vaters – vorbeifahren sah und rief: »Schau, Mami, es ist Dad. Schau doch. Schau!« In Menschenmengen rannte er auf Männer zu, die seinem Vater ähnelten, nur um sich schweigend abzuwenden, wenn er merkte, daß es nicht der Gesuchte war. Schließlich sagte ich ihm, daß sein Vater nie mehr zurückkommen würde. »Er ist im Himmel, bei meiner Mutter. Ich war auch sehr jung, als ich sie verlor.« Noch lange danach schien er immer auf jemanden zu warten. Doch genau wie sein Vater sagte er nur sehr wenig und zeigte nur selten seinen Schmerz.

Nachdem ich bis jetzt meiner eigenen Einschätzung nach eine flatterhafte Mutter gewesen war, war ich entschlossen, mein Bestes für Farhad zu tun, die beste Schule für ihn zu suchen, ihm Disziplin beizubringen, wie sein Vater es getan hätte, und so liebevoll zu sein, wie es ein vollständiges Elternpaar nur hätte sein können. Farhad ohne Bijans Führung aufzuziehen, stellte meine größte Herausforderung dar.

Anfangs lebte ich immer noch im Schatten meines Mannes. Zur Mittagszeit eilte ich heim und rechnete so halb damit, daß er zu Hause sein und mich schelten würde, weil ich so lange weggewesen war. Ich brauchte eine Weile, um mich daran zu gewöhnen, daß mich niemand mehr beaufsichtigte. Wochenlang lehnte ich alle Einladungen zum Essen und zu Familienversammlungen ab. Doch ungefähr zehn Monate nach Bijans Tod fuhr ich mit Farhad, meiner Cousine Firouzeh und deren beiden Kindern übers Wochenende ins Haus am Kaspischen Meer. Ihr Ehemann, ebenfalls ein Baulöwe, war öfter geschäftlich unterwegs, und wir verbrachten viel Zeit miteinander.

Nachdem wir die Kinder ins Bett gebracht hatten, fuhren wir mit dem Taxi ins »Hyatt Hotel«, ungefähr eine Autostunde entfernt, zu einem »Erwachsenen«-Dinner. Im Iran war es selbst in der Oberschicht ungewöhnlich, daß zwei Frauen allein zum Essen ausgingen. Als Folge davon zogen wir eine ganze Menge Aufmerksamkeit auf uns: Firouzeh, eine umwerfende, schlanke Schönheit mit langen, blonden Haaren und großen, grünen Augen, und ich immer noch in der schwarzen Witwenkleidung. Mehrere von Firouzehs Freunden, die zufällig anwesend waren, gesellten sich schnell zu uns. Das war der Abend, an dem ich den Mann kennenlernte, der während der nächsten drei Jahre in meinem Leben auftauchen und wieder verschwinden sollte wie ein sorgloser, fröhlicher Kobold, der Mann, den ich immer in Verbindung bringen werde mit diesen letzten heiteren Tagen, diesen wilden, ausgelassenen Tagen, in denen wir zu einer immer heißeren Musik tanzten, wohl wissend, daß der Tanz bald vorüber sein würde.

Hamid war der Sohn eines bedeutenden Industriellen, ein Playboy und Junggeselle. Seine Mutter war eine strahlende Dame der Gesellschaft, bekannt für ihre wilden Parties mit fünfhundert Leuten und mehr. Einmal forderte sie ihre Gäste auf, im Pyjama zu erscheinen; ein andermal durften sie nur in Schwarz und Weiß gekleidet sein. Bei einer Party marschierten mit Körben frischen Obstes beladene Maultiere durch die prachtvollen Räume ihres Teheraner Hauses. Hamid selbst war Alleinimporteur einer sehr bekannten Automarke und außerdem sehr befreundet mit Fatimah, der Schwester des Schahs. Er war ein Charmeur und geistreicher Unterhalter mit lässigen Manieren, der oft auf königlichen Parties und in den nach Paris fliegenden Jets zu finden war; Paris besuchte er häufig aus einer Laune heraus, nur so für ein frivoles Wochenende. Hamid war einundvierzig und fest entschlossen, sich nicht von einer Frau einfangen zu lassen, sondern sich an allen Frauen zu erfreuen; deshalb hatte er auch nie geheiratet. Nachdem wir uns an diesem Abend im »Hyatt« kennengelernt hatten, rief er mich mehrmals an, und allmählich entwickelten wir eine enge Beziehung zueinander.

Als ich mich noch in dem Stadium befand, in dem ich ihn beeindrucken wollte, gab ich einmal eine sehr teure kleine Dinnerparty und engagierte dazu den französischen Küchenchef und die Kellner, die mein Onkel zur Eröffnung seines zweiten französischen Restaurants in den Iran gebracht hatte. Doch als ich Hamid in letzter Minute anrief, um es wie eine ganz beiläufige Angelegenheit aussehen zu lassen, teilte mir ein Diener mit, daß er gerade aufgebrochen war, um das Wochenende in Sardinien zu verbringen. Im Endeffekt war ich es, die beeindruckt war.

Hamid bedeutete in vielerlei Hinsicht verbotene Freuden für mich, vor allem nach den traurigen Monaten, die ich durchgemacht hatte. Eine Weile sahen wir einander gelegentlich, bevor ich mit ihm intim wurde, und auch dann noch versuchte ich das Verhältnis so diskret wie möglich zu halten – für eine erst seit kurzem verwitwete Frau war es nicht schicklich, das Bett mit einem Mann zu teilen. Mehr noch als Sex wollte ich seine Gesellschaft und seine Begleitung bei gesellschaftlichen Anlässen. Soweit es mich betraf, war Sex immer noch eine Sache, zu der die Frau ihrem Mann gegenüber verpflichtet war. Doch für Hamid war ein gutes sexuelles Verhältnis ein wesentlicher Bestandteil einer Beziehung, und mir wurde schnell klar, daß ich lernen mußte, die Liebe zu genießen, wenn ich ihn halten wollte. Ich entdeckte, daß es selbst im Iran genügend Frauen gab – verheiratete und unverheiratete –, die nur zu gern mit einem verfügbaren Mann ins Bett gingen. Ich hatte mich für eine ziemlich emanzipierte Frau gehalten, doch plötzlich fand ich mich in reichlich riskanter Gesellschaft wieder – und es gefiel mir. Irgendwie war es erregend, Sex zu haben, der von der Gesellschaft nicht gebilligt wurde. Und Hamid stellte für mich als Frau eine Herausforderung dar. Ich mußte eine gute Sexualpartnerin sein, und ich war fest entschlossen, besser zu sein als all seine anderen Geliebten.

Anfang 1978, als ich mir gerade in der jüngeren Gesellschaft einen Namen machte, der für aufregende Unterhaltung stand, verdüsterte sich die Stimmung des Landes immer mehr. Im Januar dieses Jahres demonstrierten Religionsstudenten in der heiligen Stadt Qom gegen einen in der von der Regierung kontrollierten Zeitung *Ettelaat* erschienen Artikel, in dem der gute Name des Ayatollah Khomeini, mittlerweile einer der geachtetsten Schahgegner, beleidigt wurde. Nun ergoß sich der Zorn über die Pahlavis. Tonbänder mit den Predigten des Ayatollah wurden aus dem Irak geschmuggelt, und seine Stimme schleuderte Schmähungen gegen das, wie er es nannte, westliche, satanische Regime des Schahs.

Es war ein kalter Januartag, als die Soldaten der Studenten entgegentraten und viele von ihnen erschossen. Im Iran war es unmöglich, die genaue Anzahl der Opfer zu erfahren. Wir bekamen zensierte Berichte zu lesen und unzensierte Gerüchte zu hören; die Gewalttätigkeiten schienen in einem anderen Land stattzufinden – nicht in dem Land, das ich kannte. Anläßlich der Trauerzeremonien, die entsprechend der islamischen Sitte vierzig Tage später abgehalten wurden, kam es in mehreren großen Städten zu neuen Gewalttätigkeiten, die zu Massenprotesten führten, die von der Armee nicht gebrochen werden konnten.

Selbst in meinem goldenen Käfig konnte ich den Haß der Masse der Iraner gegen den Teil des Irans spüren, den ich und meinesgleichen verkörperten. Wir liefen in westlicher Kleidung herum, schauten uns westliche Filme an und genossen das Nachtleben, die Musik, den Alkohol und das Glücksspiel – alles Dinge, die im Koran ausdrücklich verboten waren. Wir dachten uns nichts dabei, daß Frauen arbeiteten oder alleine reisten. Der wachsende Konservatismus im Land – eine Reaktion auf den zu schnellen Wandel der vorangegangenen Dekade und den Einfluß des Westens – begann uns zu ängstigen. Im August hörten wir schreckliche Nachrichten. Bei einem absichtlich gelegten Feuer in einem vollbesetzten Kino verbrannten 477 Menschen. Die Demonstranten beschuldigten die Regierung, das Feuer gelegt zu haben, während die Regierung den Dissidenten die Schuld daran gab. Niemand wußte, wem man glauben sollte, doch die Nation befand sich derart in Aufruhr, daß der Schah seinen Gegnern Zugeständnisse zu machen begann.

Es wurde deutlich, daß der Schah die konservativen Kräfte im Land ebenso fürchtete wie wir. Nach dem Feuer entließ er den Premierminister, schloß Glücksspiel-Casinos, Nachtclubs und Kinos, löste den Posten des Staatsministers für Frauenangelegenheiten auf, den er sehr zum Ärger der Mullahs geschaffen hatte, und führte statt dessen ein Ministerium für religiöse Angelegenheiten ein. Außerdem lockerte er die Zensur und gestattete größere Pressefreiheit.

Doch im September drängten 100 000 Menschen auf den Shahyad-Platz zu einem Massengebet für die Nation, und nach dreitägigen Demonstrationen begannen die Leute in den Straßen nach einem von Khomeini geführten islamischen Staat zu rufen. Im Anschluß an diese Ereignisse verhängte die Regierung am Abend des 7. Septembers das Kriegsrecht. Gleich am nächsten Tag gingen die Menschen wieder auf die Straße; am Jaleh-Platz, in einem Arbeitervorort von Teheran, feuerten die Soldaten auf sie und lieferten viele weitere Märtyrer für Khomeinis Sache. Im Oktober fand der erste von vielen Streiks statt. Es schien so, als könnte niemand mehr den Iran kontrollieren – mit Ausnahme von Khomeini. In diesem Herbst bat der Schah den irakischen Präsidenten Saddam Hussein, Khomeini aus dem Land zu werfen; doch das erwies sich als gewaltiger taktischer Fehler, denn der Religionsführer ging nach Paris, und in Neauphle-le-Château, direkt vor den Toren von Paris, war er praktisch von der ganzen Weltpresse umgeben. Jetzt konnten seine Schmähungen gegen den Schah weltweit vernommen werden.

Während dieser Ereignisse begannen meine Onkel und älteren Verwandten, die das Schlimmste befürchteten, ein konservativeres Leben zu führen: Sie mieden große Parties, fuhren weniger teure Autos und versuchten die sichtbaren Zeichen ihres Reichtums zu mindern. Doch wir jüngeren Iraner schienen unser privilegiertes Leben bis zur letzten Minute auskosten zu wollen.

Mein neuer Freund Hamid pflegte zu klagen: »Was, glaubst du, wird mit uns geschehen, falls es zu einer Revolution kommt? Sind all diese Demonstrationen nicht verrückt? Was glauben diese Leute gewinnen zu können? Sie werden nichts weiter erreichen, als unser wunderschönes Land zu zerstören.«

Einer unserer Freunde meinte: »Was können sie tun? Uns das Land wegnehmen? Unser Geld? Dann können wir es ebensogut jetzt noch mal richtig genießen.«

Doch als die Demonstrationen immer heftiger und gewalttätiger wurden, begann Hamid uns zu warnen, während wir unseren importierten Scotch schlürften, amerikanischer Musik lauschten und Einkaufsreisen nach Europa planten. »Wir können von Glück reden, wenn wir nur unseren Reichtum verlieren. Jetzt geht es um unser Leben.«

Das vielleicht stärkste Zeichen, daß es mit unserer Freiheit bald ein Ende haben würde, kam im November 1978, als der Schah den Leuten, die seinen Sturz forderten, übers Radio versicherte, daß er sie verstand.

»Ich habe die revolutionäre Botschaft gehört«, erklärte er der Nation. »Ich verspreche, daß es Veränderungen geben wird.«

War das unser Schah, der da sprach? Der König der Könige, das Licht der Arier, der Mann, der behauptet hatte, seine Familie ließe sich 2500 Jahre bis auf König Kyros zurückverfolgen?

Überall um mich herum begann ich Anzeichen zu erkennen, daß die Oberschicht sich zurückzog, sich zu schützen versuchte und Notfallpläne schmiedete. Viele der Reichen hatten sich längst teure Besitztümer im Ausland zugelegt; bis jetzt war es einfach gewesen, Geld außer Landes zu schicken. Selbst in dem unruhigen Jahr 1978 bereitete es kaum Schwierigkeiten, Teppiche, Schmuck und andere bewegliche Wertsachen hinauszuschmuggeln. Dazu waren lediglich einige Bestechungen nötig.

Niemand erklärte öffentlich, daß er das Land verlassen wolle. Statt dessen packten Bekannte, Freunde, führende Politiker und Geschäftsleute in aller Stille ihre Koffer und fuhren in »Urlaub«. Eines Tages, als ich eine Freundin besuchte, verkaufte ihr Vater gerade seine wunderschöne Sammlung antiker Möbel.

»Oh, das hat nichts zu bedeuten«, sagte sie auf meine Frage. »Wir haben einfach zu viele Sachen herumstehen.«

Zwei Monate später reisten sie und ihre Eltern ab. Jetzt leben sie in Genf.

Im August brach meine Cousine Firouzeh mit ihrem Mann zu einem Europaurlaub auf; sie nahmen lediglich genügend Kleidung für die Sommersaison mit.

»Ich komm' zurück, keine Sorge«, sagte Firouzeh bei unserem tränenreichen Abschied.

Aber sie kamen nie mehr zurück, und kurz nach der Revolution beschlagnahmte die neue Regierung die Firma ihres Mannes, ihr herrliches, mit Antiquitäten gefülltes Herrenhaus direkt neben dem Niavaran-Palast und all ihre Ländereien.

Die Leute verließen das Land in Wellen: zuerst die engsten Verwandten des Schahs, dann deren Freunde, dann die Personen, die eng mit dem Regime verbunden waren, und schließlich die führenden Industriellen, Bankiers und Landbesitzer, die einfach ihre Firmen, Fabriken und Dörfer aufgaben und sie ihren Untergebenen überließen.

Hamids Familie verschwand klugerweise mit der zweiten Emigrantenwelle, doch er harrte aus, um den Familienbesitz zu schützen und seine eigenen Geschäfte weiterzuverfolgen. Eine meiner Cousinen, die in Österreich Medizin studiert hatte und nun die persönliche Ärztin einer der königlichen Prinzessinen war, erhielt eines Morgens einen Anruf aus dem königlichen Haus. Ein Mitglied vom Hof des Schahs hatte soeben angerufen und der Prinzessin und allen anderen Verwandten einen Tag Zeit gegeben, um das Land zu verlassen. Nachdem sie gepackt hatten, was in den wenigen Stunden möglich war, löste sich der königliche Haushalt auf – und meine Cousine ging mit, denn sie wußte genau, daß sie nach dem Sturz des Schahs unter einem neuen Regime keine Überlebenschance besaß.

Für uns, die wir zurückblieben – entweder weil wir fälschlicherweise glaubten, die Revolution würde nicht kommen, oder weil wir, wie ich zum Beispiel, naiverweise annahmen, uns könnte nichts geschehen, da wir nichts Unrechtes getan hatten –, wurde das Leben zunehmend schwieriger. Nicht einmal wenn wir unter uns waren, konnten wir offen über die bevorstehende Revolution reden, ohne daß es zu emotionalen Ausbrüchen und schrecklichen Streiten kam. Obwohl diese Probleme sich zu einer nationalen Besessenheit entwickelten, versuchten wir politische Diskussionen aus unseren Familientreffen zu verbannen. Aus besorgten Fragen über die Zukunft der Nation entwickelten sich nur zu oft hitzige Debatten, bei denen Tränen flossen oder einige Leute wütend hinausstampften.

Die Salmans hatten dem Iran viel gegeben. Mein Onkel Fayegh, der nie geheiratet hatte, weil er die Bedürfnisse unserer weitverzweigten Familie vor seine eigenen stellte, hatte all seine Freizeit damit zugebracht, gemeinnützigen Organisationen dabei zu helfen, Spenden für Behinderte zu sammeln. Außerdem gab er reichlich aus seinem Privatvermögen an Gruppen, die soziale Dienste für Arme leisteten. Er war ein sanfter, belesener Mann, der mir von allen meinen Onkeln einer der liebsten war. Mein Onkel Kurosh, der Patriarch der Familie, hatte viele schwierige Bauvorhaben für den Staat durchgeführt. Er war stolz darauf, zur Entwicklung des Landes seinen Teil beigetragen zu haben. Selbst bei Besuchen auf Baustellen war er stets makellos gekleidet, die unvermeidliche Zigarre zwischen die Zähne geklemmt.

Von all meinen Verwandten glaubten lediglich mein Onkel Ardeshir und meine Tante Guity, daß das Land ohne den Schah besser dran wäre.

»Hast du nicht Angst, alles zu verlieren?« fragte ich sie einmal. Guity erwiderte: »Du darfst nicht selbstsüchtig sein. Du mußt an das Land als Ganzes denken. Eine Revolution wäre das beste für das Volk. Es gibt so viele arme Menschen ohne jede Bildung. Solange der Schah bleibt, wird sich nichts ändern.«

Ich denke, mein Onkel und meine Tante repräsentierten die Seite unserer Familie mit dem am besten entwickelten Gewissen. Meine Tante, in den Vereinigten Staaten erzogen, arbeitete als freiwillige Helferin mit behinderten Kindern, und ihre Familie, der größte Lieferant von Haushaltsbrennstoffen, war als religiös bekannt. Guity war eine große Blondine mit sanften Rundungen und hatte sich nach meiner Rückkehr in den Iran Anfang der siebziger Jahre zu einer Art Ersatzmutter für mich entwickelt. Mein Onkel, der von allen Salmans am besten aussah und dem »La Réserve« gehörte, hatte stets darauf geachtet, einen billigen Wagen zu fahren, obwohl er sich etwas Besseres hätte leisten können.

»Dies ist ein armes Land«, pflegte er zu sagen. »Warum soll man die Leute durch protzige Zurschaustellung vor den Kopf stoßen?«

Ich muß zugeben, daß meine Freunde und ich so mit unserem eigenen Leben beschäftigt waren, daß es uns Schwierigkeiten bereitete, die Bedürfnisse anderer zu verstehen, mit denen wir kaum in Berührung kamen. Vielleicht wollten wir nicht verstehen. Vielleicht aber konnten wir es auch nicht. Unsere Leben verliefen zu unterschiedlich.

Im Herbst ging ich mir einmal mit meiner Tante Guity und ihrem Mann eine Massendemonstration ansehen, die für den Spätnachmittag am Shemiran-Boulevard angesetzt worden war. Ich hatte mich daran gewöhnt, den Straßendemonstrationen aus dem Weg zu gehen, die regelmäßig irgendwo in der Stadt stattfanden. Doch als ich an diesem Nachmittag beobachtete, wie Hunderttausende von Menschen mit zornig erhobenen Fäusten den breiten Boulevard hinabströmten, sah ich zum erstenmal die Gesichter der Revolution. Hier gingen die Armen, die Mittelklasse und sogar einige der gut Verdienenden. Ich sah ältere Frauen, junge Männer und Mädchen, die stolz den Tschador trugen. Sie schrien: »Tod dem Schah. Tod dem Satan USA.« Sie beteten für Khomeinis baldige Rückkehr.

Auf den Gesichtern lag hoffnungsvolle Erwartung. Die Intellektuellen glaubten, ohne Schah und Savak könnten sie das Land aufbauen, das sie ersehnten, und die Presse würde ohne Furcht alles drucken. Die Armen setzten ihre Hoffnungen auf Khomeinis Versprechen, daß die Heimatlosen ein Heim und die Hungrigen Nahrung erhalten würden. Die Bauern träumten davon, die Grundbesitzer zum Teufel zu jagen. Die Händler müßten sich nicht länger mit korrupten Gerichten herumschlagen. Die Nationalisten sahen endlich den Tag nahen, an dem sich das Land von der Vorherrschaft der Vereinigten Staaten befreite und nicht länger Waffen in Milliardenhöhe vom Großen Satan kaufte. Alle unterschiedlichen Gegner des Schahs hatten sich in einem historischen Moment vereinigt.

Im Winter 1978, als die Streiks das ganze Land lahmlegten und Demonstrationen für viele Iraner zur Haupttätigkeit geworden waren, beschloß ich, meinen Sohn nach Europa zu bringen. Im Dezember hatte der Schah in einem letzten Versuch, an der Macht zu bleiben, Shapour Bakhtiar, den Führer der Nationalen Front, zu seinem neuen Premierminister ernannt. Es war nur noch eine Frage der Zeit, bis auch diese Regierung zusammenbrechen würde. Wo war bei derartigen Aussichten der beste Ort, um meinen Sohn großzuziehen? War es fair, ihn seiner Familie und seinen Freunden zu entreißen, um mit ihm in einem fremden Land ein ganz neues Leben anzufangen? Blieb er im Iran, dann würde er einmal ein reicher Mann sein. Doch wie sollten wir im Exil überleben? Andererseits – war es fair, ihn in einem Land aufwachsen zu lassen, das bald im Chaos versinken würde?

Die Aminis machten deutlich, daß sie jeden Versuch meinerseits vereiteln würden, Farhad auf Dauer aus dem Land zu schaffen. Für sie existierte kein anderer Ort auf Erden. Auch unsere Argumente, daß Farhad im Ausland sicherer aufgehoben wäre, konnten sie nicht erschüttern. Ali, der Bruder meines Mannes, sagte zu Onkel Fayegh: »Wenn Kinder im Iran sterben, dann ist Farhads Blut nicht röter, nicht besser als das der anderen. Dann soll er mit dem Rest sterben.«

Tatsache war, daß sie ihn nicht aus ihrer Reichweite lassen wollten, um nicht die Kontrolle über sein Geld zu verlieren. Sie benützten ihre Macht über die beiden Geschäftspartner und über Farhads Vermögen dazu, uns Geldmittel vorzuenthalten, damit wir ohne ihre Einwilligung nicht reisen konnten. Bevor ich nach Europa aufbrach, mußte mein Onkel Fayegh eine Erklärung unterzeichnen, daß er für meine Rückkehr in den Iran verantwortlich war; dafür mußte er eine beträchtliche Geldsumme verpfänden.

Als ich im Dezember dieses Jahres aufbrach, hatte ich keine Ahnung, wer bei meiner Rückkehr an der Macht sein würde. Diese Reise, die schließlich von meinen Onkeln finanziert wurde, stand in starkem Gegensatz zu meinen früheren Beutezügen nach Europa, bei denen das Geld meines Mannes mir sämtliche Wege geebnet hatte. Wir wohnten in unseren Apartments in Valencia, Paris und London und führten ein schlichtes, einfaches Leben, das in erster Linie aus Besuchen bei Verwandten bestand. Die ganze Zeit über hörte ich in den Nachrichten, daß Khomeini die Iraner aufrief, den Schah zu vertreiben, und daß er selbst Pläne für seine Rückkehr machte.

Mittlerweile betrachtete man Khomeini als die unvermeidliche neue Vaterfigur des Landes, und eine Cousine sagte in Paris zu mir: »Warum fährst du nicht mal nach Neauphle-le-Château und schaust ihn dir an? Alle Iraner gehen zu ihm und erweisen ihm ihren Respekt. Er ist ein großartiger Mann, ein großer Patriot.«

Ich teilte jedoch ihr Vertrauen in den Mann nicht und lehnte es ab zu gehen.

Eines Tages – es war der 16. Januar 1979 – besuchte ich meine Cousine Firouzeh und ihren Mann Manouchehr in ihrem englischen Herrschaftshaus in Wimbledon. Plötzlich kam Manouchehr ins Wohnzimmer gerannt, wo wir gerade Tee tranken.

»Kommt schnell«, schrie er. »Kommt in den Fernsehraum. Der Schah verläßt das Land. Er verläßt es.«

Wir sahen das jämmerliche Bild des Königs der Könige, der sich mit einer Handvoll iranischer Erde in der Tasche bereitmachte, an Bord einer blau-weißen Boeing 727 zu gehen. Firouzeh und ich fingen an zu weinen. Wir hätten zwar nie die grenzenlose Korruption des Schahs verteidigt, empfanden aber nun doch Trauer darüber, daß der Monarch selbst aus seinem Land flüchten mußte.

Manouchehr sagte: »Nun, Gott sei Dank ist es vorüber. Jetzt kann das Land wieder zum normalen Leben zurückfinden. Seine Abreise ist das Beste, was dem Land passieren konnte.«

»Wie kannst du so was sagen?« fragte seine Frau. »Deinen gesamten Besitz verdankst du dem Schah. Erst unter seinem Regime bist du reich geworden.«

Firouzeh und ich reagierten emotional und schrien ihn an, daß er dumm sei und nicht erkenne, daß er im Begriff stand, alles zu verlieren.

»Wer zum Teufel ist Khomeini?« rief sie. »Wie kann er das Land regieren? Er ist nichts weiter als ein Mullah.«

Ich schaute mich um, warf einen Blick auf all das, was Firouzeh und Manouchehr gehortet hatten. Das Herrschaftshaus war renoviert worden, alles war mit Chintz tapeziert, in dem wunderbar verzierten Kamin loderte ein wärmendes Feuer. In der Auffahrt standen ihr Rolls-Royce und ihr Mercedes. In London gehörte ihnen ein Hochhaus, das gerade renoviert wurde und das sie schließlich zum doppelten Kaufpreis weiterverkauften. Glaubte er wirklich, daß es ihm unter den neuen Herren genauso gut gehen würde?

Aber in derartigen Zeiten des Umsturzes weiß man schließlich nicht, was wirklich geschehen wird, und hofft auf das Beste. Ich bin sicher, daß sich in diesem Augenblick viele zukünftige Opfer Khomeinis über die Abreise des Schahs freuten. Selbst die größten Pessimisten konnten nicht ahnen, daß Khomeini das Land um mehrere Jahrhunderte zurückwerfen würde.

Zwei Wochen später packte ich in unserem Pariser Apartment unsere Koffer und bereitete die Heimreise vor. Mir blieb keine andere Wahl. Ich mußte Onkel Fayeghs schriftliches Versprechen berücksichtigen und die Tatsache, daß ich für eine endgültige Trennung vom Iran finanziell schlecht vorbereitet war. Nachdem Bakhtiar tagelang die Flughäfen geschlossen hatte, um Khomeini an der Rückkehr in die Heimat zu hindern, gab er schließlich dem Druck nach und öffnete sie wieder. Ich hatte den Mitternachtsflug der Air France nach Teheran gebucht; ich ließ gerade so nebenbei das Fernsehgerät laufen, als der Sprecher verkündete, daß Khomeini schließlich zurückkehren würde – mit der Maschine, in der ich auch sitzen würde.

Der Gedanke, daß der Mann, den ich zu hassen begonnen hatte, dieselbe Maschine nehmen würde wie ich, löste Panik bei mir aus. Ich rief bei der Air France an, um umbuchen zu lassen, doch wie sich herausstellte, war meine Buchung bereits storniert worden, da die Khomeini-Truppe die Plätze benötigte. Alle Passagiere dieses Fluges waren auf eine Maschine umgebucht worden, die zwei Stunden später abflog. Khomeinis Maschine war nur zur Hälfte besetzt, damit dem Flugzeug genügend Treibstoff für den fünfstündigen Heimflug bleiben würde, falls es im letzten Moment keine Landeerlaubnis erhalten sollte. Der Ayatollah nahm lediglich seine engsten Berater und einige Presseleute mit; die Frauen aus seiner Umgebung blieben zurück aus Angst, es könnte ein Sabotageanschlag auf die Maschine verübt werden.

Als wir den Flughafen erreichten, stellte ich fest, daß Polizeikräfte nervös durch die Warteräume und Lounges patrouillierten, in die wir uns zusammen mit Turbane tragenden Mullahs und hinter Tschadors verborgenen Frauen drängten. Dabei handelte es sich um die Leute des Ayatollahs, die in seiner Maschine nicht mehr Platz gefunden hatten und nun offensichtlich in meiner sitzen würden. Noch nie in meinem Leben hatte ich so viele Frauen mit Tschadors oder so viele Mullahs gesehen, deren schwarze oder braune Roben über den Fußboden wischten. Der übelkeitserregende süßliche Duft von Rosenwasser, das für ergebene Moslems einzig erlaubte Parfüm, füllte die Luft. Obwohl sie zumindest einige Monate lang in Frankreich gelebt und einige westliche Sitten und Gebräuche angenommen haben mußten, zogen sie es vor, ihre Mahlzeiten auf dem Fußboden hokkend zu verzehren und ihre Abfälle überall herumliegen zu lassen. Die Stunden verstrichen, und die Einstellung der Polizei den Passagieren gegenüber wurde immer mürrischer. Von mir abgesehen befand sich lediglich noch eine weitere iranische Frau im Raum, die westlich gekleidet war. Selbst Farhad, der sich an mich klammerte, war ungewöhnlich schüchtern und zurückhaltend. Anstatt mir mit heller Stimme seine endlosen kindlichen Fragen zu stellen, flüsterte er mir nur gelegentlich etwas zu und schaute sich dann wieder mit großen Augen um. Welch ein Unterschied zu all den anderen Flügen, die ich von Paris aus nach Teheran unternommen hatte, wo man nur nach der neuesten Mode gekleidete Iraner zu Gesicht bekommen hatte! Eine neue Ordnung riß sehr deutlich sichtbar die Kontrolle über mein Land an sich, und ich befand mich mit jenen Menschen an Bord des Rückflugs, die nun die Macht haben würden – nichts weiter als eine unerwünschte Passagierin, getragen von den Schwingen des Wandels und der Veränderung.

SECHSTES KAPITEL

Die Rache des Ayatollahs

Wir haben genug unter den Mullahs gelitten;
was waren wir für Narren, ihnen noch einmal
zu folgen – anstatt auszubrechen.

KASSUM-BEK ZAKIR

»Willkommen daheim im besten Land der Welt.« Der Gepäckträger strahlte noch jetzt freudig erregt über Khomeinis triumphale Heimkehr; er nahm meine Koffer und schob mich auf meine wartenden Verwandten im Mehrabad Airport zu. Die Flughafenarbeiter sangen ein Lied, das ein nationaler Komponist speziell für die großartige Heimkehr geschrieben hatte. Die Porträts des Schahs hatten bereits denen des grimmig dreinschauenden Ayatollahs Platz machen müssen. Auf den in die Stadt führenden Boulevards zeugten zertrampelte Blumen, Fahnen und massenhaft Abfall von der knapp drei Stunden zurückliegenden Ankunft des *Imam*, des heiligen Vaters des Landes, eines siebenundsiebzigjährigen Mannes mit einem langen Gedächtnis für Kränkungen. Einige Straßen waren buchstäblich mit Nelken und Chrysanthemen verstopft, die vor seiner Kolonne ausgestreut worden waren.

»Du hättest die Menschenmengen sehen sollen«, sagte mein immer noch schockierter Vater. »Noch nie habe ich eine derartige Euphorie gesehen. Wie lange wird sie anhalten?«

Es dauerte nicht lange – genaugenommen nur ein paar Monate –, bis sich diese anfängliche nationale Freude in Furcht und Mißtrauen verwandelte. Die Iraner waren so glücklich, den Schah außer Landes gejagt zu haben, daß sie gar nicht merkten, daß er die Probleme des Landes nicht mit sich genommen hatte. Khomeinis erste Handlung an seinem Ankunftstag war der Besuch des Friedhofs, wo er neben den namenlosen Gräbern der vielen im Kampf gegen den Schah getöteten Demonstranten ein Gebet sprach. Später befahl er den Bau einer

117

Blutfontäne unter Verwendung von rotgefärbtem Wasser, um die Pilger an jene zu erinnern, die sich für die Sache der Revolution geopfert hatten. Noch viele sollten geopfert werden – nur war diesmal Khomeini für ihren Tod verantwortlich.

Die *Taghouti*. Die Teufelsanbeter. So brandmarkte Khomeini all jene, die die Revolution nicht unterstützt, die der königlichen Familie nahegestanden und die große Unternehmen geleitet hatten sowie jene Personen, die westliche Kleidung trugen oder Schulen im Ausland besucht hatten, die reich waren oder im oberen Gebiet der Stadt wohnten, die Kinos besuchten oder immer noch Alkohol in ihren Häusern horteten – also uns alle, die wir nicht der »Linie des Imam« folgten. In seinen Ansprachen forderte er seine Gefolgsleute auf, uns aufzuspüren. Er peitschte gegen uns derartige Haßgefühle und Paranoia auf, daß es gefährlich wurde, mitten am Tag spazierenzugehen. Wir konnten allein an unserer Kleidung oder an unserem Auto als Taghouti erkannt werden.

Ich erinnere mich an ein Interview, das ich an seinem Ankunftstag im iranischen Fernsehen sah. Iranische und ausländische Journalisten drängten sich um ihn, als er das Flugzeug verließ.

»Was empfinden Sie dabei, nach so vielen Jahren in Ihr eigenes Land zurückzukehren?« brüllte ein Journalist.

Khomeinis Gesicht blieb ausdruckslos. »Nichts«, lautete seine Antwort.

Bald begannen die Verfolgungen. Kurz vor seiner Abreise hatte der Schah in einem letzten Versuch, sich an der Macht zu halten, die Verhaftung von 132 führenden Regierungspolitikern zugelassen, einschließlich des langjährigen ehemaligen Premierministers Amir Abbas Hoveyda und des Savak-Chefs General Ne'matollah Nasiri, als könnte dieses Menschenopfer die islamischen Fundamentalisten besänftigen. Khomeinis Rückkehr am 1. Februar 1979 ließ ihnen nur wenig Hoffnung. Am 11. Februar stürzte Bakhtiars Regierung, und Khomeini proklamierte den islamischen Staat. Kein Taghouti durfte auf eine faire Gerichtsverhandlung hoffen.

Die ersten, die vor das Exekutionskommando treten mußten, waren Generäle der Streitkräfte, der Chef der Savak und Hoveyda. Ich erinnere mich, wie wir uns im Haus von Firouzehs älterer Schwester Azi zusammendrängten und zusahen, wie im Fernsehen die gefangenen Männer »interviewt« wurden. Es war ganz offensichtlich, daß einige von ihnen gefoltert worden waren. Manche konnten kaum sprechen. Doch in einer Parodie auf die Gerechtigkeit wurden sie in brutaler Manier gezwungen, noch einmal ihre Loyalität zum Schah zu bekunden. Nach dem schrecklichen Schauspiel, das sich alle Iraner laut Befehl anzusehen hatten, wurden sie erschossen und ihre verstümmelten Körper auf dem Bildschirm zur Schau gestellt. Ich war sprachlos vor Angst.

»Ich hätte nie gedacht, daß sie Hoveyda töten würden«, sagte Onkel Kurosh. »Der Narr. Er dachte, weil er nichts Unrechtes getan hatte, könnte er seinen Fall vor die Öffentlichkeit bringen und gerettet werden. Wie kann jemand inmitten all dieses Wahnsinns sicher sein? Wo werden sie aufhören, nun, da sie bewiesen haben, daß sie auch solche Männer töten können?«

In den folgenden Wochen mußten wir uns das wieder und wieder fragen, als die Mullahs und Ayatollahs die Macht im Land an sich zu reißen begannen. Im ersten Revolutionsjahr wurden über fünfhundert Menschen exekutiert. Nach diesen ersten Hinrichtungen verließen wir für einige Zeit unsere Häuser nicht mehr, weil es für uns zunehmend gefährlicher wurde, überhaupt gesehen zu werden. Jeden Tag rechneten wir damit, daß uns die neuen Herrscher verhaften lassen würden, allein aus dem Grund, weil wir reich waren. Doch selbst ohne diese Bedrohung schwebten wir ständig in Gefahr, zufällig von einem der bewaffneten Männer erschossen zu werden, die nun in den Straßen patrouillierten. Die Armee war praktisch entwaffnet und die reguläre Polizei machtlos, und so bildeten die Mullahs ihre eigenen bewaffneten Sicherheitskommandos – die als *Komiteh* bekannten Revolutionskomitees. Mit aus den Waffenarsenalen geholten automatischen Gewehren konfiszierten die neuen Herrscher Range Rovers und Mercedes – einst die fast schon offiziellen Fahrzeuge der Reichen und nun ein Symbol des neuen Regimes – und fuhren damit durch die Stadt und feuerten auf alles, was ihnen verdächtig erschien. Die Gefängnistore wurden geöffnet und alle Insassen entlassen, die unter dem Schah-Regime gefolterten Intellektuellen ebenso wie gewöhnliche Kriminelle.

Fast noch mehr als Khomeini verkörperte Hojjat ol-Eslam Sadeq Khalkhali, Spitzname Scharfrichter, ein Kleriker der Mittelklasse und langjähriger Khomeini-Anhänger, die rachsüchtige Seite der Revolutionsregierung. In diesen ersten Monaten reiste er im Land herum und hielt nach Opfern Ausschau – Menschen, die sich schuldig gemacht hatten, weil sie zu reich waren, weil sie von ihren Nachbarn gehaßt wurden oder in Verbindung zu dem vorangegangenen Regime gestanden hatten. Er schien sie mit Leichtigkeit aufzuspüren: Gutsherren, Landbesitzer, Industrielle, ehemalige Politiker. Khalkhali war es, der sieben angebliche Drogendelinquenten in einer Teheraner Straße von einem Exekutionskommando öffentlich erschießen ließ. Außerdem verteidigte er einen islamischen Richter, der eine schreckliche, mittelalterliche Form der Hinrichtung wieder eingeführt hatte: Der Richter hatte zwei Männer und zwei Frauen, die sich sexueller Vergehen schuldig gemacht hatten, bis zum Hals eingraben und dann zu Tode steinigen lassen.

Die Sanandajis, die weite Teile der Provinz Sanandaj kontrollierten, waren eine große Landbesitzerfamilie, mit der ich entfernt verwandt war. Eines Tages tauchte Khalkhali in einem Dorf auf, das dem Patriarchen der Familie gehörte, dem Ältesten von vielen Brüdern und Schwestern. Obwohl der Mann bettlägerig und sehr krank war, ließ Khalkhali ihn auf einer Bahre zum Dorfplatz bringen, wo er ihn vor den Dorfbewohnern anklagte, die Region ausgeplündert und seine Arbeiter mißhandelt zu haben.

Khalkhali fragte ihn: »Warum hast du eine amerikanische Standardtoilette in deinem Haus? Warum hast du keine persische Toilette wie alle anderen auch? Und schau dir deinen Swimmingpool an. Lädst du je die Dorfbewohner zum Schwimmen bei dir ein?«

Der Scharfrichter ordnete an, daß der Landbesitzer vor aller Augen auf der Stelle zu erschießen sei. Dann befahl er, daß sämtliche Brüder des Mannes vor ihm zu erscheinen hatten. Weil das den sicheren Tod bedeutete, flüchtete ein Großteil der Familie unter Zurücklassung ihres gesamten Hab und Gutes. Einigen gelang die Flucht aus dem Land, während sich andere bei Freunden versteckten. Eine von ihnen – meine Cousine Chloe – wohnte schließlich bei mir in Teheran, wo sie sich monatelang versteckte, bevor auch sie das Land verließ.

Bald schon war jeder Ausländer im Iran gefährdet. Kurz nach Khomeinis Rückkehr, gegen Ende Februar, wurden die täglichen Demonstrationen vor der amerikanischen Botschaft in der Takhtejamshid-

Avenue zunehmend gewalttätiger. Eine Gruppe von Linksradikalen griff die Botschaft an, überwältigte die Marines, tötete einen iranischen Botschaftsangestellten und nahm siebzig Leute als Geiseln, darunter den US-Botschafter William Sullivan. Nach einigen hektischen Stunden gelang es den Truppen des Ayatollahs, die Geiseln zu befreien, doch die Nachricht hatte sich wie ein Buschfeuer in der Stadt ausgebreitet, und Panik erfaßte die vielen noch hier lebenden Fremden. Mehrere westliche Länder, darunter Kanada, Großbritannien und die Vereinigten Staaten, begannen ihre Staatsbürger mit Sonderflügen zu evakuieren.

Doch erst am 4. November dieses Jahres begann der Großangriff auf die »fremden Teufel«. Morgens hörte ich die Nachricht, daß eine Gruppe von Studenten erneut die US-Botschaft gestürmt hatten. In dem Glauben, daß die Sache ebenfalls schnell wieder vorbei sein würde, ging ich meine Freundin Ladan besuchen, die ganz in der Nähe wohnte. Ich war noch keine fünf Minuten bei ihr, da klopfte es an der Tür. Es waren ihre Nachbarn, zwei Amerikaner, die für eine amerikanische Baufirma arbeiteten. Ladan und ihr Mann hatten sich mit ihnen im Laufe der beiden Jahre, die sie nun in der Nachbarschaft wohnten, angefreundet. Sie bat die beiden in die Wohnung; uns fiel auf, daß die Besucher blaß und erregt waren.

Kaum waren sie in der Wohnung in Sicherheit, da flüsterte Carl, ein großer, gebräunter, blonder Mann: »Sie sind hinter uns her. Alle Amerikaner sollen untertauchen. Dürften wir vielleicht für ein paar Stunden hierbleiben? Wir sollen uns an einem Hubschrauberstartplatz treffen, um ausgeflogen zu werden, aber in unserem eigenen Haus sind wir nicht sicher. Jeder in der Gegend weiß, daß hier Amerikaner wohnen – und Sie wissen ja, wie schnell uns unser Vermieter ans Messer liefern würde, bloß um bei den Mullahs ein paar Pluspunkte zu sammeln.«

Ladan versicherte ihnen sofort, daß sie bleiben könnten. Wir hatten nichts gegen Amerikaner. Tatsächlich hatten die meisten von uns sogar Verwandte in den Staaten oder hatten dort studiert. Erleichtert gingen die beiden Männer schnell nach nebenan, um einige Sachen zu holen, die sie benötigten. Innerhalb weniger Minuten kamen sie mit ein paar großen Flaschen Whisky und Wodka zurück. Diesmal trugen sie Revolver im Schulterhalfter. Ladan und ich schauten uns unbehaglich an. Wir waren allein im Haus, zwei Frauen mit zwei kleinen Kindern.

Mit wachsender Nervosität beobachteten wir, wie die beiden Männer dem Alkohol zusprachen, obwohl es erst 10 Uhr vormittags war. Sie liefen im Wohnzimmer auf und ab, unfähig, auch nur einen Moment ruhig sitzen zu bleiben. So hatte Ladan ihre Nachbarn noch nie erlebt. Das waren gehetzte, verängstigte Fremde, nicht mehr die freundlichen, lässigen Amerikaner, die sie kannte und die sie oft zum Barbecue eingeladen hatte. Ladan bekam es derartig mit der Angst zu tun, daß sie ihre beiden Kindern an sich drückte und in Tränen ausbrach.

Patrick, der zweite Amerikaner, beruhigte uns schnell: »Habt keine Angst. Von uns habt ihr nichts zu befürchten. Wir müssen uns bloß eine Weile verstecken. Wir sind ein bißchen durcheinander, das ist alles. Einige unserer Freunde sind heute verhaftet worden, und wir wissen nicht, was mit ihnen los ist.«

»Hört mal, wir haben den Kühlschrank voll Essen«, sagte Carl, um uns weiter zu beruhigen. »Warum machen wir den nicht leer? Die Sachen verkommen sonst bloß.«

Wir beide gingen hinüber und kamen mit einer Ladung TV-Dinner und tiefgefrorenem Fleisch zurück. Dann machten wir Lunch. Den ganzen Tag über hingen die beiden ständig am Telefon und versuchten herauszufinden, was mit ihren Freunden passiert war. Wann immer wir einen Telefonanruf erhielten und persisch sprachen, schauten sie uns mißtrauisch an und verboten uns schließlich, ans Telefon zu gehen. Nach einer Weile zeigte der Alkohol seine Wirkung; sie beruhigten sich etwas, und auch unsere Angst legte sich ein bißchen.

Am Nachmittag schlugen die beiden Amerikaner vor, wir sollten in ihr Haus gehen und uns nehmen, was wir wollten.

»Wir müssen alles zurücklassen, und die US-Regierung kommt sowieso für all unsere Verluste auf«, sagte Carl. »Mir ist es lieber, wenn die Sachen nicht unserem verfluchten Hausbesitzer in die Hände fallen.«

Das war ein großzügiges Angebot. Amerikaner in Teheran waren meist recht gut ausgerüstet. »Wir haben auch noch zwei Wagen in der Einfahrt stehen«, sagte Patrick. »Einen Range Rover und einen Firebird. Die könnt Ihr auch gleich nehmen.«

»Wir können doch nicht all diese Dinge von euch annehmen«, sagte ich. »Aber ich werde versuchen, ein paar Leute aufzutreiben, die die Sachen kaufen. Wir zahlen in Tumans, wenn euch das was nützt.«

Und so agierte ich während der Besetzung der US-Botschaft als Maklerin für ein paar verschreckte Amerikaner. An diesem Nachmittag schafften wir es, einen Großteil ihrer Möbel – ich selbst erwarb genügend Rattanmöbel, um ein ganzes Schlafzimmer zu füllen – zu Schleuderpreisen zu verkaufen. Doch die beiden Männer nahmen immer noch wesentlich mehr ein, als sie erwartet hatten. Spätnachmittags dann mieteten einige meiner Freunde, die die meisten Möbel gekauft hatten, einen Lastwagen und transportierten die Sachen ab. Meine Möbel nahmen sie ebenfalls gleich mit.

Inmitten all dieser Aktivitäten rief Ladans Ehemann an. Als er hörte, womit wir gerade beschäftigt waren, explodierte er.

»Habt ihr überhaupt eine Ahnung, welcher Gefahr ihr euch ausgesetzt habt? Habt ihr noch nichts von der Besetzung der Botschaft gehört? Sie verhaften jeden Ausländer, den sie zu fassen kriegen. Schafft sie aus dem Haus.«

Zum Glück verließen die beiden Männer am Spätnachmittag das Haus, und ich fuhr mit dem Lastwagenfahrer zu mir nach Hause, um meine Möbel abzuladen. Als ich meiner Familie später davon erzählte, erklärten sie mich für verrückt, daß ich ein solches Risiko eingegangen war. Für das Komiteh wäre es ein leichtes gewesen, den Lastwagen anzuhalten – sie stoppten jedes große Fahrzeug – und zu durchsuchen. Hätten sie gemerkt, daß ich Kontakte zu Amerikanern gehabt hatte, dann wäre ich als Verräterin behandelt worden.

Als ein Tag nach dem anderen verging und der Ayatollah keine Anstalten traf, seine Wachen zur Rettung der Amerikaner in die Botschaft zu schicken, wurde deutlich, daß die Revolution in eine neue, gefährliche Phase getreten war. Zum erstenmal schien die Regierung die Geiselnahme von Ausländern zum Zwecke der politischen Erpressung zu billigen. Abgesehen von unserer Sympathie für die Amerikaner – die wir nur unseren engsten Freunden einzugestehen wagten –, waren wir von dieser neuen Entwicklung erschüttert. Würden die Amerikaner eine Invasion im Iran starten, da ihnen doch die Mullahs nun einen perfekten Vorwand dafür geliefert hatten? Falls sie zum Gegenschlag ausholten, konnten die Amerikaner den Iran ohne weiteres zerstören. Versuchten die Mullahs den dritten Weltkrieg heraufzubeschwören?

An jedem der 444 Tage, den die Geiseln in Gefangenschaft verbringen mußten, dachten wir an sie und hofften auf ihre Freilassung. Eines Tages erhielt eine meiner Cousinen, die ein Visum bei der kanadischen Botschaft beantragt hatte, einen Anruf von einem Botschaftsangehörigen. Sie sollte sich ihr Visum am nächsten Morgen in der Botschaft abholen – obwohl man ihr zuvor gesagt hatte, sie würde es erst in der nächsten Woche erhalten. Als sie am darauffolgenden Morgen in der Botschaft ankam, herrschte dort hektische Aktivität. Am nächsten Tag, als sie wegen einiger noch zu klärender Fragen noch einmal vorbeischaute, war die Botschaft geschlossen. An diesem Tag hörten wir die ersten Berichte, daß sechs amerikanische Botschaftsangehörige, die dem Angriff der Studenten entkommen waren, mit von der kanadischen Botschaft ausgestellten falschen Pässen aus dem Land geschmuggelt worden waren. Das kanadische Botschaftspersonal hatte unter Einsatz des eigenen Lebens die Amerikaner monatelang versteckt, bis die Flucht arrangiert werden konnte.

Die beiden verängstigten Amerikaner, die mir ihre Möbel verkauft hatten, waren nicht so schnell aus dem Iran herausgekommen, wie sie gehofft hatten. Kurz bevor das Geiseldrama durch Verhandlungen zwischen den Vereinigten Staaten und dem Iran sein Ende fand, entdeckte ein Freund sie in der Lobby des »Hilton Hotels«. Ich vermute, daß es sich bei ihnen nicht wie behauptet um schlichte Geschäftsleute, sondern um CIA-Agenten gehandelt hat. Warum sonst hätten sie noch bleiben sollen, wo doch fast alle vernünftigen Amerikaner vor dem im Iran herrschenden Wahnsinn geflüchtet waren?

Allmählich kristallisierte sich heraus, was für eine Art von Gesellschaft der Ayatollah für uns plante. Bei den vielen Intellektuellen, die sich eine anständigere, freiere Gesellschaft erhofft hatten, löste die Erkenntnis, daß es sich bei dem Ayatollah lediglich um einen weiteren Diktator handelte, massive Desillusionierung und ein Gefühl des Verratenseins aus. In diesem Prozeß wurde ich auf schnelle, brutale Weise mit dem Leben im Iran außerhalb meiner eigenen gesellschaftlichen Schicht vertraut gemacht. Vor der Revolution konnte ich es mir leisten, die politische und gesellschaftliche Entwicklung im Land ganz allgemein zu ignorieren. Doch jetzt hörte ich den Männern intensiv zu, die über das Chaos ihrer Geschäfte sprachen, und lauschte den Worten meiner Freundinnen, die Karriere gemacht hatten und die sich nun beklagten, daß die Mullahs sie bedrängten, ihre Jobs aufzugeben. Jedes Gerücht, jede Gesetzesänderung elektrisierte mich: Nie zuvor hatte ich die Parlamentsdebatten so aufmerksam verfolgt.

Der Haß auf die Taghouti fand jeden Tag seine Opfer. Das Komiteh beschlagnahmte mit schöner Regelmäßigkeit die Besitztümer jener Leute, die überstürzt das Land verlassen hatten, und all der anderen Personen, die ihnen mißliebig erschienen. Doch anstatt die Antiquitäten und die anderen Wertsachen zu retten und für den Staat zu verkaufen, zerstörte das Komiteh all diese Dinge. Oft genug wurden sogar die Häuser der Taghouti zerstört.

Wir kleideten uns nun schlichter und vermieden es, aus dem Wagen zu steigen, wenn wir von einem Teil der Stadt in den anderen fuhren. Mitten auf der Straße wegen des Verkehrs oder einer Panne stoppen zu müssen war ein Alptraum. Ein drohender Mob umringte gleich darauf den Wagen und stellte Fragen »Wer ist diese Person, die so einen großen Wagen fährt? Wieso hat er es verdient, so einen teuren Wagen fahren zu dürfen? Dieses Auto gehört dem Volk.« Ein Taghouti – von Khomeini als die verkommenste Person auf Erden bezeichnet – konnte von Glück reden, wenn er mit einer Tracht Prügel und dem Verlust seines Wagens davonkam.

Das Regime war entschlossen, jede Sitte zu ändern, die typisch für das Leben der Taghouti gewesen war. Der Radiosender, der mittlerweile voll unter Kontrolle der Mullahs stand, brachte eines Tages die Nachricht, daß es keinen Service an Tankstellen mehr geben würde. Von nun an mußten die Fahrer aus ihren Autos steigen und selbst ihr Benzin einfüllen wie bei den Selbstbedienungstankstellen.

Der Sprecher sagte: »Warum sollte euch jemand bedienen? Die Menschen sind in der Lage, für sich selbst zu sorgen. Nur die Reichen brauchen diese Art von Dienstleistung.«

Die Radiosprecher drängten uns auch ständig, das Leben eines anständigen Moslems zu führen und dem Imam in allen Dingen zu folgen. Eines der ersten Probleme, dem Khomeini seine Aufmerksamkeit zuwandte – während die Wirtschaft im Chaos versank und niemand wußte, wer auf den Straßen herrschte –, war die wichtige Frage, was Frauen zu tragen hatten. Anfang der siebziger Jahre war westliche Kleidung in der gehobenen städtischen Gesellschaftsschicht fast zum Standard geworden. Ende der siebziger Jahre, als viele Iraner sich von der westlichen Korruption abwandten, wurde der Tschador zum Symbol für die Rückkehr zu der Reinheit der islamischen Tradition; gleichzeitig diente er als Zeichen für die Ablehnung der vom Schah erzwungenen Modernisierung.

Nach der Machtübernahme begann Khomeini den Frauen mittels Rundfunkansagen zu befehlen, den Hejab zu tragen. Anfangs leisteten die Frauen der Mittelschicht Widerstand, doch nach und nach begannen sich immer mehr zu bedecken. Khomeini hatte oft gesagt, daß die Frauen für die iranische Gesellschaft wichtig wären, und er lobte ihren Kampf für die Revolution, doch nun setzten die Mullahs auf Anweisung des Ayatollahs die Frauen unter Druck, ihren Job aufzugeben. In der Regierung kritisierten die neuen Bosse ständig die Arbeit der Frauen und zwangen sie zum Tragen der Hejabs. Viele Frauen gaben einfach auf, weil sie sich den täglichen Schmähungen am Arbeitsplatz nicht aussetzen wollten. Private Geschäftsleute, die immer noch Frauen einstellten, bemerkten plötzlich, daß sie wegen Banalitäten Schwierigkeiten mit den Behörden bekamen, die ungemein zeitaufwendig waren. Im ganzen Land wurden die Gehälter der Frauen rigoros gekürzt. Jederzeit konnten sie von einer Truppe der sich überall herumtreibenden Moralwächter, die mit dem Komiteh in Verbindung standen, verhaftet werden, wenn sie nicht angemessen gekleidet waren.

Die Arbeit der Moralwächter – der *Monkerat* – bestand darin, die Durchsetzung der neuen gesellschaftlichen Gesetze der Revolution zu erzwingen. Kreuz und quer wurden Frauen verhaftet, weil sie keinen Hejab oder Tschador trugen oder weil sie sich mit einem Mann unterhalten hatten, der kein unmittelbarer Verwandter von ihnen war; sie wurden in eines der vielen Gefängnisse gebracht, wo man ihnen stundenlang die Notwendigkeit, ein guter Moslem zu sein, einhämmerte. Oft genug suchten ihre besorgten Familien die ganze Stadt nach ihnen ab und riefen jeden ihnen bekannten Mullah an, um ihre Freilassung zu erreichen.

Als das Regime erkannte, daß die Frauen zu verängstigt waren, um sich zu wehren oder zu demonstrieren – bei den wenigen Demonstrationen wurden viele geschlagen oder verhaftet und ließen sich daraufhin kein zweitesmal sehen –, wurden die Gesetze noch weiter verschärft. Schließlich wurde ganz offiziell das Tragen eines Tschadors befohlen. Es war typisch, was meiner Cousine Mani passierte. Innerhalb von zehn Jahren war sie zu einer Topmanagerin in einer Computerfirma aufgestiegen, doch als die Mullahs die Macht übernahmen, wurde ihr Gehalt ohne jede Erklärung gekürzt. Dann stellte man ihr ein Ultimatum: Entweder sie kündigte, oder man würde ihr das Leben derart zur Hölle machen, daß sie zum Schluß froh sein würde, wenn sie gehen konnte. Indem sie die Frauen selbst zur Kündigung zwangen, sparten sich Firmen und Regierung teure Abfindungen. Mani landete schließlich als Managerin im Restaurant »La Réserve« meines Onkels.

Noch trauriger ist die Geschichte der Nichte von Shery, jener Frau, die schließlich zusammen mit mir flüchtete. Shery und ihre Familie hatten immer den Benachteiligten geholfen. Shery selbst hatte eine Reihe von Schulen für Behinderte gegründet, die unter anderem auch von den Salmans sowohl finanziell als auch durch freiwillige Arbeiten unterstützt wurden. In ihrer grenzenlosen Großzügigkeit war sie stets eines meiner Idole gewesen. Sherys Nichte, die Tochter ihrer Schwester, war ebenfalls aktiv gewesen, allerdings politisch. Nach der Teilnahme an einigen Demonstrationen war die fünfundzwanzigjährige Frau verhaftet und als *Fedayeen*, als Marxistin, angeklagt worden, obwohl es in dem juristischen Chaos des neuen Irans nie zu einer offiziellen Anklage kam. Die Fedayeens hatten sich mit den konservativen Mullahs in einer Koalition zum Sturz des Schahs zusammengetan, doch jetzt ließ Khomeini sie systematisch ausrotten, um jede mögliche Bedrohung seiner Autorität zu verhindern. Die arme Frau saß drei Jahre im Gefängnis, ihr Ehemann vier Jahre. Während dieser Zeit erfuhren ihre Mutter und ihre Tante nichts über ihren Gesundheitszustand oder wann sie entlassen würde. Das Schweigen war um so schlimmer, weil Mutter und Tante täglich von anderen Familien hörten, daß deren Töchter wiederholt im Gefängnis vergewaltigt worden waren. Als sie schließlich entlassen wurde, weigerte sich die junge Frau, mit irgend jemandem über das zu sprechen, was ihr im Gefängnis zugestoßen war, obwohl ihre Mutter die Male an ihrem Körper sah, als sie sich auszog. Selbst jetzt stehen sie und ihr Mann unter ständiger Überwachung und sind nicht in der Lage, irgendeine Arbeit zu finden. Die schreckliche Realität ist die, daß Khomeini es sich jetzt leisten kann, solche Leute frei herumlaufen zu lassen, weil der ganze Iran zu einem einzigen Gefängnis geworden ist.

Khomeini löste sehr schnell die wenigen kostbaren Rechte der Frauen wieder auf, um deren Einführung der Schah gekämpft hatte. Eine der am wenigsten beachteten Tragödien der Revolution ist die Gewalt, die jeden Tag den Rechten der Frauen im Iran angetan wird. Nur wenige Monate nach seiner Machtergreifung machte Khomeini das 1967 erlassene Familienschutzgesetz rückgängig, das zum erstenmal Frauen vor willkürlicher Scheidung Schutz gewährte, ihnen ein Anrecht auf ihre Kinder zusprach und Bigamie unter Strafe stellte. Im heutigen Iran kann nur der Mann die Scheidung beantragen – er bekommt sie allein dadurch, daß er sie verlangt –, und zwölfjährige Mädchen können zur Ehe gezwungen werden. Männer können bis zu vier Frauen heiraten, wie es der Koran erlaubt, und sich bis zu vierhundert Konkubinen halten in einer legalen, zeitlich beschränkten Ehe namens *Sigeh*. Im Fall einer Scheidung haben die Männer die volle Verfügungsgewalt über die Kinder.

Die Liste der Dinge, die Frauen nicht dürfen, ist sehr lang. Ohne Billigung ihres Ehemannes darf eine Frau weder einen Paß beantragen noch das Land verlassen. Sie darf nicht Make-up benutzen oder – ganz gleich unter welchen Umständen – eine gewisse Zeit mit einem Mann verbringen, der nicht ihr Vater oder ihr Bruder ist. Selbst Onkel sind verdächtig. Sie darf keinen Beruf ausüben. Uns blieb lediglich das im Jahr 1962 errungene Recht – das Wahlrecht. Als Frau ist man im Iran eine Geisel. Das Schlimmste bei all dem war, daß die Menschen um mich herum diese Tatsache akzeptierten, als könnte man nichts dagegen tun.

Auch auf die Schulen hatte Khomeini es von Anfang an abgesehen. Er selbst war im traditionellen islamischen Stil in einer an die Moschee angeschlossenen Schule erzogen worden; seine Abneigung galt dem Trend zur Befreiung von religiösen Studien und Hinwendung zu so profanen Dingen wie der Mathematik oder den Naturwissenschaften – Gebieten, auf denen sich der Westen hervortat. Privatschulen (Farhad hatte einen privaten Kindergarten besucht) wurden sofort geschlossen. Die meisten Lehrer wurden gefeuert oder in ärmliche Stadtbezirke versetzt, falls sie zuvor in reichen Vororten unterrichtet hatten, während die militanten Lehrer, die die Taghouti haßten, in unsere Nachbarschaft kamen. Selbst die Kinder wurden mit Bussen durch die Gegend gefahren, damit arme Kinder die Schulen besuchen konnten, die zuvor den Reichen vorbehalten gewesen waren.

Mir blieb keine andere Wahl, als Farhad in seine gewohnte Schule in Shemiran zu schicken, die im Herbst 1980 nicht mehr wiederzuerkennen war. Sie war in eine öffentliche Schule umgewandelt, in der kein einziger Lehrer vom letzten Jahr mehr unterrichtete. Von Anfang an ließen sich die Lehrer deutlich ihre Abneigung gegen die Kinder der Reichen anmerken. Die Mullahs benutzten die Schulen zu Propagandazwecken, und ein Großteil des Unterrichts konzentrierte sich auf den Koran; Fremdsprachen wie Englisch und Französisch, die die meisten unserer Kinder gelernt hatten, wurden verbannt – mit Ausnahme von Arabisch, der Sprache des Korans, das zum Pflichtfach wurde.

Die Hauptaufgabe der Lehrer schien darin zu bestehen, die Kinder mit allen Tricks dazu zu bringen, ihre Eltern auszuspionieren. In der Schule meines Sohnes brachte ein Lehrer mehrere Flaschen Scotch und Wodka mit und zeigte sie der Klasse.

»Wer mir sagen kann, ob er solche Flaschen zu Hause gesehen hat, bekommt eine Belohnung«, versprach der Lehrer lächelnd.

Besitz oder Genuß von Alkohol war illegal geworden, zusammen mit dem Anhören von westlicher Musik, Glücksspielen oder Kinobesuchen. Das arme Kind, das die Hand hob und sagte, es hätte solche Flaschen zu Hause gesehen, würde bald schon seine Eltern für eine Weile verlieren. Innerhalb von Stunden würde das Komiteh an die Tür klopfen, die Eltern verhaften und sie für beliebig lange Zeit ins Gefängnis stecken, je nach Lust und Laune des Mullahs, dem das Gefängnis unterstand.

Ich warnte meinen Sohn stets davor, irgend etwas von zu Hause zu erzählen. Sollten sie ihn fragen, ob ich irgendwelche Dinge im Haus hatte, so sollte er stets nein sagen.

Eines Tages kam er von der Schule heim und berichtete stolz: »Mami, heut' hab' ich was sehr Gutes getan. Der Lehrer zeigte mir einen Koran und fragte mich, ob wir zu Hause einen hätten. Ich hab' nein gesagt.«

Er strahlte über das ganze Gesicht, und mir brach fast das Herz, als ich meinem Kind zeigte, wo ich meinen Koran von der Hochzeit aufbewahrte und ihn streng ermahnte, niemals wieder zu sagen, wir hätten das heilige Buch nicht im Haus.

»Du mußt den Leuten sagen, daß wir jeden Tag beten, selbst wenn es nicht stimmt«, erklärte ich ihm; ich haßte mich selbst, daß ich ihm in so jungen Jahren das Lügen um des Überlebens willen beibringen mußte.

Ich bemitleidete die Mütter von kleinen Mädchen. Mit sechs Jahren mußten die Mädchen den Hejab tragen, und die Lehrer akzeptierten ihre Entschuldigungen nicht, wenn sie beim Spielen draußen die unpraktischen Kopfbedeckungen verloren. Als Folge davon kam eine Mutter auf die Idee, den Hejab mit einem Gummiband zu befestigen. Selbst in der größten Sommerhitze mußten die Mädchen langärmelige Kleidung in der Schule tragen.

Mein Sohn war diesem Schulsystem zwei Jahre lang ausgeliefert, bis er sieben war; nie konnte ich sicher sein, ob ich ihn nicht für immer an eine andere, erschreckende Mentalität verlieren würde. Die Gehirnwäsche funktionierte sehr gut.

Ich hatte, ehrlich gesagt, Angst vor seinen Lehrern. Zu meinem Entsetzen erfuhr ich ein paarmal von Farhad, daß eine Lehrerin ihn mit einem Lineal auf den Kopf geschlagen hatte, weil er ungefragt gesprochen hatte. Doch als ich den Schulleiter aufsuchte, um ihm gegenüber meinem Zorn Ausdruck zu geben, daß mein Sohn geschlagen worden war, mußte ich statt dessen Vorwürfe über mich ergehen lassen.

»Was soll an dem, was die Lehrerin getan hat, falsch sein?« fragte der Schulleiter. Die Lehrerin, eine mit einem Hejab bedeckte fanatische Khomeini-Anhängerin, stand schweigend neben ihm und funkelte mich an. »Sie benehmen sich lächerlich. Sie sind diejenige, die ein Problem hat.«

Ich geriet noch ein weiteres Mal mit dieser Lehrerin aneinander. Weil unter dem neuen Regime fast jede Form der Unterhaltung verboten worden war, entspannten sich die gehobene Mittelschicht und die Reichen beim Skifahren. Frauen durften nicht Tennis spielen, weil man dabei ihre Arme und Beine sehen konnte. Das Hauptgebäude des »Royal Clubs« war auf mysteriöse Art und Weise eines Nachts abgebrannt, doch von dem Restaurant am Pool abgesehen konnten nur noch Männer die verbliebenen Sporteinrichtungen nutzen. Für die Sportliebhaber führten die neuen Regeln des Regimes zu lächerlichen Schauspielen. Beim Wasserski waren Frauen gezwungen, Hejabs und einen Ganzkörpertauchanzug zu tragen, was sofort zu einer Verknappung dieser Tauchanzüge führte. Die Frauen, die das Pech hatten, nur einen Anzug mit kurzen Beinen zu erwischen, mußten darüber lange Hosen tragen. Selbst in unserer angespannten Lage mußten wir beim Anblick einer Frau lachen, die von Kopf bis Zeh bedeckt und mit wild flatterndem Hejab über das Wasser flog. Hatte sie das Pech, ins Wasser zu fallen, dann wußte sie nicht, was sie zuerst retten sollte: ihre Ski oder ihren Hejab.

Auf den Skipisten war es kein bißchen besser. Die Mullahs trennten die Hänge nach Geschlechtern – vermutlich, damit Männer und Frauen beim Skifahren nicht versehentlich zusammenprallen konnten –, und das bedeutete, daß Vater und Söhne in die eine und Mutter und Töchter in die andere Richtung zu gehen hatten. Bei einem Familienausflug traf man sich erst am Ende des Tages bei der Heimfahrt wieder.

Die Mullahs befahlen den Frauen außerdem, ihre Skikleidung zu bedecken, da ihnen die engen Skihosen zuviel enthüllten. Viele hörten ganz mit dem Skifahren auf, doch die wirklich Entschlossenen trugen weite Umhänge und schauten wie Draculas aus, wenn sie die Hänge herabgeschossen kamen, ihre Capes wie einen Ballon um sie herum aufgebauscht.

Die Mullahs betrachteten das Skifahren mit größerem Mißtrauen als andere Sportarten. Eine von den Konservativen des Landes mit besonderem Zorn aufgenommene Extravaganz des Schahs war sein ausgedehnter, jährlicher Skiurlaub in der Schweiz gewesen. Indem man die Sportmöglichkeiten stark einschränkte, versuchte das Regime gleichzeitig die Taghouti zu bestrafen (denn Sport wurde als Freizeitvergnügen der Reichen angesehen) und den Frauen ein unserer Ansicht nach normales Leben unmöglich zu machen.

Ich erinnere mich an die Bemerkung einer Freundin, die mit einem langen, schwarzen Cape über ihrer normalen Skikleidung, ihrem Hejab und einer Sonnenbrille ausgerüstet war: »Der Teufel soll mich holen«, sagte sie, »wenn ich wegen ihnen das Skifahren aufgebe.« Nur Frauen mit dieser Einstellung laufen heute im Iran noch Ski.

In unserem zweiten Winter unter Khomeini ersparte ich Farhad an einem Mittwoch die Schule, damit wir frühzeitig in ein verlängertes Wochenende in die Alborz-Berge fahren konnten, wo immer noch einige nette Ferienhotels in Betrieb waren. Da den Hotels der Verkauf von Alkohol nicht mehr gestattet war, brachten die Leute ihre eigenen Flaschen im Auto mit – ein großes Risiko, denn das Komiteh stoppte regelmäßig den Verkehr auf dieser Straße – und tranken still in ihren Zimmern. In der Hotelhalle wäre es wegen der vielen Spione zu gefährlich gewesen.

Nach unserer Rückkehr schaffte die Lehrerin es, aus Farhad herauszuholen, wo wir übers Wochenende gewesen waren, obwohl ich ihm eingeschärft hatte, er solle sagen, er hätte eine Erkältung gehabt. Der Schulleiter ließ mich kommen, und diesmal war es die Lehrerin, die mir einen Vortrag über die richtige Moral eines guten Moslems hielt.

»Wir haben gehört, Sie seien Skifahren gewesen«, fing sie an. »Woher haben Sie das Geld, um so viel Benzin zu kaufen? Warum verschwenden Sie wertvollen Treibstoff, wo doch Mangel herrscht, für so etwas Frivoles wie Skifahren? Ihnen ist es völlig egal, was dieses Land durchmacht, nicht wahr? Oder daß sich andere Menschen überhaupt kein Benzin leisten können? Und Ihren Sohn zum Lügen anzuhalten. Was für eine Moslemfrau sind sie überhaupt?«

Diese Frage und die damit verbundene Anschuldigung verfolgt mich immer noch, denn ich habe sie nie beantworten können. Ich bin Moslem, aber nicht sehr aktiv. Ich besitze eine gewisse Ähnlichkeit mit einem abgefallenen Katholiken, der nicht zur Kirche geht und viele religiöse Lehrsätze nicht akzeptiert, aber immer noch innerlich mit seinem Glauben verbunden ist. Ich bin nur wenige Male in einer Moschee gewesen, wenn ein Freund oder Verwandter gestorben ist. Ich habe mich in Gesellschaft von Mullahs nie wohl gefühlt und habe sehr wenig Religionsunterricht gehabt, so daß mir nicht einmal die täglichen Gebete vertraut sind.

An diesem Tag ließ ich schweigend die Schmähungen der Frau über mich ergehen: Ihr Haß war so groß, daß bloße Erklärungen eine zu klägliche Verteidigung dargestellt hätten. Diese Teheraner Frau aus der Mittelschicht, die in den ärmlichen Bezirken der Stadt unterrichtet hatte und ihren Job jetzt nur behalten durfte, weil sie unterbezahlt war und weil Lehrermangel herrschte, würde niemals die Gründe verstehen, weshalb ich der Unterdrückung und Freudlosigkeit ihrer Revolution entrinnen wollte. Und ich würde nie verstehen, weshalb sie mich so verachtete. Ich war für sie keine individuelle Mutter: Ich war eine Taghouti.

Während der ganzen Zeit, die ich unter Khomeinis Herrschaft lebte, brachen sowohl ich als auch die meisten der Leute, die ich kannte, ständig das Gesetz. Es blieb einem auch nichts anderes übrig, wenn man sich nicht ins Mittelalter zurückwerfen lassen wollte. Wir brachen das Gesetz, wenn wir Alkohol auf dem Schwarzmarkt kauften (der Preis für eine Flasche Whisky belief sich mittlerweile auf 200 Dollar), wenn wir nach einem Videofilm unterm Ladentisch fragten (die offiziell zugelassenen Filme wurden derart zensiert, daß sogar die nackten Arme einer Frau herausgeschnitten wurden), wenn wir illegale Benzincoupons kauften (es kostete mich ungefähr 50 Dollar, um den Tank meines Firebirds zu füllen), wenn wir das Haus ohne Hejab verließen oder mit einem Freund zum Lunch gingen. Tanzen, ja sogar Musik hören oder Gedichte lesen war schon verdächtig. Wir durften nichts tun, um etwas Freude am Leben zu haben, um auch nur für einen Moment vergessen zu können, daß der große Imam uns auf den rechten Pfad führte.

Die Moschee wurde zu einer mächtigen Waffe, uns unter Kontrolle der Mullahs zu halten. Weil die Revolution einen Mangel an Nahrung und Gebrauchsartikeln aller Art mit sich brachte, rationierte die Regierung die Sachen. Man mußte mit seinen Ausweispapieren zur Moschee gehen, um sich die Coupons zu holen, mit denen man dann notwendige Dinge zu vernünftigen Preisen kaufen konnte. Trotzdem mußte man sich noch stundenlang mit Hunderten von anderen Menschen anstellen, in der Hoffnung, in den Laden zu gelangen, bevor die Vorräte ausgingen. War man reich wie ich, so kaufte man einfach auf dem Schwarzmarkt und zahlte ein Vielfaches. Ein über die Moschee gekauftes Hühnchen kostete 4 Dollar, auf dem schwarzen Markt 15 Dollar oder mehr. Coupons für Benzin, das streng rationiert war, konnte man ebenfalls über die Moschee erhalten. Ich kaufte mein Benzin stets illegal. Im Iran gibt es zwei Arten von Taxis: die öffentlichen, die man auf der Straße anhalten und mit anderen Passagieren teilen kann, und die orangefarbenen, die man direkt zum Haus bestellen kann. Ich war seit Jahren Stammkunde bei einem orangen Taxiunternehmen und kannte viele Fahrer recht gut. Unter der Hand führten sie einen schwunghaften Handel mit illegalen Benzingutscheinen.

Gelegentlich wurde ich darauf aufmerksam gemacht, wie gefährlich es war, das Gesetz zu brechen. Einer meiner Cousins besaß ein riesiges Video- und Schallplattengeschäft mitten in der City von Teheran. Wie die meisten anderen Geschäftsleute auch tätigte er überwiegend Schwarzgeschäfte; er verkaufte verbotene westliche Platten und Videofilme. Ich ging regelmäßig bei ihm vorbei und nahm die neuesten aus dem Westen eingeschmuggelten Filme mit. Als ich eines Tages an dem Laden vorbeikam, war die Schaufensterscheibe zerschlagen. Drinnen lagen Filme, Bänder und Videoausrüstung im Wert von Tausenden von Dollars in einem verkohlten Haufen auf dem Boden. Arbeiter zimmerten Bretter über das Fenster und die Eingangstür. Mein Cousin, der an diesem Morgen eine lange Gefängnisstrafe antrat, war ein weiteres Opfer der Moralwächter geworden.

Meine ältesten Verwandten, die geschäftlich stark engagiert waren, reagierten auf den wachsenden Druck, indem sie sich ganz schlicht vom aktiven Leben zurückzogen. Sie vermieden Parties, kleideten sich einfach, wenn sie das Haus verließen, und fuhren kleine Autos – sie taten praktisch alles, um der Aufmerksamkeit eines Komiteh-Mannes zu entgehen, der vielleicht schlecht gelaunt war und einen Sündenbock suchte.

Doch uns Jüngere spornten die uns auferlegten Zwänge nur zu wilderen Unternehmungen an. Wir spürten, daß wir im Begriff standen, alles zu verlieren, und waren entschlossen, alles bis zur letzten Neige auszukosten und zu genießen.

In den ersten Wochen nach Khomeinis Rückkehr suchte ich Zuflucht in meinem Haus, zusammen mit einigen Freundinnen, die sich zum Bleiben entschlossen hatten, nachdem ihre verängstigten Eltern das Land verlassen hatten. Gemeinsam schufen wir uns unsere eigene Welt und versuchten das Chaos um uns herum auszuschließen. Als die Monate vergingen und wir uns an die Tatsache gewöhnt hatten, daß die Mullahs das Land beherrschten und um der Macht willen bereit waren zu töten, betätigte ich mich wieder als verschwenderische Gastgeberin. Fast jede Woche gab ich eine Party für fünfzig Leute und mehr, komplett mit französischem Chefkoch und Kellnern von »La Réserve« und Unmengen von Schwarzmarktalkohol.

Das Verhältnis zu den Aminis war momentan relativ ruhig, und Farhad verbrachte die Wochenenden meist bei seiner Großmutter. Er hatte strikte Anweisung, nichts von meinen Parties zu erzählen, und ich hatte ihm beigebracht, Hamid als Freund der Familie zu behandeln. Ich hatte das Glück, daß Hamid Gefallen an Farhad fand und ihm zum Geburtstag eine elektrische Eisenbahn schenkte, die zur Zeit in Teheran schwierig aufzutreiben gewesen sein mußte. Umgekehrt betete Farhad, der sich nach einem Vater sehnte, Hamid geradezu an. Nur wenige Familienmitglieder wußten, wie nahe Hamid mir stand.

Während der Sommermonate nahm ich fast jedes Wochenende eine riesige Gruppe von Freunden mit in die Villa am Kaspischen Meer. Die Dienerfamilie, die auf dem Gelände wohnte, machte sauber und kochte ein bißchen, aber für gewöhnlich brachte ich fast das gesamte benötigte Essen und die Getränke von Teheran mit, so daß wir das Gelände nicht verlassen mußten. Hier drinnen schien die Revolution niemals stattgefunden zu haben. Mädchen im Bikini fuhren am Strand Motorrad oder schwammen in dem geheizten Pool. An den Abenden floß der Alkohol in Strömen, während wir unzensierte Videofilme anschauten, und nachts konnten unverheiratete Männer und Frauen miteinander schlafen.

Manchmal fragte ich mich, wie die Diener mit dem Kontrast fertig wurden: Jeden Tag hörten sie im Radio, daß sich Frauen zu bedecken hatten und daß westliches Benehmen den Vorschriften des Korans zuwiderlief, doch jedes Wochenende servierten sie uns Alkohol und sahen uns halbnackt im Garten herumspringen. Hamid begleitete mich meist an diesen Wochenenden und gab den Dienern für zwei Tage Arbeit stets 200 Dollar Trinkgeld.

Einmal sagte ich zu ihm: »Das ist ein geradezu lächerlich hohes Trinkgeld. Warum tust du das?«

»Sousan«, erwiderte er, »ein zufriedener Diener spioniert dir nicht nach.«

An einem durchschnittlichen Wochenende erhielten die Diener von den Gästen Trinkgelder in Höhe von 600 Dollar, weit mehr als ihr Monatsverdienst. Doch Hamid hatte recht: Die Diener hatten sich zu den gefährlichsten Spionen entwickelt, weil sie im Hause waren. Viele von ihnen glaubten, daß sie nach der Verhaftung ihrer Arbeitgeber Anspruch auf einen Teil des Besitzes hätten. Abgesehen von Kindern, die unwissentlich Spionagedienste leisteten, war das Personal am häufigsten für die Verhaftung von Leuten verantwortlich, die Alkohol getrunken oder verbotenen Sex genossen hatten. Die meisten Leute versuchten verzweifelt, ihre Dienerschaft loszuwerden, aber sie wagten es nicht, sie direkt hinauszuwerfen, weil ihnen das unweigerlich das Komiteh ins Haus gebracht hätte. Wann immer ein Diener seinen Arbeitgeber freiwillig verließ, wurde gefeiert, denn nur bei Familien ohne Dienerschaft konnte man sich sicher fühlen.

Ich vermute, daß ein unzufriedener Diener der Anlaß war, daß zwei gute Freunde von uns in diesem Sommer dem Komiteh in die Hände fielen und schrecklich leiden mußten. An einem Donnerstag Nachmittag im zweiten Sommer der Revolution hatte es sich eine Gruppe von uns in der Villa gerade für ein ruhiges Wochenende gemütlich gemacht, als wir einen beunruhigenden Anruf aus Teheran erhielten. Ein verzweifelter Freund bat uns um Hilfe. Sein Bruder Reza, der ein Haus nicht weit von uns besaß, war gerade eben zusammen mit einem Mann und zwei Frauen, die ihn besucht hatten, von dem Komiteh verhaftet worden. Er hatte keine Ahnung, wohin sie gebracht oder weshalb sie verhaftet worden waren. Wir konnten es uns denken; die Männer und Frauen waren nicht verheiratet, und zweifellos hatten sie Alkohol, Kartenspiele und andere verbotene Dinge in der Villa gehabt. Wir hatten erwartet, daß sich Reza mit seinen Freunden uns am nächsten Tag anschließen würde, und so jagte uns der Anruf einen gehörigen Schrecken ein.

»Ich versuch' sie aufzuspüren«, sagte Hamid und brach sofort auf. Er fuhr an der Küste entlang, suchte lokale Komiteh-Hauptquartiere auf und erkundigte sich nach unseren Freunden. Dazu gehörte eine ordentliche Portion Mut. Das Komiteh hätte ihn allein wegen seiner Fragen schon verhaften können – man wußte, daß sie so was bereits getan hatten. Doch nach einigen Stunden kehrte Hamid entmutigt zurück. Er hatte keine Spur von ihnen entdecken können.

Bald darauf klopfte es an unserer Tür. Als ich öffnete, stolperte Reza herein, gefolgt von seinem Freund. An ihren bleichen Gesichtern erkannten wir augenblicklich, daß sie große Schmerzen hatten.

»Wir sind ausgepeitscht worden«, sagte Reza und zuckte zusammen, als er seine Jacke auszog.

Wir halfen ihnen aus ihren Hemden. Zum erstenmal sah ich, was eine Auspeitschung – eine vom Koran vorgeschriebene Strafe – aus dem Rücken eines Mannes machen konnte. Tiefe, aufgesprungene Striemen verliefen kreuz und quer über ihre Rücken. Selbst das Gewicht ihrer Hemden war für sie unerträglich, und als wir Salbe auf die Wunden aufzutragen versuchten, schrien die Männer vor Schmerz auf.

Die Frauen in unserer Gruppe weinten ganz offen, und Hamid und die anderen Männer konnten ihren Zorn kaum beherrschen. Stokkend erzählte uns Reza, was geschehen war.

»Wir waren gerade von Teheran gekommen. Unsere Freundinnen waren dabei. Wir hatten etwas Alkohol und Haschisch dabei. Bevor wir uns umschauten, stand das Komiteh vor der Tür. Sie durchsuchten das Haus und verhafteten uns vom Fleck weg. Zum Glück ließen sie die Frauen nach einigen scharfen Worten laufen. Jemand hat uns angezeigt, da bin ich mir ganz sicher. Aber wer wußte, daß wir kommen würden? Natürlich unsere Diener, aber die sind schon seit Jahren bei der Familie. Könnten sie uns etwas derart Schreckliches antun?«

Danach ging ich stundenlang mit Hamid am Strand spazieren. Ich weinte und beschimpfte die Regierung. Nur gut, daß der Wind meine Worte davontrug.

Gehässige Diener erbten gelegentlich den Reichtum ihrer Arbeitgeber: Viele Iraner ließen einfach ihre Häuser und Villen im Stich, und jene Residenzen, die von den Behörden nicht konfisziert oder verkauft wurden, werden immer noch von der Dienerschaft bewohnt. Mein zweiter Gärtner war so ein Typ. Nach der Revolution glaubte er ein Anrecht auf einen Teil des Gartens zu haben, und obwohl er sich an den meisten Tagen zu arbeiten weigerte, blieb mir keine andere

Wahl, als ihm weiter sein Gehalt zu zahlen und zu hoffen, daß er mich nicht unter irgendeinem Vorwand bei den Behörden denunzieren würde.

Auch Landbesitzer fielen häufig dem durch die Revolution angefachten Neid zum Opfer. Anfangs konnten Leute wie mein Vater weiter ihr Land bestellen, obwohl ihre Arbeiter oft genug nicht zur Arbeit erschienen und das Komiteh häufig ohne jede Vorwarnung ihre Bücher beschlagnahmte. Doch im zweiten Revolutionsjahr begannen Khomeinis Schergen, nachdem sie die Opposition und die Frauen unterdrückt hatten, die Landbesitzer näher unter die Lupe zu nehmen. Eines Tages stürmte die örtliche Komiteh-Truppe das Land meines Vaters in der Nähe von Sabbalon und verwüstete in wenigen Stunden den schönen, neuen Obstgarten mit Apfelbäumen, den er mit großem Aufwand angelegt hatte, in der Hoffnung, daß eine anpassungsfähigere Sorte bessere Erträge liefern würde. Er stand gerade im Begriff, die Früchte seiner Mühen zu ernten und der Bank das Darlehen zurückzuzahlen, das er für den Ankauf der Schößlinge aufgenommen hatte, als das Komiteh auftauchte. Sie zwangen seine Arbeiter, jeden Baum mitsamt den Wurzeln auszureißen.

Ich erinnere mich noch an das verstörte Gesicht meines Vaters, als er mir erzählte: »Sie sagten, Äpfel seien Luxus. Unnötig! ›Unser Volk braucht Weizen‹, schrie mich einer vom Komiteh an. ›Nur die Taghouti können es sich leisten, Äpfel zu essen.‹ Meine Männer kamen anschließend zu mir und fragten, ob sie einige Bäume nehmen und in ihren Gärten pflanzen könnten. Ich sagte: ›Sicher, sicher.‹ Ich hatte nicht das Herz, auch nur einen für mich zu behalten. Es war ein schlimmer Anblick: Dutzende von Bäumen, die in der Sonne vertrockneten. Und das nach all den Jahren der Arbeit.«

Danach war das Leben meines Vaters nicht mehr sicher. Die Banken, denen er viele Tausende von Dollars für die Obstpflanzungen schuldete, kündigten die Darlehen fristlos; das Komiteh kam und beschlagnahmte den größten Teil seines Besitzes. Eines Nachts, als sich mein Vater im Haus von Großmutter Ashi in Rezayeh befand, plünderten einige Dörfler von Sabbalon unter Mithilfe von Kurden aus den Nachbarorten das Haus meiner Kindheit, das wunderschöne Landhaus, das er vor mehr als vierzig Jahren gebaut und das meine Mutter so sehr geliebt hatte. Sie stahlen die Teppiche und andere

Wertgegenstände, schlitzten Polster, Kissen und Gemälde auf und zerbrachen Tische und Stühle.

Warum wandten sich die Menschen, unter denen mein Vater so viele Jahre gelebt hatte, plötzlich gegen ihn? Warum empfanden sie Haß gegen einen Mann, der sie gegen Kaution aus dem Gefängnis geholt, der ihnen billige Darlehen gegeben und ihre Familienstreitigkeiten geklärt hatte? Es gibt keine einfache Antwort darauf. Ich vermute, niemand wünscht sich wirklich einen Boß, und nach Khomeinis Ankunft spürten die Arbeiter ein Machtgefühl, das sie nie zuvor gekannt hatten. Vielleicht zum erstenmal in ihrem Leben fühlten sie sich frei von Klassenzwängen und genossen die Euphorie, die von der Anarchie vorübergehend ausgelöst wird. Selbst jetzt noch hält sich mein Vater meist in Rezayeh auf; er kehrt nur selten nach Sabbalon zurück und dann auch nur, um schnell bei Tageslicht das Land zu begutachten.

Niemand fängt viel mit der neuen Freiheit an. Die meisten Felder liegen brach. Ein Ayatollah und ein Komiteh-Hauptquartier haben meinem Vater schriftlich zugesagt, daß er das Recht hat, sein Land zu bestellen, doch ein anderer Ayatollah aus einem anderen Dorf bestreitet dieses Recht, und so werden weiterhin die Nahrungsmittel, die der Iran so verzweifelt benötigt, nicht angebaut. Einige der Dorfbewohner sind buchstäblich vor ihm auf die Knie gefallen und haben ihn gebeten, wieder ihr Herr zu sein wie in den alten Zeiten. Sie weinten und jammerten, daß ihr einst schönes, reiches Dorf nun arm und verkommen sei. Doch es gibt auch viele andere, die davon träumen, das Land meines Vaters zu bestellen und die abwarten, bis das Regime sich über seine widersprüchliche Haltung dem Privatbesitz gegenüber klar geworden ist.

Meinem Vater oder meinen Onkeln und Tanten erzählte ich nie etwas von dem wilden, tollkühnen Leben, das ich unter den Ayatollahs führte. Sie hatten so viele eigene drängende Probleme, und die Risiken, die ich einging, hätten sie entsetzt. Und die Aminis hätten mir gewaltige Schwierigkeiten bereitet, wenn sie auch nur den Hauch einer Ahnung gehabt hätten. Mein Leben sollte ihnen makellos erscheinen, und ich war überzeugt davon, daß mir das auch gelang.

Die Revolution hatte die Salman-Baugesellschaft in ernsthafte finanzielle Schwierigkeiten gebracht. Selbst in den letzten Monaten vor der Abreise des Schahs hatte die Firma ziemlich in der Klemme gesessen, als sie wegen verschiedener gewaltiger Regierungsprojekte sich hoch bei den Banken verschuldet hatte, die Verwaltung jedoch ihren Vorauszahlungen nicht nachkam, weil sie politisch und ökonomisch unter Druck stand. Das neue Regime zwang die Firma zur Fertigstellung der Projekte, verweigerte aber die Zahlungen. Ausländische Firmen, die während den Jahren der Hochkonjunktur nur zu gern Kredit gewährt hatten, zogen ihn plötzlich zurück; der Verfall des Tuman gegenüber dem Dollar zwang meine Onkel, viel mehr für Auslandsmaterial zu bezahlen, als zur Zeit der Bestellung in stabileren Zeiten vorauszusehen gewesen war. Selbst wenn meine Onkel erwogen hätten, das Land zu verlassen, wie es viele ihrer Freunde taten, die ihre Firmen einfach unter der Schuldenlast zusammenbrechen ließen, so hätten sie das nicht tun können, da sie mittlerweile nicht nur den Banken, sondern auch vielen ihrer engsten Freunde Millionen von Dollars schuldeten, die sie sich geborgt hatten, um den Bankrott abzuwehren. Schließlich erhielten sie eine gewisse Bezahlung für ihre Arbeit, doch es war im Vergleich zu dem, was die Projekte sie selbst gekostet hatten, nichts weiter als ein Almosen.

Viele Baufirmen saßen in der gleichen Klemme. Sie hatten einen Regierungsauftrag angenommen und hatten ihre Kalkulation für den Ankauf von Auslandsmaterialien auf der Basis von sieben Tuman für einen amerikanischen Dollar gemacht. Jetzt, nach der Revolution, war der Dollar vierzehn Tuman wert (als ich 1982 das Land verließ, war er siebzig Tuman wert), doch die Regierung erlaubte ihnen keine neue Preisberechnung und gestattete auch nicht, daß sie aus dem in besseren Zeiten angenommenen Projekt ausstiegen.

Im Laufe der Monate stellte der Iran einfach die Arbeit ein, und überall um mich herum sah ich die Auswirkungen davon. Anfangs hatten streikende Ölarbeiter und Regierungsangestellte nur zu gern die Arbeit wieder aufgenommen, glücklich darüber, daß sie zum Sturz des Schahs beigetragen hatten. Doch bald setzte die erste Säuberungswelle ein, von der Frauen, Lehrer, Armeeoffiziere und linke Intellektuelle betroffen waren. Tausende von Zivilbediensteten wurden entweder gefeuert oder kündigten von selbst. Allein im Außenministerium, wo ich viele Freunde hatte, verlor über die Hälfte der

Angestellten ihren Job. Als die Wirtschaft an allen Ecken und Enden zusammenzubrechen begann, befahlen die Ayatollahs den Gläubigen, wieder an die Arbeit zu gehen und die Produktivität zu verbessern. Aber bald schon wurde deutlich, daß sich das Chaos nicht so schnell bereinigen ließ, wie es ausgelöst worden war. In der Privatwirtschaft, wo man der arbeitenden Masse erzählt hatte, sie brauchte den Taghouti nicht länger zu gehorchen, kamen die Arbeiter zu spät, falls sie überhaupt an ihrem Arbeitsplatz auftauchten, und kein Manager wagte sie zurechtzuweisen aus Angst vor dem Komiteh. Die Produktivität sank in den Keller. Meine Onkel Kurosh und Fayegh hatten einen Arbeiter, der schon viele Jahre bei ihnen war und zu dessen Aufgaben es gehörte, Tee für die Gäste zu holen, da die Teepause eine altehrwürdige Geschäftssitte im Iran war. Der Mann wurde so unverschämt, daß er oft eine Stunde zum Teeholen benötigte, und schließlich ganz die Arbeit verweigerte. Trotzdem wagten meine Onkel nicht, ihn hinauszuwerfen. Diese Unfähigkeit, die Geschäfte in Gang zu halten, fing ganz oben in der Geschäftsleitung an und setzte sich bis in die unteren Ränge der Firma fort. Niemand konnte die Haltung der Regierung gegenüber Privatbesitz von Land und Kapital und den freien Marktgesetzen einschätzen. Jeden Tag waren von den Ayatollahs widersprüchliche Meldungen zu hören – entweder priesen sie das Recht auf Besitz, das auch durch den Koran geschützt war, oder sie verdammten Besitz als Schandmal der Nation. Soweit ich weiß, gibt es bis zum heutigen Tag widersprüchliche Ansichten der Regierung. Einige Arbeiter glauben immer noch, daß sie bald die Fabriken übernehmen werden, manche Bauern sind immer noch der Meinung, daß ihnen irgendwann das Land ihrer Herren gehören wird. Gleichzeitig aber versucht die Regierung die Wirtschaft durch die Mithilfe der übriggebliebenen Ober- und Mittelschicht anzukurbeln.

Drei Monate nach Khomeinis Rückkehr hatten die Salmans ihren ersten Zusammenstoß mit den Herren der Revolution. Mein Onkel Kurosh, der nach Kamels Tod im Jahre 1977 der Familienpatriarch geworden war, besuchte ein Treffen der Baubranche im Hauptbüro, als eine bewaffnete Komiteh-Gruppe lärmend eindrang und die sechs Topingenieure des Landes – einschließlich seiner Person – verhafteten.

Ich war an diesem Morgen mit Farhad zu Hause, als ich einen Anruf von Onkel Faydegh erhielt. Er war ein emotional veranlagter Mann, dem jeder Familienkummer naheging.

»Sie haben deinen Onkel Kurosh verhaftet«, sagte er mit nervöser Stimme. »Wir wissen weder, wo er ist, noch, weshalb sie ihn mitgenommen haben, doch wir geben dir Bescheid, sobald wir etwas erfahren haben.«

»Was kann ich tun?« erkundigte ich mich zitternd.

»Momentan nichts. Die ganze Familie kümmert sich drum. Wenn dir jemand einfällt, den du anrufen und um Hilfe bitten könntest, dann tu es.«

Es war eine bedauernswerte Tatsache, daß die Salmans so gut wie keine Beziehungen zum neuen Regime und überhaupt keine Beziehungen zu den Mullahs hatten. Nachdem das Komiteh zugeschlagen hatte, wurde jedes Familienmitglied in die Sache verwickelt, und an diesem Morgen telefonierten ungefähr hundert Verwandte – alle Salmans und die zahlreichen eingeheirateten Familien einschließlich der Seppehris, die über sehr gute religiöse Kontakte verfügten – in der ganzen Stadt herum, um meinen Onkel aufzuspüren. Ließ sich seine Freilassung durch Bestechung erreichen? Wenn ja, wer mußte mit wieviel bestochen werden? Die normale Arbeit kam vollkommen zum Erliegen in einigen Spitzenbüros der Industrie, in mehreren Restaurants und vielen Heimen, bis schließlich spät abends mein Onkel und die anderen Ingenieure entlassen wurden.

Ich traf ihn zwei Tage später bei einer Familienversammlung. Er hatte zwar Zeit gehabt, sich zu erholen, wirkte aber immer noch sichtlich erschüttert.

»Sie kamen ohne Warnung«, erzählte er. »Ein paar Männer vom Komiteh mit großen Gewehren. Sie befahlen uns mitzukommen. Sie sagten uns nicht, warum, und wir wagten nicht zu fragen. Sie stießen uns in einen Bus, und einer von ihnen sagte: ›Ich möchte wetten, keiner von euch hat je einen Bus von innen gesehen. Ihr mit euren Chauffeuren. Jetzt werdet ihr mal erleben, wie die armen Leute im Iran jeden Tag unterwegs sind.‹ Alle lachten. Ihr wißt ja, ich habe Probleme mit meinem Blutdruck, und meine Knie taugen nicht mehr viel. Ich hatte mit der hohen Stufe Schwierigkeiten, und sie verspotteten mich. Die anderen Ingenieure waren in keiner besseren Verfassung als ich, manche waren sogar noch älter und kränker. Ein junges Komiteh-Mitglied kam auf mich zu, packte mich am Jackett und sagte: ›Oh, sehr hübsch. Woher hast du das Geld, um dir so teure Kleidung zu kaufen, während das Volk hungert?‹ Ich dachte mir, das schaut nicht gut für uns aus.

Sie brachten uns in ein mir unbekanntes Gebäude in der Stadt und verbanden uns die Augen. Dann führten sie uns durch einige lange Gänge und sagten uns, wir sollten uns bücken, weil die Decken so niedrig wären. Wir mußten auf Händen und Knien kriechen. Es dauerte eine Ewigkeit, bis wir so am Ziel angelangt waren. Schließlich verhörten sie uns wegen der Aufträge, die wir von der Regierung hatten. Sie sagten: ›Ihr habt diese Aufträge bekommen, weil ihr Freunde des Schahs wart. Ihr seid Diebe, ihr habt die Regierung bestohlen.‹

Wir gaben kaum Antwort. Nach ein paar Stunden waren wir sehr durstig, doch als sie uns Wasser anboten, dachte ich: ›Mein Gott, das ist es.‹ Im Koran steht, daß du dem Sterbenden Wasser anbieten mußt. Immer noch mit verbundenen Augen trank ich das Wasser und erwartete dann einen Schuß zu hören. Statt dessen nahmen sie uns die Augenbinden ab und führten uns wieder aus dem Gebäude hinaus; von den niedrigen Decken, unter denen wir hatten hindurchkriechen müssen, sah ich nichts. Diese Bastarde. Sie brachten uns wieder in den Bus und warfen uns mitten in der Stadt hinaus.«

Onkel Kurosh wurde noch mindestens viermal verhaftet – unter verschiedenen vagen Vorwänden –, und einmal mußte er vier Monate im Gefängnis zubringen. Das letzte Mal wurde er 1986 eingesperrt, als er einen Regierungsaufruf befolgte: Jeder, der Dynamit besaß, sollte sich beim örtlichen Komiteh melden. Als Bauherr hatte mein Onkel das Recht, Dynamit zu besitzen, doch als er das pflichtgemäß meldete, wurde er für zwei Monate ins Gefängnis geworfen – ohne jede Erklärung.

In dem neuen Iran war es an der Tagesordnung, daß Menschen verschwanden. Ungefähr zweieinhalb Jahre nach der Machtergreifung war ich von einer dramatischen Entführung sehr persönlich betroffen. Einer der Partner meines Mannes, Abdullah Taslimi, war ein führender Bahai, ein Mitglied einer Sekte, die Mitte des neunzehnten Jahrhunderts vom Schiismus abgefallen war; seitdem verfolgte sie der Haß der Schiiten. Momentan gab es ungefähr 300000 Bahais im Iran, die viele Glaubenssätze befolgten, die von den Schiiten mit einem Bann belegt waren: Weltfrieden, die Vereinigung aller Menschen und Religionen, die Gleichberechtigung von Mann und Frau und der Wert der Wissenschaft in einer religiösen Welt. Nach dem Koran konnten Abtrünnige wie die Bahais gesteinigt werden, wenn sie sich weigerten zu widerrufen, und eine von Khomeinis ersten Handlungen war die Ächtung der Bahais; er gab ihnen Gelegenheit, sich wieder bei den Schiiten einzureihen, ansonsten drohte ihnen Strafe und Verfolgung. Die meisten Bahais weigerten sich, und die anhaltenden barbarischen Akte gegen sie sind ein internationaler Skandal.

Abdullah, ein sanfter, gebildeter Mann, der bei den Bahais in hohem Ansehen stand, weigerte sich, das Land zu verlassen, als es ihm noch möglich war, obwohl sein Leben bedroht war.

Bei einem Essen in unserem Haus sagte ich einmal zu ihm: »Sie wissen, daß man Sie haßt. Früher oder später wird man Sie holen kommen. Warum verlassen Sie nicht das Land?«

Er nickte traurig. »Was wird mit den anderen Bahais geschehen, wenn ich gehe? Wir können sie nicht alle aus dem Lande schaffen. Ich muß hier bleiben, um sie zu ermutigen und zu unterstützen.«

Khomeini verbot den Bahais, Versammlungen abzuhalten. An einem Tag im Frühjahr 1980 hielten Abdullah und elf andere führende Bahais ein Geheimtreffen ab, als das Komiteh plötzlich hereinplatzte und sie alle verhaftete. Wochen vergingen, ohne daß jemand erfuhr, wohin sie gebracht worden waren. Seine Frau hoffte immer noch auf seine sichere Rückkehr, weil von einer Exekution offiziell nichts zu hören gewesen war. Aus den Monaten wurden Jahre, und obwohl sie meist zu Hause saß und wartete, daß er einfach hereinspaziert kommen würde, tauchte weder von ihm noch von anderen je wieder eine Spur auf. Auch auf internationalen Druck hin wurde nichts über das Schicksal dieser Bahais bekannt. Mit gebrochenem Herzen verließ seine Frau schließlich den Iran.

Und so walzte die Revolution erbarmungslos voran. Vermutlich waren wir verrückt, aber wir gingen immer noch auf Parties, trugen leuchtenden Lippenstift auf, zeigten unsere Fußknöchel und lachten schallend, auch wenn das Lachen zunehmend hohler klang. Ich verbrachte meine Zeit damit, Kleider zu kaufen, mich maniküren zu lassen und mich auf eine weitere Nacht gesellschaftlicher Abenteuer mit Hamid vorzubereiten. Viele meiner Freunde begannen Opium zu rauchen, da Alkohol und viele andere Vergnügen verboten waren. Zu Zeiten des Schahs hatten altmodische alte Männer oder flotte Jet-setter mal eine Pfeife geraucht. Jetzt war eine richtige Party ohne Holzkohlenpfanne und Opiumpfeifen undenkbar. Obwohl teuer und immer noch illegal, war Opium plötzlich problemlos auf dem Schwarzmarkt erhältlich. Unter Khomeini gab es Religion und Opium.

Ich hatte zwar nichts dafür übrig, doch einige meiner besten Freunde rauchten. Einer unserer Hauptlieferanten von Opium und anderen Drogen war ein mit Hamid befreundeter Mullah. Es war eine merkwürdige Freundschaft. Während andere Mullahs versuchten, sich zu finsteren Kopien des asketischen Ayatollahs zu entwickeln, wollte unser Mullah sich westlich kleiden und ließ sich bei Einkäufen häufig von Hamid beraten. Wenn er, was er nur zu gern tat, ein Wochenende mit uns am Kaspischen Meer verbrachte, pflegte er für einige Stunden zu verschwinden. Mit Kisten von Wein und Likör kehrte er zurück – und mit Opium. Ich erfuhr nie, wie er an diese Schmuggelwaren herankam. Er war verzweifelt bemüht, es uns recht zu machen und sich unserer Clique anzupassen; vor allem den Frauen machte er schöne Augen. Hamid verschaffte ihm einmal ein Callgirl der Extraklasse aus Teheran als Gefährtin. Monate später schockierte er uns alle, als er das Mädchen heiratete.

In den Monaten nach der Revolution kamen Hamid und ich uns sehr viel näher, obwohl er klar zum Ausdruck brachte, daß er keinerlei Verpflichtungen eingehen wollte. Mich zog seine Tollkühnheit an, seine Vorliebe für Feste. Er konnte einen ganzen Raum voller Menschen mit seinen Geschichten fesseln. Er konnte abends unglaubliche Mengen trinken und war am nächsten Morgen frisch und munter, bereit zu neuen Teufeleien. Frauen flirteten selbst in meiner Gegenwart ganz offen mit ihm. Doch die Revolution begann sich bei ihm genauso wie bei den anderen jungen Männern unserer Clique bemerkbar zu machen. Sie waren in dem Glauben erzogen worden, daß sie den Reichtum und die Position ihrer Väter erben würden, doch jetzt ähnelten sie enterbten Söhnen, die sich in ihren eigenen

Weinkeller schlichen, um einen letzten seligen Schluck zu ergattern, bevor ihre Häuser für immer geplündert wurden. Nach einem Jahr unter der revolutionären Regierung hatten die meisten meiner männlichen Bekannten einfach aufgehört, zur Arbeit zu gehen, entweder weil die Produkte ihrer Fabriken in einer fast zum Stillstand gekommenen Wirtschaft nicht mehr benötigt wurden oder weil es zu gefährlich geworden war, sich am Arbeitsplatz sehen zu lassen. Die meisten der älteren Industriellen hatten bereits das Land verlassen, zu einer Zeit, als noch eine legale Ausreise möglich war, und hatten ihre Söhne in der Hoffnung zurückgelassen, daß es ihnen gelingen möge, einen Teil des Familienbesitzes zu retten. Doch die Regierung war fest entschlossen, nach und nach alle Industrien zu übernehmen, die der herrschenden Klasse gehört hatten. Jeden Tag konnte überraschend das Komiteh auftauchen und den Fabrikbesitzer verhaften und ihn einem ungewissen Schicksal ausliefern.

Hamid gehörte zu den vielen Gefährdeten. Nach der Revolution war er weiterhin zu unterschiedlichen Stunden in sein Büro in Saltanatabad gegangen und hatte weder seiner Sekretärin noch seinem Stellvertreter irgendwelche Hinweise auf seinen Terminkalender gegeben, um gegen ihn gerichtete Spionage zu verhindern. Seine Eltern allerdings hatten kurz nach Khomeinis Rückkehr den Iran verlassen. Hamid war zu der Zeit außer Landes gewesen, war jedoch in der Hoffnung, das Familienvermögen zusammenhalten zu können, wieder zurückgekehrt.

Seine erste Aufgabe bestand darin, das wunderschöne Herrenhaus seiner Eltern wieder an sich zu bringen, das die langjährige Dienerschaft – insgesamt fünf Personen – bereits als ihr Eigentum betrachtete. Rein persönlich zog Hamid sein ultramodernes Apartment in einem herausragenden Teheraner Wolkenkratzer vor, doch er zog wieder in das Haus seiner Eltern, um die Diener daran zu erinnern, daß die Familie noch nicht völlig aufgegeben hatte.

Ungefähr neunzehn Monate nach der Revolution wurde Hamid mit der ersten unangenehmen Überraschung von seiten des Regimes konfrontiert. Als er den Flughafen betrat, um zu seinen jetzt in Paris lebenden Eltern zu fliegen, wurde ihm ohne Angabe von Gründen die Ausreisegenehmigung verweigert. In dem Chaos, das den ersten Tagen der Revolution folgte, war es relativ einfach gewesen, das

Land auf legalem Wege zu verlassen – oder, falls nötig, auf illegalem Wege. Es war immer noch möglich, Visa für europäische Länder, für Kanada und die Vereinigten Staaten zu bekommen. Stand der eigene Name auf der langen Liste der vom Komiteh gesuchten Personen, dann konnte man es immer noch mit Bestechung versuchen. Ein sehr hochstehender Ayatollah, der wegen seines Ganovenstils den Spitznamen Mahmedringo trug, war bekannt dafür, daß er einen schwunghaften Handel damit trieb, Leute aus dem Land zu schmuggeln, die reich genug waren, seine Honorare zu bezahlen, die sich auf Hunderttausende von Dollars für eine Familie beliefen. Seine Technik dabei war ganz simpel. Von Freunden, denen er geholfen hatte, hörten wir, daß er höchstpersönlich mit den gesuchten Personen am Flughafen an den Komiteh-Wachen vorbeimarschierte, die ihn nicht zu stoppen wagten, weil er in der neuen Hierarchie einen so hohen Rang einnahm. Doch am 28. Juni 1981 wurde er zusammen mit dem mächtigen revolutionären Ayatollah Mohammed Beheshti und siebzig anderen Personen bei einem politischen Treffen durch einen Bombenanschlag getötet.

Schließlich gab das Komiteh öffentlich bekannt, daß sie Hamid wegen einiger offener Fragen zu sprechen wünschten. Er tat das, wozu viele andere ebenfalls gezwungen worden waren – er tauchte unter und versteckte sich bei Freunden. Gelegentlich machte er einen verstohlenen Abstecher in sein Apartment oder Haus, um sich Kleidung oder Vorräte zu holen, während er eine Entscheidung zu treffen suchte, ob er den Iran endgültig und für immer verlassen sollte, auf dem einzigen für ihn möglichen Weg – illegal durch die Türkei oder Afghanistan.

Die Revolution hatte noch einen anderen unbeabsichtigten Effekt. Viele Familien lebten getrennt. Frauen und Kinder befanden sich im Ausland, während die Männer zurückgeblieben waren und sich um den Besitz kümmerten. Unter der ständigen Drohung von Gefängnis und Tod litten die Ehen, und es kam zu Affären, denen sonst vielleicht der Nährboden gefehlt hätte. Unter anderen Umständen hätte ich wahrscheinlich meine wechselhafte Beziehung mit Hamid nicht so lange aufrechterhalten, die nur für Amüsement gedacht schien und hinter der keine ernsthaften Absichten steckten.

Während der ersten paar Jahre wohnten stets einige Frauen bei mir. Die meisten hatten einen Freund; die Männer kamen und gingen, wie es ihnen gefiel, froh darüber, sich in einem Haus entspannen zu können, in dem die Revolution nicht zu existieren schien. Eine dieser Frauen war meine Cousine Chloe, die sich mit einem verheirateten Mann einließ, einem führenden Industriellen aus einer berühmten Familie, dessen Frau und Kinder in seinem europäischen Haus in Sicherheit waren. Er war ein häufiger Gast in unserem Haus, weil er jetzt, wo der Befehl ergangen war, die ganze Familie sofort zu verhaften, kaum noch etwas zu tun hatte. In den Tagen vor der Revolution hätte er von einem solch hedonistischen Leben nicht einmal geträumt. Nun aber schoben wir alte Moralvorstellungen beiseite, die besagten, daß eine Frau von guter Herkunft niemals, niemals einer anderen Frau den Mann wegnehmen darf.

Genaugenommen hatte die Revolution zumindest in unserer kleinen Gruppe eine beträchtliche sexuelle Befreiung ausgelöst. Während die Gesellschaft insgesamt den Schleier anlegte und jede Zurschaustellung der Liebe zwischen Mann und Frau unterdrückte, lebten wir unsere Phantasien aus. Es hatte eine Zeit gegeben, da hätte ich mit einer Frau, von der man wußte, daß sie zwei Liebhaber hatte, kein einziges Wort gewechselt. Jetzt kamen mir zahlreiche Affären ganz normal vor. Bei Hamid wurde ich sexuell aktiver und genoß wirklich unsere körperliche Beziehung. Freunde hatten früher gescherzt, daß ich Cocktails nach ihrer Farbe und passend zu meiner Kleidung auswählte. Jetzt trank ich mehr Alkohol; das half mir, meine sexuellen Hemmungen zu überwinden.

Im Frühjahr 1980 behauptete eine mir bekannte Frau, Hamid habe bei ihr einen Annäherungsversuch gemacht; danach sah ich ihn sechs Monate nicht mehr. Während dieser Zeit unserer Entfremdung entflammte mein Herz für einen Mann, und ich verliebte mich in noch einen anderen – das waren Beziehungen, die nie entstanden wären, wenn die Revolution unsere Leben nicht aus dem Gleichgewicht gebracht hätte.

Ich saß in dem mittlerweile einzigen noch verbliebenen Restaurant im »Royal Club«, zusammen mit Chloe und deren Freund Darvish, als Fery, ein gutaussehender Besitzer einer Baufirma, den ich bereits aus der Ferne bewundert hatte, Darvish begrüßen kam. Wir schienen sofort Gefallen aneinander zu finden. Dieses Wochenende verbrachten wir vier in einem italienischen Arbeits-Camp nördlich von Teheran in den Alborz-Bergen, wo ein italienisch-iranisches Konsortium an einem großen Bauprojekt beteiligt war. Die Väter von Darvish und Fery waren beide Partner in diesem Konsortium.

Fery war der Sohn eines Iraners und einer Schweizerin; als Folge davon besaß er einen Schweizer Paß. Ich denke, er fühlte sich dadurch sicherer, denn mit diesem diplomatischen Zauberschlüssel konnte er jederzeit problemlos das Land verlassen. Doch sein Vater, ein enger Freund des vorherigen Regimes, hätte keinen einzigen Tag unter Khomeini überlebt – er war einer der wenigen, die der Schah bei seiner Flucht aus Teheran in seinem Jet mitnahm.

Die Familie war berühmt, und ich wußte wie alle anderen in unseren gesellschaftlichen Kreisen auch, daß Fery mit einem wunderschönen jüdischen Mädchen verlobt war, das kurz nach Khomeinis Rückkehr das Land verlassen hatte, wohl wissend, wie sehr der Ayatollah die Juden haßte und welcher Art von Verfolgung sie ausgesetzt sein würde. Während ich mich auf das Wochenende mit Fery vorbereitete, wurde mir klar, daß auch das mich nicht daran hindern würde, einen derart begehrenswerten Mann für mich zu erobern. Sie saß sicher im Westen. Wer wußte schon, was morgen oder übermorgen mit uns passieren würde?

Dieses Wochenende erinnerte uns daran, wie schön das Leben sein konnte. Oben in dem Camp hatten die italienischen Arbeiter mit ihren Frauen – isoliert in ihrer eigenen vorübergehenden Gemeinschaft und vom Komiteh noch unberührt – eine Insel der Vernunft und der Freude geschaffen. Ich nehme an, daß der Ayatollah anfangs noch einige Projekte beendet haben wollte, vor allem so große Bauten wie den Damm, der dem ganzen Land zugute kommen würde. Vielleicht durften die Baufirmen aus diesem Grund mit ihrer Arbeit fortfahren und die Italiener ihren eigenen Sitten und Gebräuchen nachgehen.

Wir speisten in einem großen, messeartigen Raum, der mit wunderbaren Tischtüchern und frisch in den Bergen gepflückten Blumen dekoriert war. In großen Eiskübeln wurde das Bier gekühlt, und der Wein floß in Strömen – in einem Land, in dem der Ayatollah den Weinkeller des »Intercontinental Hotels« im Wert von 1,2 Millionen

Dollar vernichtet hatte. Eine von den Italienern zusammengestellte Band spielte rauh, aber herzlich, und wir tanzten mit einer längst vergessen geglaubten Ausgelassenheit. Das Dinner bestand aus frischem Fisch und an diesem Tag erlegten Wild. Fery und ich verbrachten die Nacht in einer Privathütte mit Blick über den See. Alles schien perfekt.

Doch nach einigen Wochen ordnete das Komiteh Ferys Verhaftung an.

»Was soll ich tun?« beklagte ich mich bei den Frauen, die bei mir wohnten. »Wenn er bleibt, hab' ich eine recht gute Chance, ihn ganz für mich zu gewinnen. Ich weiß, daß er mich liebt. Reist er jetzt ab, dann wartet auf der anderen Seite seine Freundin auf ihn. Dann gehört er wieder ihr. Vielleicht werde ich ihn nie wiedersehen.«

Ein Mädchen sah mich mit Verschwörerlächeln an. »Eines könntest du tun. Es genügt vollkommen, wenn du das Komiteh anrufst, auch anonym, und ihnen sagst, daß der Mann, den sie suchen, mit einem bestimmten Flug das Land verlassen will. Sie werden ihn aufhalten. Vielleicht stecken sie ihn für ein paar Tage ins Gefängnis, aber er wird bald wieder freikommen. Und dann sitzt er im Land fest. Was hast du zu verlieren? Bleibt er hier, dann verliebt er sich nur noch mehr in dich und gehört schließlich dir.«

Ich lauschte ihren Worten; einerseits entsetzte mich ihre Idee, andererseits geriet ich in Versuchung. Viele Leute taten so etwas – aus Bosheit, um eine alte Rechnung zu begleichen, um einen Geliebten nicht zu verlieren. Es war nur ein kleiner, aber verheerender Hinweis darauf, wie tief wir gesunken waren.

Fery verließ schließlich den Iran, ganz legal und ohne am Flughafen irgendwelchen Schwierigkeiten zu begegnen. Als er mich eine Woche später anrief, klang seine Stimme reserviert. Zwei Jahre später heiratete er seine Verlobte; jetzt leben sie in den Vereinigten Staaten.

Kurz nach Ferys Abreise fing ich ein Verhältnis an, das ich niemals in Betracht gezogen hätte, bevor die Revolution unser Leben und unsere Moral durcheinandergewirbelt hatte. Chloes Freund Darvish hatte einen jüngeren Bruder, Sufi, einen Gajar-Prinzen, vielleicht der bekannteste und reichste des ganzen großen Klans. Ihr Großvater, der einst mit dem Vater des Schahs um die Herrschaft des Landes gekämpft hatte, hatte mehrere Frauen und über zwanzig Kinder gehabt, die sich in den verschiedensten Bereichen hervortaten. Sufi besaß mehrere Fabriken und sehr viel Land. Doch er war nicht nur einer der Mächtigen im Land gewesen, sondern er war auch ein freundlicher, gebildeter Mann, der einer meiner besten Freunde wurde und es bis zum heutigen Tag geblieben ist.

Sufi hatte sich schon seit Monaten für mich interessiert, aber ich hatte nie daran gedacht, ein Verhältnis mit ihm anzufangen – schließlich war er ein verheirateter Mann. Seine Frau lebte in ihrem Haus in der Schweiz, und seine beiden Kinder besuchten Internate in England und der Schweiz. Doch nachdem Fery abgereist war und unsere Welt zunehmend kleiner wurde, brachten mich seine Verführungskünste in Bedrängnis. Eines Abends fiel ich ihm nach einem Mahl, bei dem ich so viel gelacht hatte wie seit Monaten nicht mehr, in die bereits geöffneten Arme. Es war der Beginn einer leidenschaftlichen, aber auch problematischen Episode in meinem Leben; ich erlebte hautnah die langsame Zerstörung von Menschen wie Sufi unter dem neuen Regime mit.

An einem Abend im September 1980, als ich Sufi gerade erst kennenzulernen begann, rief mich Chloe zu Hause an, Panik in der Stimme.

»Bleib um Gottes willen zu Hause«, befahl sie ohne weitere Erklärung. »Ich komm' sofort rüber.«

Nach fünfzehn Minuten sprang sie aus einem Taxi und kam ins Haus gerannt, wobei sie einen Blick über die Schulter warf, als würde sie gejagt.

Zuerst war sie so verängstigt und verschreckt, daß sie nur unverständliches Zeug redete, aber dann sprudelte es nur so aus ihr heraus. »Das Komiteh wollte Darvish abholen. Wir saßen gerade in seinem Haus, als einer seiner Brüder anrief und ihm sagte, das Komiteh sei auf dem Weg zu ihm, um ihn zu verhaften. Uns blieb keine Zeit zum Nachdenken. Wir rannten einfach los.«

Auf einem großen Grundstück in Shemiran hatten mehrere der Brüder Villen. Es war ein Glück für Darvish, daß das Komiteh erst in ein falsches Haus gegangen war. Als sie im Wagen die Straße entlangrasten, konnten Chloe und Darvish den Range Rover des Komitehs um die Ecke biegen sehen.

»Er hat mich abgesetzt. Er wollte nicht, daß ich Schwierigkeiten bekomme, falls sie ihn erwischen sollten. Eine unverheiratete Frau und ein verheirateter Mann! Er ist zu einem Freund gefahren. Er wollte mir nicht mal sagen, wohin. Mein Gott, Sousan, sie werden uns finden, da bin ich mir ganz sicher.«

So, als wollte er sich über die Behörden lustig machen, kam Darvish am nächsten Tag in mein Haus zum Frühstück und begleitete später Chloe und mich zum Lunch in den »Royal Club«. In gewisser Weise war das klug von ihm: Die Straßen waren für ihn gefährlich, während die alten Stammplätze der Reichen immer noch eine sichere Zufluchtsstätte boten. Niemand würde ihn hier denunzieren. Ich erinnere mich, daß Chloe und er damit prahlten, sich am Morgen geliebt zu haben – so, als wäre die Gefahr ein Aphrodisiakum für sie.

Zwei Wochen später erließ das Komiteh einen Haftbefehl gegen ihn und konfiszierte seine Baufirma mit schweren Maschinen und Geräten in Millionenhöhe sowie sein großes Haus. Einige Tage später flüchtete er illegal über die Türkei. Chloe und ich waren die einzigen, die von seiner bevorstehenden Flucht wußten. Aus lauter Sorge, ihn zu verlieren, unternahm Chloe kurz darauf die gleiche Reise, und ich hatte eine Freundin weniger.

Jetzt waren all die Frauen, die bei mir gewohnt hatten, verschwunden: Sie waren geflohen, hatten geheiratet oder waren zu ihren Familien zurückgekehrt. Nach einiger Zeit überließ ich das Kellerapartment mietfrei der Familie eines langjährigen Chauffeurs der Seppehris, der Familie meiner Tante Guity. Jalal Agha stand seit über zwanzig Jahren im Dienst der Familie. Ich überließ ihm, seiner Frau Farah und den beiden Kindern sämtliche Kellerräume. Farah kümmerte sich gelegentlich um Farhad, wenn ich während der Woche ausging. Farhad war richtig begeistert davon, daß er nun zwei kleine Freunde in seinem Alter im Haus hatte. Konnte ich mir eine vertrauenswürdigere Familie wünschen?

Doch während der wenigen Monate, in denen ich allein im Haus lebte, hatte ich wegen meiner geheimen Beziehung zu Sufi durchaus nichts gegen diese Zurückgezogenheit einzuwenden. Hätten meine Familie oder meine konservativeren Freunde von diesem Verhältnis gewußt, ich wäre sofort geächtet worden, obwohl derartige Beziehungen immer häufiger an der Tagesordnung waren. Jedes Wochenende, wenn Farhad bei seiner Großmutter war, zog Sufi still und heimlich ins Haus, das wir wegen der vielen wachsamen Augen nur höchst selten verließen. Anfangs störte mich das nicht. Er half mir im Haus mit kleinen Reparaturen aus oder kümmerte sich um meine Buchhaltung für die Haushaltsausgaben. Ich kochte üppige Mahlzeiten, wir lauschten unserer Lieblingsmusik am flackernden Kaminfeuer und tranken dazu Wein, den wir auf dem Schwarzmarkt gekauft hatten. Farhad lernte ihn als Freund der Familie kennen, der ab und zu während der Woche vorbeischaute und mit uns in die Alborz-Berge fuhr.

Manchmal fuhren wir auf der Suche nach abgelegenen Restaurants in die Berge, wo wir mit ziemlicher Sicherheit auf keinen unserer Freunde und Verwandten stoßen würden.

Bald jedoch richtete das Komiteh sein Augenmerk auf Sufi. In den sechs Monaten unserer Bekanntschaft sah ich, wie aus dem fröhlichen, stets zu einem Scherz aufgelegten Charmeur ein verängstigter, gehetzter Mann wurde. Anfangs ging er zu unterschiedlichen Zeiten in sein Büro und wohnte immer noch vorübergehend in seinem Herrenhaus mit vielen Dienern. Dann begann er mit einigen Koffern im Schlepptau herumzuvagabundieren, wohnte bei Freunden und Verwandten, dem Komiteh immer einen Schritt voraus. Schließlich ging einer seiner Freunde ein großes Risiko ein und mietete für ihn ein Apartment in einem mittelständischen Vorort. Er tauschte seinen Mercedes gegen einen billigen Paycan ein, ein Arbeiterauto, und flüchtete sich in umständliche Verkleidungen, weil sein Gesicht ebenso bekannt war wie sein Name. Er ließ sich einen Bart wachsen, und wann immer er sein Apartment verließ, trug er ein großes Halstuch, einen Hut und von der Stange gekaufte Sachen anstatt seiner maßgeschneiderten Anzüge.

Wenn ich mich mit ihm während der Woche traf, kam ich mir wie eine Figur in einem Spionagethriller vor. Auf seinen Wunsch hin parkte ich meinen Wagen an einer Einkaufspromenade nicht weit von seinem Apartment, und er fuhr sein Auto direkt daneben. Nachdem wir uns davon überzeugt hatten, daß uns niemand beobachtete, sprang ich zu ihm in seinen Wagen, und wir rasten los. Er bat mich, nicht meinen viel zu auffälligen Firebird zu fahren und meine langen Haare zu bedecken. Wir fuhren in die Garage seines Apartmentgebäudes und schlichen uns dann verstohlen über die Hintertreppe nach oben.

Für einen Mann, der allen Komfort genossen und Zugang zu den besten Häusern, ja selbst zum Königshof gehabt hatte, war dieses Leben – das Leben eines kleinen Diebes – ein einziger Alptraum. Langsam wurde er von seinen Freunden isoliert. Da er Telefonabhörungen befürchtete, rief er auch seine Familie sowohl innerhalb als auch außerhalb des Irans nicht mehr an. Ich stellte seine einzige Kontaktperson zur Außenwelt dar.

Allmählich jedoch entwickelte ich einen Widerwillen gegen eine Liebe, die vor jedermann versteckt werden mußte. Und ich war auch nie wirklich in der Lage gewesen, mein Tun vor mir selbst zu billigen – den Ehemann einer anderen zu lieben. Doch ich vermutete, daß er einzig und allein nur deswegen im Iran blieb – trotz der wachsenden Bedrohung seines Lebens –, weil er mit mir zusammensein wollte.

Wieder und wieder sagte ich zu ihm: »Du mußt gehen. Ich würde es mir nie verzeihen, wenn dir etwas zustößt. Das würde ewig mein Gewissen belasten. Bitte geh.«

Er blieb trotzdem. Eines Tages verkündete das Komiteh, daß man ihn erschießen würde, sobald sie ihn zu Gesicht bekämen. Wieder bat ich ihn zu flüchten, doch erst, als ich die Beziehung zu ihm abbrach, begann er Fluchtpläne zu schmieden. Was lediglich wie eine weitere beliebige Affäre begonnen hatte, entwickelte sich im Laufe der Zeit zu einer zermürbenden emotionalen Beziehung. Kein anderer Mann hatte mich sexuell so zum Leben erweckt wie er. Doch gleichzeitig mit der Erkenntnis, daß ich ihn liebte, kam auch der Entschluß, daß ich ihn entlassen mußte. Für uns gab es keine Zukunft. Er liebte seine Frau, wie er mir immer wieder erklärt hatte, und ich würde ihn nie bitten, sie zu verlassen. Was blieb da noch für mich übrig? Ich brach mit ihm und nahm keine Anrufe von ihm mehr entgegen. Ich benahm mich ihm gegenüber kalt und grausam, aber ich wußte nicht, wie ich die Sache sonst hätte beenden sollen. An dem Tag, an dem er den Iran verließ, spürte ich, daß mir ein wichtiger Teil meiner Persönlichkeit entglitt.

Viele teilten Sufis Schicksal, Männer, die schließlich aus dem Iran gejagt wurden, ohne daß offizielle Anklagen gegen sie erhoben wurden. Das Komiteh gab nur selten bekannt, weshalb eine bestimmte Person verhört werden sollte. Radio und vom Staat kontrollierte Zeitungen verbreiteten regelmäßig Anschuldigungen. Für gewöhnlich hieß es da, die Reichen hätten sich durch ihre Geschäfte übermäßig bereichert oder den Staat betrogen. Ich kann nicht beurteilen, ob derartige Anschuldigungen der Wahrheit entsprachen. Die mächtigen Männer, mit denen ich befreundet war, sprachen nie mit ihren Frauen über ihre Arbeit. Ich kann nur sagen, daß sich meines Wissens meine Familie, meine Onkel und mein Mann, bei ihren Geschäften von den höchsten Moralvorstellungen leiten ließen. Was die anderen Geschäftsleute anbelangte, die gejagt wurden, so wurde niemals ein Beweis für ihre angebliche Korruption vorgelegt, obwohl ich überzeugt davon bin, daß die Gier vieler reicher Iraner ein Verbrechen am Volk darstellte.

Nur eines war mir wirklich klar: Für uns, die wir im Iran geblieben waren, wurde der Kreis, in dem wir uns in Sicherheit befanden, kleiner und kleiner.

SIEBTES KAPITEL

Schmuggler und andere nützliche Freunde

> Niemand dachte mehr an Liebe
> Niemand dachte mehr an Triumphe
> Niemand
> dachte überhaupt noch an irgendwas.
>
> FORUGH FARROKHZAD

Am 22. September 1980 war der Himmel klar und die Luft warm. Es war ein wunderschöner Morgen für einen Krieg. Doch keine Vorhersage hätte uns auf die lange, blutige Fehde vorbereiten können, die während acht Jahren ihren Blutzoll fordern sollte. Als das Telefon gegen 7 Uhr morgens klingelte, erwartete ich nichts weiter als den Anruf eines Freundes wegen einer Essenseinladung. Doch es war der Freund einer der Frauen, die momentan bei mir wohnten; seine Worte erschütterten den ganzen Haushalt.

»Die Iraker haben gerade eben den Teheraner Flughafen bombardiert«, rief er aufgeregt. »Stellt schnell das Radio an. Der Krieg hat begonnen.«

Der Streit mit dem Irak ging auf eine historische Meinungsverschiedenheit zurück, wo die Grenze zwischen den beiden Ländern in der Nähe des Schatt-al-Arab-Flusses verlaufen sollte. Beide Länder beanspruchten den Fluß für sich. 1975 hatten der Schah und der Irak den Vertrag von Algier unterzeichnet, der besagte, daß die Grenze in der Mitte des Flusses verlief. Der Irak gab damit seinen vollen Anspruch auf; als Gegenleistung dafür versprach der Schah, die um ihre Selbständigkeit kämpfende Kurdenbewegung im Land nicht weiter mit Waffen zu unterstützen. Der Schah und Saddam Hussein gingen mit der Zeit so freundschaftlich miteinander um, daß Hussein sofort der Bitte des Schahs nachkam, den Störenfried Khomeini im Herbst 1978 aus Najef, der heiligen Stadt des Iraks, auszuweisen. Jetzt, wo Khomeini an der Macht war, konnte Hussein sich Sorgen machen. Der charismatische Ayatollah und sein religiöser Kreuzzug stellten eine Bedrohung für seine eigene Regierung dar. Während die von den Sowjets unterstützte, weltliche *Baath*-Regierung des Iraks in erster Linie von Sunniten geführt wurde, bestand die Hälfte der irakischen Bevölkerung aus Schiiten. Es gab bereits erste Anzeichen, daß die Schiiten einen Aufruf Khomeinis zur Vereinigung und Ausbreitung der Wiederbelebungsbewegung des islamischen Glaubens folgen würden. Doch Hussein sah auch eine Chance, einem geschwächten Iran einige der an den Schah verlorener Territorien wieder abzunehmen und sich dabei selbst als die herausragende arabische Führerpersönlichkeit zu etablieren.

Als an diesem Morgen die Bomben zum erstenmal vom Himmel fielen, wußten wir, daß dieser Krieg zu einer Tragödie für uns alle werden würde. Da der Flughafen Mehrabad ungefähr eine Fahrstunde von uns entfernt lag und unser Haus schalldicht war, hatten wir die Explosionen nicht gehört. Doch als wir das Radio anstellten, erhielten wir einen sehr lebhaften Eindruck von der sich ausbreitenden Panik.

»Verlaßt eure Häuser nur bei ausgesprochenen Notfällen. Bleibt im Haus. Die Iraker können jederzeit noch mal zuschlagen. Die Stadt steht unter Belagerung. Fahrt heute abend nicht mit dem Wagen, und schaltet kein Licht im Haus ein. Laßt das Radio den ganzen Tag laufen, wir sagen euch, was zu tun ist. Die Iraker haben den Iran bombardiert!«

Die Stimme im Radio klang ungläubig. Würde der Irak es wagen, das am besten bewaffnete Land im Mittleren Osten anzugreifen? Unsere legendären Streitkräfte zählten 120000 Soldaten (unter dem Schah waren es 140000 gewesen), 400000 Reservisten, 1600 britische und amerikanische Kampfpanzer und 77 F-14 Grumman-Tomcat-Kampfflugzeuge. Wir waren immer der Meinung gewesen, daß der Irak es niemals wagen würde, sich dieser Macht entgegenzustellen. Konnte der Irak jetzt gewinnen, nachdem der Iran geschwächt war von mehr als einem Jahr politischen Chaos?

In diesem Augenblick, als die panische Radiostimme irgendwelche Anweisungen brüllte, konnte ich nur an Farhad denken. Er befand sich gerade bei einer Freundin von mir, die am anderen Stadtrand wohnte – eine lange, gefährliche Fahrt, jetzt, wo der Krieg ausgebrochen war. Als die Nachrichten immer bedrohlicher klangen – die Iraker hatten neun weitere Flughäfen angegriffen –, bekam ich es mehr und mehr mit der Angst zu tun, das Bombardement könnte mich von meinem Sohn abschneiden. Obwohl das Komiteh jeden Ausgang verboten hatte, mußte ich Farhad nach Hause holen. Ich fuhr los. Unterwegs sah ich andere dahinhasten, die sich auf eine lange Belagerung vorzubereiten schienen. In der Ferne konnte ich in Richtung des Flughafens über dem Horizont Rauch aufsteigen sehen. Als ich Farhad wieder in den Armen hielt, brach ich in Tränen aus, weil er so furchtbar verängstigt war.

»Werden sie uns töten, Mami?« fragte er. Sein rundliches Gesichtchen war ungewöhnlich blaß.

In dieser Woche versteckten wir uns in meinem Haus – Farhad und ich, einige Freundinnen und mein Vater, der zufällig zu Besuch in Teheran weilte. Weil wir uns alleine in verschiedenen Schlafzimmern fürchteten, häuften wir Schlafsäcke und Decken auf den Teppich im Kaminzimmer und schlugen hier unser Lager auf. Anfangs machten wir pflichtbewußt kein Licht, doch dann überredete mein Vater uns, einige Kerzen anzuzünden. Wir verbrachten die Zeit mit Radiohören und Kartenspielen.

Jeden Tag passierten schreckliche Dinge. Am nächsten Tag setzten die Iraker unsere Ölraffinerie in Abadan, die größte Raffinerie der Welt, in Brand. Der Iran schlug zurück und bombardierte Bagdad, die irakische Hauptstadt. Am folgenden Tag bombardierte der Feind die große Ölverladestation auf Kharg Island. Bald schon stellten beide Länder ihre Ölexporte ein. Im Iran wurde ein Verbot erlassen, Benzin und Heizöl privat zu verkaufen; der Staat übernahm die Kontrolle über diese plötzlich noch wertvoller gewordenen Rohstoffe.

Die Tage vergingen, wir wagten uns wieder ins Freie, und in der Stadt gingen wieder die Lichter an. Nichtsdestoweniger wurde deutlich, daß der Krieg, der sich in die Länge zu ziehen drohte, eine Verschlechterung unserer Lebensumstände bedeutete. Eine Sperrstunde wurde verhängt; nach einer Essenseinladung übernachteten wir bei Freunden. Jetzt mußten wir in einem Land, das der zweitgrößte Ölexporteur der Welt gewesen war, Energie in jeder Form sparen. Wir gewöhnten uns daran, nur ein Licht im Haus brennen zu haben und mit heißen Duschen sparsam umzugehen.

Der Mangel an Nahrung und Brennstoff wurde bedenklich. Die Waren verschwanden aus den Regalen, und nur die sehr Reichen konnten sich die Sachen auf dem Schwarzmarkt kaufen. Ganz plötzlich mußten wir feststellen, daß kein einziger Laden mehr Speiseöl führte, und Freunde sagten sich Bescheid, wenn sie einen abgelegenen Laden mit alten Vorräten entdeckten. Oder Kaffee, den es in der Woche zuvor noch reichlich gegeben hatte, wurde plötzlich knapp. Wir reagierten darauf wie die meisten anderen Leute wohl auch: Wir hamsterten, was den allgemeinen Mangel nur noch verschlimmerte. Um Heizöl für das Haus aufzutreiben, fuhr ich in Teheran herum und suchte mir einen Tankwagen, der gerade zu einer Lieferung unterwegs war. Dann bestach ich den Fahrer, das Öl an meine Adresse zu liefern. Oft genug waren die Fahrer so skrupellos, daß sie das Öl verwässerten und uns so betrogen, obwohl wir Höchstpreise zahlten.

Durch die ständigen Bombardierungen wurde im Iran kein neuer Wohnraum geschaffen, wie Khomeini es versprochen hatte, sondern das Angebot wurde immer knapper. Im Laufe der Monate ging jedoch etwas viel Unersetzlicheres verloren: eine Generation junger Männer. Khomeini war es nicht schwergefallen, hitzige junge Männer zu rekrutieren, die bereit waren, für seine Sache zu sterben – das hieß, Hussein und seine Regierung zu vernichten und ein fundamentalistisches islamisches Regime im Irak zu errichten. Als ich nach zwei Jahren Krieg den Iran verließ, machte sich bei einigen Gruppen bereits die Erkenntnis breit, daß der Preis für Khomeinis *Jihad* – für seinen heiligen Krieg – zu hoch war.

Kurz nach Beginn des Krieges tauchte Hamid wieder in meinem Leben auf, genauso fröhlich und charmant, wie er es vor sechs Monaten verlassen hatte, und wir nahmen unsere lockere Beziehung wieder auf. Ich vermißte Sufi, zwang mich aber zu diesen Verabredungen; was immer auch Hamids Nachteile sein mochten, er war verfügbar, und wir amüsierten uns gut miteinander. Ich konnte mich mit ihm in der Öffentlichkeit sehen lassen und ihn nach und nach den älteren Mitgliedern meiner Familie vorstellen. Diesmal jedoch zeigte selbst der leichtlebige Hamid seine andere Seite. Er machte sich Sorgen um mich und was uns das Regime antun könnte.

Jetzt sagte er öfter: »Sousan, du mußt aufhören, diese Parties zu geben. Es ist zu gefährlich. Es gibt zu viele Leute, die dir gern eins auswischen würden.«

Aus Angst, das Komiteh könnte überraschend auftauchen und uns auf der Stelle wegen einer illegalen Beziehung verhaften, weigerte er sich, bei mir zu übernachten oder mich auch nur zu besuchen. In den ersten Kriegswochen lud Hamid mich, Farhad und eine meiner Freundinnen ein, bei einer Familie zu wohnen, die ein großes Haus ganz in der Nähe meines Hauses besaß, in dem er nun wohnte, damit wir mehr Zeit miteinander verbringen konnten. Der Mann, der im Import-Export-Geschäft tätig gewesen war, hatte es in dem postrevolutionären Chaos aufgegeben, weiterhin seine Firma zu leiten. Er und seine Frau freuten sich, daß sie nun Gesellschaft hatten, um sich die Langeweile zu vertreiben. Wir alle hatten viel Zeit und wußten nicht viel damit anzufangen.

Wir lebten zwei Monate bei dieser Familie, und während dieser Zeit tat ich wahrscheinlich mehr für Hamid als für irgendeinen anderen Mann in meinem Leben, meinen gesetzlichen Ehemann eingeschlossen. Um der Dienerschaft des Hauses nicht zuviel zusätzliche Arbeit zu machen, wusch ich all seine Sachen mit der Hand, kochte für ihn und machte hinter ihm sauber. In meinem ganzen Leben hatte ich noch nie meine eigenen Sachen gewaschen, geschweige denn die Sachen eines anderen, doch irgendwie hielt ich es für meine Pflicht, ihn zu bedienen, und er nahm es als Selbstverständlichkeit an. Frauen hatten schließlich stets für ihn gesorgt. Selbst wenn er arm gewesen wäre, hätte er als iranischer Mann erwartet, daß eine Frau ihn ordentlich bediene.

Außerdem hielt Hamid die Doppelmoral der meisten iranischen Männer hoch: Er war der Meinung, er könne ganz offen mit anderen Frauen flirten, wurde aber sofort eifersüchtig und mürrisch, wenn es den Anschein hatte, als würde ich die Gesellschaft eines anderen Mannes genießen.

Schließlich gewöhnten wir uns daran, daß der Krieg im neuen Iran ein Dauerzustand war, wir gewöhnten uns an die Sirenen, die uns täglich in Deckung rennen ließen, und an die Jets über uns, die ihre Bombeneinsätze flogen. Selbst die Furcht, im Schlaf von einem Bombenhagel überrascht zu werden, wurde selbstverständlich, obwohl die Einwohner von Teheran noch Glück hatten, da der größte Schaden auf den Ölfeldern und in den Ölstädten Khorramshar und Abadan angerichtet wurde.

Am meisten litt vielleicht Farhad unter dem Krieg. Seit der Revolution hatte ich sein Bett in mein Zimmer gestellt, um ihm ein größeres Gefühl von Sicherheit zu geben. In den ersten chaotischen Monaten hatte ihn sporadisches Gewehrfeuer erschreckt. Dann lösten der Krieg und die nächtlichen Sirenen Alpträume bei ihm aus. Oft wachte er nachts schreiend auf. »Sie töten uns, sie töten uns!« Drei Monate lang ließ ich ihn nicht zur Schule gehen; jedesmal wenn ich eine Sirene hörte, rannte ich von zu Hause zur Schule, um ihn abzuholen und ihm nahe zu sein, falls etwas passieren sollte.

Zwei Vorfälle machten mir deutlich, daß wir uns in Gefahr befanden. Ungefähr neun Monate nach der Revolution klopfte es an der Haustür. Zwei Komiteh-Männer standen davor, die Gewehre in der Hand. Ich blieb äußerlich ruhig, als sie mich fragten, wer in diesem Haus wohne und wem es gehöre. Ich erklärte ihnen, daß mein Mann vor kurzem gestorben sei und daß ich hier allein mit meinem Kind lebte. Nach einigen weiteren harmlosen Fragen gingen sie fort, und ich blieb verwirrt und beunruhigt zurück. Die Sache klärte sich einen Tag später auf, als einer der Arbeiter vom Gaswerk auf der anderen Straßenseite herüberkam.

»Das mit dem Komiteh tut mir sehr leid«, entschuldigte er sich. »Ein Kerl, der für uns arbeitet, hat sie gerufen. Er beschwerte sich darüber, daß diese Frau mit ihrem Kind ganz allein in diesem großen Haus lebt. Er sagte, Khomeini habe jedem ein Haus versprochen und Sie hätten es nicht verdient, ganz allein in so einem großen Haus zu wohnen. Der Kerl ist ein bißchen komisch. Jedenfalls kam das Komiteh zurück und setzte ihm den Kopf zurecht, daß er sie grundlos losgejagt hatte.«

Mein Mann war den Gasarbeitern gegenüber stets sehr aufmerksam gewesen und hatte ihnen persönlich kleine Leckereien aus unserer Küche gebracht, wenn wir eine Party hatten. Nach seinem Tod hatte ich diese Tradition fortgesetzt. Jetzt profitierte ich davon. Ich wußte, daß ich trotz der Verärgerung einer einzelnen Person den anderen vertrauen konnte.

Später jedoch machte mir ein beunruhigenderer Vorfall klar, daß ich für das Komiteh praktisch auf dem Präsentierteller saß. Eines Abends, als meine Gäste sich gerade mit einem Glas Alkohol in der Hand zum Essen niedergelassen hatten, kam mein Sohn aus dem Garten angerannt.

»Mami, zwei Armeemänner kommen durchs Tor«, schrie er.

Innerhalb von Sekunden hatten meine in Panik geratenen Gäste ihre Drinks in den Ausguß gekippt. Die Männer packten die Flaschen mit Wodka, Whisky und Wein und leerten sie in die Toiletten und Waschbecken der zahlreichen Badezimmer. Eine Frau wurde aus lauter Angst bewußtlos, andere brachen zusammen. Während wir voller Panik herumrannten, starrten uns die Diener, die ich für diesen Abend engagiert hatte, lediglich an; in ihren Augen lag gehässiges Vergnügen. Als die beiden Männer schließlich an die Eingangstür klopften (das Tor, durch das sie eingetreten waren, lag ein gutes Stück vom Haus entfernt), stellten wir fest, daß sie zur Polizei und nicht zum Komiteh gehörten. Unter dem neuen Regime waren Polizisten herabgestuft und in ihren Gehältern beschnitten worden; jetzt durften sie praktisch nur noch Parkscheine ausstellen. Als Folge davon besserten viele ihr Einkommen durch private Wachdienste auf.

»Guten Abend, Madam«, sagt einer von ihnen sehr höflich. »Wir wollten Sie nur darauf aufmerksam machen, daß einer ihrer Gäste seinen Wagen nicht abgesperrt hat.«

Erleichtert gab ich ihm ein Trinkgeld, wie er es sich erhofft hatte, und er fügte leiser hinzu: »Sie wissen, Madam, die Revolutionskomitees haben seit einiger Zeit ein Auge auf Ihrem Haus. Sie halten es für ein mögliches Hauptquartier.«

Nachdem ich mich bei ihm bedankt und die Tür geschlossen hatte, drehte ich mich um; meine Gäste standen immer noch in einer Art Schockzustand mit blassen Gesichtern herum. Niemand brachte danach noch einen Bissen hinunter, und der Abend war ruiniert, doch schlimmer noch, dieser Vorfall war für mich eine ernste Warnung, daß ich in Zukunft vorsichtiger sein mußte. Mein isolierter kleiner Hafen war doch keine Zufluchtsstätte mehr. Hamid verhielt sich zweifellos recht klug, wenn er mein Haus mied und mich nur mitten am Tag besuchte, wenn auch andere Leute da waren. Ich wünschte bloß, ich wäre so vorsichtig wie er gewesen.

Mitte 1981 wußte ich, daß ich mich nicht mehr lange in Teheran würde halten können. Ich begann erste Schritte einzuleiten, um mein heißgeliebtes Land zu verlassen. Meine Tante Guity war bereits abgereist. Sie hatte ein neu erlassenes und dann schnell wieder rückgängig gemachtes Gesetz ausgenutzt, das besagte, daß Eltern ihre noch nicht achtzehnjährigen im Ausland studierenden Kinder besuchen konnten – solange Vater oder Mutter allein fuhren und den Ehepartner praktisch als Geisel zurückließen. Guitys zwei Töchter studierten in New York, und sie kam glatt durch den Flughafen. Mein Onkel Ardeshir reiste illegal über die Türkei aus. Vor ihrer Abreise hatten sie ihre Anteile am »La Réserve« an Guitys Familienzweig verkauft, die mächtigen Seppehris, die über gute religiöse Kontakte verfügten und die Revolution heil zu überstehen hofften.

»La Réserve« war längst nicht mehr das Restaurant, das 1975 stolz seine Pforten geöffnet hatte. Anfangs, als Alkohol noch nicht verboten war, lief das Restaurant weiterhin gut, doch das Komiteh tauchte regelmäßig auf und belästigte Besitzer und Personal, weil Wein und Spirituosen ausgeschenkt wurden. Als Alkohol dann ganz verboten wurde, durften die Gäste ihre eigenen Drinks mitbringen; man stellte ihnen dunkle Gläser zur Verfügung, um die Flüssigkeit zu verbergen. Einige Monate später stürmte das Komiteh das Restaurant ohne jede Vorwarnung und vernichtete tiefgekühltes Schweinefleisch und Meeresfrüchte im Wert von vielen tausend Dollar, denn all diese Sachen waren in einem islamischen Staat, der den Ernährungsgesetzen des Korans folgte, verboten.

Als ich den Iran verließ, ging niemand mehr zum Dinner in ein Restaurant, teilweise wegen der Sperrstunde, teilweise, weil das Komiteh nachts die Straßen unsicher machte und Leute unter irgendeinem beliebigen Vorwand festnahm. Das »La Réserve« wurde, wie die meisten anderen Restaurants auch, nur noch wegen der Mittagsgäste betrieben. Mein Onkel und meine Tante – die einzigen in der Familie, die die Revolution unterstützt hatten – verließen das Land, enttäuscht darüber, daß die Absetzung des Schahs nicht die erhoffte Aufklärung und Verbesserung der Lebensqualität für die Armen gebracht hatte.

Nach ihrer Abreise begann ich die Vermögensverwalter meines Sohnes zu drängen, mir zu erlauben, einen Teil von Farhads Kapital ins Ausland zu transferieren, damit wir ein finanzielles Polster hatten, falls wir plötzlich das Land verlassen mußten. Nach wiederholten Diskussionen mit meinen Onkeln gestatteten mir die Treuhänder sogar den Verkauf des Hauses. Während sie sich meinen Bitten verschlossen hatten, war der amerikanische Dollar dem Tuman gegenüber kräftig gestiegen, und Farhads Geld verlor jeden Tag an Wert. Jamshid, der noch verbliebene Partner meines Mannes, erklärte sich schließlich einverstanden, 70000 Dollar über den schwarzen Markt auf ein Schweizer Konto zu transferieren, doch von dem Geld bekamen wir nie etwas zu sehen. Jamshid erzählte mir später, nachdem ich das Land verlassen hatte, das Komiteh habe Farhads Vermögen untersucht; um zu verhindern, daß sie den Geldtransfer ins Ausland entdeckten, habe er aus eigener Tasche die Summe ersetzen müssen.

Ständig fielen wir den Manövern von Jamshid und den Aminis zum Opfer. Ein Großteil des Geldes, das mein Mann seinem Sohn hinterlassen hatte, wurde von seinem Partner und seinem Bruder Ali in die Baufirma gesteckt, trotz meiner Einwände, Farhads einziges Barkapital nicht in solch riskanten Unternehmungen aufs Spiel zu setzen. Baufirmen machten jeden Tag pleite, und selbst wenn die Firma aufgeblüht wäre, hätte Farhad nichts davon gehabt, denn er besaß keinen einzigen Anteil an der alten Firma seines Vaters. Die Aktien hatten alle die Aminis bekommen. Jetzt benutzten sie Farhads Geld, um ihre eigene Firma zu retten, und ich konnte nichts dagegen unternehmen, weil mein Mann mich, seine Frau, nicht für fähig gehalten hatte, über das Vermögen seines Sohnes mitbestimmen zu können.

Jamshid und Ali verlangten von mir, daß ich eine Liste der sich im Haus befindenden Gegenstände mit ihrem jeweiligen Schätzwert unterschrieb – drei Jahre nachdem laut Gesetz befohlen worden war, daß sie als Treuhänder das zu tun hatten. Die Liste wird so angelegt, daß jemand verantwortlich gemacht werden kann, wenn ein Gegenstand entfernt wird – in erster Linie die Witwe, die für gewöhnlich im Haus ihres Mannes wohnt und die Möbel benutzt, aber nichts davon verkaufen darf. Das Versäumnis, diese Liste aufzustellen, wird derart ernst genommen, daß die Personen, die eine solche Liste nicht rechtzeitig aufstellen, ihre Treuhänderschaft verlieren können – und damit die Kontrolle über das entsprechende Geld.

Ich verstand durchaus, weshalb die Aminis so darauf aus waren, daß ich die Liste unterschrieb, nachdem so viel Zeit vergangen war. Sie hatten bereits einige Wertgegenstände aus dem Haus geholt; wenn ich jetzt das Dokument unterschrieb, dann wären sie nicht nur ihrer legalen Verpflichtung nachgekommen und hätten die Vollmacht über Farhads Vermögen behalten können, sondern ich hätte auch noch nachträglich ihren Diebstahl abgesegnet. Kurz nach dem Tod meines Mannes hatten Tante Guity und ich mit eigenen Augen gesehen, wie Ali in mein Wohnzimmer gegangen war, die Verkabelung der gesamten Stereoanlage gelöst hatte und ohne ein Wort der Erklärung mit ihr hinausmarschiert war. Ich kann nur vermuten, daß er sich dazu berechtigt fühlte. Meine Tante und ich sagten nichts; wir waren zu schockiert und glaubten unseren Augen nicht trauen zu dürfen. Später sah ich die Stereoanlage in Alis Haus, doch seine Frau bestand darauf, daß sie die Anlage eben erst gekauft hätten.

Seit Bijans Tod waren andere Wertgegenstände verschwunden: seine wunderschöne Sammlung von Feuerzeugen, ungefähr sechs Nikon-Kameras mit Objektiven, die allein schon einen Wert von mehreren tausend Dollar hatten, sowie eine Kollektion kostbarer Manschettenknöpfe. Außer mir hatten nur noch die Aminis Zugang zu diesen Sachen gehabt.

Meine einzige Verteidigung gegen ihre mögliche Beschuldigung, ich hätte diese Wertsachen verkauft, bestand darin, die Liste nicht zu unterschreiben, und so widerstand ich dem beträchtlichen Druck, den sie auf mich ausübten.

Weil sie stets gegen meinen Wunsch waren, Farhad außer Landes zu bringen, suchte ich mir eigene Wege, um Geld ins Ausland zu schmuggeln. Anna, eine Freundin von mir, stellte mich ihrem Mann Paul vor, einem Diplomaten aus einer der westlichen Botschaften in Teheran. Anfangs benutzte er seinen Diplomatenstatus, um für mich Schmuck und Pelze aus dem Iran herauszuschaffen. Schließlich machte er mich mit einem professionellen Schmuggler bekannt, einem Italiener, der in der Lage war, Teppiche nach Europa zu bringen, wo man sie zu Bargeld machen konnte.

Eines Abends lud ich Anna, Paul und den Schmuggler zum Dinner ein. Ich wollte mir selbst ein Urteil über den Mann bilden, in meiner gewohnten Umgebung. Kein Familienmitglied, ja nicht mal Hamid wollte mir einen Rat geben, ob ich versuchen sollte, Teppiche außer Landes zu schmuggeln, um die auf mich wartenden Finanzprobleme zu bewältigen, sollte ich den Iran verlassen. Unter den Ayatollahs wurde der Schmuggel von Wertsachen – Geld, Schmuck, Teppiche oder antike Münzen – mit der Todesstrafe geahndet. Wir durften mit ausländischen Banken nichts zu tun haben, und Briefe ins Ausland wurden routinemäßig geöffnet, um zu sehen, ob Geld verschickt werden sollte. Diese Gesetze waren gegen die Taghouti gerichtet. Ich dachte, wenn ich mit dem Mann reden könnte, würde ich ein Gespür dafür entwickeln, ob ich ihm mein Leben anvertrauen konnte oder nicht.

Der Schmuggler, ein älterer, liebenswürdiger Herr, der hübsche Mädchen mochte, war mir auf Anhieb sympathisch. Ich hatte sofort Vertrauen zu ihm. Er nannte mir ganz offen seine Bedingungen.

»Ich habe in meinem Wohnwagen einen speziellen Stauraum, in dem ich die Schmuggelware unterbringe«, erklärte er mir ruhig. »Er ist noch niemals entdeckt worden, obwohl ich die Fahrt von Teheran nach Italien und zurück viele Male gemacht habe. Mit Hilfe einer kleinen Bestechungssumme komme ich meist ohne Kontrolle über die Grenze. Ich verlange 750 Schweizer Franken pro Teppich.«

Als ich ihm erklärte, daß ich die Teppiche gern in ein anderes westeuropäisches Land bringen lassen würde, wo meine Cousine Dara sie übernähme, pfiff er leise durch die Zähne, als er den Namen des Landes hörte.

»Das ist etwas schwieriger. Das ist die schlimmste Grenze. Wir können es versuchen, aber es ist sehr riskant. In dem Fall würden wir die Teppiche in einem kleinen Lieferwagen bis ins Grenzgebiet bringen. Kurz vor der Grenze laden wir sie aus und tragen sie an einer geschützten Stelle hinüber. Der Fahrer bringt den Wagen über die Grenze und nimmt uns auf der anderen Seite wieder auf. Ihre Cousine bekommt telefonisch Zeit und Ort der Übergabe mitgeteilt. Ich muß sie darauf aufmerksam machen, daß wir die Anweisungen bis zur letzten Minute vielleicht mehrfach ändern. Wir haben keine Sehnsucht nach einer offiziellen Begrüßungsparty.«

Er lachte, entspannt und voller Selbstvertrauen, so als wäre Schmuggeln der normalste Job der Welt. Und er hielt in allem, was er gesagt hatte, Wort.

Kaum hatte ich einen guten Schmuggler gefunden, da machte ich mich daran, die besten Teppiche aufzutreiben. Ich stürzte mich in eine mir vollkommen fremde Welt, die jedoch ein wesentlicher Bestandteil des Irans war. Die uralte Kunst des Teppichknüpfens hatte immer zu unserer Geschichte gehört; Teppiche stellten eine der schönsten Ausdrucksweisen unserer Kunstfertigkeit dar, sie bildeten eines der sichtbarsten Zeichen unserer Liebe für Farben und Muster. Zum erstenmal in meinem Leben legte ich einen schlichten, geblümten Tschador an und fuhr mit dem Taxi (damit ich nicht durch meinen Wagen auffiel) zum Basar. Sechs Kilometer lang erstreckten sich die engen, gewundenen Straßen; rechts und links davon standen kleine, mit Blechdächern bedeckte Läden. Der Basar lag im Herzen der Stadt; hier erledigten die traditionsbewußten Iraner ihre Einkäufe und ihre Geschäfte.

Die *Bazaaris*, die Händler, hatten stets eine wichtige politische und ökonomische Rolle im Iran gespielt. Hinter den kleinen, engen Läden, in denen Mensch und Tier um ein bißchen Platz kämpften, lagen einige der reichsten Heime im ganzen Land. Die Bazaaris, die häufig sehr religiösen Familien entstammten, erledigten immer noch eine Menge inoffizieller Bankgeschäfte für die Iraner; viele Transaktionen wurden ohne Verträge oder Dokumente abgehandelt – das Wort eines Mannes genügte. Der Tschador war unbedingt notwendig, nicht nur um meine Identität zu verbergen, sondern weil der Basar eine Nische des traditionellen Irans darstellte. Hier ließen sich Frauen nur dann sehen, wenn sie sorgfältig verhüllt waren.

Tagelang stöberte ich auf der Suche nach günstigen Angeboten in den Hunderten von Teppichläden herum und lernte dabei eine Menge über die verschiedenen Typen der persischen Teppiche. Die Teppiche mit Jagdmotiven stammten aus Täbris. Die Moschee war eine Lieblingsdarstellung der Teppiche von Isfahan. Teppiche aus Belutschistan bevorzugten die Farben braun und dunkelblau, während Kashanis Medaillons in einen soliden Hintergrund einwebten. Einige der hochwertigsten Seidenteppiche stammten aus Qom, während Isfahan beste Webtechniken hatte. Ich hatte nie zuvor in einem Basar eingekauft, doch jetzt war ich fast jeden Tag hier, drängte mich zwischen schwerbeladenen Karren hindurch und lernte, wie man zwischen all den schreienden und gestikulierenden Käufern die Aufmerksamkeit auf sich lenkte.

Ich verkaufte alles, was ich in die Finger bekam, um das nötige Bargeld für den Kauf von Teppichen aufzutreiben. Ich verkaufte meinen Ehering und den meiner Mutter für zusammen 80 000 Dollar, die

Möbel, die ich von den beiden in Panik geratenen Amerikanern gekauft hatte, meine Kleidung, meine Töpfe und Pfannen – alles, was rechtmäßig mir und nicht meinem Mann gehörte. Ich wollte den Aminis keinen juristischen Vorwand liefern, mit dem sie mir Farhad hätten wegnehmen können.

Schließlich schmuggelte ich Teppiche im Wert von 400 000 Dollar aus dem Land. Dara lagerte sie ein und versuchte sie zu verkaufen. Das Ende meines Schmuggelgeschäfts war gefährlich. Für jede Ladung kamen drei Männer in mein Haus und wickelten mit schnellen, professionellen Bewegungen die Teppiche in Plastikhüllen. Dann verluden sie sie eilig in einen wartenden Paycan. Statt eines größeren Wagens, der vielleicht Aufmerksamkeit erregt hätte, stopften sie lieber das Arbeiterauto randvoll. Wären sie in meinem Haus oder auf der Fahrt durch Teheran geschnappt worden, dann hätte man sie ins Gefängnis gesteckt und mich erschossen.

Um Jamshid, der ebenfalls nach Möglichkeiten suchte, Wertsachen außer Landes zu bringen, für mich einzunehmen, erzählte ich ihm von meinen Schmuggelkontakten und erlaubte ihm, seine Teppiche zum Weitertransport in mein Haus zu bringen. Ich riskierte mein Leben, damit er Teppiche im Wert von 2 Millionen Dollar hinausschmuggeln konnte.

In der Zeit, in der ich hinter Teppichen her war, versuchte ich auch noch mein Haus zu verkaufen. Die Aminis gaben mir nur deswegen ihre Erlaubnis dazu, weil ihnen klar war, daß sie Farhads Vermögen viel besser in den Griff kriegen konnten, wenn es zu Bargeld gemacht worden war. Selbst in einer so frauenfeindlichen Gesellschaft, wie wir sie im Iran haben, ging es ein bißchen zu weit, einer Witwe das Haus wegzunehmen. Ich bemühte mich, Käufer zu finden, und die Erfahrungen, die ich dabei machte, verschafften mir einen wirklichen Einblick in die neue religiöse Aristokratie des Landes. Als mein Mann noch lebte, hatte man ihm 7 Millionen Dollar für Haus und Garten geboten. Wegen der Revolution war der Wert gesunken, doch wir verlangten immer noch 2 Millionen Dollar für das Haus und ein Stück dazugehörigen Landes. Dutzende von Leuten schauten sich das Haus an, offensichtlich bereit, diese Summe zu bezahlen, wenn ihnen der Besitz gefiel.

Doch das waren nicht die Reichen des Irans, mit denen ich zusammen aufgewachsen war. Potentielle Käufer kamen in großen Familienverbänden, die Frauen in Tschadors, die laut schreienden und jammernden Kinder im Schlepptau, während die Männer scharf und schroff mit mir verhandelten. Das waren offensichtlich die Neureichen: Sie starrten die teuren Möbel im Haus an und waren verblüfft über unser kombiniertes Heiz- und Airconditioning-System, das relativ neu für das Land war. Ich fragte mich, wie sie so schnell zu Geld gekommen sein mochten und wie sie zu einem Ort wie Shemiran passen würden. Ich wußte zu wenig über das Regime, um Vermutungen über die Quelle ihres Reichtums anstellen zu können.

Während ich immer noch der neuen herrschenden Klasse gegenüber die Gastgeberin spielte, schmiedete Hamid Pläne, das Land zu verlassen.

»Bitte, bitte geh. Bleib nicht wegen mir«, sagte ich wieder mal zu einem Mann, der mir etwas bedeutete. »Es ist nur eine Frage der Zeit, bis sie dich finden.«

Hamid, der nun seit Monaten bei Freunden wohnte und sich nur gelegentlich zu Hause Sachen holte, war mittlerweile das erklärte Ziel der Leute vom Komiteh geworden. Sie hatten einen Haftbefehl gegen ihn erlassen. Untergebene leiteten seine Firma, und er hegte nicht länger die Hoffnung, die vielen Besitztümer seiner Familie retten zu können. Voller Stolz erinnere ich mich daran, wie sich seine Haltung mir gegenüber änderte, nachdem ich mein Schmuggelabenteuer erfolgreich abgeschlossen hatte.

»Du bist ganz allein ein großes Risiko eingegangen, und es hat funktioniert«, sagte er. Seine Sousan konnte nicht nur seine Socken waschen, sie konnte auch denken.

Aber trotz dieses Wandels begann ich zu erkennen, daß ich die Unterwürfigkeit, die viele Iraner von ihren Frauen erwarteten, nicht länger hinnehmen konnte. Obwohl mein Herz immer noch an Hamid hing, sagte mir mein Verstand, daß er und ich in der realen Welt außerhalb der Revolution keine gemeinsame Zukunft haben würden.

»Mein Gott, wie werde ich all das vermissen«, sagte er eines Abends. »Wo sonst in der Welt könnte das Leben noch so süß sein?« Ja, wo sonst? Im Westen hatten reiche Männer nicht den Status eines kleineren Potentaten wie im Iran; da konnte man sich mit Reichtum nicht automatisch Respekt erkaufen.

Voller Trauer nahmen wir voneinander Abschied. An einem ver-
schneiten Tag im Dezember 1981 verließ er den Iran über die Türkei
in dem Bewußtsein, daß er die Wüsten und Berge höchstwahrscheinlich nie wieder sehen würde. Ungefähr zehn Tage später rief er mich
von Istanbul aus an, um mir zu sagen, daß er sicher angekommen
war.

»Es war eine mühsame Reise«, sagte er, ohne Einzelheiten zu nennen, was vielleicht ganz gut war – denn sonst hätte ich mögicher-
weise nicht den Mut gehabt, einige Monate später seinen Spuren zu
folgen.

Nachdem Hamid weg war, kümmerte ich mich fast nur noch darum,
mich und Farhad sicher außer Landes zu bringen. Sehr diskret teilte
ich einigen Leuten mit, daß ich nach Möglichkeiten suchte, um Geld
und Wertgegenstände aus dem Iran zu schaffen. Ich verfügte immer
noch über einige persönliche Besitztümer, die ich verkaufen konnte.
Eine meiner Freundinnen schlug vor, mich mit einer Gruppe von
Leuten bekannt zu machen, die ebenfalls flüchten wollten und die ihr
Geld in alten persischen Briefmarken anlegten, die kein Gewicht hatten und leicht zu verstecken waren.

»Das dürfte wesentlich einfacher sein, als Teppiche zu schmuggeln«, sagte sie, und ich stimmte ihr zu.

Das brachte mich in Kontakt mit dem Mann, der mein zweiter Ehemann werden sollte und der mir schließlich zur Flucht verhalf. Das
erstemal traf ich Kamal in einem Restaurant. Er saß da zusammen mit
einer Frau und einem anderen Mann, und ich bemerkte mit Interesse
sein langes, schmales Gesicht mit den dunklen, verträumten Augen.
Diese drei Fremden, die mir meine Freundin, die mich begleitet hatte,
nun vorstellte, besaßen vielleicht den Schlüssel zu meiner Flucht. Es
war nun drei Wochen her, daß Hamid das Land verlassen hatte, und
das letzte, was ich mir wünschte, war irgendeine Liebesgeschichte.
Später erzählte mir Kamal, daß er sich sofort Hals über Kopf in mich
verliebt habe, wie ich da so stand und mit ernsten Augen die Gruppe
betrachtete. Während die anderen die verschiedenen Möglichkeiten
diskutierten, Briefmarken außer Landes zu schmuggeln und die richtigen Fluchtkontakte herzustellen, konzentrierte sich seine Aufmerksamkeit allein auf mich.

Einmal schlug er vor: »Wenn Sie nicht zum gleichen Zeitpunkt wie wir fluchtbereit sind, dann warten wir eben auf Sie.« Ich sah, daß er es ernst meinte. Er kannte mich erst eine Stunde, war aber bereit, sein Leben für mich zu ändern.

Wie geplant, nahm ich die Gruppe mit zu mir nach Hause, damit wir dort unser Gespräch fortsetzen konnten; außerdem wollte der zweite Mann, Kamals Cousin, ein Experte für Antiquitäten, ein Gemälde schätzen, das ich im zweiten Stock hängen hatte. Kamal lud mich wiederholt zu einer Party am gleichen Abend ein und weigerte sich, meine Ablehnung zu akzeptieren, bis schließlich meine Freundin und ich versprachen, zum Lunch in sein Haus zu kommen.

Am nächsten Tag fuhren wir nach Saltanatabad, einem meiner Lieblingsvororte, wo Kamal in einem wunderschönen weißen Haus mit Erkerfenstern und Glastüren lebte. Das Haus war voller französischer und italienischer Antiquitäten. Sein Vater und seine Mutter hatten das Land verlassen, und Kamal war zurückgeblieben, um den Familienbesitz zu schützen. Kamal selbst war Diplomat gewesen und hatte im Außenministerium gearbeitet; der neue Minister hatte deutlich gemacht, daß Taghouti bei ihm nicht erwünscht waren. Er war lieber freiwillig gegangen, als sich hinausekeln zu lassen. Seitdem hatte er die Baufirma seines Vaters geleitet, der ihm aus dem sicheren Paris Anweisungen gab.

Vier Monate bevor ich ihn kennenlernte, war Kamal in Schiras verhaftet worden, wo er den Bau eines Krankenhauses überwacht hatte. Seine Firma war, wie alle anderen auch, bei den Banken stark verschuldet und konnte ihren Zahlungsverpflichtungen nicht nachkommen. Sie litt vor allem unter der Weigerung der Regierung, das Bauprojekt zu bezahlen; von offizieller Seite hieß es, das Land könne sich das Krankenhaus nicht mehr leisten und außerdem habe die Firma dem Staat wahrscheinlich zu hohe Preise berechnet.

Nach einem Gefängnisaufenthalt von zwei Monaten wurde Kamal von einem örtlichen Ayatollah entlassen, der ihn in einem Brief von den Anklagen der Korruption und der Nichtbezahlung freisprach. Dieses wertvolle Stück Papier trug er stets bei sich, weil er nicht wissen konnte, ob er nicht unter der gleichen Anklage erneut verhaftet würde.

Trotz meines Widerstrebens, mich mit ihm einzulassen, zog Kamal alle Register, um mich zu verführen. Er rief mehrmals täglich an und bot mir seine Hilfe bei allen nur denkbaren Problemen an, kam unangemeldet mit riesigen Körben voller Rosen vorbei und lud mich unentwegt zu Parties ein. Nachdem ich ihn einige Male abgewiesen hatte, lud ich ihn zum Nachmittagstee ein. Diese Chance ließ er sich nicht entgehen, und von nun an verabredeten wir uns öfter.

»Weißt du, ich bin bereit, mich häuslich niederzulassen, Sousan«, pflegte er zu sagen. »Eine Ehe scheint mir gar keine so schlechte Idee zu sein.« Später dann sagte er: »Du bist die Frau meiner Träume.«

Wie konnte er an Liebe denken, wo doch unsere Leben ein einziger Scherbenhaufen waren und wir im Begriff standen, das Land für immer zu verlassen? Ich hatte von Männern genug und wußte selbst nicht mehr, was ich von ihnen wollte, deshalb lachte ich bloß, wenn er so redete, und sagte zu seinen zahlreichen Heiratsanträgen weder ja noch nein. Es war vielleicht eine zynische Einstellung, aber mittlerweile war ein Mann für mich nur noch jemand, der mir helfen und mich beschützen konnte, in einer Zeit, in der ich sehr verwundbar war. Ich liebte Kamal nicht, und ich sagte ihm auch nicht, ich würde ihn lieben, doch ich brauchte ihn zu meiner Flucht.

Im Februar 1982 war ich mir ganz sicher, daß ich so bald wie möglich verschwinden mußte. Mein Sohn litt immer stärker unter dem verrückten Schulsystem. Er lernte wenig anderes als den Koran, und die Lehrer bemühten sich kaum, ihre Abneigung ihm gegenüber zu verbergen, weil er das Kind reicher Eltern war. Oft kam er weinend nach Hause, weil er wegen Schwätzens bestraft worden war, obwohl ich wußte, daß Farhad ein sehr gehorsames Kind war. Da er zu den Kindern aus den Arme-Leute-Vierteln der Stadt gesteckt worden war, gewöhnte er sich üble Ausdrücke an. Ich schickte ihn in alter, geflickter Kleidung zur Schule, damit er nicht auffiel, doch er mußte trotzdem den Spott der anderen Kinder ertragen.

Zur gleichen Zeit wurde mein Haus das Ziel ständiger Überwachung, und die Aminis umkreisten mich wie Wachhunde. Sie schienen eine ganze Menge über meine Aktivitäten zu wissen. Meine Schwiegermutter machte gelegentlich Bemerkungen über meine hektischen gesellschaftlichen Termine. Ich hatte keine Ahnung, woher sie wußte, was ich mit meiner Zeit anfing. Doch nach meinen vielen Zusammenstößen mit den Aminis dachte ich mir, daß sie nach Möglichkeiten Ausschau hielten, wie sie mir Schwierigkeiten bereiten und beweisen konnten, daß ich eine ungeeignete Mutter war, um mir meinen Sohn wegzunehmen.

Vor Wochen hatte ich beschlossen, eine letzte großartige, gefährliche Party zu geben – nur würde ich diesmal ausschließlich Frauen einladen, Frauen, die lachen und nicht über die Revolution oder die schrecklichen Ereignisse im neuen Iran reden wollten. Ich trommelte einige Freundinnen zusammen, und gemeinsam stellten wir eine Liste mit Tänzerinnen, Musikerinnen, Sängerinnen und Schauspielerinnen zusammen, die einen Nachmittag fröhlicher Unterhaltung ohne Angst begrüßen würden. Ich legte den Termin fest, und an einem Nachmittag im Februar standen ungefähr vierzig Frauen vor meiner Tür. Fünf Stunden lang sangen wir alte persische Lieder, tanzten traditionelle persische Tänze und lasen Gedichte vor: Wir lachten und weinten, während wir unsere Liebe zu unserem Land feierten und sein Elend betrauerten.

Eine der Frauen war eine bekannte Schauspielerin, die zu Zeiten des Schahs im Fernsehen mit ihrer berühmten verführerischen Stimme Passagen aus den Werken unserer großen Schriftsteller vorgetragen hatte. Nach dem Verlust ihrer Arbeit war sie unter den Ayatollahs zur Ausgestoßenen geworden, und jetzt weinte sie, als ihre Stimme wieder einmal süß dahinfließend durch die dunklen, emotionalen Strömungen unserer Poesie glitt.

Sie rezitierte die Verse eines unserer modernen, tragischen Poeten, Forugh Farrokhzad, der in den 60er Jahren die sozialen und sexuellen Tabus im Iran angegriffen hatte, bevor er im Alter von zweiunddreißig bei einem Autounfall ums Leben gekommen war.

> *Aus großen Fernen kamest du,*
> *aus Ländern des Lichts und des Duftes,*
> *nun setzt du mich in ein Schiff*
> *aus Elfenbein, aus Wolken, aus Kristall:*
> *oh, bring mich, bring mich, herzerwärmende Hoffnung*
> *in die Stadt, wo Verse und Leidenschaften blühen.*

Ich hatte auf dem Schwarzmarkt eine Menge Alkohol gekauft, und am Spätnachmittag waren wir alle leicht betrunken und sehr emotio-

173

nal. Plötzlich bedauerte ich meinen Entschluß, das Land zu verlassen: Nirgendwo auf der Welt würde ich solche Freundschaften finden.

In dieser Nacht ging ich mit dem Gedanken zu Bett: »Vielleicht sollte ich bleiben. Vielleicht wird alles mit der Zeit besser. Warum all das aufgeben? Mein Heim, meine Familie? Wer weiß, was draußen auf mich wartet und wie wir überleben sollen?«

ACHTES KAPITEL

Das Komiteh stattet einen Besuch ab

Würdest du diesen Flitter von Existenz
für DAS GEHEIMNIS aufs Spiel setzen
– entscheide dich schnell, mein Freund!
Vielleicht liegt nur ein Haar zwischen
Wahrheit und Lüge – und worauf, ich bitte dich,
mag wohl das Leben beruhen?

OMAR KHAYYAM

Seit Monaten hatte ich nicht mehr so gut geschlafen; als ich an diesem Morgen erwachte, wollte ich nicht unter meiner warmen Decke hervorschlüpfen. Es war Donnerstag, ein kalter, feuchter Tag, der 18. Februar 1982 – ich habe guten Grund, mich an diesen Tag zu erinnern. Der neuerwachte Mut, den ich am Abend zuvor gespürt hatte, war noch in mir. In dieser Nacht hatte ich beschlossen, im Iran zu bleiben. Die Liebe meiner Gefährtinnen hatte mir geholfen, meine Ängste zu überwinden. Das Regime würde es nicht schaffen, mich fortzujagen. Ich war Iranerin, ich war stolz darauf, und Herrscher waren gekommen und wieder gegangen. Auch die Mullahs würden eines Tages verschwinden.

Es war der Familientag der Kartenspiele. Verschiedene weibliche Mitglieder des erweiterten Familienkreises trafen sich immer noch alle zwei Wochen zu etwas Klatsch und einem Kartenspielchen mit niedrigen Einsätzen. Heute war meine Tante Tootie die Gastgeberin. Meine Cousine Fariba würde zusammen mit einigen anderen Frauen kommen – alle aus unserer Familie, alle immer noch trotz der schlechten Zeiten chic gekleidet. Ich zog mich sorgfältig für die Außenwelt an – eine Kombination meines alten Stiles und der neuen Regeln. Keine kurzen Röcke mehr. Keine kurzärmeligen Blusen. In Radio und Zeitungen verbreitete Khomeini immer noch seine Befehle, daß Frauen sich nur bedeckt zeigen durften; das Komiteh stoppte regelmäßig Autos und beschimpfte »unanständig gekleidete« Fahrerinnen. Zusammen mit meinen Cousinen und den meisten meiner Freundinnen hatte ich bis vor wenigen Monaten die ganze Angelegenheit einfach ignoriert, bis dann Fariba eines Tages mit bleichem Gesicht in mein Haus gestürzt kam.

»Sousan, hast du mitbekommen, was sie jetzt tun« fragte sie, eine Zeitung schwenkend. »Ein paar Verrückte haben zwei Frauen Säure in die Gesichter geschüttet, bloß weil sie keinen Tschador trugen. Mein Gott, sie werden schlimmer als die Barbaren.«

Danach kleideten wir uns sorgfältiger für die Straße und achteten darauf, daß wir unsere Hejabs nicht vergaßen. Aber keinen Tschador. Niemals, das schwor ich mir, würde ich einen Tschador tragen, ganz gleich, was sie mit mir anstellten. An diesem Morgen zog ich mein gutgeschnittenes, graues Wollkostüm mit burgunderfarbenem Lederbesatz an, dazu hohe burgunderfarbene Lederstiefel und eine hochgeschlossene burgunderfarbene Bluse mit langen Ärmeln, die ich in einem der europäischen Importläden gekauft hatte. Bevor ich in meinen Firebird stieg, um die zehn Minuten zum Haus meiner Tante in der Avenue Mirdamad zu fahren, zog ich einen Hejab über, der meine blonden Haare und den größten Teil meiner Stirn bedeckte.

Der Nachmittag bei meiner Tante verlief ereignislos, obwohl ich mich noch erinnere, daß ich mich seit Monaten nicht mehr so entspannt gefühlt hatte. Einem ungeschriebenen Familienkodex entsprechend vermieden wir jede politische Diskussion. Wir brachen alle gegen 6 Uhr auf, als es gerade zu dunkeln begann. Wir wollten zu Hause sein, bevor das Komiteh zu seinen Streifzügen ansetzte. Ich gab allen einen Abschiedskuß, bedeckte meinen Kopf und fuhr heim mit dem Gedanken an ein langes, heißes Bad, ein zeitiges Abendessen mit Farhad und einen gesunden Schlaf. Vielleicht würde ich mir noch einen der fünf Videofilme ansehen, die ich mir wie üblich unterm Ladentisch hatte geben lassen.

Farhad spielte mit Jalal Agha, dem Chauffeur, dessen Frau und den beiden Kindern im Kellergeschoß. Wieder empfand ich Dankbarkeit, daß mir der Himmel solch eine nette Familie ins Haus geschickt hatte, die bequem in den Dienstbotenquartieren wohnen konnte. Ich hatte jetzt nur noch einige Diener, die ein paar Tage die Woche kamen. Mit der Chauffeursfamilie im Haus fühlte ich mich nachts sicherer. Farhad kam hoch und berichtete über die Schulereignisse des Tages, während ich eine kleine Mahlzeit zubereitete. Plötzlich klingelte das Telefon. Es war Kamal.

»Ich lade mich heute abend selbst zu einem Besuch ein«, sagte er munter.

Kamal entwickelte sich zu einem recht aufdringlichen Anbeter. Die täglichen Rosenkörbe waren herrlich, das Spielzeug für Farhad war eine sehr aufmerksame Geste. Doch er wollte zu schnell vorankommen.

»Hör zu, Kamal, ich bin total erschöpft. Wir wär's mit morgen abend?« schlug ich vor.

»Ich fahr' sowieso bei dir vorbei. Ich besuche einen Freund, der ein Stückchen weiter den Hügel hoch wohnt. Ich bleibe nur eine Minute. Großes Ehrenwort.«

Ich war einfach nicht in der Lage, nein zu sagen und eine unhöfliche Gastgeberin zu sein, vor allem Männern gegenüber. Doch ich wollte ihm mein Mißvergnügen zum Ausdruck bringen, indem ich ihm lediglich Tee und keinen Alkohol anbot und ihn in der Küche sitzen ließ.

Als ich auflegte, war ich mit mir selbst unzufrieden. Da sagte ich ja zu einem Mann, wo ich doch in Wahrheit nein meinte. Wieso spürte ich stets den Drang, gefällig zu sein? Wieso machte meine Kultur es zu einer Sünde, wenn man zu einem Gast unhöflich war? Wir sind ein Volk, dem *Taarof*, Gastlichkeit, heilig ist. Doch es war mehr als das. Langsam dämmerte mir die Erkenntnis, daß ich es zuließ, daß mein Leben von Männern regiert wurde. Hamid war erst seit zweieinhalb Monaten fort. Nach seiner Flucht hatte ich mir geschworen, daß es für mich keine anderen Männer mehr geben würde – nicht weil ich treu sein wollte, sondern weil ich plötzlich merkte, daß ich die Männer satt hatte. Drei Jahre lang hatte ich diesen Mann bedient, hatte ihm sogar die Socken mit der Hand gewaschen. Und jetzt drängte sich Kamal in mein Leben, während Hamid mich weiterhin von Europa aus anrief. Ich kannte Kamal noch nicht einmal einen Monat. Ich war mit meinen Freundinnen der Meinung, daß er gegenüber Hamid eine Verbesserung darstellte, aber für ihn war es selbstverständlich, daß ich ihn lieben würde.

Nachdem ich Farhad etwas zu essen gemacht hatte, blieb mir keine

Zeit mehr für ein Bad. Ich war immer noch in Straßenkleidung, als Kamal gegen acht Uhr auftauchte. Als ich ihn in der Tür stehen sah, fiel mir wieder einmal auf, wie blendend er auf eine düstere Weise aussah. Eine Masse dunklen Haares bauschte sich über einem sehr hageren, blassen Gesicht mit braunen, intelligenten Augen. Hinter ihm konnte ich seinen silbernen Mercedes in der Einfahrt stehen sehen.

Der Anblick des Wagens brachte mich sofort in Rage. Er hat es schon wieder gemacht, dachte ich. Ist ihm denn nicht klar, in was für eine Gefahr er mich bringt? Bei jedem seiner Besuche parkt Kamal entweder direkt vor dem Haus oder in einem der angrenzenden Wege, wo jedermann den Wagen sehen konnte. Während seiner letzten Monate im Iran hatte Hamid sich geweigert, mich zu Hause zu besuchen, wenn ich allein war, aus Angst, er könnte mich in Schwierigkeiten bringen. Doch wieder einmal war ich zu gehemmt, um Kamal zu ermahnen oder ihn zu bitten, beim nächsten Mal ein Taxi zu nehmen.

Nachdem Kamal in der Küche Platz genommen hatte, begann er mir von seinen Vorbereitungen, den Iran zu verlassen, zu erzählen.

»Ich hab' mich so gut wie entschlossen, diese alten Briefmarken zu kaufen. Sie werden mich ungefähr viereinhalb Millionen Tumans kosten (was damals ungefähr 700000 Dollar waren), doch mein Cousin hat mir versichert, daß sie diesen Preis wert sind. Hoffentlich hat er recht. Ich muß mein Haus deswegen verkaufen.«

»Von wem kaufst du sie? Wer verkauft zu einer solchen Zeit schon Sachen, die man bequem aus dem Land schaffen kann?«

»Ein ergebener alter Moslem, der nicht die Absicht hat zu verschwinden. Ich hab' den Mann noch nicht mal getroffen. Das läuft alles über einen Agenten.«

Wir unterhielten uns immer noch über seine Pläne, als es leise an der Haustür klopfte. Es war ein sanftes, fast unhörbares Klopfen. Ich richtete mich in meinem Stuhl kerzengerade auf, meine Hände umklammerten den Küchentisch. In diesen Tagen besuchte niemand das Haus eines anderen um diese Zeit, ohne zuvor anzurufen.

»Kamal, ich erwarte niemanden. Du gehst vielleicht besser. Nimm die Tür zum Garten. Den Hügel hinab und an dem Obstgärtchen vorbei. Die Mauer ist niedrig. Du kannst leicht drüberklettern.«

»Ich gehe nicht! Soll ich dich vielleicht zurücklassen, ohne zu wissen, was geschieht? Wenn es Ärger gibt, dann bin ich besser an deiner Seite.«

So sprach ein echter Kavalier, aber im Moment wäre mir ein bißchen gesunder Menschenverstand lieber gewesen. Kamal wußte, daß wir beide hier nicht alleine sein durften. Die drei Jungs befanden sich unten im Schlafzimmer und schauten sich Zeichentrickfilme an, und im Kellergeschoß hielten sich der Chauffeur und seine Frau auf, doch unter den neuen Moralgesetzen hätte das nicht gezählt. Nicht mal die Tapferste unter uns hätte mit einem männlichen Bekannten noch ein Restaurant besucht. Las er denn keine Zeitungen? Frauen wurden verhaftet, wenn sie mit einem Mann, mit dem sie nicht verwandt waren, zum Mittagessen gingen. Aber mir blieb keine Zeit für irgendwelche Diskussionen.

Zum Glück war ich noch von Kopf bis Fuß mit meiner Straßenkleidung bedeckt. Als ich die Tür öffnen ging, zog ich mir den Hejab über, der stets griffbereit in der Haupteingangshalle hing. Ich rechnete so halb und halb damit, einen Trupp vom Komiteh vor mir zu sehen: buschige Bärte, Kampfanzüge und Automatikgewehre. Statt dessen standen zwei ordentlich gekleidete junge Männer vor mir mit sauber getrimmten Schnurrbärten und nichts gefährlicherem in Händen als einer Zigarette. Der Ältere, der ungefähr dreißig sein mußte, trug einen marineblauen Anzug mit einem Rollkragenpullover darunter. Der Jüngere, Anfang Zwanzig, steckte in einem braunen Anzug und hatte ebenfalls einen Rollkragenpullover an. Einen Augenblick lang war ich erleichtert. Sie konnten nicht vom Komiteh sein.

Der Ältere sprach zuerst. »Salom. Wir würden uns gern mit den Leuten unterhalten, die unten wohnen.«

»Dürfte ich vielleicht zuerst wissen, wer mit ihnen sprechen will?«

»Sagen Sie einfach, wir seien Freunde.«

»Dürfte ich wissen, worum es sich handelt?«

»Wir wollen nur mit ihnen sprechen.«

»Mit wem wollen Sie genau sprechen?«

»Bloß mit den Leuten von unten.«

»Wie können Sie behaupten, Sie seien Freunde, wenn Sie nicht mal ihren Namen kennen?«

Der Jüngere sprang in die Bresche. »Bitten Sie sie einfach, nach oben zu kommen.«

Während des Gesprächs waren sie sehr höflich. Ich beharrte darauf zu erfahren, was sie wollten, und sie ignorierten meine Fragen. Schließlich sagte der Ältere: »Hören Sie, jemand hat sich über diese Leute beschwert. Was sind das für Menschen?«

Sie hatten sich immer noch nicht vorgestellt. Ich dachte schnell nach. Falls sie vom Komiteh kamen, dann ging es ihnen möglicherweise darum, ob der Chauffeur Kommunist war oder irgendeiner anderen politischen Gruppierung angehörte.

»Es sind sehr brave, ehrliche, religiöse Leute. Sie haben nie etwas Verdächtiges getan«, beharrte ich, doch die Männer blieben hartnäckig. Schließlich machte ich die Tür zu und ließ sie draußen stehen. Die ganze Zeit über hatte Kamal in der Eingangshalle gewartet, um zu sehen, was passierte. Bevor ich in den Keller rannte, um Jalal Agha zu rufen, sagte ich zu Kamal: »Du mußt gehen. Ich bin mir nicht sicher, ob sie zum Komiteh gehören, und bis jetzt haben sie auch keine Forderungen gestellt, aber du gehst besser. Ich kann es nicht riskieren, mit dir zusammen erwischt zu werden.«

»Sei nicht albern, Sousan«, erwiderte er. »Es wird nichts passieren. Sie haben kein Recht, dich zu belästigen. Keine Sorge.«

Als ich Jalal Agha berichtete, daß man sich nach ihm erkundigt hatte, wurde er sofort nervös. Er öffnete seine Eingangstür, die in der Nähe unserer zur Garage führenden Tür lag, und rief die beiden Männer zu sich.

Ich begab mich zu meinem Nebeneingang, um zu hören, worüber sie sich unterhielten. Ich spürte ein plötzliches Frösteln, das nichts mit der feuchten Nachtluft zu tun hatte. So selbstbewußt, als hätte ich nichts zu verbergen, ging ich auf sie zu.

Der Mann im blauen Anzug sagte zu mir gewandt: »Wir werden seine Wohnung durchsuchen.«

»Was ist denn los? Gibt es irgendein Problem? Was geht denn hier vor?« Ich versuchte, so ungeduldig wie möglich zu klingen, auch wenn ich plötzlich ein komisches Gefühl im Magen hatte.

»Wir sind von der Monkerat und besitzen einen Hausdurchsuchungsbefehl für dieses Anwesen«, sagte der Jüngere. »Und wenn wir schon dabei sind, werden wir auch Ihr Haus durchsuchen.«

Bevor ich noch ein weiteres Wort sagen konnte, ging der jüngere Mann zusammen mit dem Chauffeur nach unten. Der Ältere marschierte einfach durch meine offenstehende Haustür. Damit begannnen fünf Stunden des Terrors für mich und meinen Sohn.

Meine Gedanken überstürzten sich, während ich dem Fremden ins Haus folgte. Die Monkerat waren die berüchtigten Moralwächter, deren Aufgabe es war, islamische Moral durchzusetzen. Ich verfluchte mich selbst, derart lasch und unvorsichtig gewesen zu sein. Was würden sie finden? Wie viele ihrer Gesetze hatte ich gebrochen? Und dann stockte mir der Atem. Ich hatte den Brief meines Onkels Kurosh völlig vergessen. Da lag er direkt rechts neben dem Eingang ganz unschuldig auf der Konsole, ein ganz gewöhnlicher Brief, der darauf wartete, zur Post gebracht zu werden. Wenn schon nichts anderes, dann würde dieser Brief mich und meinen Onkel ins Gefängnis bringen. Ich hatte Monate gebraucht, um meinen Onkel so weit zu bringen, daß er meinem Schmuggelkontaktmann vertraute. Am nächsten Tag wollte ich diesen Brief – adressiert an die Schweizer Bank meines Onkels – Paul übergeben, der ihn mit der Diplomatenpost aus dem Land befördern würde.

Ich stand in der Eingangstür, unfähig, mich zu rühren, doch mein Besucher marschierte einfach an der Konsole vorbei. Seine dunklen, undefinierbaren Augen suchten die Eingangshalle ab. Bald kam auch der jüngere Mann herein, der mit der Durchsuchung des Kellerapartments bereits fertig war.

»Hassan«, rief er dem Mann im blauen Anzug zu, »das wäre erledigt.« Dann wechselte er von persisch zu türkisch.

Im Iran stellen die Türken die größte ethnische Gruppe im Land, und sie geben sich Mühe, ihre Sprache zu bewahren. Beide Seiten meiner Familie waren türkischer Herkunft, und ich beherrschte die Sprache perfekt. Ich erkannte, daß ich sie schnell unterbrechen mußte, bevor ich etwas hörte, das nicht für mich bestimmt war. In meiner besten Imitation der neuen revolutionären Begrüßung sagte ich auf türkisch: »Oh, Brüder, ihr stammt also auch aus dem türkischen Teil des Irans. Dann haben wir ja etwas gemeinsam.«

181

Sie sahen mich lediglich kalt an und wandten sich dann Kamal zu, der neben der Küche stand.

»Wer ist das?« fragte Hassan. »In was für einer Beziehung steht er zu Ihnen?«

Kamal antwortete mit der Verachtung, die nur ein Taghouti der Oberschicht aufbringen kann: »Ich bin ein Freund.«

Ich war wütend. Vor zwei Mitgliedern des Komitehs verkündete er voller Stolz, daß er mein Freund war – im Iran ein Schlüsselwort für Liebhaber.

»Nun, eigentlich ist er ein Freund der Familie«, beeilte ich mich zu erklären. »Er hilft mir bei den finanziellen Angelegenheiten meines verstorbenen Mannes. Der Tod meines Mannes hat mich vollkommen durcheinandergebracht; dieser Gentleman berät mich.«

Der Jüngere schaute auf die Uhr. »Zu dieser späten Stunde? Um 9 Uhr 30 nachts? Und Sie wollen eine gute türkische Frau sein? Nur Schlampen haben Männer in ihren Häusern. Wo ist die Party? Wo sind all die Leute?«

Die Frage verwirrte mich. Nur Kamal, ich und die drei Kinder waren im Haus.

»Wir haben eine Meldung erhalten, daß hier eine Party stattfindet«, fuhr er fort. »Genaugenommen hören wir, daß hier ständig Parties veranstaltet werden. Männer treffen sich hier mit Frauen. Wo verstecken sie sich? Sind sie bereits geflüchtet?«

Was konnte er meinen? Vielleicht hatten sie das falsche Haus erwischt. »Außer uns befindet sich niemand hier. Es gibt hier keine Party.«

Mit kindlichem Geschrei kamen mein Sohn und seine Freunde aus dem Videoraum gestürzt, um zu sehen, wer unsere Besucher waren. Hassan funkelte sie an und legte dann den Kopf schief, als wollte er irgendein Geräusch besser verstehen. Aus dem Videoraum drang diese verhaßte Sprache – Englisch. Ein englisches Video! Sein Blick wurde eifrig. Jetzt hatten sie was gefunden. Beide Männer rannten hinein und fanden eine noch laufende Sendung der »Sesamstraße«, die sich die Kinder angeschaut hatten. Sie sahen sich das eine Weile an und griffen dann nach den Videofilmen neben dem Fernsehgerät. Sie legten eine Kassette nach der anderen ein und schauten sich wahllos Ausschnitte an von *Scruples, The Other Side of Midnight* und

Airport. Als sie einige Fast-Nackt-Szenen erwischten, wurden ihre Gesichter hart. Am liebsten hätte ich die Hände vors Gesicht geschlagen. Als sie fertig waren, wandten sie sich mir zu; der Jüngere, Brutalere spuckte aus.

»Englisch, alles englisch. Und dieses schmutzige Sex-Zeug. Schämen Sie sich nicht, so was im Haus zu haben?«

Sein Haß traf mich wie ein Schlag. Ich konnte mich in seinen Augen sehen: eine reiche, verdorbene Frau, die sich ausländische Videos leisten konnte.

»Wo haben Sie sich dieses Dreckszeug ausgeliehen?« fragte Hassan. Widerstrebend gab ich ihm den Namen – er stand ja sowieso auf den Kassetten.

Nachdem sie sich weitere zwanzig Minuten lang die Videofilme angeschaut hatten, um vielleicht noch mehr pornographische Stellen zu entdecken, schoben sie sich wortlos an mir vorbei ins Speisezimmer. Ich machte mir immer noch Sorgen wegen des Briefes auf der Konsole, doch sie interessierten sich mehr für die angeblich stattfindende »Party«. Im Speisezimmer fanden sie endlich etwas, das ihren Verdacht, mein Haus wäre ein Vergnügungspalast, erhärtete: meinen großen, runden Eßtisch, an dem vierundzwanzig Leute Platz hatten.

»Das ist ein Spieltisch«, sagte der Jüngere und schlug mit der flachen Hand auf das dunkle Rosenholz. »Hier geben sich Ihre Gäste dem Glücksspiel hin, nicht wahr?«

»Das ist nichts weiter als ein Eßtisch«, beharrte ich. »Schauen Sie sich doch an, wie groß er ist. Wie soll man denn an einem so großen Tisch spielen können?«

Doch eine schnelle Durchsuchung des Büfetts förderte belastendere Beweise zutage. In einer der Schubladen entdeckten sie meine illegalen Kartenspiele und zierliche, handgearbeitete Spieljetons.

»Und wozu ist das?« fragte er. »Nahrung für Ihren Eßtisch? Es sieht aus, als wäre dies ein Party-Haus. Wir werden viele Beweise finden, da bin ich mir ganz sicher.«

Während der nächsten Stunden durchsuchten sie das Haus mehr als gründlich. In jeder anderen Hinsicht schienen sie unwissende, unerfahrene Revolutionäre mit schlechten Manieren zu sein, doch jetzt zeigte es sich, daß sie Profis waren. Offensichtlich hatten sie bei einem Experten gelernt. Nichts blieb ihnen verborgen. Hassan entdeckte sogar meine höchst intimen Briefe in einer Schublade, die mit einem spitzenbesetzten Taschentuch zusammengebunden waren. Mit unbeweglichem Gesicht las er den ersten Liebesbrief, den ein Junge mir in die Vereinigten Staaten geschickt hatte. Mein Gesicht brannte vor Zorn und Scham, doch ich konnte nichts tun.

Während der Suche stand Kamal in der Eingangshalle und schaute schweigend zu. Farhad folgte mir auf Schritt und Tritt und fragte wieder und wieder: »Wer sind diese Leute, Mama? Was wollen sie?«

»Es ist nichts, Baby, gar nichts. Sie werden bald wieder gehen.«

»Aber was wollen sie?«

Die beiden Männer stöberten an meinem Lieblingsort des ganzen Hauses – dem Kaminzimmer. Als sie auf die Bücherregale zugingen, wurde mir bewußt, daß sie gleich noch weitere Beweise für mein degeneriertes westliches Verhalten finden würden. Mein Mann hatte viel gelesen und eine Menge ausländischer Magazine gekauft. Es waren viele Fachzeitschriften für Architektur dabei, aber auch ein paar »Playboy«-Hefte. Ich hatte sie schlichtweg vergessen. Als der Jüngere einen »Playboy« in die Finger bekam, ließ er ihn sofort zu Boden fallen, als könnte er sich daran beschmutzen.

»Sie wissen, daß das gegen das Gesetz verstößt?« fragte er herablassend, als wäre ich zu dumm, um das zu begreifen. »Rühren Sie nichts an, wenn wir weg sind. Lassen Sie alles an Ort und Stelle. Morgen holen wir die ganzen Sachen ab. Das ist alles Beweismaterial gegen Sie.«

Ich unterdrückte den Impuls zu schreien. Statt dessen verlegte ich mich aufs Bitten.

»Bitte, Sir, vergeben Sie mir, aber ich wußte nicht einmal, daß diese Sachen im Haus waren. Diese Magazine gehörten meinem Mann. Sie sind seit seinem Tod nicht mehr angerührt worden. Ich habe einfach nicht daran gedacht, sie wegzuwerfen, doch wenn Sie wollen, werfe ich sie noch heute abend fort.«

Demütig rang ich die Hände. Ich war immer noch bemüht, sie friedlich zu stimmen, ich wollte ihnen zeigen, daß ich wirklich auf ihrer Seite stand; ich war bereit, alles zu tun, damit sie mich nicht ins Gefängnis steckten und von meinem Sohn trennten.

Die Komiteh-Männer gaben keine Antwort. Statt dessen trennten sie sich, damit sie das Haus schneller durchsuchen konnten. Hassan grunzte mir zu, ich solle ihn nach oben führen, während der Jüngere unten bei Kamal blieb. Offensichtlich wollten sie keinen von uns auch nur für einen Moment aus den Augen lassen. Während Hassan und ich nach oben gingen, plante ich bereits, wie ich ihn auf meine Seite ziehen könnte. Von den beiden schien er der Nettere zu sein. Ich dachte, wenn ich ihn mir zum Freund machen konnte, würde er mir das Gefängnis ersparen.

Die größte Angst bereitete mir der Gedanke, Farhad verlassen zu müssen, und wenn es nur für ein paar Tage war. Seit dem Tod seines Vaters hing er mit echter Verzweiflung an mir. Wenn ich ihn abends zu Bett brachte, sagte er manchmal: »Du läßt mich nicht allein, wenn ich schlafe, nicht wahr, Mama?« Wie hatte ich nur einen Sechsjährigen all diesen Gefahren aussetzen können? Eine Frau in meiner Position hatte im revolutionären Teheran keine Freude am Leben zu haben. Ich durfte kein Gesellschaftsleben und schon gar keinen Freund haben.

Oben durchsuchte Hassan mein Schlafzimmer. Er hatte gerade mit meinem Kleiderschrank angefangen, als er eine Zigarette aus der Tasche holte und nach einem Streichholz zu suchen begann. »Ich hole Ihnen ein Streichholz. Ich hab' welche in der Küche«, bot ich ihm sofort an. Ich hatte immer noch den Brief im Sinn, der wie eine Zeitbombe im Flur lag. Ich rannte nach unten, bevor er ablehnen konnte, packte den Brief und eilte damit in das kleine Dienstbotenschlafzimmer neben der Küche. Dort versteckte ich den Brief zwischen Decke und Matratze. Die ganze Zeit über hatte ich Angst, der jüngere Mann könnte mich sehen.

Ich war schon wieder halb die Treppe oben, als mir bewußt wurde, daß das Verschwinden des Briefes noch verdächtiger wirken konnte. Wieder rannte ich die Treppe hinunter – Kamal und der andere Komiteh-Mann befanden sich im Wohnzimmer und konnten mich nicht sehen –, schnappte mir den Brief und stellte ihn zurück auf die Konsole. Dann eilte ich mit den Streichhölzern, die ich aus der Küche geholt hatte, nach oben. Mein Herz hämmerte; vor lauter Angst fühlte ich mich ganz benommen. Meine Zukunft hing davon ab, daß ich keinen falschen Zug machte.

Hassan hatte sich inzwischen in den Projektionsraum begeben. Er hatte einen Film aufgerollt und inspizierte ihn unter einem starken

Licht. Wortlos nahm er das Streichholz und betrachtete weiter den Film. Fotografieren und Filmen waren das Hobby meines Mannes gewesen. Er hatte viel Zeit und Geld dafür aufgewendet; bei jedem Europabesuch drehte er stundenlang an Stränden und filmte touristische Attraktionen. Er hatte auch einen Film von uns allen gemacht, wie wir schwammen und am Swimmingpool spielten. Es gab ein vierstündiges Video von unserer Hochzeit; selbst der kostbare alte Film von der Hochzeit meiner Mutter, den mein Onkel Kurosh gemacht hatte, befand sich hier, zusammen mit den Filmen über Farhads erste Jahre. Ein Leben voller Erinnerungen war hier sauber etikettiert und gestapelt.

Doch plötzlich erkannte ich, daß in diesem Raum noch weitere Beweise gegen mich existierten – Beweise, daß ich keine gute Moslemfrau war und keinen guten Moslemhaushalt führte. All diese in Frankreich aufgenommenen Filme, zu einer Zeit gedreht, als Topless-Bikinis der letzte Schrei waren! All diese Aufnahmen von mir im Bikini! Was würden sie dazu sagen? Sogar ein Pornofilm, *Emanuelle*, den mein Mann gekauft hatte, stand immer noch im Regal.

»Stellen Sie den Projektor an.« Das war ein Befehl.

»Es tut mir leid, Sir, aber ich weiß nicht, wie er funktioniert. Ich glaube, er ist kaputt.« Meine Stimme war kläglich geworden; ich stand dicht davor, mich zu übergeben.

Wir bastelten beide an dem Gerät herum, brachten es aber nicht in Gang. Statt dessen begann er jeden Film aufzurollen und ihn unter einem starken Licht zu betrachten, auf der Suche nach sündigen Szenen. Eine Stunde lang inspizierte er die Filme, ohne einen einzigen Kommentar abzugeben. Endlich sagte er: »Was ist das alles für ein Schmutz? Was für Filme sind das bloß? Wo haben Sie diesen Dreck gefunden?«

»Sir, das sind bloß Familienfilme, nichts weiter.«

»Wissen Sie nicht, in was für Schwierigkeiten Sie dieses Zeug bringen kann? Das sind wirklich schlimme Sachen.« Er schüttelte den Kopf. »Wenn man beim Komiteh diese Filme sieht, dann haben Sie eine Menge Probleme.«

Ich muß blaß geworden sein, denn er schien Mitleid mit mir zu bekommen. Ich rannte ins Bad und übergab mich. Dann wischte ich mir das Gesicht mit einem nassen Tuch ab und ging zurück in den Projektionsraum.

»Sir, was soll ich nur tun? Das waren die Sachen meines Mannes, das war sein Hobby. Warum sollte ich dafür bestraft werden?«

Hassan schien sich erweichen zu lassen. »Also gut. Wenn Sie sich einiges ersparen wollen, dann holen Sie etwas Benzin, und wir verbrennen das Zeug.«

Erleichterung überkam mich. Gott sei Dank, dieser Mann besaß ein weiches Herz. Ich bekam noch eine zweite Chance. »Natürlich. Danke, ich danke Ihnen. Wir machen es gleich jetzt auf der Stelle. Ich hole sofort das Benzin.«

Ich hatte furchtbare Angst, der zweite Komiteh-Mann könnte hochkommen und Hassan zu einer Meinungsänderung veranlassen. So schnell ich konnte, rannte ich zur Garage, wo ich das Benzin für Barbecues aufbewahrte, und eilte wieder nach oben.

»Wo wollen Sie es machen?« fragte er mich.

»Draußen auf dem Balkon.« Im zweiten Stock hatten wir einen herrlich breiten, gefliesten Balkon, der mehrere der oben gelegenen Räume einschließlich des Schlafzimmers miteinander verband.

»Wenn wir all diese Filme verbrennen, werden die Fliesen furchtbar zugerichtet werden«, sagte Hassan.

Aber mittlerweile war mir der persönliche und kommerzielle Wert der Filme egal, und der Balkon war mir völlig gleichgültig. Ich wollte diese Männer nur aus meinem Haus haben. Ich wollte mit meinem Sohn allein sein. Ich wollte keinen einzigen Mann in meiner Nähe haben. Ich wollte für alle Zeit mit keinem Mann mehr etwas zu tun haben.

»Kümmern Sie sich nicht um den Balkon. Verbrennen wir sie einfach«, sagte ich. Ich half ihm, die Regale auszuräumen und die Filme zu einem großen Haufen aufzutürmen. Ich war zu nervös, um die reinen Familienfilme zu retten, mir lag nur eines am Herzen: alles so schnell wie möglich zu verbrennen. Auf eine verrückte Art und Weise war mir fast überschwenglich zumute, als er die Filme mit Benzin übergoß. Dann zündete er ein Streichholz an und reichte es mir. Einen Moment lang starrte ich gebannt auf die winzige Flamme. Dann warf ich das Streichholz auf den Haufen. Die augenblicklich hochschlagenden Flammen erhellten den Balkon. Jalal Agha kam hoch, um zuzuschauen. Mein Sohn kam ebenfalls; er klammerte sich an meine Beine und beobachtete alles schweigend. Nach einer Weile sagte er: »Mami, verbrennst du auch das Haus?« Ich kann mir nicht vorstellen, was für Gedanken ihm durch den Kopf gingen. Zwei fremde Männer waren in sein Haus eingedrungen, die anscheinend das Recht besaßen, seine Mutter herumzukommandieren.

Hassan verschwendete keine Zeit an Erinnerungen, die sich eben in Rauch aufgelöst hatten. Er ging an mir vorbei ins Haus auf mein Schlafzimmer zu. Der jüngere Mann schloß sich ihm an – vermutlich sah er kein Risiko darin, Kamal alleine unten zu lassen –, und gemeinsam setzten sie ihre sorgfältige Suche fort. In meinem Schlafzimmer, meinem Refugium, wo ich mich zusammenrollte und von meinem Privattelefon aus mein gesellschaftliches Leben dirigierte, fanden sie die Hauptlast an Schuldbeweisen. Zwischen den Laken und den Matratzen meines Bettes entdeckten sie einen Umschlag mit meinen illegalen Benzingutscheinen. Hier versteckte ich meine Coupons stets für den Fall, daß ein Dieb das Haus heimsuchte. Coupons waren ungemein kostbar.

Die Komiteh-Männer stellten mit einem Blick fest – entweder durch die Farbe oder die Seriennummern – daß ich die Gutscheine illegal von einer privaten Taxifirma erworben hatte.

Der Jüngere wandte sich mir zu. Eine fanatische, hämische Freude verzerrte sein Gesicht. »So, kleine Lady. Wo haben Sie die gekauft? Sie wissen, daß das streng verboten ist, nicht wahr? Wer hat sie Ihnen verkauft? Los, los, heraus damit. Wer hat sie Ihnen verkauft?«

Er nahm den Stapel Coupons und drückte sie mir ins Gesicht. Ich wußte, es hatte keine Zweck zu leugnen. Ich war so verängstigt, daß ich kaum sprechen konnte. Ich gab ihnen den Namen des Taxiunternehmens, das ich immer anrief. Später, als ich mir die Ereignisse dieser Nacht zum hundertsten Male durch den Kopf gehen ließ, wurde mir klar, was für Schwierigkeiten dieses Unternehmen bekommen hatte. Doch ich konnte nichts tun. Nichts in meinem Leben hatte mich auf diese Attacke vorbereitet.

Die beiden Männer gingen mit den Coupons nach unten. Ich folgte ihnen; Farhad klammerte sich so fest an mich, daß ich beinahe die Treppen hinabgestürzt wäre. Kamal stand unten und musterte uns mit unverhohlener Verachtung. Die Komiteh-Männer stürmten wieder ins Wohnzimmer – ein Raum, den sie ungemein verabscheuungswürdig zu finden schienen. Stirnrunzelnd betrachteten sie die Stereoanlage, das Bandgerät, die vielen Schallplatten und Kassetten.

»Was ist das alles für Musik?« fragte mich der stets zornig wirkende jüngere Mann. »Wozu braucht jemand so viele Kassetten? Gegen ein oder zwei wäre nichts einzuwenden. Aber wozu Hunderte?« Dann fügte er ohne jede Ironie hinzu: »Sie haben zuviel Musik hier. Musik verstößt gegen das Gesetz. Lassen Sie hier alles so, wie es ist. Wir holen das alles morgen ab, zusammen mit den Magazinen und den restlichen Filmen von oben.«

Dann entdeckten sie den Alkohol. Mein Mann und ich hatten stets einen ausgezeichneten Weinkeller geführt und eine beachtliche Spirituosensammlung gehabt. Selbst nach seinem Tod war mir noch ein umfangreicher Vorrat geblieben, den Hamid noch ergänzt hatte – auch wenn nach der Revolution eine einzige Flasche Whisky fast 4000 Tumans auf dem Schwarzmarkt kostete (zu der Zeit entsprach das ungefähr 300 Dollar). Mein Cousin Kamron, ein großer Weinkenner, hatte sich mir gegenüber ebenfalls sehr großzügig gezeigt. Er besuchte häufig Frankreich, um bei Weinauktionen mitzusteigern; erst kürzlich hatte er die Weinsammlung eines reichen Iraners aufgekauft, der das Land verlassen hatte. Gelegentlich brachte er mir einen französischen Rotwein vorbei, der auch in Europa eine Rarität gewesen wäre.

Wir kannten die Gefahr, die Alkohol im Haus bedeutete, aber wir ignorierten sie einfach wie andere Gefahren auch. Allerdings versuchten wir die Flaschen zu verstecken. Der Garten war von kleinen Gräben und Gruben durchzogen, die mit dem verbotenen Stoff gefüllt und dann zur Tarnung wieder mit Blättern bedeckt worden waren. Überall gab es kleine Alkoholvorratslager. Hossein, der alte Gärtner, der in dem kleinen Haus in der Südostecke des Gartens wohnte, hatte mir geholfen, die Flaschen zu verstecken. Im Haus bewahrte ich lediglich einige wenige Flaschen Wein und ein paar halbleere Flaschen Schnaps auf, versteckt in einem verschlossenen Schränkchen hinter der Stereoanlage.

Hassan überflog mit einem letzten suchenden Blick das Wohnzimmer und bemerkte, daß sie dieses kleine Schränkchen noch nicht durchsucht hatten.

»Öffnen Sie das«, wies er mich an.

Ich krümmte mich. »Ich habe einen Schlüsselbund in der Küche, aber ich weiß nicht, welches der richtige Schlüssel ist.«

»Holen Sie die Schlüssel.«

»Jawohl, Sir.« Als ich ihm den Schlüsselbund brachte, probierte er jeden einzelnen geduldig aus, bis er den richtigen gefunden hatte. Danach mußte er noch ein bißchen herumwühlen, bis er die sechs Flaschen Schnaps, die ich hier zusammen mit einem Dutzend kostbarer Flaschen Wein versteckt hatte, fand.

»Also gut, Sie haben zwei Möglichkeiten, was Sie mit diesem Zeug anfangen können«, sagte Hassan und deutete auf die Flaschen und die Spielkarten auf dem Eßtisch. »Sie können sie auf der Stelle in den Garten bringen und alles vernichten, während ich zusehe. Oder wir bringen alles morgen früh zum Komiteh.«

Er hatte kaum zu Ende gesprochen, da handelte ich auch schon. Ich konnte mein Glück kaum fassen. Mit Jalal Aghas Hilfe trug ich die Flaschen durch die zur Garage führende Tür hinaus. Dann brachten wir die Karten und sämtliche Jetons hinaus. Kamal schaute lediglich zu, ohne den Versuch zu machen zu helfen; meine verzweifelten Bemühungen schienen ihn eher zu belustigen. Ich nehme an, er glaubte immer noch, ich hätte von diesen Männern nichts zu befürchten.

Gerade als wir das Feuer entzünden wollten, beugte sich Jalal Agha dicht zu mir und flüsterte verstohlen: »Madam, diese Karten sind so kostbar, hätten Sie etwas dagegen, wenn ich ein Paket an mich nehme?«

»Jalal Agha, probieren Sie es«, flüsterte ich zurück. »Ich versuche sie abzulenken, aber wenn Sie erwischt werden, kann ich Ihnen auch nicht mehr helfen.«

Irgendwie schaffte er es, ein Kartenspiel in seinem Apartment verschwinden zu lassen, während ich umständlich die Kartenboxen und die Regelbücher auf einen Haufen türmte.

Die beiden Komiteh-Männer sahen sich oben vom Balkon das Feuer an, mit dem ich selbst mein Eigentum zerstörte. Haß gegen meine Unterdrücker stieg in mir auf. Das Feuer brannte noch, als die beiden Männer mich nach oben in mein Schlafzimmer riefen. Nervös ging ich nach oben; ich hatte keine Ahnung, was mich erwartete. Bis jetzt hatten sie noch nichts davon gesagt, daß sie mich ins Gefängnis bringen würden. Sie wollten nur am Morgen wiederkommen und all die beschlagnahmten Sachen abholen. Ich dachte, sie seien doch ganz freundlich, weil sie mir erlaubt hatten, den Alkohol, die Filme und die Karten zu vernichten. Wie sehr ich mich doch irrte, wie naiv ich doch war. Als ich das Schlafzimmer betrat, merkte ich sofort, daß das, was ich für Entgegenkommen und Nachsicht gehalten hatte, lediglich ein Folterertrick gewesen war. Jetzt benahmen sie sich brutal. Hassan streifte die freundliche Fassade ab.

»Raus mit der Sprache. Sofort. Wer ist der Mann, und was bedeutet er Ihnen?«

»Ich sagte Ihnen doch bereits, er ist ein Freund der Familie, ein geschäftlicher Berater.«

»Wir wissen, daß Sie mit diesem Mann schlafen. Er ist Ihr Geliebter, nicht wahr? Sprechen Sie! Wo schläft Ihr Sohn? Sie bringen ihn nach unten in das Schlafzimmer, nicht wahr, damit er aus dem Weg ist. Damit Sie mit all Ihren Liebhabern in diesem Bett schlafen können, ja?«

Er schlug wütend auf das ordentlich gemachte Bett. Mit leerem Blick starrte ich die grünseidene Bettdecke an. War das meine Decke? Ich schaute hinüber zu den Bambusstühlen und dem Glastisch, auf dem eine Vase mit vielfarbigen Rosen stand. Hatte ich die Rosen heute morgen gekauft? Oder gestern? Wem gehörte überhaupt dieses Zimmer?

»Reden Sie.«

»Was für Liebhaber? Wer? Wo? Wovon sprechen Sie überhaupt? Mein Sohn schläft immer bei mir in diesem Zimmer.« Ich deutete auf das kleine Bett am Fenster, in dem mein Sohn schlief.

Doch der Jüngere beharrte. »Wir wollen eine Liste. Eine Liste der Männer, mit denen Sie schlafen. Wir wollen wissen, was für Leute hier verkehren. Hören Sie«, sagte er und trat so dicht an mich heran, daß ich seinen Atem spürte, »wir wissen, daß Sie mit diesem Mann ins Bett gehen. Wir können sie zu einem Arzt schicken, um zu überprüfen, ob Sie während der letzten paar Stunden Sex gehabt haben.«

Mir wurde erneut schlecht, doch ich würgte die aufsteigende Übelkeit hinunter. Ich kam mir furchtbar allein vor in diesem Raum mit diesen beiden Männern. Ich wollte mich in eine Ecke verkriechen. Hassan zog eine Liste hervor, die er niedergeschrieben hatte. Da waren all meine Sünden aufgezeichnet, all die illegalen Vergnügungen, die sie in diesem Haus aufgespürt hatten: die Karten, der Alkohol, die Tonbänder und Schallplatten, die Filme und Magazine.

»Unterschreiben Sie das.«

»Nein!« Beinahe hätte ich aufgeschrien. Ich wußte, es wäre mein Todesurteil gewesen, wenn ich diese Liste unterzeichnete. Das waren Kapitalverbrechen im Iran. Menschen waren wegen viel weniger getötet worden, wenn man den Zeitungen Glauben schenken durfte. Was ich bis jetzt über das Regime wußte, kannte ich vom Hörensagen oder aus Zeitungen. Ich hatte abgeschirmt von den tatsächlichen Ereignissen gelebt. Stets war es eine andere Person gewesen, die verhaftet worden war, die zur Flucht gezwungen worden war, die nicht mehr aus dem Gefängnis zurückgekehrt war. Nun mußte ich der Realität des Khomeini-Regimes ins Auge sehen. Ich fing an zu weinen. Ich fiel auf die Knie und flehte sie an, mich laufenzulassen.

»Ich unterschreibe ein Papier, in dem steht, daß die Filme, die Magazine und die Kassetten in meinem Besitz waren, aber sonst nichts. Dazu können Sie mich nicht zwingen. Sie wissen, was das für Folgen hat.«

In diesem Moment betrat Farhad das Zimmer. Er sah mich auf dem Boden knien, das Gesicht naß von Tränen, und fing ebenfalls an zu weinen. »Um Allahs willen, schauen Sie meinen Sohn an. Das können Sie ihm nicht antun. Bitte, bitte, lassen Sie mich«, rief ich und preßte Farhad an mich, doch sie bestanden weiterhin darauf, daß ich das Dokument unterzeichnen müsse.

»Unterschreiben Sie jetzt«, befahl Hassan.

Ich kroch auf ihn zu und versuchte seine Hand zu küssen. Ich dachte, es würde ihn in irgendeiner Weise rühren, wenn ich ihm meine Unterwürfigkeit bewies, er würde vielleicht Mitleid empfinden oder damit zufrieden sein, daß er mich so erniedrigt hatte. Doch als ich ihn berührte, stieß er mich grob weg. »Eine Moslemfrau darf einen Mann nicht berühren.«

Ich nahm ein anderes Blatt Papier und schrieb eine eigene Liste. Ich habe keine Ahnung, wie ich das fertigbrachte. Meine Hände zitterten so sehr, daß ich kaum lesen konnte, was ich geschrieben hatte. Dann unterschrieb ich. »Mehr unterschreib' ich nicht«, sagte ich und reichte Hassan das Papier. Er sagte nichts, sondern nahm es nur schweigend entgegen. Dann gingen die beiden Männer nach unten.

Kamal stand in der Halle, und sie begannen ihn erneut zu befragen. Jede Frage beantwortete er mit einem ungeduldigen Schulterzucken. Er zeigte ihnen den Brief, den er vom Ayatollah von Schiras erhalten hatte, um ihnen klarzumachen, daß sie mit ihm nicht einfach so umspringen konnten. In dem Brief stand, daß ihn niemand verhaften und ihm niemand Schwierigkeiten bereiten durfte. Außerdem ging daraus hervor, daß Kamal nicht einfach nur irgendein reiches Jüngelchen war, wie die beiden Männer bis jetzt angenommen hatten, sondern ein sehr reicher Mann, der eine der größten Baugesellschaften des Landes leitete.

Hassan nahm den Brief; ein Lächeln kroch über sein Gesicht. »Ah, der Chef einer großen Firma, wie ich sehe. Interessant. Und wo ist Ihr Vater?«

»Nicht mehr im Land.«

»Wie ich sehe, sind Sie im Gefängnis gewesen, ein Gast des Staates. Warum?«

»Das steht alles in dem Brief«, erwiderte Kamal.

»Ja. Ich habe es gelesen. Ich denke, wir werden jetzt die Autos durchsuchen.«

Das Komiteh interessierte sich sehr für Autos – vor allem Mercedes-Benz und Range Rovers – und beschlagnahmte sie beim geringsten Vorwand. Die Besitzer bekamen sie nur höchst selten zurück. Gemeinsam begaben wir uns zur Garage. Zum Glück hatte mein Mann kurz vor seinem Tod sowohl den Mercedes als auch den Range Rover verkauft, und mein kleiner Firebird interessierte sie nicht. Doch Kamal hatte ein schönes silbernes Mercedes-Sportcoupé. Sie durchsuchten den Wagen gründlich und entdeckten im Handschuhfach ein Vermögen an Benzingutscheinen.

»Schau mal an, was wir da haben«, sagte der Jüngere und hielt sie hoch in die Luft.

Kamal war wütend. Zuvor hatte er die ganze Zeit über schweigend zugeschaut, unfähig, mir zu helfen, doch jetzt konnte er seinen Zorn nicht länger im Zaum halten. »Ich habe die Coupons auf vollkommen legale Weise erworben. Sie haben nicht das Recht, sie zu beschlagnahmen.«

»Wer sind Sie denn, daß Sie uns sagen wollen, was für Rechte wir haben?« schlug Hassan zurück. »Sie kommen mit uns. Und Ihren Wagen nehmen wir auch mit.«

»Sie haben weder das Recht, meinen Wagen, noch, meine Coupons zu nehmen. Lassen Sie die Finger davon«, beharrte Kamal.

Kamal schien keine Furcht zu kennen, doch ich war wütend auf ihn. Sie waren im Begriff gewesen zu gehen. Sie hatten das Gefängnis mit keinem Wort erwähnt, doch jetzt gerieten sie wegen seiner herausfordernden Arroganz in Rage. Ich hatte nie zuvor mit dem Komiteh zu tun gehabt, doch nach allem, was ich gehört hatte, genossen sie Szenen wie diejenige, die ich ihnen gerade vorgespielt hatte – Weinen und flehendes Bitten um Verzeihung. Doch Kamals kühles Beharren auf seinen Rechten verhärtete ihre Haltung. Als er weiterhin protestierte, verhafteten die beiden Männer ihn vom Fleck weg.

Ich stand neben Jalal Agha am Eingang der Garage, als Hassan sich mir zuwandte: »Wir bringen diesen Mann ins Gefängnis. Gleich morgen früh kommen wir wieder zu Ihnen. Halten Sie alles bereit.«

Kamal wollte nicht aufgeben. »Was ist mit dem Brief? Sie dürfen mich nicht verhaften.«

»Wir kümmern uns einen Dreck um den Brief«, sagte Hassan. Im Iran verkörperte niemand und jedermann das Gesetz. Wenn ein Ayatollah sich in einer Sache so entschied, dann überstimmte ihn ein anderer. Jeder Teil der Stadt, jeder Teil des Landes schien von kleinen lokalen Anführern beherrscht zu werden. Kamals Ayatollah nützte ihm hier nichts.

»Ich will telefonieren«, beharrte Kamal.

»Sie wollen gar nichts, bevor wir es Ihnen nicht befehlen«, sagte der Jüngere. »Und jetzt kommen Sie mit uns mit.«

Ich weiß nicht, warum, doch genau in diesem Moment ging der Jüngere wieder in die Eingangshalle. Plötzlich bemerkte er den Brief an die Schweizer Bank auf der Konsole. Mir stockte der Atem. Alles, was sie bis jetzt gefunden hatten, war nichts im Vergleich zu dem Dynamit in dem Brief. Neben ehemaligen Savak-Angehörigen und Schah-Anhängern haßte das Regime am meisten jene reichen Iraner, die ihr Geld aus dem Land brachten. Der Tod war für sie eine zu milde Strafe. Er griff nach dem Brief und hielt ihn auf der Suche nach Geld oder einem Scheck gegen das Licht. Glücklicherweise konnten die meisten Komiteh-Mitglieder persisch nicht gut lesen, geschweige denn englisch, denn in schwungvoller schwarzer Schrift stand die Genfer Adresse der Union Bank of Switzerland auf dem Umschlag. Mißtrauisch befingerte er den Brief.

»Was ist darin?«

»Bloß ein Brief an einen Freund. Ich wollte ihn morgen zur Post bringen.«

Er warf dem Brief noch einen weiteren mißtrauischen Blick zu und legte ihn dann unerklärlicherweise zurück. Ich stand wie angewurzelt; dann stieß ich langsam den Atem aus, den ich die ganze Zeit über unbewußt angehalten hatte. Ich kann nur vermuten, daß er den Brief deshalb nicht weiter beachtete, weil er wußte, daß alle Briefe ins Ausland routinemäßig geöffnet wurden.

Er marschierte wieder hinaus. Noch einmal schärften sie mir ein, mich morgen früh bereitzuhalten. Ich weiß nicht, welcher Teufel mich ritt, doch plötzlich fiel mir ein, daß ich am nächsten Morgen einen Arzttermin hatte, und sagte: »Könnten Sie morgen vielleicht etwas später kommen? Ich habe um zehn einen Termin beim Arzt.«

»Um wieviel Uhr sind Sie wieder zu Hause?« wollte Hassan wissen.

»Um elf.«

»Gut. Wir schicken jemand um 11 Uhr 30.«

Es kommt mir jetzt sehr merkwürdig vor, daß inmitten all dieser schrecklichen Ereignisse dieses kleine, häusliche Detail herausragt. Nachdem sie mich so lange beschimpft und erniedrigt hatten, waren sie so rücksichtsvoll und ließen mich meinen Arzttermin wahrnehmen.

Als sie Kamal abführten, schrie er mir zu, »Sousan, ruf meinen Cousin an unter 64 . . .«

»Maul halten. Sie werden niemanden anrufen. Sie kommen mit uns.«

». . . 33 87. Ruf ihn an. Sag ihm, wo ich bin. Vergiß nicht, 64 33 87 . . .« Während sie ihn fortschleppten, wiederholte Kamal die Nummer. Ich sagte sie mir wieder und wieder vor. Ich hatte schreckliche Angst, ich könnte sie vergessen. Ich wiederholte sie, während ich zusah, wie sie in ihrem Range Rover davonfuhren. Ich wiederholte sie, als ich mich umdrehte und mit meinem Sohn ins Haus rannte und die Tür schloß. Ich wiederholte sie, als ich die Haustür absperrte und Farhad fest an mich preßte. Es war jetzt genau 1 Uhr 35 morgens. Die ganze Qual und Pein hatte alles zusammen fünf Stunden und fünfzehn Minuten gedauert.

NEUNTES KAPITEL

In die Finsternis
eines Khomeini-Gefängnisses

Ah. Stimme des Gefangenen.
wird die Klage deiner Verzweiflung
sich nie einen Weg ans Licht bahnen
durch all diese verdammenswerten Nächte?
Ah. Stimme des Gefangenen.
letzte, endgültige Stimme . . .

FORUGH FARROKHZAD

Einen Moment lang stand ich in der Eingangshalle, Farhad in den Armen, und wartete darauf, daß der Ansturm der Panik nachließ. Farhad zitterte und schluchzte.

»Was wollen diese Männer, Mami? Kommen sie wieder? Wohin bringen sie uns?« Er löste sich kurz von mir und streckte die Brust raus, seine Imitation eines starken Mannes. »Ich wünschte, ich wäre Bruce Lee. Ich würde sie vernichten. Peng, peng, du bist tot. Und alle würden umfallen.« Seine großen, dunklen Augen standen voller Tränen. Nie zuvor hatte er mich so fassungslos gesehen. Nie zuvor hatte er gesehen, daß ich auf den Knien um Gnade hatte bitten müssen.

»Mach dir keine Sorgen, mein Liebling. Alles wird gut. Mit Mami ist alles in Ordnung. Die Männer mußten sich nur im Haus umsehen. Vielleicht muß ich morgen zu ihnen, ein paar Fragen beantworten. Aber es gibt nichts, worüber du dir Sorgen machen müßtest.«

Ich konnte ihn nicht lange trösten. Es gab so viel zu tun. Der Brief befand sich immer noch auf der Konsole. Ich packte ihn und riß ihn in kleine Fetzen. Mir kam die verrückte Idee, die Papierfetzen in den Mund zu stopfen und runterzuwürgen. Farhad brachte mich wieder zur Vernunft.

»Mami, werfen wir das Papier doch ins Klo.«

Wir rannten beide ins Bad und beobachteten, wie die Papierfetzen fortgespült wurden. Dann schrieb ich schnell die Telefonnummer nieder, die Kamal mir gegeben hatte, bevor ich sie doch noch vergaß.

Nachdem ich die Nummer einige Male gewählt und keine Verbindung bekommen hatte, begann ich meine Verwandten anzurufen – vor allem jene, die mir vielleicht helfen konnten –, bevor ich in einem von Khomeinis Gefängnissen verschwand. Onkel Fayegh war der erste. Mein später Anruf erschreckte ihn: Zu später Stunde, so scheint es, kommen nur schlechte Nachrichten. Er gab sich sehr fürsorglich.

»Mein armes Mädchen. Beruhige dich. Wir müssen sehr sorgfältig nachdenken, was getan werden muß.«

»Und wenn ich einfach gleich morgen früh verschwinde? Was ist, wenn ich einfach nicht da bin, wenn sie mich verhaften kommen?«

»Willst du das Risiko eingehen, daß sie dein Haus mit allem, was drin ist, beschlagnahmen? Wir wissen ja noch gar nicht, was passieren wird. Vielleicht stellen sie dir nur ein paar Fragen und lassen dich dann wieder laufen. Wenn du jetzt verschwindest, dann kannst du vielleicht nie wieder in deinem Haus wohnen. Wenn es eine Möglichkeit gibt, das durchzustehen, dann steh es lieber durch, anstatt für den Rest deines Lebens im Iran von Haus zu Haus zu flüchten.«

Ich wußte, daß er recht hatte. Ich mußte stark sein. Aber wenn sie mich wirklich von Farhad trennten? Er würde nie verstehen, warum ich ihn verlassen hatte. Er würde mir nie vergeben.

»Du weißt, daß ich keine Beziehungen zu dem Regime habe«, sagte mein Onkel, »aber ich kenne ein paar Leute, die welche haben. Ich werde mein Bestes tun. Gleich morgen früh mach' ich die ersten Anrufe.«

Ich erzählte ihm von Kamals Verhaftung. Mit Ausnahme meiner Cousine Fariba kannte ihn noch keiner aus meiner Familie. Ich kam mir albern vor, als ich ihm berichten mußte, daß ich spät abends mit einem Mann in meinem Haus erwischt worden war. Doch Onkel Fayegh war so tolerant wie immer und tadelte mich nicht.

»Paß auf deinen kleinen Jungen auf. Und mach dir wegen Kamal keine Sorgen«, sagte er. »Seine Familie wird ihn schon irgendwie herauskriegen. Bis morgen kann keiner von uns was unternehmen.«

Es war zwei Uhr nachts, als ich erneut die Nummer von Kamals Cousin wählte. Wieder keine Antwort. Die Frau meines Onkels Kurosh dagegen ging sofort ans Telefon. Sie war entsetzt über das, was passiert war, doch bald schon zeigte sich ihre praktische Seite.

»Was können wir jetzt tun? Ah, ich hab's. Ich kenne einen großen

Importeur. Er hat gute Beziehungen zum Basar, und der Basar ist vollgestopft mit Mullahs. Ich ruf' ihn gleich morgen früh an.«

Schließlich nahm ich allen Mut zusammen und rief Kamals Schwester an. Ich war ihr nur einmal unter sehr formellen Umständen begegnet. Es war mir äußerst peinlich, sie mitten in der Nacht anrufen und ihr mitteilen zu müssen, daß ihr Bruder in meinem Haus verhaftet worden war. Was würde sie von mir denken? Vermutlich würde sie annehmen, ich hätte ihn zu einem Besuch verführt. Zum Glück ging ihr Mann an den Apparat. Angesichts der Umstände war er bemerkenswert nett.

»Machen Sie sich keine Sorgen wegen Kamal«, sagte er ruhig. »Wir kümmern uns darum.«

Mein letzter Anruf galt meiner Cousine Fariba; jetzt quoll all meine Bitterkeit Kamal gegenüber aus mir heraus.

»Nun, jetzt hat er mich in Schwierigkeiten gebracht. Ich hab's dir ja gesagt.«

»Du kannst ihm nicht die Schuld geben. Ich bin sicher, der arme Mann ist von all dem tief verletzt.«

»Bei Gott, das hoffe ich.«

Während ich meine Telefonate erledigte, tauchten Jalal Agha und seine Frau Farah öfter im Zimmer auf. Gelegentlich versuchten sie mich zu trösten und mir klarzumachen, daß alles gar nicht so schlimm sei, doch irgendwie schienen sie sich sehr unwohl zu fühlen. Farahs Blick irrte ständig von mir ab, und er marschierte nervös auf und ab.

Mit zitternder Hand schrieb ich all die Dinge auf, die vor der Rückkehr des Komitehs getan werden mußten. Vor allem mußten wir den im Garten vergrabenen Alkohol verschwinden lassen, und ich bat Jalal, die Flaschen auszubuddeln.

»Draußen ist es sehr finster«, sagte er. »Warten wir, bis es etwas heller wird. Dann gehen wir hinaus und schauen, was sich machen läßt.«

Statt dessen gingen wir alle Magazine durch und rissen sämtliche Seiten heraus, an denen das Komiteh Anstoß hätte nehmen können. Aber selbst bei dieser Arbeit hielt es mich nicht lange auf meinem Platz. Ständig sprang ich auf, erinnerte mich an belastendes Material im Haus: ein Buch, das als unmoralisch bewertet werden könnte, noch zusätzliche, in einer Küchenschublade versteckte Benzingutscheine, sogar die Familienfotos, auf denen wir im Kaspischen Meer schwammen, kamen mir in den Sinn. Schließlich stopften wir alle aus den Magazinen gerissenen Blätter in den Kamin und zündeten sie an.

Während ich mit der Säuberung des Hauses beschäftigt war, folgte mir Farhad auf Schritt und Tritt; nicht einmal für eine Sekunde wollte er sich von mir trennen. Ich wünschte, er hätte schlafen können, damit er am nächsten Morgen in die Schule hätte gehen können. Immer noch führte ich in Gedanken eine normale Existenz, in der sich alles um Routinedinge drehte. Und dann durchzuckte es mich. Wie könnte er zur Schule gehen? Wer soll ihn hinbringen? Wenn seine Großeltern herausgefunden haben, daß ich verhaftet wurde – und das würden sie bald wissen, weil sie anscheinend stets informiert waren, was in meinem Haus vor sich ging –, würden sie kommen und ihn mitnehmen. Für mich würde es ein schwerer Kampf werden, ihn wieder zurückzuholen. Doch Farhad war so verängstigt, daß er nicht schlafen konnte. Und so verging die Nacht.

Gegen 6 Uhr dämmerte ein kühler Morgen herauf. Ich machte mich bereit, dem Tag entgegenzutreten. Mein Telefon begann zu läuten, als sich die Nachricht von meiner bevorstehenden Verhaftung ausbreitete; Freunde und Verwandte riefen an und erkundigten sich, was sie tun könnten, oder berichteten, was sie bereits getan hatten.

Onkel Fayegh war der erste.

»Seit Tagesanbruch haben wir telefoniert. Es sieht so aus, als wären die Mullahs eindeutig bestechlich. Das sagt jeder. Doch man muß jemanden kennen, dem sie vertrauen. Ansonsten halten sie einen für einen Spitzel, der sie hereinzulegen versucht.«

»Wie sollen wir das Geld zusammenbekommen, Onkel?«

»Darüber mach' ich mir Gedanken. Momentan wissen wir noch nicht mal, wieviel sie verlangen würden – oder was sie wirklich gegen dich in der Hand haben.«

Kaum war es hell, da ging Jalal den Gärtner Hossein wecken. Gemeinsam überprüften sie all die Gräben, in denen wir unter Blättern die Flaschen verborgen hatten. Aus den etwas zu auffälligen Verstecken entfernten sie die Flaschen, hoben eine tiefere Grube aus, legten alles wieder hinein und warfen Erde darüber. Über eine Stunde arbeiteten sie in der kalten Morgenluft, während ich mich auf das Gefängnis vorzubereiten begann. Das meiste, was ich über Gefängnisse wußte, stammte von meinem Onkel Kurosh, doch überall in unseren Kreisen hörte man die furchtbarsten Horrorgeschichten. Die den Weg zurück in die Freiheit geschafft hatten, berichteten von kalten, dunklen Zellen, wenig zu essen und keiner Verbindung zur Außenwelt.

Ich bereitete mich auf die einzige mir bekannte Art und Weise vor. Zuerst nahm ich ein ausgedehntes, heißes Bad und wusch mir mehrere Male die Haare. Im Gefängnis konnte ich das vielleicht lange Zeit nicht mehr. Dann entfernte ich meinen Nagellack und schnitt meine Nägel ganz kurz. Im neuen Iran wurden lange Nägel als Zeichen für soziale Degeneration betrachtet. Ich legte das bißchen Schmuck ab, das ich trug: meine Ringe und die kleine Goldkette mit den vier einkarätigen Diamanten, die Bijan mir zur Hochzeit geschenkt hatte. Ich band mein Haar zu einem Knoten zusammen und inspizierte mein Gesicht im Spiegel, um sicher zu sein, daß keine Spuren von Make-up – den verräterischen Zeichen meiner Verdorbenheit – mehr zu sehen waren. Das Gesicht, das mich aus dem Spiegel anstarrte, war blaß, die Augen vom Weinen verquollen, die Lippen verkniffen. Jetzt schon war ich ein Mensch, den ich kaum wiedererkannte.

Dann kleidete ich mich an. Zuerst zog ich meine seidene Skiunterwäsche an, gefolgt von einem Pullover, einer Strickjacke, einem langen Wollrock und darüber noch mal einen Sweater. Aus meiner Garderobe suchte ich mir die ältesten, dunkelsten Sachen; ich wollte nicht unnötig Aufmerksamkeit auf mich lenken. Schließlich zog ich meine wärmsten Stiefel an. Da ich nicht wußte, wann das Komiteh mich verhaften würde, hielt ich mich ab 8 Uhr bereit.

Eigentlich hätte ich meinen Arzttermin wahrnehmen müssen, doch ich wollte noch so viel Zeit wie möglich mit Farhad verbringen. Freunde hatten mich besuchen und bei der Ankunft des Komitehs bei mir sein wollen, aber das hatte ich nicht zugelassen. Ich nahm an, das Komiteh überwachte bereits das Haus. Möglicherweise gefiel es ihnen nicht, wenn zu viele Leute anwesend waren.

Seemin allerdings rief ich an. Von all meinen Freunden und Verwandten wohnte sie mir am nächsten. Seit unserer Kindheit waren wir Freundinnen, und ich hatte oft mit ihr ganze Nachmittage verplaudert. Ich brauchte ihren gesunden Menschenverstand, ihre ruhige Unterstützung. Als ich anrief, zögerte sie keine Sekunde; sie würde sofort herüberkommen, obwohl sie selbst einen sechsjährigen Sohn hatte. Innerhalb von Minuten standen die beiden vor meiner Haustür. Ich umarmte sie immer wieder, konnte sie gar nicht loslassen. Selbst Farhad schien etwas munterer zu werden, als er seinen kleinen Freund sah.

Seemin trug etwas unter dem Arm, was wie ein zusammengerolltes, großes Blatt aussah. Ich mußte lachen, als sie es mit verschwörerischer Geste entrollte. Es war ein Poster, auf dem Khomeini mit einer seiner finstersten Mienen zu sehen war.

»Hier, häng das in deinem Wohnzimmer auf«, sagte sie. »Damit wirkst du wie eine gute islamische Revolutionärin. Sie lieben so was.«

Gegen neun Uhr morgens klopfte es an der Tür. Waren sie bereits gekommen? Dann fiel es mir ein; ich eilte zur Tür, vor der Mansoureh, meine Masseuse, stand.

»Mansoureh, ich hatte ganz vergessen, daß du kommst.«

»Was ist mit Ihnen passiert?« Ihr freundliches, altes Gesicht war voller Besorgnis. »Sie schauen schrecklich aus. Was haben Sie durchgemacht? Ist jemand von der Familie gestorben? Warum sind Sie so gekleidet?«

Ich war entschlossen, nicht die Beherrschung zu verlieren.

»Es ist das Komiteh. Sie kamen letzte Nacht. Sie wollen mich verhaften.«

»Uh! Sie haben nichts anderes zu tun, als Witwen zu terrorisieren. Aber machen Sie sich keine Sorgen, sie werden Sie nicht mitnehmen.«

»Mansoureh, du mußt gehen. Ich weiß nicht, was sie denken, wenn sie dich hier finden. Vielleicht halten sie mich für irgendeine Prostituierte. Jeder, der mit mir in Verbindung steht, ist verdächtig.«

»Ich? Sie verlassen? Ha! Glauben Sie, ich habe Angst vor diesen Leuten? Ich bleibe hier und komme mit Ihnen, wenn Sie verhaftet werden. Mal sehen, ob sie mich daran hindern können. Und jetzt müssen Sie zuerst mal was essen. Sie schauen aus, als hätten Sie seit Tagen nichts mehr gegessen.« Ihre Stimme klang stark und beruhigend.

Tatsächlich hatte ich den größten Teil der Nacht im Badezimmer mit Durchfall, ausgelöst durch meine Nervosität, zugebracht. Und mein Magen behielt nichts bei sich.

»Ich glaube nicht, daß ich was essen könnte. Wirklich nicht.«

»Ein paar Rühreier reichen schon. Leicht und nahrhaft. Das wird Sie auf den Beinen halten. Etwas Vernünftiges kriegen Sie dort drinnen nicht zu essen, das ist mal sicher.«

Unter ihrem Kommando schaffte ich es, die Eier und auch ein bißchen Brot zu essen. Dann bauten wir drei die gesäuberten Magazine und Filme sorgfältig neben der Tür auf. Irgendwann bemerkte ich, daß ich immer noch meine goldene Rolex-Uhr trug.

»Die kann ich im Gefängnis nicht tragen. Zu auffällig. Aber ich möchte in jeder Sekunde, die ich dort drin verbringe, wissen, wie spät es ist.«

Mansoureh nahm sofort ihre eigene verschrammte Uhr ab und gab sie mir.

»Hier, nehmen Sie die. Und machen Sie sich keine Gedanken, wenn sie Ihnen gestohlen wird.«

Als wir mit den Vorbereitungen fertig waren, gingen wir in die Küche und warteten. Ich marschierte auf und ab, murmelte unverständliche Sätze vor mich hin und weinte. Immer noch riefen Freunde und Verwandte an. Alle versuchten, mich zu beruhigen. Da das Komiteh bereit gewesen war, mich zum Doktor gehen zu lassen, würden sie mich vielleicht gar nicht abholen. Vielleicht hatten sie mir nur einen Schrecken einjagen wollen. Sie hatten mich den Alkohol und die Karten vernichten lassen, nicht wahr? Was wollten sie sonst noch erreichen, fragten meine Freunde. Doch tief in meinem Inneren wußte ich, daß sie sich täuschten. Ich wußte, daß das Komiteh kommen würde. Um zwei Uhr nachmittags klopfte es an der Tür.

Zu dritt gingen wir zur Tür, die Kinder hinter uns her. Wieder standen zwei fremde Männer davor, doch diesmal erkannte man sie auf den ersten Blick als Komiteh-Mitglieder. Die beiden jungen Männer trugen Kampfanzüge, dunkle Krausbärte und Automatikgewehre. Ich frage mich, was sie wohl bei unserem Anblick gedacht haben mußten: drei unterwürfige Frauen, die Köpfe mit Tüchern bedeckt, und zwei an ihren Beinen zerrende kleine Jungs. Was konnten wir denn schon getan haben, das eine Verhaftung rechtfertigte?

»Sousan Azadi.«

»Ja.«

»Wir sind gekommen, um Sie zu verhaften.«

»Bitte treten Sie ein.«

Sie marschierten ins Haus und schauten sich um. Sie schienen überrascht. Vielleicht hatten sie etwas anderes erwartet. Nachdem sie kurz vor dem Poster von Khomeini stehen geblieben waren, schlenderten sie ein bißchen herum.

»Haben Sie etwas Illegales im Haus?« erkundigte sich einer von ihnen.

»Nein. Gar nichts.«

»Ihr Haus wurde letzte Nacht durchsucht?«

»Ja.«

»Was wurde gefunden?«

»Oh, sehr wenig, sehr wenig. Nur ein paar Magazine, ein paar Filme. Ich hab' sie hier.« Ich deutete auf den Stapel neben der Tür. Sie schienen nicht so recht zu wissen, was sie mit mir anfangen sollten, deshalb bot ich ihnen Erfrischungen an. Ich war entschlossen, höflich zu sein. Die Taghouti machten für gewöhnlich den Fehler, das Komiteh schlecht und von oben herab zu behandeln – und das Komiteh haßte sie dafür. Doch es überraschte mich trotzdem, daß sie einen Tee annahmen. Komiteh-Mitglieder, so hatte ich gehört, nahmen im Dienst nur selten Speisen oder Getränke an, da sie Angst hatten, von zornigen Opfern vergiftet zu werden.

Es war ein merkwürdiges Gefühl für mich, zwei bewaffneten Fremden gegenüber die perfekte Gastgeberin zu spielen. Sie tranken ihren Tee im Stehen; dann begannen sie, ohne um Erlaubnis zu fragen, das Haus zu durchsuchen. Ich hatte den Eindruck, sie taten es mehr aus Neugier als aus der Hoffnung heraus, etwas Belastendes zu finden. Wir wagten kein Wort zu sagen und schauten schweigend zu.

Nach etwa zwei Stunden entschlossen sie sich, ihr Hauptquartier anzurufen und mit dem Mann zu sprechen, der das Haus gestern nacht durchsucht hatte. Er war bei der Bon-yad-Monkerat. Das war ein gewaltiges, mächtiges Komiteh; andere Komitehs waren für spezielle Bezirke der Stadt verantwortlich, doch dieses Komiteh mit Hauptquartier mitten in der City war für ganz Teheran zuständig. Zu seinem Aufgabenbereich gehörten Ermittlungen in Sachen Prostitution, Drogen, Alkohol und Glücksspiel; außerdem gingen sie Anzeigen über dekadente Partyveranstaltungen nach. Andere Komitehs konzentrierten sich vielleicht auf die politische Reinheit der Nation, verhafteten verdächtige Kommunisten und subversive Elemente, doch dieses Komiteh war für die Moral der Revolution verantwortlich. Wer hatte mir nachspioniert? Wer hatte sich über mich beschwert? Ich konnte mich nur wundern.

»Hassan. Nun, wir sind hier. Wir sehen nichts Unrechtes. Sollen wir die Frau nun verhaften oder was?«

Selbst aus einigen Schritt Entfernung konnte ich Hassans wütende Stimme hören.

»Du Idiot. Was habt ihr den ganzen Nachmittag getan? Bringt sie sofort her. Wir warten. Warte! Sie soll ans Telefon kommen. Auf der Stelle.«

Ich erkannte sofort die tiefe Stimme des Mannes, der in der vergangenen Nacht etwas freundlicher zu mir gewesen war. Doch nun war er wütend. Er beschuldigte mich, ich versuche die beiden Männer hinzuhalten, und warnte mich, daß alles nur noch schlimmer werden würde, wenn ich nicht sofort im Hauptquartier erschiene. Ich hatte so sehr gehofft, daß sie einfach wieder gehen würden; das Komiteh handelte oft chaotisch und ohne erkennbaren Sinn. Doch jetzt wurden die beiden Männer sehr sachlich und geschäftig. Ich sollte mich zum Aufbruch bereitmachen. Mansoureh kam auf mich zu und umarmte mich.

»Der kleine Junge und ich gehen mit ihr. Ich lass' sie nicht allein gehen.«

»Niemand kann mit ihr gehen«, sagte der Komiteh-Mann. »So sind die Gesetze. Sie muß allein gehen.«

Farhad erkannte, daß ich fortgeführt werden sollte, und klammerte sich mit der ganzen Kraft seiner kleinen Fäuste an meine Kleidung. »Ich will auch gehen, Mami. Ich auch. Verlaß mich nicht, bitte, verlaß mich nicht.«

Sein Schluchzen muß einige Wirkung auf sie gehabt haben, denn nach einer Weile gaben sie nach.

»Also gut«, sagte der eine. »Sie können bis zum Gefängnistor mitkommen. Aber nicht weiter.«

Dankbar für diesen Trost umarmte ich Seemin, verabschiedete

mich von ihr und schaute mich ein letztes Mal im Haus um. Selbst wenn ich zurückkehrte, würde mir mein Haus nie wieder als Zufluchtsstätte erscheinen, das wußte ich. Als wir zu dem wartenden Komiteh-Wagen hinausgingen, erschienen Jalal Agha, seine Frau und die Kinder und winkten mir zum Abschied schweigend zu. Wir kletterten auf den Rücksitz eines hellgrauen Paycan mit der großen, weißen Aufschrift KOMITEH und riesigen Lautsprechern auf dem Dach.

Weil die Automatikgewehre nicht in das Auto paßten, setzten sich die beiden Männer vorn hin und ließen die Läufe aus den Fenstern ragen. Kaum waren wir losgefahren, da stellten sie die Lautsprecher an, und der durchdringende Singsang eines Mullahs füllte die Luft.

Der Wagen fuhr Richtung Süden, die Hügel hinab auf die Stadt zu, aber wir wußten immer noch nicht, wohin sie uns brachten. Allmählich ließen wir die ruhigen Vororte Shemiran und Saltanatabad mit ihren großen Häusern und üppigen Gärten hinter uns zurück und tauchten in das Chaos der Stadt ein. Unterwegs blieben die Menschen stehen, um in den Wagen zu starren; ich konnte die Fragen in ihren Gesichtern und das Mißtrauen in ihren Augen sehen. Was hatten diese beiden Frauen getan? Prostitution wahrscheinlich. Oder sie waren Kommunistinnen. Höchst selten entdeckte ich einen Schimmer von Mitgefühl oder sogar Zorn über das Regime.

Wir waren eine halbe Stunde gefahren, und es wurde allmählich dunkel, als wir vor einem eleganten Herrschaftshaus in der Takhtejamshid Avenue ankamen. Ich kannte dieses große, dreistöckige Stuckgebäude mit Swimmingpool und dem ausgedehnten, hinter Mauern versteckten Garten. Es hatte einer reichen iranischen Familie gehört, die kurz nach Khomeinis Machtübernahme enteignet worden war. Ich hatte die Familie nie persönlich kennengelernt, doch jetzt beneidete ich sie darum, daß sie das Land rechtzeitig verlassen hatten. Der Fahrer parkte neben einem seitlichen Garteneingang. Ich konnte einen Blick auf den einst wunderschönen, mittlerweile unkrautüberwucherten Garten werfen; der Pool war ohne Wasser und voller Laub.

»Wird Zeit, daß wir hineingehen«, sagte der Fahrer.

Bei diesen Worten begann Farhad zu wimmern. Mansoureh machte sich bereit.

»Wir gehen auch hinein.«

Doch diesmal war klar, daß die beiden Männer nicht nachgeben würden. Ich wandte mich ihr zu.

»Es ist kalt draußen. Steht nicht herum. Siehst du den kleinen Lebensmittelladen auf der anderen Straßenseite? Geh da rein, und warte ungefähr eine halbe Stunde auf mich. Bin ich dann noch nicht wieder draußen, dann bringst du Farhad nach Hause.«

Selbst jetzt noch war sie unerschütterlich.

»Machen Sie sich wegen Farhad keine Sorgen. Ich kümmere mich um ihn. Und ich bringe meinen Sohn zu ihm rüber, damit er ein bißchen Gesellschaft hat.«

Ich umarmte Farhad ein letztes Mal, dann führten mich die beiden Männer einen Weg entlang durch den Garten bis zu den Stufen des Herrschaftshauses.

Als wir das Monkerat-Gefängnis betraten, sah ich einen langen, breiten Flur vor mir, in dem sich bewaffnete Männer drängten, während Mullahs mit Turban zielbewußt durch die Türen der zahlreichen Büros kamen. Von den Gewehren, den Kampfanzügen und den Bärten abgesehen hätte es irgendein beliebiges Großbüro mit seinem von zuviel Papierkram verursachten Chaos sein können. Ich war zu verängstigt, um viel mitzubekommen, doch ich merkte schnell, daß nirgendwo eine Frau zu sehen war. Die beiden Männer führten mich zu einer kleinen Treppe rechts vom Eingang. Wir stiegen in den dritten Stock hinauf und gingen einen weiteren langen Gang hinunter. Diesmal führten mich die Männer zu einer Doppeltür. Sie klopften höflich. Dies schien das Büro des Komiteh-Leiters zu sein.

Jemand sagte: »Kommt rein.« Meine Eskorte öffnete die Tür, und ich betrat ein großzügiges Speisezimmer mit großen Fenstern, das in ein Büro verwandelt worden war. Nur zwei Schreibtische standen in dem Raum; links arbeitete ein Mann in einem Aktenstapel, und in der Mitte saß ein weiterer Mann hinter einem schlichten Holzpult und studierte ebenfalls Akten. Ein älterer, etwas vornehmer wirkender Mann beugte sich über seine Schulter und erklärte ihm dieses oder jenes. Jetzt also stand ich endlich vor dem Komiteh-Chef. Als ich mich näherte, blickte der sitzende Mann auf. Ich bekam einen Schock. Es war Hassan – der Mann, der mein Haus durchsucht hatte. Ein Teil von mir fühlte sich erleichtert: Er war schon einmal nett zu mir gewesen –

vielleicht war er es wieder. Ein anderer Teil von mir fragte sich, was ich getan hatte, daß ich einen persönlichen Besuch vom Leiter des Komitehs verdient hatte. Was für eine Anzeige hatte seine Aufmerksamkeit erregt, wo er doch die ganze Stadt kontrollierte?

»Endlich sind Sie da«, sagte Hassan. »Wieso haben Sie so lange gebraucht? Haben die Männer alle Bänder und Filme mitgebracht?«

»Ja, ich glaube schon«, sagte ich und wandte mich, Zustimmung heischend, an meine beiden Begleiter. Immer noch klammerte ich mich an die Hoffnung, daß er mir lediglich ein paar Fragen stellen und mich dann laufen lassen würde.

»Ich habe alles vernichtet, so wie Sie es mir letzte Nacht befohlen haben. Warum bin ich hier? Ich habe nichts Unrechtes getan. Mein Kind wartet draußen. Bitte lassen Sie mich gehen.«

Ich war entschlossen, an seinen Stolz zu appellieren, und so wurde ich zu der verängstigten, demütigen Frau, die er vor sich sehen wollte. Ich versprach ihm, eine gute Moslemfrau zu sein. Ich versprach, nie wieder Männer in mein Haus einzulassen – nicht mal meinen Onkel, falls er es wünschte. Ich versprach meine totale Unterwerfung – ich würde alle tun, um hier herauszukommen und nicht die Nacht im Gefängnis verbringen zu müssen. Ich dachte, ich spiele ihm was vor, doch mittendrin merkte ich, daß ich meine Furcht nicht vortäuschen mußte und tatsächlich bereit war, all diese Dinge zu tun. Nachdem er mir fast abwesend eine Weile zugehört hatte, wandte er sich an meine Eskorte.

»Bringt sie nach unten. Bringt sie nach unten.« Ich spürte, wie mir das Blut ins Gesicht schoß.

Meine beiden Wächter führten mich hinaus, zwei Treppen hinab in ein Büro im Erdgeschoß. Der Raum war überfüllt, vollgestopft mit Reihen von kleinen Schreibtischen, hinter denen jeweils ein Mann saß. Die Wände waren mit gigantischen Postern von Khomeini bedeckt, der unversöhnlich auf uns herabstarrte. Dies war das Verhörzimmer; ich konnte die Stimmen der Fragenden hören, scharf und zornig, und die ihrer Opfer, gedämpft und manchmal voll panischer Angst. Ich mußte mich vor einen Schreibtisch stellen. Vor mir saß ein bärtiger, korpulenter, ungefähr fünfzigjähriger Mann. Selbst auf die Entfernung hin roch ich seinen Schweiß. Ohne aufzublicken, bellte er: »Wer ist das?«

Meine Begleiter erstatteten ihm Bericht, doch es war offensichtlich, daß er bereits Bescheid wußte. Auf einem Aktenstoß lag eine Akte mit meinem Namen darauf, und er war eindeutig über meine Vergehen informiert. Noch einmal ging er mit mir die in meinem Hause sichergestellten Beweisgegenstände durch. Doch nach einigen beiläufigen Bemerkungen über Alkohol und Karten wandte er sich einem Thema zu, mit dem ich am wenigsten gerechnet hätte: den Benzincoupons.

»Haben Sie sich endlich entschlossen, uns den Namen des Fahrers zu geben, von dem Sie die Coupons gekauft haben? Sie wissen, daß Sie es uns früher oder später doch sagen müssen. Sie und Ihre Sorte, ihr glaubt, ihr könnt euch alles kaufen, was sich andere Leute nicht leisten können. Ich will seinen Namen und die Farbe seines Autos.«

»Ich habe dem Komiteh bereits erklärt, daß ich den Namen des Mannes nicht kenne. Ich erinnere mich auch nicht an die Automarke – ich weiß nur noch, daß es ein roter Wagen war. Das ist alles.«

»Hören Sie, Sie bleiben im Gefängnis, bis Sie sich erinnern. Haben Sie verstanden?«

Ich begann ihn anzuflehen, doch die Worte vertrockneten mir im Munde. Er gab jemandem hinter mir ein Zeichen. »Bring sie weg. Vielleicht überlegt sie es sich noch.«

Eine Frau mit einem schweren, schwarzen Tschador, deren Gesicht noch zusätzlich unter einem Tuch versteckt war, packte mich am Arm und führte mich aus dem Raum. Ich dachte an Mansoureh und Farhad, die drüben in dem kleinen Laden auf mich warteten. Ich war jetzt seit ungefähr fünfundvierzig Minuten hier. Würden Sie immer noch auf mich warten? Ich schaute die Frau an, versuchte einen Hauch von Freundlichkeit zu entdecken.

»Mein kleiner Junge. Er wartet auf der anderen Straßenseite. Bitte, ich muß zu ihm und ihm sagen, was passiert ist. Er muß wissen, daß mit mir alles in Ordnung ist.«

»Das kann ich nicht erlauben. Von hier darf niemand weg.«

»Bitte, lassen Sie mich nur gehen und es ihm sagen. Bitte haben Sie Mitleid mit einer jungen Mutter.«

»Was steht ihr da noch rum?« rief der Vernehmungsbeamte, als er uns miteinander reden sah. »Verschwindet.«

Die Frau griff schnell nach meinem Arm und führte mich zur Tür.

Ich begann zu zittern und zu weinen, flehte sie an, meinem Sohn eine Nachricht zu überbringen. Als sie mich die Treppen hinab in den Keller führte, flüsterte sie mir ins Ohr. »Wenn ich erwischt werde, bekomme ich Schwierigkeiten. Aber ich laufe dann gleich hinüber und sage ihnen, daß Sie hier bleiben müssen. Sagen Sie kein Wort.«

Ich wollte ihr danken, aber sie brachte mich zum Schweigen.

Noch bevor wir die letzte Stufe erreicht hatten, konnte ich den menschlichen Schweiß in der feuchten, kalten Luft riechen. Am Eingang zu einem langen Flur standen mehrere Wachen, junge Frauen, die ihre Muskeln nicht mal unter alles verdeckenden, dicken Tschadors verbergen konnten. Nachdem sie mich mit gelangweilten Blicken kurz durchsucht hatten, wandten sie sich ab. Bloß noch eine Frau, die die Dunkelheit und Kälte des Kellergeschosses betrat. Rechts im Flur stand ein langer, flacher Tisch mit Glasplatte, der mit den Texten von Khomeinis Ansprachen belegt war. In einem Alkoven stand ein Bett in leuchtendem Rot – ein schöner Anblick für mich in der Düsternis des Kellers – ein sauberes, plastikrotes Bett. Doch dann bemerkte ich entsetzt die Bänder, die an den Seiten herabbaumelten – Bänder, um Arme und Beine festzuschnallen. Das Bett zum Auspeitschen! Ich wandte mich ab. Meine Wache führte mich den Flur entlang. Zu beiden Seiten gab es einen Eingang zu einem Raum, vor dem ein Baumwollvorhang hing. Sie wandte sich dem ersten Eingang links zu und teilte den Vorhang. Ich zuckte entsetzt zurück und schaute mich verzweifelt um; ein Stück weiter den Flur entlang stand eine Reihe von Stühlen.

»Kann ich nicht hier draußen auf den Stühlen bleiben? Ich bin nur kurze Zeit hier.«

Eine der jüngeren Wachen unten im Gang blickte auf und rief: »Rein da.« Dann kam sie auf mich zu und stieß mich durch den Vorhang. Es dauerte eine Weile, bis sich meine Augen an das Halbdunkel gewöhnt hatten. Allmählich erkannte ich die Umrisse eines großen Raumes – ungefähr fünfzig Fuß lang und dreißig breit –, der mit auf dem Boden kauernden Frauen gefüllt war. Dutzende von Augenpaaren schauten kurz auf und wandten sich dann wieder ab. Viele Frauen trugen den Tschador, andere die traditionelle Garderobe der ganz Armen – weite Baumwollhosen mit einem fadenscheinigen Baumwolloberteil. Alle trugen zumindest ein breites Stirnband, um den Kopf und einen Teil des Gesichts zu bedecken. Die mageren Arme und Beine und die hervorquellenden Bäuche der meisten Frauen deuteten auf Unterernährung hin, ein Anblick, den ich nur aus dem Fernsehen kannte. Einige scherzten und lachten heiser auf: gelegentlich blitzte in den aufgerissenen Mündern ein Goldzahn auf.

Es gab zwar einige Fenster, doch die waren so hoch angebracht, daß für uns die Außenwelt unsichtbar blieb. Der Boden war mit einem dünnen, grauen Teppich bedeckt, der quietschende Töne von sich gab, als ich den Fuß darauf setzte. Die Gerüche vom Mittagessen hingen immer noch in der Luft und vermischten sich mit dem Geruch von Frauen, die sich lange nicht mehr gewaschen hatten. Unwillkürlich erschauerte ich – vielleicht lag es an der feuchtkalten Luft, vielleicht am Anblick der vielen zusammengedrängten Frauen, die entweder mit leeren Gesichtern vor sich hin starrten oder sorglos, aber auch unbarmherzig lachten.

Links von mir entdeckte ich eine leere Ecke im Raum und ging darauf zu. Plötzlich stieß eine der Frauen ganz in meiner Nähe ein lautes Geheul aus. Sie sprach persisch, aber mit einem so groben Akzent, wie ich ihn noch nie gehört hatte.

»Zieh die dreckigen Stiefel aus. Für wen hältst du dich, daß du mit Schuhen dort herumtrampelst, wo andere beten?«

Ich schaute in die Richtung, in die sie deutete, und entdeckte am Eingang des Raumes einen Haufen Sandalen und Schuhe. Schnell zog ich meine Stiefel aus und spürte sofort, wie die Feuchtigkeit des Teppichs durch meine dicken Socken drang. In der Hoffnung, daß mich niemand beachten würde, klemmte ich mir meine Stiefel unter den Arm und begab mich in die hinterste Ecke des Raumes. Dort fand ich ein kleines Fleckchen Zement, das nicht vom Teppich bedeckt wurde; hier stellte ich meine Stiefel ab. Die Frauen um mich herum nachahmend, rollte ich mich auf dem Boden zusammen.

Von meinem Schlupfwinkel aus schaute ich mich verstohlen um, wobei ich die Blicke der anderen Frauen mied. Auf gar keinen Fall wollte ich Aufmerksamkeit erregen, wollte irgendwelchen Fragen, wer ich war und was ich hier tat, aus dem Weg gehen. Es war durchaus möglich, daß meine Mitgefangenen die Taghouti ebenso haßten, wie es Khomeini tat. Jede Frau schien eine Decke zu besitzen, die als Matte für ein Bett, als Zudecke oder als Kopfkissen verwendet wurde. Nur eine Decke für jeden, und allem Anschein nach waren sie dreckig und stanken. Ganz gleich, wie sehr ich fror, ich hatte nicht die Absicht, eine derartige Decke zu benutzen. Ich zog meinen Mantel aus und deckte mich mit ihm zu; dann zog ich vorsichtig wieder meine Stiefel an.

Doch für die anderen Gefangenen waren die Decken kostbar. Zwischen zwei Frauen brach wegen des Besitzes einer Decke ein Kampf aus. Sie standen sich in der Mitte des Raumes gegenüber, beschimpften sich gegenseitig und begannen sich dann zu stoßen, zu treten und zu kratzen. Wegen des Aufruhrs kam eine Wache herein, die die beiden mit einer einzigen Drohung zum Schweigen brachte: sofortige Ruhe oder . . .

Als die alte Routine wieder eingekehrt war, fiel mir auf, daß alle gleichzeitig zu reden schienen. Es war, als würde jede Frau die Geschichte ihrer Probleme und Sorgen erzählen. Einige machten Witze, als wären sie das Gefängnis gewohnt. Andere weinten schrecklich. Direkt links von mir verkroch sich eine Frau unter ihrem Tschador. Obwohl sie von niemandem beachtet wurde, erzählte sie immer wieder von ihren Sorgen, wobei sie vor und zurück schaukelte wie ein verlorenes Kind.

»Warum haben sie mich hierhergeschleppt?« fragte sie. »Warum wurde ich verhaftet? Warum?«

Rechts von mir weinte eine sehr junge Frau – sie mochte vielleicht vierzehn oder fünfzehn sein –, die sich im letzten Stadium der Schwangerschaft befand, leise vor sich hin. Sie trug ein leichtes Baumwollkleid. Ab und zu umklammerte sie ihren geschwollenen Bauch, als wollte sie irgendeinen Schmerz – vielleicht eine Wehe – lindern. Mit ihren dünnen, hellbraunen Haaren und den großen, haselnußbraunen Augen sah sie noch verletzlicher aus. Auch sie stöhnte leise vor sich hin: »Was hab' ich denn Unrechtes getan? Wo ist mein Mann? Warum bin ich hier?«

Sie sprach türkisch, die einzige ihr bekannte Sprache, wie sich herausstellte, und sie stammte ganz offensichtlich aus einem Dorf, nicht aus Teheran.

Die restlichen Gefangenen beachteten die beiden weinenden Frauen nicht. Wir drei waren zuletzt hinzugekommen – aus irgendeinem Grund hatten wir alle Zuflucht in der gleichen Ecke gesucht. Ich konnte hören, wie in der Mitte des Raumes einige Frauen Geschichten erzählten, die an keine bestimmte Person gerichtet waren. Sie hockten einfach da, schauten zur Decke hoch und redeten wie alte Geschichtenerzähler, die sich nicht um ihr Publikum kümmern, sondern für die nur wichtig ist, daß die Geschichte erzählt wird.

Eine zahnlose Frau in mittleren Jahren fing an.

»Sie töteten diese kleine, dunkle Frau erst vor kurzem. Sie riefen sie hinaus, in den Garten. Dann töteten sie sie. Erschossen sie, jawohl, und wir alle hörten den Schuß.«

Eine andere Frau in weiten Baumwollhosen mischte sich ein.

»Sie töteten eine Frau. Sie war vielleicht im dritten oder vierten Monat schwanger. Sie hätten warten sollen, bis das Baby geboren war. Doch sie wollten nicht warten. Sie brachten sie in den leeren Swimmingpool. Dann haben sie sie erschossen.«

Eine andere Frau deutete auf ein junges Mädchen ganz in meiner Nähe. Mit ihren für eine iranische Frau ungewöhnlich kurzen Haaren wirkte das Mädchen sehr männlich; auch es trug die geblümten Hosen der ärmeren Frauen der Stadt. »Wißt ihr, was ihre Strafe ist?« fragte die Frau. »Der Tod. Sie ist verheiratet, und man hat sie mit einem anderen Mann erwischt.« Das Opfer selbst schien unbesorgt. Sie scherzte mit der neben ihr sitzenden Frau. Vielleicht genoß sie ihren kurzen Ruhm.

Die Geschichten gingen weiter und weiter. Über Auspeitschungen, spurloses Verschwinden und über die Grausamkeit der jungen weiblichen Wachen. Nach einer Weile begann ich zu ahnen, daß es den Frauen ein furchtbares Vergnügen bereitete, den Neuankömmlingen von den Schrecken dieses Gefängnisses zu berichten. Und allmählich dämmerte es mir, daß ich von Glück reden konnte, wenn ich mit einer schlichten Auspeitschung davonkäme.

Gigantische Poster an den Wänden des Raumes sorgten dafür, daß wir Khomeini nicht vergaßen. Zitate aus seinen Ansprachen waren in Großdruck an die Wand geklebt, und in Zeichnungen wurden die verschiedenen Positionen vorgeführt, die man beim Gebet einzunehmen hatte. Ich erinnerte mich an Erzählungen meines Onkels Kurosh, daß von den Insassen im Gefängnis oft verlangt wurde zu beten, als Beweis dafür, daß sie wahre Moslems waren. Ich hatte nie gelernt, das *Namoz* zu beten. Verstohlen versuchte ich das Gebet zu

213

sagen und die verschiedenen Haltungen einzunehmen. Wer wußte schon, wie viele Spione sich im Gefängnis befanden? Und wann von mir ein Gebet verlangt wurde? Ich war so verängstigt, daß ich mich kaum konzentrieren konnte, aber die Anstrengung half mir wenigstens, meine Ängste zu verdrängen.

Bald hatte ich meinen ersten Zusammenstoß mit den Wachen. Meine Körperfunktionen waren immer noch durcheinander, und ich mußte dringend auf die Toilette. Auf Zehenspitzen schlich ich auf den Gang hinaus und hielt nach einer Wache Ausschau.

»He, du«, schrie eine Wache. »Wohin willst du denn?«

Ich schaute sie an. Sie konnte nicht viel älter als achtzehn sein.

»Schwester, ich muß auf die Toilette. Könntest du mir bitte zeigen, wo sie ist?«

»Sag nicht ›Schwester‹ zu mir«, warnte sie mich und wandte sich dann lachend den anderen Wachen zu. »Da haben wir eine ganz Wohlerzogene, Mädchen. Den Flur runter links. Aber beeil dich, sonst komm ich und zieh dich raus.«

Wo hatten sie solche Frauen aufgetrieben? Kaum älter als Schulmädchen und schon so gemein. Ich fand die Toilette; ums Haar wäre mir von dem Dreck und dem Gestank schlecht geworden. Es gab ein kleines, verstopftes, mit schmutzigem Wasser gefülltes Waschbekken. Wasser tropfte auf den feuchten, glitschigen Fußboden. Die Kabine mit dem im Iran üblichen Stehklo war mit menschlichem Kot verschmiert. Wenn in dem anderen Raum weiter unten genauso viele Frauen gefangen waren, dann mußte diese Toilette für annähernd 130 Frauen ausreichen. Schnell ging ich wieder raus.

Nach einer Weile – so gegen 7 Uhr 30 abends – brachten die Wachen das Abendessen. Sie verteilten kleine Plastikschüsseln mit einer merkwürdig riechenden Suppe; dazu gab es Löffel, die noch von der letzten Mahlzeit schmutzig waren. Ich hatte mein Essen noch nicht in Händen, da wußte ich bereits, daß ich es nicht hinunterbringen würde. Ich versuchte herauszukriegen, woraus die Suppe bestand. Es war anscheinend eine Mischung aus zwei Standardmahlzeiten, *Obqousht*, bestehend aus Fleisch, Kartoffeln und Erbsen, und *Osh*, bestehend aus kleinen Fleischbällchen und Grünzeug. Alle anderen oben hatten gegessen, und die Gefangenen bekamen nun die Reste – alles in einen Topf geworfen.

Die anderen Gefangenen waren nicht so pingelig. Gierig starrten sie das Essen an. Einige breiteten sorgfältig kleine Plastiktischdecken aus, andere holten aus zusammengeknüllten Stoffetzen kostbare Brocken alten, verschimmelten Brotes. Sie aßen mit Appetit und tiefer Befriedigung. Ich wandte mich ab, um nichts sehen zu müssen und um nicht gesehen zu werden.

Doch das junge, türkisch sprechende Mädchen bemerkte trotz ihres eigenen Elends, daß ich nichts aß.

»Schwester«, sagte es, »warum ißt du nichts? Du mußt essen, um stark zu bleiben.«

»Mach dir keine Sorgen. Ich bin satt. Ich habe gegessen, kurz bevor ich herkam.«

»Wenn du nicht ißt, dann bringe ich, glaube ich, auch keinen Bissen hinunter. Bitte iß.«

»Nein, wirklich. Ich kann einfach nicht.«

Sehr schüchtern sagte sie dann: »Nun, wenn du ganz sicher bist, daß du nichts willst, könnte ich es dann haben?«

»Aber natürlich, nimm nur. Du würdest mir eine Freude damit machen.«

Sie rutschte näher und setzte sich neben mich. Während sie die bescheidene Mahlzeit zu sich nahm, erzählte sie mir ihre Geschichte.

»Ich komme aus Aserbaidschan. Aus Ushchi. Ich bin gerade zehn Monate verheiratet. Jeden Tag kann jetzt mein Baby kommen. Vor zwei Tagen bot mir der Bruder meines Mannes an, mich im Auto mitzunehmen. Ich geriet in Versuchung. Ich komme praktisch nur einmal im Jahr aus dem Dorf raus, und ich hatte einfach Lust, mal was anderes zu sehen. Ich denke, ich hätte nicht gehen sollen. Er nahm noch einen Freund mit. Als wir aus dem Dorf draußen waren, vergewaltigten sie mich.«

In ihrer Stimme schwang immer noch etwas von der Überraschung mit, die sie bei dem Verrat eines Verwandten empfunden haben mußte.

»Ich wollte doch bloß ein bißchen in die Hügel fahren. Sie ließen mich dort zurück. Ich marschierte zurück – ungefähr zehn Meilen. Ich erzählte es meinem Mann. Mir war gar nicht in den Sinn gekommen, nichts zu sagen. Er wurde sehr wütend. Er brüllte mich an. Er drohte alle umzubringen. Er brachte mich den weiten Weg nach Teheran, um Anzeige zu erstatten. Das Komiteh verhaftete meinen Schwager und dessen Freund. Heute morgen bekamen sie achtzig Peitschenhiebe, dann ließ man sie laufen. Danach brachten sie mich hier herein. Ich weiß nicht, was sie mit mir vorhaben.«

Wieder begann sie zu weinen. Ich versuchte sie zu trösten, doch angesichts eines solchen Unrechts blieb kaum etwas zu sagen. Im Vergleich dazu kamen mir meine eigenen Probleme recht geringfügig vor.

Sichtlich bewegt von der Geschichte des jungen Mädchens aus Aserbaidschan, begann die Frau im Tschador, die heute nachmittag verhaftet worden war, uns von ihren Problemen zu erzählen.

»Was habe ich Unrechtes getan, frage ich euch? Ich fuhr lediglich in einem Taxi vom Markt heim. Ich saß vorn. Ein Mann stieg neben mir ein. Es war vorn sehr eng, und er legte seinen Arm über die Sitzlehne. Ungefähr so.« Sie zeigte, wie der Fremde seinen Arm über die Sitzlehne gelegt hatte. »Dann stoppte das Komiteh den Wagen. Aus keinem besonderen Grund. Sie wollten bloß alle kontrollieren. Nun, sie fragten mich: ›Bist du mit diesem Mann verwandt?‹ Ich sagte: ›Nein, er ist gerade ins Taxi gestiegen.‹ Und sie sagten: ›Das kann nicht sein. Schau nur, wie er dasitzt. Er muß dein Liebhaber sein.‹ Daraufhin verhafteten sie mich an Ort und Stelle. Den Mann verhafteten sie auch. Sie beharrten darauf, daß wir ein Liebespaar wären. Was soll mein Mann denken? Ich habe fünf Kinder zu Hause. Eins ist gerade drei Monate alt. Es braucht Milch. Meine Brüste sind schwer und voller Milch. Sie lassen mich nicht zu Hause anrufen. Wie sollen sie wissen, wo ich bin? Sie werden alle Krankenhäuser absuchen, weil sie glauben, ich hätte einen Unfall gehabt. Wie könnten sie erraten, daß ich im Gefängnis sitze?«

Auch sie fing an zu weinen und sich gegen die Brust zu schlagen. Ich murmelte einige unzulängliche Worte des Mitgefühls und verfiel dann in Schweigen.

Gegen 9 Uhr 30 abends kam eine der weiblichen Wachen in den Raum und rief meinen Namen.

»Sousan Azadi. Du wirst gewünscht.«

Schnell sprang ich auf. Endlich hatten meine Onkel eine Möglichkeit gefunden, mich hier herauszuholen. Ich mußte die Nacht nicht in diesem Elend zubringen. Ich wußte immer noch nicht, ob Farhad meine Nachricht erhalten hatte. Ich würde sofort nach Hause eilen und ihn trösten.

Ich wollte gerade hinaus, da sagte die Frau in dem schwarzen Tschador zu mir: »Du kannst nicht ohne Tschador gehen. Sie sprechen nicht mit dir, wenn du keinen trägst.«

Sie war so freundlich, ihren eigenen Tschador abzunehmen und mir zu reichen. Vorsichtig nahm ich ihn entgegen; zum erstenmal in meinem Leben würde ich nun freiwillig einen Tschador tragen. Die Revolution hatte mich endlich gezwungen, ihre Uniform zu tragen.

Als ich den Tschador überstreifte, spürte ich, wie sich etwas Schweres auf mich senkte. Ich war verborgen. Von Sousan Azadi war nichts mehr zu sehen; nichts mehr von den langen, blonden Haaren, die ich so gern im Wind flattern ließ, von den vollen Lippen, die ich immer in einem tiefdunklen Rosa malte; nichts von meinen schlanken Gliedern. Ich hatte mich stets sorgfältig gekleidet, um meine Handgelenke und Knöchel und die schmale Taille zu betonen. Selbst meine Augen, der einzige von mir noch sichtbare Teil, gehörten nicht länger mir. Sie waren vom Weinen verquollen, mit tiefen blauen Ringen darunter. Ich fühlte mich wie ein ans Licht gewöhntes Tier, das in einer Höhle gefangen war. Ich war nur noch eine weitere Moslemfrau, die in ihrem Tschador ihre eigene innere Welt versteckt trug.

Am Eingang angekommen, zog ich meine Stiefel an, die ich unter dem Tschador verborgen hatte. Die Wache führte mich ins Erdgeschoß in das Vernehmungszimmer. Jetzt waren weniger Menschen da; die beiden Männer, die mich jetzt verhörten, hatte ich noch nie gesehen. Nach der Kälte im Keller kam es mir in dem Raum hier sehr warm vor. Ein kleiner Gasbrenner war hier installiert. Ich war für die paar wärmenden Augenblicke dankbar.

Ich rechnete mit weiteren Beleidigungen von den Vernehmungsbeamten. Diesmal jedoch klangen ihre Fragen fast freundlich. Noch einmal hielten sie mir die Gründe für meine Verhaftung vor und erkundigten sich nach der Herkunft der Coupons und nach meiner Beziehung zu Kamal. Wieder erklärte ich ihnen, Kamal wäre nichts weiter als ein Geschäftsfreund, der mir seinen Rat angeboten hatte.

Ein Komiteh-Mann, der eine ganze Menge über meinen Fall zu wissen schien, war von der Antwort verwirrt.

»Aber wir haben uns mit dem betreffenden Gentleman unterhalten, und er hat uns versichert, daß er die Absicht hat, Sie zu heiraten, daß er Ihnen schon seit einiger Zeit den Hof gemacht hat und daß er Ihnen an diesem Abend einen Heiratsantrag machen wollte. Tatsächlich hat er sogar vorgeschlagen, wir sollten den Mullah holen, damit die Hochzeit gleich hier im Gefängnis stattfinden kann.«

Ich war schockiert. Was hatte Kamal vor? Was erzählte er diesen Männern von mir? Ich hatte nicht die Absicht, ihn zu heiraten. Versuchte er mich zu überrumpeln? Der Gedanke, hier im Gefängnis in eine Ehe gepreßt zu werden, erschreckte mich. Das Komiteh konnte, wenn ihm der Sinn danach stand, die Eheschließung zu einer Vorbedingung für meine Entlassung machen.

»Nein, nein«, versicherte ich ihnen hastig. »Wir haben nie über eine Ehe gesprochen, und ich habe ganz gewiß nicht den Wunsch zu heiraten. Mein Mann ist erst vor drei Jahren gestorben, und ich kenne den Gentleman nicht gut genug.«

»Wir werden das alles klären müssen, aber ich sehe keinen Grund, Sie noch länger aufzuhalten. Morgen werden Sie wahrscheinlich entlassen werden.«

Ich war so erleichtert, daß ich beinahe aufgesprungen und ihm die Hand geschüttelt hätte, doch dann fiel mir ein, wie beleidigt Hassan darauf reagiert hatte.

»Dürfte ich vielleicht jetzt gleich gehen? Mein kleiner Junge wartet auf mich. Er wird sich fragen, was mir zugestoßen ist.«

»Jetzt? Zu dieser Stunde? Eine gute Moslemfrau zu dieser Stunde auf der Straße? Unsinn. Wie sollten Sie nach Hause kommen?«

»Mit dem Taxi.«

»Mit dem Taxi? Eine Frau? Auf gar keinen Fall. Sie werden bis zum Morgen warten müssen.«

Ich versuchte sie zu überreden, aber sie gaben nicht nach. Dann stellten sie mir eine letzte Frage. »Was macht Ihr Vater?«

»Er lebt in Aserbaidschan. Er ist Großgrundbesitzer.«

Was für ein dummer Fehler. Ihre bis jetzt vergleichsweise freundliche Haltung wurde plötzlich bösartig. »So, Sie sind also die Tochter eines dreckigen, das Volk unterdrückenden Landbesitzers, eines Mannes, der das Land aussaugt, ja? Verschwinden Sie bloß nach unten. Sie werden entlassen, wenn wir es Ihnen sagen.«

Als ich unten ankam, verteilten die Wachen Decken an die Neuankömmlinge. Diesmal lehnte ich nicht ab. Selbst in Mantel und Stiefel fühlte ich die Kälte tief in meinen Knochen; alles tat mir weh, ganz egal, wie ich mich hinsetzte. Wieder brach ein Streit aus. Dadurch bemerkte ich, daß einige Frauen auf der anderen Seite des Raumes Kinder bei sich hatten. Eine Frau hatte ein Baby bei sich, das nicht älter als zehn Monate sein konnte; irgendwie hatte sie es geschafft, für das Kind eine Extradecke zu erhalten. Eine andere Gefangene beschuldigte sie, ihr die Decke gestohlen zu haben, und ein Kampf brach aus. Die Wachen brachten sie schnell wieder zur Vernunft. Dann entdeckte ich eine andere Frau mit einem dreijährigen Kind neben sich und einem winzigen Baby im Arm.

Ich war so schockiert, daß Kinder unter derartigen Bedingungen hausen mußten, daß ich einfach laut in den Raum rief: »Mein Gott, es gibt Kinder hier. Wie können sie so etwas machen?«

Ich sah Farhad in diesem dunklen, kalten Raum vor mir und wurde richtig zornig. Ich hatte das Glück gehabt, daß jemand da gewesen war, der sich um ihn hatte kümmern können; nur deshalb war es mir nicht so ergangen wie diesen unglückseligen Müttern.

Ich nahm meine Decke mit spitzen Fingern entgegen und benützte sie als Unterlage. Nicht weit von mir entfernt lag unbemerkt ein unerwartetes Geschenk – eine Extradecke. Ich schaute mich vorsichtig um; offensichtlich gehörte sie niemandem. Verstohlen griff ich danach und versteckte sie unter meinem Mantel. Nachdem ich sie zu einem Kissen zusammengerollt hatte, versuchte ich es mir so bequem wie möglich zu machen.

Doch hier konnte man kaum Ruhe finden. Die junge türkisch sprechende Frau kämpfte die ganze Nacht gegen ihre Schmerzen an, doch es gab keine Möglichkeit, die Wehen zu stoppen. In dem verzweifelten Versuch, ihr Stöhnen zu unterdrücken, zerbiß sie sich die Lippen und preßte beide Hände über den Mund, doch der Schmerz machte sich bemerkbar. Jedesmal, wenn sich ihrer Kehle ein Stöhnen entrang, richteten sich die Gefangenen auf und schrien sie an.

»Halt's Maul. Wer will dein Gejammer hören? Wenn du nicht still sein kannst, dann geh hinaus auf den Gang.«

»Jawohl, hinaus, hinaus, wir haben unsere eigenen Sorgen. Von deinen wollen wir nichts hören.«

Mit Mühe kam sie auf die Beine und schwankte auf den Gang hinaus. Ich wandte mich der Frau zu, die mir ihren Tschador geliehen hatte. »Wer sind diese Frauen? Wie können sie so gemein sein? Allein die Vorstellung, in dieser Hölle ein Baby zu bekommen. Sie braucht Mitgefühl, keine Flüche.«

Die Frau warf mir einen rätselhaften Blick zu. »Weißt du nicht, was das für Frauen sind? Das sind Prostituierte, Drogensüchtige. Das Komiteh hat sie gleich nach der Revolution zusammengetrieben. Diejenigen, die während der letzten drei Jahre nicht ständig hier waren, sind mehrmals entlassen und wieder verhaftet worden. Sie haben nicht mehr viel Mitgefühl übrig.«

Draußen im Gang stieß das schwangere Mädchen einen Schrei aus. Ich ging hinaus, um nach ihr zu sehen. Sie lief im Flur auf und ab, krümmte sich ab und zu zusammen und hielt sich an den Wänden fest, damit sie nicht umkippte. Ihr Gesicht war schmerzverzerrt. Wann immer die Wehen heftiger wurden, stieß sie einen Schrei aus. Was würden die Mullahs diesen beiden Kindern antun – dem bereits geborenen und dem noch ungeborenen? Bald schon begannen die Wachen sie ebenfalls zu verfluchen.

»Wenn du weiter so einen Krach machst, dann geh wieder zurück in den Raum«, sagte eine von ihnen. »Wir wollen dir bestimmt nicht die ganze Nacht zuhören.«

Das Mädchen kam wieder herein, vorsichtig den Körpern der auf dem Boden liegenden Frauen ausweichend. Eine Viertelstunde vor Mitternacht kam eine Wache herein und teilte uns mit, daß in fünfzehn Minuten das Licht ausgehen würde; sollte noch jemand auf die Toilette wollen, dann jetzt. Danach würden die Türen, die normalerweise offen standen, bis 6 Uhr früh zugemacht und abgesperrt. Ich rannte auf die Wache zu, eine junge Frau mit Pickelhaut und schlechten Zähnen, und erklärte ihr, daß ich ständig aufs Klo müßte.

»Das ist nicht mein Problem«, sagte sie. »Du kannst einmal raus, aber damit hat sich's. Und jetzt will ich keine weiteren Klagen hören.«

Punkt Mitternacht gingen die Lichter aus. Ich konnte das Geräusch der sich drehenden Körper hören, die eine bequeme Lage zu finden suchten, was es nicht gab. Die schwangere Frau legte sich neben mich, und ich konnte die Wärme ihres jungen Leibes spüren, wie von einem sanften Tier. Mit Gewißheit würde sie innerhalb der nächsten vierundzwanzig Stunden ein Kind zur Welt bringen, egal wie. Meine

Gedanken wanderten zu Farhad. Hatte die alte Gefängniswärterin ihnen gesagt, daß mit mir alles in Ordnung war? Daß ich nur für diese eine Nacht hier bleiben mußte? Ich hatte mich bei den Wachen wiederholt danach erkundigt, doch sie sagten, sie wüßten es nicht, und bald waren sie meiner Fragerei überdrüssig. Ich drückte mich in die kleine Ecke des Raumes und zog mir meinen alten Mantel bis unters Kinn hoch. In Gedanken malte ich mir schreckliche Bilder aus, was das Komiteh alles mit mir anstellen könnte. Mein Schicksal lag in den Händen von Männern, die Frauen haßten. Hier existierte so etwas wie Gerechtigkeit nicht, hier gab es nur die willkürlichen Regeln der Wachen. Noch während ich mich selbst beschimpfte, daß ich unter dem Khomeini-Regime solche Risiken eingegangen war, begann ich leise zu weinen. Die Geräusche der sich windenden Leiber und das leise Stöhnen der schwangeren Frau neben mir bewirkten nach und nach, daß ich das Gefühl hatte, mich immer weiter von der Realität zu entfernen. Seit vierundzwanzig Stunden hatte ich nicht mehr geschlafen. Ich hatte den ganzen Tag über fast nichts gegessen und getrunken. Alle in meinem Körper noch vorhandene Nahrung hatte ich längst ausgeschieden. Ich war so erschöpft und verängstigt, mein Kopf war so angefüllt mit realen und eingebildeten Schreckensbildern, daß ich mich kaum an den gestrigen Tag erinnern konnte, an dem das Leben noch so vielversprechend ausgesehen hatte. Aus der Finsternis des Raumes trieb ich langsam hinüber in die Finsternis des Schlafes.

ZEHNTES KAPITEL

Freiheit hat ihren Preis

Das Rad des Glückes ist ein wunderbar Ding:
Welchen stolzen Kopf wird es als nächsten
In den Staub stürzen lassen?

HAFIS

A*llah-u Akbar, Allah-u Akbar. La illah illah Allah . . .*
Gott ist der Größte. Gott ist der Größte. Ich lege Zeugnis ab, daß es keinen
Gott neben Gott gibt, und Mohammed ist sein Prophet . . .
Die Stimme des Muezzin, die uns aus den an den Wänden ange-
brachten Lautsprechern zum Gebet rief, riß mich um 6 Uhr früh aus
dem Schlaf. Einen Moment lang war ich verwirrt und wie gelähmt
von den lauten, durchdringenden Klagelauten. Doch schnell stürmten die Erinnerungen an den vergangenen Tag wieder auf mich ein.
Ich richtete mich auf und schaute mich um. Die anderen Gefangenen
begann sich zu rühren. Blasses Morgenlicht sickerte durch die hohen, dreckigen Fenster. Ich hörte, wie die Wachen die Tür zu unserem
Raum aufsperrten; eine von ihnen, die junge Frau mit dem pickligen
Gesicht, kam herein und brüllte, daß das Frühstück komme und daß
wir uns gefälligst beeilen sollten. Sie wollte gerade wieder hinausge-
hen, da schaute sie auf den Boden neben der Tür und begann fast
noch lauter als der Muezzin zu kreischen.

»Welches Schwein hat das getan?« sagte sie und zeigte auf den Boden. »Wer hat das getan? Wenn sich niemand meldet, werdet ihr alle
bestraft. Eure Zeit hier wird um drei Tage verlängert. Also raus mit
der Sprache.«

Ein lautes Gemurmel ertönte im Raum, und nach und nach sickerte
es bis in unsere Ecke durch, daß jemand neben die Tür gepinkelt
hatte. Irgendeine arme Frau hatte anscheinend nicht warten können,
bis die Tür geöffnet wurde. Genausogut hätte es mich treffen können. Jetzt würde es Ärger geben.

Die Gefangenen schauten einander an, und eine ganze Weile passierte nichts. Ich war zu weit entfernt, um alles genau mitzubekommen, doch nach ein paar Minuten führte die Wache eine der am ärmlichsten aussehenden Kreaturen ab. Ich weiß nicht, ob jemand sie denunziert oder ob sie sich selbst gemeldet hatte, um den anderen die Strafe zu ersparen. Sie war eine große, magere, offensichtlich unterernährte dreißigjährige Frau mit hervorquellendem Bauch und Knochen, die sich durch die Haut zu bohren schienen. Sie hatte fast keine Zähne und Haare mehr; bekleidet war sie mit langen, sackartigen Hosen und einem Mantel.

Sie war am Abend zuvor einige Stunden nach mir zusammen mit einer anderen Frau eingeliefert worden. Die Gefangenen erfuhren schnell, daß es sich bei ihnen um Prostituierte handelte, die in Gesellschaft einiger Männer direkt bei der Ausübung ihrer Tätigkeit erwischt worden waren und außerdem Heroin bei sich gehabt hatten. Sie waren ziemlich ungerührt in unseren Raum marschiert; dem Klatsch der Gefangenen zufolge waren sie bereits mehrmals hier gewesen.

Die Jüngere der beiden ließ sich widerstandslos abführen. Sie war die erste Gefangene, die sich an diesem Morgen auf das weiche, glänzend neue Bett zum Auspeitschen legen mußte.

Schweigend sahen wir ihr nach, als sie von der Wache hinausgeführt wurde. Es war so still geworden, daß wir das Klatschen der Riemen hörten, als sie ans Bett geschnallt wurde. Dann ertönte der schreckliche Laut der durch die Luft pfeifenden Peitsche. Die Frau schrie. Wieder der Laut und das Geräusch aufplatzender Haut. Ein weiterer Schrei. Und so ging es immer weiter. Achtzigmal. Die Wachen wechselten sich ab; jede übernahm zehn Schläge. Wenn der Arm müde wurde, gaben sie die Peitsche weiter, damit das Opfer die Strafe in voller Stärke zu spüren bekam. Im Schlagstil der einzelnen Wachen gab es Unterschiede. Die eine schlug schnell und heftig, die andere präzise. Eine andere schien jeden Hieb auszukosten. Bei jedem Peitschenhieb krümmte ich mich auf dem Boden zusammen, als spürte ich ihn auf meinem eigenen Rücken. Nach einer Weile konnte ich es einfach nicht mehr hören und preßte beide Hände auf die Ohren.

Sie verpaßten ihr achtzig Peitschenhiebe, die Standardstrafe. Weil sie nicht mehr stehen konnte, hoben sie sie vom Bett und warfen sie in unseren Raum, wo sie als blutiges Häufchen liegenblieb. Die Gefangenen drängten heran, um einen Blick auf sie zu werfen. Ein Blick war für mich genug; mehr konnte ich nicht ertragen. Ihr Rücken war mit Striemen übersät und aufgeplatzt. An einigen Stellen war die Haut vollkommen weggefetzt. Wahrscheinlich würden sich die Striemen entzünden, und der ganze Rücken würde aufschwellen. Noch nach einem Jahr würde man die Narben sehen, nachdem die Wunden geheilt waren – falls sie heilten. Die Prostituierte würde kaum Geld haben, um sich Antibiotika zu kaufen, damit sich ihr Rücken nicht entzündete.

Eine der Gefangenen erbot sich, der Frau Salbe auf den Rücken zu schmieren. Aber so sanft sie auch vorging, die Frau kreischte vor Schmerzen. Nach einer Weile muß sie wohl ohnmächtig geworden sein, denn ich hörte nichts mehr. Und mittlerweile ertönten auch schon wieder schrecklichere Laute vom Peitschenbett.

Es hatte den Anschein, als wäre dieses Bett für das gesamte Gefängnis da. Wachen brachten männliche Gefangene angeschleppt, die in den oberen Stockwerken untergebracht waren. Ihre Schreie gellten durch unseren Teil des Gefängnisses. Ein steter Strom an Opfern wurde dem Bett zugeleitet; zwischen den einzelnen Auspeitschungen lagen jeweils nur einige Minuten. Die ganze Zeit über betete die Stimme des Muezzin über Lautsprecher. Mitten in dieses Chaos hinein brachten die Wachen unser Frühstück: einen wäßrigen Tee, einen Klumpen Brot und ein kleines Stückchen Käse. Diesmal war ich so hungrig und durstig, daß ich alles hinunterwürgte.

Der Morgen ging zu Ende, als die Wachen eine weitere Frau zum Auspeitschen brachten. Sie stammte aus dem anderen großen Raum im Kellergeschoß. Wir erfuhren nie, für welches Vergehen sie bestraft wurde. Doch wir hörten ihr Schreien und ihr Flehen, noch bevor sie am Bett angekommen war.

»Ihr dürft mich nicht auspeitschen, ich bin krank«, gellte sie. »Ihr bringt mich um. Das dürft ihr nicht.«

Wieder und wieder kreischte sie diese Worte, während die Wachen sie aufs Bett schnallten. Ich preßte die Fäuste gegen die Brust und wartete darauf, daß der Horror von neuem begann. Doch nach den schrillen Schreien bei den ersten paar Schlägen ertönte ein langgezogenes Jaulen, und dann war Stille. Die Peitsche klatschte mit diesem schrecklich fetzenden Laut nieder, doch es erfolgte keine Reaktion mehr. In gewisser Weise war das Schweigen noch schlimmer. Voller Entsetzen warteten wir. Die Peitsche pfiff durch die Luft, doch die Frau gab immer noch keinen Ton von sich. War sie bewußtlos oder tot? Die Wachen hörten nicht auf, um das festzustellen. Die vollen achtzig Hiebe wurden verabreicht. Dann begannen die Wachen den leblosen Körper loszuschnallen. Plötzlich stieß die Frau einen unheimlichen, zornigen Schrei aus, verfluchte ihre Peiniger und kämpfte gegen sie an. Sie mußte irgendwas auf den Glastisch mit den Khomeini-Reden geschleudert haben, denn wir hörten das Geräusch splitternden Glases. Ein paar andere Wachen rannten den Flur entlang, um den beiden zu helfen, die die Auspeitschung vorgenommen hatten. Fäuste und Füße erstickten bald schon die wütenden Schreie der Frau. Die Gefangenen drängten sich an der Tür, um einen Blick auf den Kampf zu erhaschen, doch es dauerte nicht lang, bis die Wachen die Frau überwältigt hatten. Sie zerrten sie über den Boden und warfen sie in ihren Raum.

»Habt ihr sie gesehen?« fragte eine Frau, die nach dem Kampf in meine Ecke zurückkehrte. »Sie war von Kopf bis Fuß mit Blut bedeckt. Man braucht schon Mut, um sich gegen diese Hündinnen zu wehren.«

Viele Male hatte ich an diesem Morgen auf die Wachen einschlagen wollen, so, wie es diese Frau getan hatte – doch ich wußte, daß ich dazu niemals den Mut aufbringen würde. Und ich wußte, daß mir das gleiche passieren würde, wenn ich es versuchte. Keine andere Gefangene würde auch nur einen Finger rühren, um mir zu helfen – so, wie wir erstarrt dahockten, während diese Gefangene ausgepeitscht wurde.

Schließlich brachten die Wachen das Mittagessen, Wassersuppe und Reisreste von den anderen Mahlzeiten, doch wieder konnte ich nichts davon anrühren. Gegen zwei Uhr rief die picklige, brutale Wache meinen Namen und führte mich erneut in den ersten Stock zum Verhör. Diesmal saß mir wieder der gleiche dickliche Mann mit dem ständigen hämischen Grinsen gegenüber, der mein erstes Verhör durchgeführt hatte. Und wieder wollte er wissen, welcher Fahrer mir die Benzincoupons verkauft hatte. Ich wiederholte, daß ich den Namen des Fahrers nicht wisse und daß ich ihm bereits eine Beschreibung des Mannes und seines Wagens geliefert hätte.

Er lehnte sich vor, so daß ich seinen Schweiß riechen konnte, und sagte: »Sie werden diesen Ort nicht eher verlassen, als wir diesen Mann gefunden haben.«

Dann gab er einer Wache ein Zeichen, drei in der Nähe stehende Männer heranzubringen. Zum erstenmal sah ich sie mir näher an und erkannte drei Fahrer des privaten Taxiunternehmens, bei dem ich Stammkunde gewesen war. Es ist merkwürdig, was man unter solch erschreckenden Umständen empfindet: Als ich diese drei Männer sah, Fahrer, die eine elegante Sousan zu Parties und an Nachmittagen in den »Royal Club« gefahren hatten, stieg peinliche Verlegenheit in mir auf. Da stand ich nun, unter dem Tschador verborgen, die Augen vom Weinen so verquollen, daß ich sie kaum öffnen konnte. Mein ganzes Gesicht schien vom Weinen aufgedunsen.

»Ich habe die Coupons von keinem dieser Männer gekauft«, teilte ich dem Vernehmungsbeamten mit. Dann wandte ich mich den Männern zu und entschuldigte mich bei ihnen, daß sie meinetwegen ins Gefängnis gebracht worden waren.

Gerade als die Fahrer weggeführt wurden, kam Kamal in Begleitung eines anderen Mannes in das Verhörzimmer marschiert. Kaum hatte er mich erblickt – ich habe keine Ahnung, wie er mich unter dem Tschador erkannte –, da lächelte er, winkte und schien auf mich zukommen zu wollen. Doch sein Begleiter zog ihn mit sich und führte ihn aus dem Raum. Meine Verlegenheit, in diesem Aufzug und in dieser Verfassung gesehen zu werden, nahm noch zu, doch der Vernehmungsbeamte brüllte mich schon wieder an, ich solle ihm endlich sagen, wer mir die Coupons verkauft hatte. Noch einmal erklärte ich ihm, ich wisse den Namen nicht – und die Farbe des Wagens hätte ich ihm schon längst genannt. Die Firma mußte die Fahrer in Sicherheit gebracht haben – und dafür war ich dankbar.

»Sie werden hierbleiben, bis Sie Ihr Gedächtnis wiedergefunden haben«, spuckte er mir förmlich entgegen. »Und jetzt runter mit Ihnen. Dort bleiben Sie bis auf weiteres.«

Der Tag verging, und mir wurde allmählich klar, daß niemand zu meiner Rettung herbeigeeilt kommen würde. Wo war meine Familie? Was war mit den Kontakten meiner Tanten und Onkel? Im Kellergeschoß stöhnte die Schwangere weiterhin vor Schmerz, und die Frau, die mir ihren Tschador geliehen hatte, weinte vor sich hin. Ich weinte ebenfalls. Und die ganze Zeit hindurch gingen die Auspeitschungen weiter, und die Schreie der Männer und Frauen füllten den Keller.

Gegen vier Uhr nachmittags kam eine Wache zu mir. Sie teilte mir mit, daß Mansoureh oben im Wartezimmer sei. Die Wachen hatten ihr erklärt, sie könne nicht mit mir sprechen; daraufhin hatte sie sich erkundigt, ob sie mir Zahnpaste, Handtücher und eine Seife dalassen dürfe. Doch Seife und Handtuch hatten wenig Sinn, wenn das einzige Waschbecken verstopft und mit schmutzigem Wasser gefüllt war.

»Nein. Sagen Sie ihr, ich danke ihr, aber sie soll die Sachen wieder mitnehmen.«

Dann überbrachte mir die Wache eine schreckliche Nachricht.

»Ich soll dir von der Frau ausrichten, daß dein Sohn bei seiner Großmutter ist.«

Es war eine ganz unschuldig klingende, aber nichtsdestoweniger furchtbare Nachricht. Die Aminis hatten Farhad. Jedes Mittel würde ihnen nun recht sein, um ihn mir wegzunehmen – sogar vor Gericht konnten sie nun anführen, daß ich keine geeignete Mutter war, weil ich im Gefängnis gesessen hatte. Und das wäre nur der erste Schritt; anschließend würden sie versuchen, mein Haus, meine monatlichen Unterstützungen aus dem Gesamtvermögen, meinen Wagen an sich zu reißen – alles, was mir hinterlassen worden war.

Ich segnete Mansoureh in Gedanken für ihren Besuch und für die Warnung, doch wieder mußte ich mich fragen, was mit meiner Familie los war. Was war mit meiner Familie, wenn jemand, mit dem ich nicht einmal verwandt war, das Risiko auf sich nahm, ins Gefängnis zu kommen? Hatten sie einfach nur Angst? Hatte Khomeini uns einen derartigen Schrecken eingejagt, daß wir uns nicht mal mehr gegenseitig halfen?

Der Tag ging unmerklich in die Abenddämmerung über. Wieder verweigerte ich den Fraß, den wir serviert bekamen. Diesmal konnte auch das schwangere Mädchen meine Mahlzeit nicht essen; ihre Schmerzen waren zu groß. Als um Mitternacht die Lichter erloschen und unsere Tür abgesperrt wurde, steigerten sich ihre Klagelaute, da die Schmerzen immer schlimmer wurden. Mein ganzes Mitleid gehörte ihr, doch niemand konnte irgendwas für sie tun. Ihre Schreie hielten uns alle bis drei Uhr nachts wach. Dann kam endlich eine Wache, um zu sehen, was los war. Nachdem sie die Unruhestifterin angebellt hatte, ging sie einen Arzt holen, der auf dem Gefängnisgelände wohnte. Kurz darauf brachten zwei Wachen die Schwangere zu ihm.

Innerhalb einer Viertelstunde war das türkisch sprechende Mädchen wieder da. Es sah noch genauso verängstigt aus wie zuvor. Eine der Wachen berichtete uns, daß das Mädchen in den Wehen liege, doch der Arzt sei der Meinung, das Baby komme erst in ein oder zwei Tagen. Bis zur Geburt mußte sie im Gefängnis bleiben.

Das Mädchen schien kaum zu bemerken, was um es herum vorging, so sehr war sie mit den ständigen Wehen beschäftigt. Kaum waren die Lichter wieder ausgegangen, da krümmte sie sich auf dem Boden zusammen und stieß erneut ihre rhythmischen Klagelaute aus.

Mein zweiter Morgen im Gefängnis ähnelte dem ersten: mit Gebeten und den Flüchen der Leute, die ausgepeitscht wurden. In der Nacht hatte ich mir geschworen, daß ich an diesem Tag herauskommen würde – koste es, was es wolle. Nachdem ich wieder Tee und Käse – meine einzige Nahrung im Gefängnis – zu mir genommen hatte, hörte ich gegen 9 Uhr das Telefon im Gang klingeln.

Schweigen senkte sich über den Raum. Das Telefon konnte Entlassung bedeuten – oder fürchterliche Bestrafung. Wir konnten deutlich die Worte der Wache verstehen.

»Ihr schickt also ein paar Leute rüber, um sie ins Krankenhaus zu bringen?« erkundigte sich die Wache. »Dann sind wir endlich den ständigen Lärm los . . . und nach der Geburt? . . . Oh, sie wird dann wieder hergebracht und erschossen. Gut. In Ordnung. Wir erwarten euch.«

Wortlos schauten wir uns an. Die meisten hatten die Worte verstanden. Doch das junge Mädchen sprach nur türkisch und hatte keine Ahnung von seinem Schicksal. Während wir noch schweigend dasaßen, kam eine Wache herein und erklärte dem Mädchen auf türkisch, daß es ins Krankenhaus gebracht werden sollte.

»Oh, Allah sei Dank«, sagte sie in ihrer unschuldigen Weise, zum erstenmal seit vielen Stunden zeigte sich ein Lächeln auf ihrem Gesicht. »Jetzt kann ich mein Baby zur Welt bringen, und alles wird gut werden.«

Wie ein aufgeregtes Kind, das beschenkt werden sollte, sammelte sie ihre paar Habseligkeiten zusammen. Mehrmals setzte ich an, um ihr zu erzählen, was wir gehört hatten, doch dann sah ich die anderen Gefangenen um mich herum, unter denen sicher viele Spitzel saßen. Würden sie mich melden? Die Wachen hatten ihr nichts von ihrer bevorstehenden Exekution erzählt. Sollte ich es tun? Die erfahreneren Gefangenen sagten nichts, wie ich bemerkte. Vielleicht wußten sie, was demjenigen passieren würde, der sie warnte. Trotzdem hatte die Wache so laut gesprochen, daß alle mithören konnten. Es schien ihr egal zu sein.

Dann dachte ich: Und wenn ich es ihr sage? Während der Wehen wird sie nur an ihren Tod denken und daß sie ihr Kind nur einen Augenblick sehen darf. Durfte ich ihr diese zusätzliche Last aufbürden? Die Wachen kamen und führten sie fort. Ich sagte nichts. War es richtig? War es falsch? Ich weiß es immer noch nicht. Sie hatte nur den Fehler begangen, mit ihrem Schwager mitzufahren, und der Staat gab ihr die Schuld an der Vergewaltigung, die sie hatte erdulden müssen. Ich erfuhr nie, was aus ihr geworden war. Sie glich Hunderten von Gefangenen in Khomeinis Gefängnissen, gesichtslosen verlorenen Kreaturen, die schnell verblaßten, weil es niemanden gab, der sich um sie kümmerte oder ihnen nachtrauerte.

Gegen ein Uhr mittags wurde ich wieder zum Verhör geholt, doch diesmal saß tief in mir eine Verzweiflung, wie ich sie nie zuvor gekannt hatte. Genau wie das schwangere Mädchen würde ich zum Opfer werden, wenn ich hier nicht bald herauskam. Es war wieder die gleiche Routine, und wieder konnte ich dem Vernehmungsbeamten nichts Neues erzählen. Mitten im Verhör wurde er aus dem Raum gerufen. Kaum hatte er mir den Rücken zugewandt, da rannte ich zu einem anderen Vernehmungsbeamten, der ein freundliches Gesicht zu haben schien.

»Bitte, bitte, sagen Sie mir, wo ich Hassan finden kann. Ich muß mit ihm reden.« Flehend griff ich nach seiner Hand. Doch als meine Hand die seine streifte, zog er sie weg, als wäre er mit glühenden

Kohlen in Berührung gekommen. Wieder einmal hatte ich vergessen, daß keine Moslemfrau einen Mann berühren darf – niemals.

»Du bist unrein, unrein, unrein!« Er spuckte mir die Worte entgegen.

Ich spürte, wie der Zorn in mir hochstieg. Ich und unrein? Und diese Mörder brachten junge Mütter völlig grundlos um. Am liebsten hätte ich ihm ins Gesicht geschlagen, doch ich brauchte diesen selbstgerechten Mann. Statt dessen bat ich ihn erneut, mir zu sagen, wo ich Hassan finden könnte.

»Ich kann Sie nicht hinbringen.«

»Ich bitte Sie doch lediglich, mir zu sagen, wo er ist. Ich gehe allein zu ihm.«

Widerwillig sagte er schließlich: »Er ist in seinem Büro im dritten Stock. Aber ich bring' Sie nicht hin. Wenn Sie es alleine schaffen, gut. Wenn nicht . . . es ist Ihr Risiko.«

Es gab tatsächlich Risiken. In den Gängen und Verhörzimmern gab es fast keine Frauen zu sehen, nur mit Gewehren und Revolvern bewaffnete Männer. Eine in einem Tschador die Treppen hochrennende Gestalt hätte gewiß Verdacht erregt – man hätte sie sogar für einen Mann halten können, der etwas unter seinem weiten Umhang verbarg. Doch ich mußte mich schnell entscheiden. Sowohl mein Vernehmungsbeamter als auch meine Wache waren momentan anderweitig beschäftigt. Es war meine einzige Chance.

Ich eilte aus dem Verhörzimmer und dann die Treppe hoch, immer zwei Stufen auf einmal nehmend. Als ich mich dem dritten Treppenabsatz näherte, keuchte ich bereits heftig. Plötzlich bellte mich von unten eine Stimme an.

»Stopp! Du da. Wo willst du hin?«

Einen verrückten Augenblick lang überlegte ich, ob ich nicht den Befehl ignorieren und einfach weiterrennen sollte. Mir fehlten nur noch drei Stufen. Aber dann erkannte ich, daß es mein sicherer Tod gewesen wäre. Ich schaute hinab ins Treppenhaus und sah meinen Vernehmungsbeamten unten stehen, das Gewehr im Anschlag.

»Ich muß mit Hassan sprechen. Ich will nur in den dritten Stock. Das ist alles.«

»Du gehst ins Gefängnis, sonst nirgendwohin. Und jetzt beweg dich.«

Wieder begann ich zu betteln und zu flehen, ich bot ihm an, zu Allah um reichen Segen für seine Familie zu beten, wenn er mich nur zu Hassan gehen ließe. Ich redete und redete, ließ mich nicht von ihm unterbrechen und glitt dabei langsam eine Stufe nach der anderen hoch. Als er keine Antwort gab, bedankte ich mich einfach bei ihm und rannte den Flur im dritten Stock entlang.

Die großen, in Hassans Zimmer führenden Türen waren direkt gegenüber. Enttäuscht bemerkte ich eine lange Menschenschlange, lauter Männer, die geduldig darauf warteten, bei Hassan vorgelassen zu werden. Nach dreistündiger Wartezeit wäre ich wahrscheinlich immer noch nicht bei dem Gefängnisleiter gewesen. Doch mir blieben nicht mal fünf Minuten an Freiheit, geschweige denn drei Stunden. Wieder einmal nahm ich all meinen Mut zusammen und marschierte kühl auf den Eingang zu, der von zwei Komitee-Männern bewacht wurde. Ich ließ ihnen keine Chance zu reagieren, sondern stieß die Türen auf und ging hinein.

Hassan saß hinter seinem massiven, mit Akten beladenen Schreibtisch. Es ging sehr hektisch in dem Zimmer zu, doch ich ignorierte all die anderen und stürzte mich – erleichtert, ihm endlich meinen Fall vortragen zu können – in mein Plädoyer.

»Hassan Agha, ich habe meine Lektion gelernt« , begann ich, ihn sehr formell anredend. »Ich habe genug gelitten. Mein armes Kind weiß nicht einmal, was mit mir passiert. Ich muß nach Hause. Ich verspreche Ihnen, daß ich niemals wieder etwas tun werde, was gegen das Gesetz verstößt. Ich werde nicht mal meinen Vater oder meinen Bruder in mein Haus einlassen, wenn das Gesetz es so will. Aber lassen Sie mich bitte nach Hause.«

In dem Moment kam mein Vernehmungsbeamter herein, wahrscheinlich, um sicherzugehen, daß ich nichts gegen ihn vorbrachte. Zweifellos würde der Mann sofort mir die Schuld geben, falls Hassan wütend auf mich werden sollte. Doch als er Hassan auf türkisch sagen hörte: »In Ordnung. Seien Sie jetzt still. Ich bin mit der Akte beschäftigt«, und mir mit einer Handbewegung einen Stuhl an der Seite des Raumes zuwies, da setzte auch er sich wortlos nieder.

Während ich darauf wartete, daß Hassan sein Gespräch mit einem älteren Mann beendete, hatte ich zum erstenmal Gelegenheit, mich in dem Raum umzublicken. Ich saß dicht neben einem der großen Fenster mit Blick auf die Straße. Seit zwei Tagen sah ich endlich einmal wieder etwas anderes als den von Mauern umgebenen Gefängnisgarten. Da draußen, da spielte sich das Leben ab – lärmender Verkehr, vorbeischlendernde Passanten. Die Geräusche der Stadt stiegen zu uns hoch. Ich wünschte mir nichts sehnlicher, als da draußen auf der Straße zu laufen oder im Auto vorbeizuflitzen, ohne dieses Gebäude hier überhaupt zu bemerken, das zu einem Ort geworden war, an dem Menschen verschwanden oder zerstört wurden. Ich dachte, mein Gott, wie wunderbar ist es doch, ganz simple Dinge zu tun, zum Beispiel nur frei und ohne Furcht eine Straße entlangzulaufen. Wahrscheinlich zum erstenmal in meinem Leben erkannte ich die Bedeutung der Freiheit. Und ich erkannte zusätzlich, was für ein zerbrechliches Gut sie war, denn ein Blick auf Hassan machte mir deutlich, daß es durchaus sein konnte, daß ich noch eine ganze Weile meine Freiheit nicht würde genießen können.

Ich war so vertieft in das Leben da unten auf der Straße, daß ich erst sehr spät bemerkte, daß sich alle im Raum respektvoll erhoben hatten. Ich blickte auf und sah, daß ein Mullah den Raum betreten hatte. Er war ein riesiger, gutaussehender Mann mit dunklem Teint, einem Bart und einem weißen Turban auf dem Kopf. Selbst Hassan stand auf und verbeugte sich ehrerbietig vor dem Neuankömmling. Ich wußte nicht, wie ich mich angesichts eines Mullahs zu verhalten hatte. Stand eine Frau ebenso auf wie die Männer? Sollte ich grüßen, oder war das für eine Frau unangebracht? Meine Schwiegermutter hatte mir einmal erklärt, daß laut Moslemgesetz die Stimme einer Frau nicht in Gegenwart eines Mannes erklingen sollte, weil er sie sexuell erregend finden würde. Ich wollte nicht, daß dieser offensichtlich mächtige Führer annahm, ich würde ihn hochnäsig übersehen. Ich erhob mich – aber nur halb und ganz kurz und murmelte dazu etwas vor mich hin, einen Gruß, den man hören, aber auch überhören konnte. Dann setzte ich mich wieder und versteckte mich hinter meinem Tschador, den Blick zu Boden gerichtet.

Hassan informierte den Mullah über bestimmte Gefangene und hielt ihm mehrere Akten zur Prüfung vor. Doch der Mullah warf weiterhin Blicke in meine Richtung, und ich hörte, wie er sich nach meiner Akte erkundigte. Hassan erzählte ihm weiter etwas von anderen Gefangenen, doch der Mullah kam hartnäckig wieder auf meinen Fall zu sprechen. Wer war ich? Warum befand ich mich im Gefängnis? Schließlich verlangte er nach meiner Akte, wandte sich mir zu und sagte, ich solle ihm folgen.

Gerade als ich mich in Hassans Büro in Sicherheit gewähnt hatte, führte mich ein mächtiger Mullah wieder hinaus. Ich mochte Mullahs nicht. Ich wußte weder Bescheid, noch legte ich Wert auf ihre Gegenwart, doch dieser Mullah konnte über mein Leben oder meinen Tod entscheiden. Er konnte entscheiden, ob ich lediglich ausgepeitscht oder hingerichtet wurde.

Er führte mich in ein nur zwei Türen entferntes Büro. Im Flur hielt jeder in seiner Tätigkeit inne und verbeugte sich. Ich hörte, wie ihn jemand Hojat Al Islam Tabatabai nannte, ihm respektvoll den Titel gebend, der gleich hinter dem Ayatollah, dem höchsten religiösen Rang, kam. Ich befand mich in den Händen des religiösen Führers von Teherans Moralwächtern, eines Mullahs aus einer mächtigen iranischen Familie.

Wir betraten ein weiteres elegantes Ankleidezimmer, das in ein Büro umgewandelt worden war, und mit einem Wink bedeutete er mir, mich auf einen Holzstuhl neben einem der beiden Schreibtische im Raum zu setzen. Ich war so verängstigt, daß ich heftig zu zittern begann; eine unnatürliche Kälte schlich sich in meine Glieder. Mein Mund war so trocken, daß ich nicht schlucken konnte. Er muß meine schlechte Verfassung erkannt haben, denn er bot mir Tee an. Ich war so schockiert, daß ich sofort nein sagte. So hungrig und durstig ich auch war, ich konnte nicht an Trinken denken, wenn so viel davon abhing, daß ich das Richtige tat. Tabatabai befahl einem der im Raum anwesenden Männer, trotzdem Tee zu holen.

Als sich der Mullah hinter seinen Schreibtisch setzte, bemerkte ich die Dutzenden von Akten darauf – sie alle enthielten wohl ähnliche Schicksale wie das meine. Der Raum war spartanisch eingerichtet, mit lediglich zwei schlichten Holzschreibtischen und mehreren Holzstühlen. Alle früher vorhandenen Gemälde, Teppiche und Möbel waren sicherlich schon längst in das zentrale Auktionshaus geschickt worden, das vom Komiteh zum Verkauf der »Spenden« der Reichen für das neue Regime eingerichtet worden war.

Tabatabai schien über meinen Zustand besorgt zu sein.

»Was ist denn los?« erkundigte er sich. Seit einer Ewigkeit schien niemand mehr so höflich mit mir gesprochen zu haben. »Warum sind Sie so besorgt? Wir werden uns um alles kümmern. Überlassen Sie das nur mir.«

Seine Stimme klang warm, voll und beruhigend, aber ich konnte immer noch nicht sprechen. Als der Tee gebracht wurde, nahm ich ein paar Schlucke, um meine Zunge und Kehle zu befeuchten. Er begann mir Fragen zu stellen. Wann war ich ins Gefängnis eingeliefert worden? Wer hatte mich hergebracht? Wie lautete die Anklage? Alle Antworten darauf standen mit Sicherheit in der Akte, doch er schien sich um die Papiere auf seinem Schreibtisch nicht zu kümmern. Er zeigte sich erzürnt, als er hörte, daß ich schon zwei Nächte im Gefängnis verbracht hatte.

»Kaum bin ich ein paar Tage weg, da passieren solche Sachen. Sie hätten nie in dieses Gefängnis gebracht werden dürfen. Die Leute sind so furchtbar unorganisiert. Ich wage nicht länger wegzubleiben.«

Während er sprach, wurde ich kühner und warf ihm verstohlene Blicke zu. Er war zweifellos ein Mann mit gutgeschnittenen Gesichtszügen. Er hatte schöne, sauber manikürte Hände und jugendliche braune Augen.

»Und jetzt erzählen Sie mir, was Ihnen solche Sorgen bereitet«, sagte er, nachdem ich ein bißchen Tee getrunken hatte.

Ich erzählte ihm von meinen Ängsten, meinen Sohn zu verlieren. »Selbst wenn ich aus dem Gefängnis entlassen werde, hab' ich die Familie meines Mannes gegen mich. Kaum hatten sie gehört, daß ich im Gefängnis war, da holten sie Farhad zu sich. Und jetzt muß ich einen Rechtsanwalt engagieren und darum kämpfen, ihn zurückzubekommen. Seit dem Tod meines Mannes haben sie versucht, ihn mir wegzunehmen.«

Er wollte alle Details über den Tod meines Mannes wissen und was er mir hinterlassen hatte und wer meine angeheiratete Verwandtschaft war. Ich erzählte ihm von meinem Verdacht, der im Gefängnis in mir aufgestiegen war, daß diese Verwandtschaft die Anzeige gegen mich erstattet hatte. Eines allerdings konnte ich nicht begreifen: Wer hatte ihnen von Kamals Anwesenheit in meinem Haus erzählt? Für mich stand es außer Frage, daß der Besuch des Komitehs während Kamals Anwesenheit kein Zufall war.

Dann fragte er mich, weshalb ich Alkohol und Karten im Haus gehabt hätte. An seinen Fragen merkte ich, daß er alles über meinen Fall gewußt hatte, noch bevor er mich in Hassans Büro gesehen hatte. Doch er benahm sich mir gegenüber nicht so wie die anderen. Seine Fragen zeugten eher von Neugierde als von Verdammung.

Ich antwortete in der gleichen entspannten Weise. Ich betonte nochmals, daß ich von den Dingen, die mein Mann mir hinterlassen hatte, nichts gewußt hatte, daß ich nie daran gedacht hatte, den Alkohol zu vernichten, daß ich selbst völlig schuldlos war. Ich weiß nicht, wieviel er mir glaubte. Er nickte, als wäre das alles so in Ordnung. Ich überlegte keinen Moment, was sein Verhalten bedeuten könnte. Ich war einfach nur erleichtert, daß mich nicht schon wieder ein Mann bedrohte und beschimpfte.

Dann wechselte er das Thema. »Erzählen Sie mir von diesem Kamal, der sagt, daß er Sie heiraten möchte.«

Sofort war ich wieder auf der Hut. »Er bedeutet mir nichts. Er ist nichts weiter als ein Freund, der mir in geschäftlichen Angelegenheiten meines verstorbenen Mannes behilflich sein wollte. Ich bin weder daran interessiert, ihn noch sonst jemanden zu heiraten.«

»Aber er hat uns erklärt, er sei in Ihr Haus gekommen, um Ihnen einen Heiratsantrag zu machen. Er möchte Sie unbedingt heiraten.«

Einen Augenblick lang dachte ich, der Mullah plane mich zur Eheschließung mit Kamal im Gefängnis zu zwingen. Ich kannte Kamal kaum, und erst jetzt wurde mir richtig bewußt, daß mein Herz immer noch an Hamid hing.

»Ich bin eine Witwe«, erwiderte ich so bestimmt wie möglich, »und meine ganze Aufmerksamkeit gilt meinem Sohn. Ich möchte ihn anständig erziehen und ihm eine gute Ausbildung ermöglichen. Ich möchte nicht wieder heiraten.«

Der Mullah wirkte sehr verständnisvoll. »Nun, in Ihrer Situation würde ich Ihnen auch nicht raten, wieder zu heiraten. Als Witwe können Sie im Haus Ihres Mannes wohnen und erhalten eine monatliche Unterstützung. Bei einer Heirat würden Sie all das verlieren. Wenn Sie allerdings bloß ein Verhältnis mit jemandem eingingen«, fuhr er fort, »dann könnten Sie das Haus und den Wagen behalten und trotzdem . . . Sex haben.«

Das Wort, ausgesprochen von einem Mullah innerhalb der Mauern des Gefängnisses zur Erzwingung moralischen Verhaltens, ließ eine Alarmglocke in mir ertönen.

Er fuhr fort: »Sie sind jung. Sie haben ein Anrecht auf ein Sexualleben. Wenn eine junge Frau kein Sexualleben hat, dann leidet ihre Prostata darunter. Also ist es das beste, eine *Sigeh*, eine Vergnügungsehe, mit jemandem einzugehen. Die Sigeh ist fester Bestandteil des Moslemglaubens. Sie sollten einige Bücher über den Moslemglauben lesen, wissen Sie. Sie würden sie bestimmt interessant finden.«

Ganz allmählich wurde mir klar, worauf dieser merkwürdige Mullah hinauswollte, der über Macht und Einfluß verfügte und aus einer reichen Familie stammte, aber trotzdem nicht wußte, daß Frauen keine Prostata besaßen. Meine Exekution schien er nicht in Erwägung zu ziehen, weil er sich so sehr für mein Wohlergehen interessierte. Doch er hatte auch einen unmißverständlichen Vorschlag gemacht. War der Preis für meine Freiheit ein Sigeh-Arrangement mit ihm? Wünschte er mich als seine Konkubine? Obwohl eine Konkubine keine Besitzansprüche erheben kann, sind ihre Kinder im Erbfall gleichberechtigt mit den Kindern der Ehefrau des Mannes. Die Sigeh war einst eine recht beliebte Methode der Männer, die Ächtung des Ehebruchs durch den Koran zu umgehen. Für gewöhnlich ging ein Mann eine Vergnügungsehe mit einer Dienerin seines Haushalts oder einer Frau der Unterschicht ein. Nur selten würde er so etwas mit einer Frau seiner eigenen Klasse tun, mit der er vielleicht ansonsten eine ordentliche Ehe eingegangen wäre. Während der letzten Jahrzehnte war die vom Koran gebilligte Sigeh aus der Mode gekommen und vom Schah für illegal erklärt worden. Doch Khomeini hatte sie wieder eingeführt – ein weiterer Rückschlag für die Frauen.

Während der Mullah mir sehr dezent seine Vorschläge unterbreitete, konnte ich an nichts weiter denken als an meine mögliche Entlassung und an die Rettung meines Sohnes. Sex – ein Thema, das den Mullah am meisten zu beschäftigen schien – lag mir momentan sehr fern. Aber ich hatte nicht die Absicht, ihm das zu sagen. Zuerst mußte ich hier raus.

»Sie wissen ja, unter diesem Regime«, sagte er, voller Erbitterung die Augen rollend, »kann man keinen Freund und keine Freundin haben. Also ist es besser, mit irgend jemandem eine Sigeh einzugehen.

Dieses Regime ... verstehen Sie, manchmal wundere ich mich über die Dinge, die sie tun.« Und er kicherte, als stünden wir beide auf der gleichen Seite.

In dem Moment brachten zwei Wachen einen Mann in mittleren Jahren herein, der sich verwirrt im Raum umschaute.

Ein Wachposten sagte: »Dieser Mann will seine Frau abholen.«

»Nun, dann gebt sie ihm doch«, sagte der Mullah ungeduldig.

Die Wachen warfen sich einen Blick zu, und dann sagte der gleiche Mann: »Aber, Herr, sie ist nicht mehr hier.«

»Warum nicht?«

»Nun, sie wurde vor zehn Tagen hingerichtet«, sagte er zögernd und fügte dann hinzu: »Versehentlich.«

Der Mullah wandte sich mir zu. »Da sehen Sie's. Ich bin ein paar Tage nicht da, und alles bricht zusammen.« Zu dem Wachposten sagte er: »Was ist passiert?«

Der bekümmerte Ehemann machte zum erstenmal den Mund auf und erklärte, er und seine Frau hätten sich vor einigen Wochen heftig gestritten. Wütend über ihren Widerspruch hatte er sich beim Komiteh beschwert; man hatte sie sofort verhaftet und ins Gefängnis geworfen. »Aber jetzt will ich sie wieder haben. Ich habe vier Kinder. Das jüngste ist gerade drei Monate alt. Ich brauch' eine Frau.«

Der Mann schien nicht übertrieben traurig zu sein, daß seine Frau erschossen worden war. Seine Sorge, daß sich nun niemand um seine Kinder kümmerte, war eindeutig größer.

Der Mullah lächelte breit; mit einem Seitenblick auf mich machte er einen großzügigen Vorschlag.

»Nun, die Lösung ist ganz einfach«, sagte er zu den Wachen. »Bringt diesen Mann nach unten ins Frauengefängnis. Dort soll er sich einen Ersatz für seine Frau aussuchen.«

Ich erstarrte. Wenn ich zu der Zeit unten gewesen wäre, hätte man mich dann auch zur Inspektion für diesen dickbäuchigen, stoppelbärtigen Mann aufgereiht?

Die Wache wies darauf hin, daß der Mann noch achtzig Hiebe zu kriegen habe, weil er während des Streits seine Frau mißhandelt hatte. Doch der Mullah war jetzt bester Laune. »Ich will die Peitschenhiebe vergessen. Er soll mit seiner neuen Frau nach Hause gehen.« Sehr zufrieden ging der Mann los, um seine Wahl zu treffen.

»Sehen Sie«, sagte der Mullah, »man kann seine Arbeit keinen Augenblick lang im Stich lassen.«

Ich beeilte mich, ihm zu schmeicheln. »Sie sind solch ein freundlicher, großzügiger Mann. Gott segne Sie.«

Doch es befanden sich immer noch einige Männer im Raum. Vermutlich war ich zu weit gegangen, denn plötzlich ging er auf mich los.

»Seien Sie still«, sagte er.

Kaum hatten die Männer den Raum verlassen, da wurde er wieder freundlich.

»Sie können nun wieder nach unten gehen. Ich schicke sofort Ihre Entlassungspapiere runter. Sie können dann das Gefängnis verlassen.«

Im ersten Moment glaubte ich ihm nicht. Würde er mich wirklich gehen lassen? Und selbst wenn er mich gehen ließ, würden sie mich bestimmt zuvor auspeitschen. Doch ich hatte zuviel Angst, um ihn zu fragen, ob ich dem leuchtendroten Bett entrinnen würde; vielleicht würde ich ihn damit erst auf den Gedanken bringen, mich auspeitschen zu lassen.

Während er den Entlassungsbrief schrieb, fügte er hinzu: »Sobald Sie unten sind, wird dieser Brief runtergebracht, und man wird Sie entlassen.« Ich besaß kein großes Vertrauen in die Funktionstüchtigkeit dieses Gefängnisses. Am Tag zuvor hatte man einer jungen Frau erklärt, ihre Papiere würden gleich unten sein, aber Punkt vier Uhr nachmittags wurden im Gefängnis sämtliche Arbeiten eingestellt. Die Frau war gezwungen, eine weitere Nacht im Gefängnis zu verbringen. Doch als ich den Mullah fragte, ob ich den Brief nicht selbst mitnehmen könnte, zeigte er sich unnachgiebig: Laut Vorschrift mußte die Wache den Entlassungsbrief ins Kellergeschoß hinunterbringen.

»Wäre ich hier gewesen, hätten Sie all das nicht erdulden müssen. Ich gebe Ihnen meine Telefonnummer, damit Sie mich bei irgendwelchen Problemen – vor allem, falls Sie Schwierigkeiten im Umgang mit der Familie Ihres Mannes haben – anrufen können.«

Ich hatte die Vision, daß ich eben einen wichtigen Kontakt zu dem neuen Regime hergestellt hatte. Wenn meine Onkel nun in Schwierigkeiten kommen sollten, konnte ich mich auf diesen Machtfaktor berufen. Und wenn meine angeheiratete Verwandtschaft Farhad nicht herausgeben wollte, dann würden sie es wahrscheinlich bald bedauern. Vielleicht war es die beste Lösung, daß ich diesem Mullah begegnet war. In diesem neuen Iran konnte man ohne solche Kontakte nicht mehr lange überleben.

Ich war sogar so kühn zu fragen, wer mich beim Komiteh angezeigt hatte.

»Nun, wenn Sie noch ein paar Stunden hier bleiben, könnte ich das herausfinden. Sie könnten auch all Ihre Filme und Fotos zurückhaben«, bot er mir an.

Doch nichts auf der Welt konnte einige weitere Stunden an diesem Ort wert sein. Vielleicht änderten sich in dieser Zeit plötzlich die Vorschriften, oder dieser Mullah wurde durch einen anderen ersetzt. Ich wollte kein Risiko eingehen, und so dankte ich ihm und erklärte, ich wolle sofort gehen.

Während die Wachen mich nach unten führten, machte ich Pläne für meine Entlassung. Ich durfte die weiblichen Wachen nicht wissen lassen, daß ich bald weg sein würde. Die anderen Gefangenen hatten mir erzählt, daß sie oft Beschuldigungen gegen kurz vor der Entlassung stehende Frauen erhoben, nur um sie noch zwei oder drei Tage im Gefängnis schmoren zu lassen. Ich setzte ein trauriges Gesicht auf. Als die Wachen und einige Mitgefangene sich bei mir erkundigten, wie das Verhör gelaufen sei – ich war sehr lange oben gewesen –, sagte ich, daß sich nichts Besonderes ereignet habe. Ich setzte mich wieder auf meinen Platz in der Ecke neben der Frau, die im Taxi verhaftet worden war. Ich gab ihr den Tschador zurück und bedankte mich noch einmal bei ihr. Nach fünfzehn Minuten – die mir wie Stunden vorkamen – rief eine Wache meinen Namen.

»Sousan Azadi. Du wirst entlassen.«

Während ich meine paar Habseligkeiten einsammelte, begann die Frau neben mir zu weinen.

»Was soll ich jetzt tun?« jammerte sie. »Bitte, Sie müssen meinen Mann anrufen. Bitte. Erzählen Sie ihm, wo ich bin. Er wird niemals glauben, daß ich unschuldig bin. Was wird er mit mir tun, wenn ich wieder draußen bin?«

Die Frau fürchtete sich, hier bleiben zu müssen, hatte aber auch Angst vor ihrem Mann.

»Pst. Nicht so laut. Sie wissen doch, es ist verboten, Telefonnummern mit hinauszunehmen. Aber sagen Sie mir die Nummer. Ich schreibe sie auf dieses Stück Papier.« Ich sprach im Flüsterton. Die Wachen machten uns von Zeit zu Zeit darauf aufmerksam, daß wir für andere Gefangene keine Telefonate erledigen und ihnen auch keine Sachen kaufen durften. Aber ich konnte einfach nicht nein sagen – auch wenn es ein zusätzliches Risiko bedeutete.

Von ihrer Furcht überwältigt, konnte sich die Frau nicht an ihre Telefonnummer erinnern. Schließlich fiel ihr die Nummer einer Freundin ein. Ich schrieb sie auf und versteckte den Zettel in meinem Höschen. Ein paar andere Frauen baten mich um Joghurt und Kekse. Dann wickelte ich mich in meinen Mantel und ging ohne Eskorte und ohne einen Blick zurück hinaus.

Ich lief die Stufen hoch und ging dann durch die Seitentür hinaus, durch die ich vor zwei Tagen hereingekommen war. Tief atmete ich die kühle Winterluft ein. Schnurstracks steuerte ich den kleinen Laden auf der anderen Straßenseite an, in dem Mansoureh und Farhad auf mich gewartet hatten. Mit dem Geld, das ich vor meiner Verhaftung in meinem Höschen versteckt hatte, kaufte ich Joghurtkistchen, Kekse und Saft. Damit ging ich zum Seiteneingang des Gefängisses zurück und übergab einer Wache die Lebensmittel mit der Behauptung, die Sachen kämen von Familien von Gefangenen (Verwandte durften Essen abgeben, ehemalige Insassen nicht). Ich wartete, um sicherzugehen, daß er unten anrief und über die weiblichen Wachen die Gefangenen informieren ließ.

Wieder auf der Straße, stoppte ich ein vorbeifahrendes Taxi. Ich kletterte auf den Rücksitz neben einen männlichen Fahrgast; es fiel mir richtig schwer, vor lauter Aufregung nicht hin und her zu rutschen. Schließlich blickte sich der Fahrer um und sagte: »Sie scheinen sich sehr über etwas zu freuen, nicht wahr?«

Ich schaute aus dem Fenster in den hellen Sonnenschein des klaren Teheraner Wintertages hinaus; nie war mir die Welt schöner erschienen.

»Sie würden nie glauben, wo ich gewesen bin«, sagte ich zu dem Fahrer. »Ich bin so glücklich, weil ich gerade eben aus dem Gefängnis entlassen wurde. Können Sie sich das vorstellen? Und wissen Sie, weshalb ich im Gefängnis war? Weil ich zuviel Musik in meinem

Haus hatte. Ich besaß zu viele Tonkassetten und zu viele illegale Benzincoupons. Und dafür hat man mich drei Tage ins Gefängnis gesteckt. Unter so einem Regime müssen wir leben. Ich bin bloß froh, daß ich wieder lebendig herausgekommen bin.«

Der Fahrgast und der Fahrer schauten einander wortlos an. Mir wurde klar, daß ich zwar aus dem Gefängnis, aber noch nicht in Freiheit war. Diese beiden Männer hier im Taxi waren ebenfalls eingesperrt. Solange ich im Iran blieb, würde ich niemals frei sein.

ELFTES KAPITEL

Die Revolution rückt näher

Ein Nachtfalter flog ins Feuer und wurde
von ihm verschlungen.
Der sterbende Nachtfalter sagte: »Ich bin Feuer«,
doch die Worte stammten aus dem Mund der Flamme.

JONEYD

Ich war wütend. Zuerst und vor allem wütend auf das Regime, weil
es eine Frau dafür bestrafte, daß sie einen männlichen Bekannten in
ihrem Haus empfangen hatte. Wütend auf mich, weil ich so dumm
gewesen war, ein derartiges Risiko einzugehen. Wütend, weil ich es
wieder einmal zugelassen hatte, daß ein drängender, fordernder
Mann mich in Schwierigkeiten brachte. Und ich war wütend auf
meine Familie. Wo waren sie, während ich drei Tage lang weinend im
Gefängnis gesessen hatte? Wieso hatten sie es nicht geschafft, meine
Freilassung zu erkaufen?

Als ich bei meiner Tante Tootie ankam, ließ ich meinem ganzen
Ärger freien Lauf, noch bevor sie ein Wort der Erklärung abgeben
konnte.

»Wo wart ihr alle?« schrie ich. »Warum habt ihr mir nicht geholfen?«

Sie versuchte mich zu beruhigen, aber ich wollte nicht hören. »Wir
taten, was wir für das Beste hielten«, beharrte sie. »Sie wußten nicht,
daß du aus einer mächtigen Familie kommst. Hätten wir Druck auf
das Komiteh ausgeübt, dann hätte der Schuß leicht in die falsche
Richtung losgehen können. Möglicherweise hätten sie dich länger
festgehalten und eine Menge Geld für deine Freilassung verlangt. So
warst du einfach nur eine weitere Frau, die sich in Schwierigkeiten
gebracht hat.«

Immer noch wütend, eilte ich zur Schule meines Sohnes, in der
Hoffnung, ihn abzufangen, bevor die Aminis ihn abholten. Doch als
ich ankam, war weit und breit von Farhad nichts zu sehen. Als ich den

Direktor nach ihm fragte, spuckte er fast aus. »Ihr Sohn ist seit drei Tagen nicht mehr in der Schule gewesen. Können Sie sich nicht mal die Zeit nehmen, Ihren Sohn zur Schule zu bringen?«

Nun konzentrierte sich mein immer heftiger werdender Zorn auf die Aminis. Sie hatten stets ein Riesentheater gemacht, wenn Farhad wegen eines kleinen Skiurlaubs oder anderer Aktivitäten seinen Unterricht versäumte. Jetzt hatten sie sich nicht mal die Mühe gemacht, Farhad in die Schule zu fahren, bloß weil ihr Haus ziemlich weit entfernt lag.

Zu Hause angekommen, rief ich sofort bei ihnen an. Farhad nahm den Hörer ab, und als er meine Stimme hörte, begann er zu weinen. »Mami, wann holst du mich? Warum muß ich hier bleiben? Ich wußte nicht, wo du bist. Komm bitte schnell.«

Ich wagte nicht, ihm zu versprechen, daß ich ihn bald abholen würde, weil ich genau wußte, daß es mit den Aminis Ärger geben würde. Statt dessen bat ich ihn, seine Großmutter ans Telefon zu holen.

Frau Amini gab sich sehr kühl.

»Ich komme jetzt Farhad abholen«, sagte ich kühn.

»Nein, das wirst du nicht«, sagte sie mit der gleichen Festigkeit. »Du mußt noch sehr müde von deinem Gefängnisaufenthalt sein. Kümmere du dich um dich, wir kümmern uns um Farhad. Das Leben, das du führst, ist nichts für einen kleinen Jungen. Er bleibt hier, und damit hat sich's.« Dann legte sie auf.

Es war offensichtlich, daß die Aminis jetzt endlich das Sorgerecht für Farhad an sich reißen wollten. Solange Khomeini an der Macht war, blieben mir nur wenige Verteidigungsmöglichkeiten. Mit meinem Gefängnisaufenthalt hatte ich den Aminis den perfekten Beweis gegen mich in die Hände gespielt. Ohne auch nur eine Sekunde nachzudenken, wählte ich die Privatnummer, die Tabatabai mir gegeben hatte. Ich hinterließ eine Nachricht bei seinem Sekretär und erwartete, daß er mich in einem Tag oder so zurückrufen würde, doch innerhalb von Minuten war er schon am Telefon und versprach mir liebenswürdig, daß ich bald schon meinen Sohn wiederhaben würde.

Ungefähr fünfzehn Minuten später rief mich Farhad an, und dann übernahm Frau Amini den Hörer. Sie teilte mir kurzangebunden mit, daß ich meinen Sohn abholen sollte, gab aber keine Erklärung für ihren plötzlichen Sinneswandel ab. Ich eilte zu ihrem Haus, in meinem Herzen nur den einen Wunsch, Farhad in meine Arme zu schließen und ihn nie wieder loszulassen. Er wartete draußen vor der Haustür, ein winziger, verloren wirkender Junge, der sich nach allen Richtungen umschaute, bis sich beim Anblick des Wagens ein freudiges Lächeln auf seinem Gesicht zeigte. Im Hintergrund lauerte seine Großmutter, doch sie verschwand, als ich aus dem Wagen stieg und Farhad umarmte. Nie wieder würde ich riskieren, meinen Sohn zu verlieren, das schwor ich mir.

Während meines Gefängnisaufenthaltes hatten Hamid und Sufi aus Europa angerufen, und am Abend zuvor hatte Kamal seinen Mercedes abgeholt. Als ich jetzt mit Farhad nach Hause kam, trat Farah aus ihrem Kellerapartment, nervös die Hände ringend.

»Madam«, sagte die Frau ängstlich, »Herr Kamal hat schon wieder angerufen. Er hat es sich in den Kopf gesetzt, daß wir irgendwie für ihre Probleme verantwortlich sind. Er hat uns bedroht. Er sagte, wenn er je herauskriegen würde, wer Ihnen das Komiteh auf den Hals gehetzt hat, den würde er umbringen. Aber ich schwöre Ihnen, Madam, wir haben damit nichts zu tun.«

Ich war mittlerweile so wütend auf Kamal, daß ich sehr wenig Verständnis für seinen verletzten Stolz hatte. Ich beruhigte die Frau. Doch ich hatte Farhad kaum ins Haus gebracht, da rief Kamal erneut an.

»Niemals hätte ich das Gefängnis verlassen, wenn ich gewußt hätte, daß sie dich noch darin festhalten«, sagte er hitzig. »Sie haben beteuert, daß du bereits entlassen wurdest.«

Kamal hatte in einem ähnlichen Raum wie ich übernachten müssen, war aber kurz nachdem ich ihn im Verhörzimmer gesehen hatte, auf Intervention seines Cousins, eines hochgestellten Mullahs, entlassen worden. Er gab zu, daß er dem Komiteh erzählt hatte, er wolle mich heiraten. Nachdem sie ihn ermahnt hatten, nicht noch einmal eine unverheiratete Frau zu besuchen, war er freigelassen worden. Seine einzige Bestrafung hatte im Verlust der Benzincoupons bestanden, deren Rückgabe ihm das Komiteh verweigert hatte. Ich war viel zu wütend, um ihn zu trösten, und beendete das Gespräch möglichst schnell. Kaum hatte ich aufgelegt, da läutete es erneut. Diesmal war es der Mullah.

»Nun, ich habe die Dinge für Sie zurechtgebogen. Ich habe Ihre Schwiegereltern angerufen. Es sollte jetzt keine Probleme mehr mit Ihrem Sohn geben«, sagte er recht selbstzufrieden. Dann fügte er in ehrerbietigem Tonfall hinzu: »Ich hatte ja keine Ahnung, daß die Aminis eine so gute Familie sind. Frau Amini ist die Tochter eines berühmten Mullahs.«

Ich sagte nichts über seinen Wertmaßstab für eine gute Familie. Doch er hatte recht – sie gehörten in seine Klasse, nicht in meine.

»Ich muß Sie sehen«, fuhr er fort. »Sie brauchen Anweisungen bezüglich des Korans und der moslemischen Lebensweise.«

Nachdem ich zugestimmt hatte, diskutierten wir verschiedene Orte, wo wir uns treffen konnten. Sein Haus kam nicht in Frage, da es in einer ärmeren Gegend der Stadt lag und »nicht zu den Orten gehört, die eine Frau wie Sie aufsuchen sollte«. Mein Haus hatte bereits genügend Probleme verursacht.

Schließlich kam ihm eine Idee. »Freunde von mir wohnen in Ihrer Gegend. Ich werde mit ihnen ein Treffen arrangieren.«

Jetzt kommt es mir verrückt vor, daß ich so naiv war, aber zu dem Zeitpunkt glaubte ich wirklich, ich könnte ihn zum Freund gewinnen, ein wichtiger Kontakt, ein Segen nicht nur für mich, sondern für die ganze Familie. Es hätte mich mit Stolz erfüllt, wenn ich das einzige Familienmitglied gewesen wäre, das einen wichtigen Verbündeten im Kampf gegen das neue Regime hätte vorweisen können. Obwohl ich wußte, daß er mich zu seiner Konkubine machen wollte, freute ich mich, ihn zu sehen. Ich war überzeugt davon, daß ich die Beziehung zu ihm auf rein geschäftlicher Ebene halten konnte. Doch als Kamal kurz darauf erneut anrief und ich ihm von meinem geplanten Treffen berichtete, war er heftig dagegen.

»Ziehe es auch nicht für eine Sekunde in Erwägung, dich mit diesem schmutzigen Mann zu treffen«, befahl er. »Er will dich nur in seine dreckigen Finger bekommen.«

Ich tat Kamals Ausbruch als Eifersucht ab, doch als ich meinen Onkel Fayegh anrief und ihm davon erzählte, reagierte dieser fast noch erregter.

»Du hast ja keine Ahnung, in was für Schwierigkeiten du dich bringst«, sagte er. »Dieser Mann hat mit dir was vor, da bin ich mir ganz sicher.«

»Aber könnte ich ihn nicht zu einem Freund machen, einem wichtigen Kontaktmann für die ganze Familie?«

»Es ist nett von dir, daß du an die Familie denkst, Sousan, doch ein Mann in seiner Position ist nicht daran interessiert, dir zu helfen, außer er will was von dir. Er will dich zu seiner Konkubine machen, und wenn er dich fragt, kannst du nicht nein sagen, weil er die Macht hat, dein Leben zu zerstören. Du bringst nicht nur dich in Schwierigkeiten, sondern womöglich auch die restliche Familie, wenn du nein sagst. Der Mann ist durchaus fähig, gleich an Ort und Stelle mit dir schlafen zu wollen, und wir können nichts für dich tun.«

»Ich bin sicher, daß ich ihn zur Vernunft bringen und ihm einen geschäftlichen Vorschlag machen kann«, beharrte ich. »Er könnte ein Mittelsmann für Bestechungen werden, wenn wir das eines Tages nötig haben.«

»Sousan, du hast immer noch keine Ahnung vom iranischen Lebensstil«, erwiderte mein Onkel mit einem tiefen Seufzer. »Ein Mullah interessiert sich nur aus einem einzigen Grund für eine Frau – Sex. Ein Mullah setzt sich nicht hin und redet mit einer Frau über Geschäfte.«

Nachdem er mir geraten hatte, nie wieder einen Anruf von Tabatabai entgegenzunehmen und jeden Kontakt mit ihm zu vermeiden, teilte er mir die schlechte Nachricht mit, daß die Aminis für heute nachmittag vier Uhr ein Treffen mit uns verlangt hatten.

Bei dem im Hause der Aminis stattfindenden Treffen waren zwei der Bevollmächtigten anwesend – Jamshid und Ali – sowie Parviz, der Psychologe, der Herrn Taslimi zu vertreten schien, über dessen Schicksal immer noch Unklarheit herrschte. Sie vermieden sorgfältig, mich anzublicken, als wäre ich zu unbedeutend oder zu verdorben, als daß es sich gelohnt hätte, auch nur einen einzigen Gedanken auf mich zu verschwenden. Statt dessen sprachen sie mit meinem Onkel.

»Sousan kann mit ihrem Leben anfangen, was sie will«, begann Ali. »Mit Farhad ist das eine andere Sache. Durch die Verhaftung hat er ein Trauma erlitten, und wir werden nicht dulden, daß so etwas noch einmal passiert. Wir wünschen, daß er zu seiner Großmutter zieht, wo man sich besser um ihn kümmert.«

Als ich heftig protestierte, boten sie mir zwei Möglichkeiten zur Auswahl an: Ich sollte entweder in das Kellerapartment im Amini-

Haus ziehen oder in ein bescheidenes Apartment in einem Bezirk der Mittelschicht nicht weit von ihnen entfernt. Mein Haus stehe nun im Mittelpunkt der Aufmerksamkeit, sagten sie und es gebe keinen Grund, weshalb ich weiter ganz allein in so einem großen Haus leben sollte. Ich wagte nicht, sie daran zu erinnern, daß es sich um das Haus meines Mannes handelte, das er seinem Sohn vererbt hatte, und daß ich laut Moslemgesetz ein garantiertes Recht besaß, dort zu wohnen. Das Problem war, daß sie die Vormundschaft über Farhad besaßen und das Geld kontrollierten, das wir zum Unterhalt des Hauses benötigten. Schließlich erklärte ich mich einverstanden, aus dem Haus auszuziehen und Farhad bei mir zu behalten. Im stillen beschloß ich, daß dies nur eine vorübergehende Lösung sein würde. Bald schon würde ich eine Möglichkeit finden, den Iran zu verlassen.

Meine Familie, die Tabatabai fürchtete, bestand darauf, daß ich noch am gleichen Tag einen Koffer für mich und Farhad packte und aus dem Haus zog. Wir begannen ein Leben, wie es viele Iraner führten – ständig auf der Flucht, mal bei Freunden oder Verwandten übernachtend; nach Rücksprache mit Jalal Agha, um mich zu vergewissern, daß kein Abgesandter von Tabatabai auf mich wartete, kehrten wir tagsüber kurzfristig ins Haus zurück. Jeden Tag berichtete Jalal Agha, daß Tabatabai wiederholt angerufen hatte. Nach einer Woche begann der Mullah, das Komiteh loszuschicken, um in Erfahrung zu bringen, weshalb ich seine Anrufe nicht erwiderte. Schließlich erließ er einen Haftbefehl gegen mich, obwohl ich ordentlich aus dem Gefängnis entlassen worden war und nichts mehr gegen mich vorlag. Eine schlichte Aufgabe – zum Beispiel Farhad zur Schule zu bringen – wurde gefährlich, weil sich meine Wege so zu leicht verfolgen ließen. Freundinnen mußten ihn abwechselnd zur Schule bringen und wieder abholen.

Kamal war gleichermaßen hartnäckig. Jeden Tag beschimpfte er Jalal Agha und bemühte sich dann, mich aufzuspüren. Als er mich endlich entdeckt und erfahren hatte, daß Tabatabai mich verfolgte, explodierte er und beschloß, die Angelegenheit selbst in die Hand zu nehmen. Trotz der damit für ihn verbundenen Gefahr suchte er das Gefängnis auf und verlangte den Mullah zu sprechen. Er wurde dabei von dem Mullah, der außerdem sein Cousin war, begleitet. Er stellte meinen Verfolger zur Rede und machte ihm klar, daß er im

Begriff stand, mich zu heiraten: Tabatabai solle mich gefälligst in Ruhe lassen.

»Über das Thema rede ich mit Ihnen nicht«, erwiderte Tabatabai. »Ich habe nur mit Sousan Azadi zu tun.«

Kamal beharrte so hartnäckig darauf, daß ich ihn heiratete, daß ich ernsthaft erwog, seine legale Konkubine zu werden, bloß um den Mullah abzulenken. Ich hatte nicht die geringste Absicht, dieses Verhältnis wirklich zu vollziehen oder mich emotional zu engagieren, doch meine Familie mißbilligte meinen Vorschlag. Es war nicht anständig, eine Konkubine zu sein, meinten sie, nicht einmal in der chaotischen Welt, in der wir lebten. Eine schnelle Hochzeit und eine noch schnellere Scheidung wären besser.

Der Gedanke an eine Ehe löste eine tiefe innere Abneigung bei mir aus, doch mir blieben nur wenige Möglichkeiten zur Auswahl. Laut Khomeini-Gesetz durfte eine mit einem Ausländer verheiratete Iranerin jederzeit das Land verlassen. Wenn ich einen verfügbaren Mann mit ausländischem Paß finden konnte, der mit einer Zweckehe einverstanden war, dann konnte ich mit Farhad ganz legal das Land verlassen, ohne die teure und gefährliche Route durch die Türkei nehmen zu müssen.

Über meine Cousine Dara in der Schweiz erhielt ich den Namen eines mit einer Schweizerin verheirateten Iraners, der jetzt im Besitz eines Schweizer Passes war und der sich momentan im Iran aufhielt. Dara rief die Frau des Mannes in der Schweiz an und erklärte ihr die merkwürdige Bitte, bevor sie die Ehefrau um Erlaubnis bat, ihren Mann fragen zu dürfen. Die Frau, die viel Verständis für Iraner hatte, die in Khomeinis Theokratie gefangen waren, erklärte sich sofort einverstanden, daß ihr Mann sich eine zweite Ehefrau nahm. Im neuen Iran war das vollkommen legal; den Richtlinien des Korans entsprechend konnten Männer wieder bis zu vier Frauen heiraten.

»Aber ich kann den Mann im Iran nicht erreichen«, sagte Dara. »Ich fürchte, du wirst ihn selbst anrufen und ihm die Sache erklären müssen.«

Irgendwie überwand ich meine Verlegenheit und rief den Mann im Hause seines Bruders an, bei dem er wohnte. Mit sehr vagen Formulierungen schlug ich vor, er solle mich in meinem Haus besuchen kommen.

»Bitte fahren sie einen bescheidenen Wagen, und parken Sie nicht in der Nähe des Hauses«, erklärte ich dem Mann, der von meinem plötzlichen Interesse an ihm und den seltsamer Anweisungen recht verblüfft gewesen sein muß.

An dem Tag, an dem er kommen sollte, bat ich eine Freundin zu mir für den Fall, daß mir das Komiteh einen weiteren Überraschungsbesuch abstattete. Mittlerweile dachte ich, das Komiteh wisse über jede meiner Bewegungen Bescheid. Die Komiteh-Männer waren zu einem wiederkehrenden Alptraum geworden: Ich glaubte sie überall zu sehen und rechnete so halb und halb damit, daß sie plötzlich vor mir auftauchen würden, ganz egal, wo ich mich gerade aufhielt.

Es war früher Nachmittag. Mein Besucher war gerade erst fünfzehn Minuten da - und ich suchte immer noch meinen Mut zu sammen, um ihm meinen merkwürdigen Vorschlag zu machen. Ich schenkte gerade Tee im Wohnzimmer ein, als mein Gärtner plötzlich atemlos und mit weißem Gesicht hereingeplatzt kam.

»Das Komiteh«, keuchte er. »Ich hab' das Tor in der Nähe des Hauses verbarrikadiert, um sie draußen zu halten. Um Gottes willen, rennen Sie.«

Ich packte den unglücklichen Besucher am Arm, stieß ihn zur Tür hinaus und deutete auf das vom Haus weit entfernte Tor, gegenüber der Seite des Gartens, wo das Komiteh sich nun mit Gewalt Einlaß zu verschaffen suchte. Jetzt blieb keine Zeit mehr für irgendwelche Erklärungen – er mußte nur so schnell wie möglich weg.

Meine Freundin und ich rannten zum Balkon hoch; vielleicht konnten wir von hier aus das Komiteh am Tor entdecken. Sie befanden sich nicht in unserem Blickfeld, doch wir konnten den orangefarbenen Paycan meines Besuchers auf der Straße westlich vom Haus sehen. Die Autotüren standen offen, und einige Revolutionswachen standen herum und inspizierten den Wagen.

»Er muß davongekommen sein«, sagte meine Freundin und suchte den Garten mit ihren Blicken ab. »Rennen wir. Mein Wagen steht gleich vorn. Ich geh' zuerst, starte den Motor, und dann springst du hinein.«

»Was ist mit Farhad?« Der Gedanke löste einen panischen Schrekken bei mir aus. »Jede Minute müßte ihn sein Schulbus hier absetzen.«

»Wir fangen ihn ab«, sagte sie, ohne einen Augenblick zu zögern. Wir alle hatten uns daran gewöhnt, am hellichten Tag aus unseren eigenen Häusern flüchten zu müssen.

Wir machten es genau so, wie sie vorgeschlagen hatte. Gerade als ich in den Wagen steigen wollte, sah ich Farhads Bus vorn um die Ecke biegen. Ich schnappte ihn, als er ausstieg, und schob ihn auf den Rücksitz des Wagens. Dann rasten wir los; noch nach einigen Meilen schauten wir uns um, ob wir nicht verfolgt wurden.

Was mochte aus dem Mann geworden sein, der vielleicht mein nächster Ehemann geworden wäre? Im Haus meiner Freundin angekommen, rief ich sofort die Familie des Mannes an, um in Erfahrung zu bringen, ob er sicher zu Hause angekommen war. Sein Bruder wußte nichts. Eine halbe Stunde verging, bevor ich herausfand, was mit meinem Besucher passiert war. Er war am Tor meines Hauses dem Komiteh direkt in die Arme gelaufen. Wie sich herausstellte, war es nichts weiter als Pech gewesen, daß er verhaftet wurde. Das Komiteh war offensichtlich gar nicht auf der Suche nach mir. An diesem Morgen war ein bedeutender Mullah von einigen Männern ermordet worden, die in einem orangefarbenen Paycan geflüchtet waren. Im Zuge ihrer Ermittlungen hatte das Komiteh routinemäßig den Wagen des Mannes kontrolliert und lediglich dem Besitzer einige Fragen stellen wollen. Er wurde verhaftet, als sich herausstellte, daß er ohne Papiere fuhr. Der Wagen gehörte der Firma seines Bruders, und die Papiere lagen über Nacht im Büro. Erst spät abends wurde der verschreckte Mann entlassen; vorher allerdings mußte er noch ein Dokument unterzeichnen, in dem er sich zur Rückkehr ins Gefängnis verpflichtete, sobald das angeordnet wurde.

Am gleichen Abend noch unterhielt ich mich mit ihm. Sein Bericht jagte mir einen noch größeren Schrecken ein.

»Sie haben mich ständig danach gefragt«, sagte er immer noch sichtlich erschüttert, »ob Sie ein Hurenhaus führen. Sie fragten mich, wieviel ich Ihnen bezahlt habe. Ich erklärte ihnen, daß ich Sie kaum kenne, daß ich ein Freund Ihres Vaters sei und Sie in der Hoffnung, ihn zu sehen, besucht hätte. Was geht hier vor? Oder nein, sagen Sie's mir lieber nicht.«

Jetzt konnte ich ihm unmöglich von meinem ursprünglichen Plan erzählen. Einige Tage später verließ er den Iran, eine ganze Weile vor seiner geplanten Abreise und ohne seine Geschäfte erledigt zu haben.

Mittlerweile konnte ich niemandem mehr trauen. Wer hatte das Komiteh benachrichtigt? Warum waren sie Minuten nach der Ankunft meines Besuchers aufgetaucht? In dieser Nacht zog ich bei einer guten Freundin ein, die nicht mal meiner Familie bekannt war. Ich erzählte niemandem, wo ich wohnte, damit weder Freunde noch Verwandte mich unter Androhung von Gewalt verraten konnten. Als Vorsichtsmaßnahme wohnte Farhad bei einer anderen Freundin von mir. Es schien so, als würde fast jeder einen Freund oder Verwandten, der sich auf der Flucht befand, verstecken, trotz all der damit verbundenen Gefahren. Einige meiner Freundinnen nahmen meinetwegen Risiken auf sich, die von ihren Ehemännern nicht gebilligt wurden – und doch taten sie es bereitwillig, und ich erlebte nie eine Ablehnung.

In dieser Nacht hatte ich ständig die Vision, daß das Komiteh auftauchen würde. Ich war überzeugt davon, daß sie mich wieder ins Gefängnis stecken würden und ich dem Mullah auf Gnade und Ungnade ausgeliefert wäre. Jetzt haßte ich alle Männer und die Gesellschaft, die sie erschaffen hatten, eine Gesellschaft, in der Frauen nur unter dem Schutz von Männern sicher waren und deren Hauptfunktion darin bestand, als Gegenleistung Sex zu liefern. Ich wollte nie wieder etwas mit einem Mann zu tun haben. Ich lief in dem Zimmer, das meine Freundin mir für die Nacht zur Verfügung gestellt hatte, auf und ab und wurde allmählich hysterisch vor Angst. Ich zitterte, als hätte ich eine sehr schwere Erkältung; meine Zähne klapperten, und sosehr ich mich auch bemühte, ich konnte nicht aufhören zu weinen.

Meine Freundin packte mich bei den Schultern und schüttelte mich. »Du mußt damit aufhören, Sousan«, schrie sie mich an. »Das darfst du dir nicht antun. Du mußt dich beruhigen.«

Sie weinte ebenfalls, doch nichts und niemand konnte meine Ängste zerstreuen.

»Sie werden mich kriegen«, wiederholte ich eintönig. »Es spielt keine Rolle, was ich tu' oder wohin ich geh'. Sie sind hinter mir her, und sie werden mich kriegen.«

Ein Beruhigungsmittel verschaffte mir schließlich etwas Schlaf.

Als ich Farah am nächsten Tag anrief, berichtete sie mir, daß das Komiteh erneut mit einem Haftbefehl für mich erschienen sei. Mir wurde klar, daß ich unter keinen Umständen zu meinem Haus zurückkehren durfte. Als ich Kamal von den letzten Ereignissen erzählte, entschloß er sich, Tabatabai noch einmal zur Rede zu stellen.

»Tu das nicht«, bat ich ihn. »Womöglich verhaften sie dich vom Fleck weg.« Als er darauf beharrte, ließ ich mir von ihm versprechen, daß er nur in Begleitung des mit ihm verwandten Mullah hingehen würde. »Ich habe bereits genügend Leuten Schwierigkeiten bereitet.«

Er versprach es – ging dann aber mit der ihm eigenen Sturheit allein in die Takhtejamshid Avenue – lediglich einige Wochen nach unserer Entlassung aus dem Gefängnis. Später berichtete er mir von der Begegnung.

»Der Mann verhielt sich unmöglich. Da komme ich, um ihm zu sagen, daß ich dich heiraten will, was ihn eigentlich hätte erfreuen müssen. Die Tatsache, daß ich dich heiraten will, reinigt dich schließlich dem Koran nach von allen vorangegangenen Sünden! Selbst wenn ein Mann eine Prostituierte heiratet, wird sie rein, so heißt es zumindest, da sie ja ihren alten Beruf aufgibt. Statt dessen erklärt er mir: ›Sie sollten diese Frau nicht heiraten. Sie haben ja keine Ahnung, was für ein Mensch sie ist. Sie gibt alle möglichen Parties. Ich bin sicher, daß sie ein Hurenhaus führt.‹ Das also ist ein religiöser Mann, der für deine Erlösung beten sollte. Statt dessen verdammt er dich. Aber ich kenne den Grund – er war deutlich zu sehen. Er ist entschlossen, dich zu seiner Konkubine zu machen – aber nicht, solange ich lebe.«

Der anhaltende Druck von Tabatabai, die Angst, die Aminis könnten jederzeit versuchen, Farhad wieder an sich zu reißen, und meine Schwierigkeiten, einen Schmuggler zu finden, der uns außer Landes brachte – all das trieb mich Kamal direkt in die Arme, obwohl ich Männern gegenüber nur Abneigung empfand. Zumindest aber konnte er mir einen gewissen Schutz bieten.

»Warum heiraten wir nicht einfach?« sagte er. »Ich kann es nicht ertragen, dich einen Tag lang nicht zu sehen. Ich brauche dich. Ich liebe dich. Und auf diese Weise ließen sich eine ganze Menge Probleme lösen. Die Aminis würden dich in Ruhe lassen. Der Mullah würde sich zurückziehen. Und dann flüchten wir gemeinsam – das verspreche ich dir. Die Revolution scheint uns zusammenzuführen. Vielleicht ist es so am besten. Vielleicht war es uns so bestimmt.«

Nachdem ich mich tagelang mit dem Gedanken herumgeschlagen hatte, erklärte ich mich schließlich einverstanden. Ich würde ihn heiraten – allerdings nur unter einigen wichtigen Bedingungen. Ich war mir gar nicht sicher, ob ich weiterhin eine sexuelle Beziehung mit ihm haben wollte. Und ich hatte die feste Absicht, mit Farhad zusammen den Iran zu verlassen.

»Sobald ich jemanden gefunden habe, der mich aus dem Land bringt, verschwinde ich, ganz gleich, ob du bereit bist oder nicht«, erklärte ich ihm. »Ich möchte, daß dir das klar ist.«

Glücklich willigte er ein. Dieser Mann, den ich kaum kannte, dem ich erst vor zwei Monaten begegnet war, schien mich um jeden Preis haben zu wollen. Ich kannte weder seine Hobbies noch seine Lieblingsspeisen. Unsere Gespräche hatten sich meist um Fluchtkontakte gedreht. Er war ein stiller, fast mürrischer Mensch, doch in meiner Gegenwart, so sagten seine Freunde, lebte er sichtlich auf. Er war pedantisch und hatte gute Manieren – genau das Gegenteil von dem geistreichen, übermütigen Hamid.

Zwei Wochen später heirateten wir im Hause meiner Tante Tootie. Es war eine kleine, gedämpfte Zeremonie, der lediglich einige nahe Verwandte und Freunde beiwohnten. Ich wollte, daß die Aminis möglichst spät von der Eheschließung erfuhren, weil ich noch einige Zeit benötigte, um meine Flucht zu organisieren.

Am Morgen meines Hochzeitstages weinte ich. Welch ein Unterschied zu der Märchenhochzeit mit Bijan, als ich voller Erregung erwachte, an der Schwelle zu meinem Erwachsenenleben. Ich war massiert, frisiert und zurechtgemacht worden – um die Frau eines Mannes zu werden, den ich kaum kannte, der aber der Traum eines jeden Mädchens war. Doch an diesem Morgen konnte ich wegen meiner Tränen kaum Make-up auflegen, und meine Augen blieben den ganzen Tag geschwollen. Ich zog mir ein schlichtes, elfenbeinfarbenes Seidenkleid an und kümmerte mich selbst um die Details meiner Hochzeit. Ich heiratete einen Mann, den ich nicht liebte. Doch ich wußte, daß dies meine einzige Überlebenschance im Iran darstellte.

Vor einigen Wochen erst war ich zu einem Anwalt gegangen und hatte ihn gebeten, um die begrenzten Rechte zu kämpfen, die mir als

Witwe und Mutter noch geblieben waren. Schon zu Beginn meines Konflikts mit den Aminis hatte ich einen Anwalt einschalten wollen, doch meine Onkel und Tanten hatten mir abgeraten – dieser langwierige, problematische Rechtsstreit würde sich nur zu einer öffentlichen Zurschaustellung entwickeln, die unserer Familie fremd war. Doch jetzt hatte ich kaum noch etwas zu verlieren.

Ich erklärte dem Anwalt – einem langjährigen, angesehenen Profi –, daß ich alles tun würde, um meinen Sohn zu behalten. Seine Vorschläge verblüfften mich.

»Ich verfüge über gewisse Kontakte«, sagte er beiläufig. »Leute, die wir bestechen können, damit sie Dr. Ali verprügeln und ihn bedrohen, falls er Sie weiterhin belästigt.«

»Sosehr ich diese Menschen auch verabscheue«, erwiderte ich, »aber das könnte ich niemandem antun.«

»Nun, dann könnten wir einen mir bekannten Mullah bestechen, der den Aminis das Komiteh auf den Hals hetzt und sie vielleicht für ein paar Tage ins Gefängnis werfen läßt – nur um ihnen eine kleine Kostprobe von dem zu verschaffen, was sie Ihnen angetan haben.« Doch wieder konnte ich mich zu einer derartigen Bestrafung nicht durchringen.

Schließlich willigte ich ein, die für meinen Sohn Verantwortlichen wegen unkorrekter Vermögensverwaltung vor Gericht anzuklagen – sowohl wegen ihres Versäumnisses, die Liste der im Haus vorhandenen Gegenstände zu erstellen, als auch wegen der mißbräuchlichen Verwendung des Geldes meines Sohnes für die Baufirma.

Zwei Wochen nach der Eheschließung – ich war vorsichtig und heimlich in Kamals Haus gezogen – beriefen wir ein Treffen mit den Aminis ein und teilten ihnen unsere Heirat mit. Ihre Freude war nicht vorgetäuscht, obwohl sie andererseits auch schockiert waren, daß solch ein respektabler Mann mich einer Ehe für wert erachtete. Jetzt hatte ich keinen Anspruch mehr auf Unterhaltszahlung aus Bijans Vermögen, ich durfte nicht länger in dem Haus wohnen, und Farhads Vermögen lag nun ganz in ihren Händen, bis er achtzehn war.

»Jetzt werden wir Farhad zu uns nehmen«, sagte Ali.

»Nein, das werdet ihr nicht«, erwiderte ich. »Ich habe geheiratet, damit ich Farhad behalten kann. Versuch doch nachzuweisen, daß ich eine schlechte Mutter bin, nun, da ich ordnungsgemäß und anständig verheiratet bin.«

Die Aminis sagten nichts, doch ich hätte sie nicht unterschätzen dürfen.

Kurze Zeit später lieferte ich ihnen die perfekte Waffe in ihrem Kampf um Farhad.

Seit der Revolution hatte ich in meinem Haus zahlreiche Wertgegenstände von Freunden und Verwandten eingelagert, die gezwungen gewesen waren, das Land zu verlassen. Nach und nach verkaufte ich einige Stücke, sowohl für mich als auch für meine Freunde, die das Geld im Ausland benötigten. Anna, die Frau von Paul, meinem Freund aus der Botschaft, entschloß sich, einige Möbel zu kaufen, die mittlerweile ziemlich wertvoll waren, da es Auslandserzeugnisse fast nicht mehr zu kaufen gab. Eines Tages verabredete ich mit Jalal Agha, daß sie um vier Uhr nachmittags vorbeikommen und sich die Sachen mitnehmen würde, die ihr gefielen.

Zu dieser Zeit rief ich zu Hause an. Farah ging an den Apparat. Sie klang sehr merkwürdig, so, als höre jemand mit. Sie sagte, Anna sei bereits gegangen. Nach fünf Minuten rief ich noch einmal an, besorgt, daß etwas passiert sein könnte. Diesmal erfuhr ich, daß Anna bei meinem ersten Anruf noch dagewesen, mittlerweile aber wirklich gegangen sei. Sie legte auf, bevor ich weitere Fragen stellen konnte.

»Kamal«, sagte ich, »da stimmt etwas nicht.«

»Ruf lieber noch mal an«, schlug er vor. »Wenn es übel ausschaut, fahr' ich hin und schau', ob ich was tun kann.«

Kaum hatte sich Farah gemeldet, da merkte ich, daß sie ziemlich verzweifelt war. »Es tut mir leid, ich konnte nicht reden«, sagte sie. »Die Aminis waren alle hier und ließen Ihre Freundin wegen Diebstahls verhaften. Die Polizei hat sogar Ihr Zimmer durchsucht.«

Als ich das hörte, wußte ich, daß mir das schlimmste Unheil noch bevorstand. In einer Schublade neben meinem Bett lag ein Büchlein mit verschlüsselten Daten und Zahlen über meine aus dem Land geschmuggelten Teppiche. In meiner Hast, das Haus zu verlassen, hatte ich das Büchlein dummerweise vergessen und es auch später nicht mehr holen können. Hatten sie es gefunden? Wußten sie bereits über Paul Bescheid? Hatten sie deswegen die Polizei alarmiert, um die arme Anna verhaften zu lassen? Was wußten sie?

Kamal packte meine Hand, und gemeinsam eilten wir aus dem Haus. Ich merkte gar nicht, daß ich immer noch meinen alten, nur für das Haus gedachten Jogginganzug trug. Wie zwei Wahnsinnige fuhren wir von Haus zu Haus und besuchten Freunde von Kamal, die ich noch gar nicht kannte. Ohne irgendwelche Vorstellungen platzte er damit heraus, daß ich seine Frau sei, daß ich des Schmuggels angeklagt werden würde und daß wir Hilfe bräuchten. Es war bezeichnend für das Chaos in unserer Gesellschaft, daß bei dieser Nachricht niemand auch nur mit der Wimper zuckte; statt dessen setzte man sich zusammen und besprach, was getan werden konnte. Die Leute, die wir an diesem Nachmittag besuchten, verfügten alle über gute Beziehungen zur Polizei. Offensichtlich hatte diese Behörde des Staates und nicht das Komiteh Anna verhaftet. Sie alle versprachen, ihre Freunde anzurufen, um herauszufinden, was hier vor sich ging und wo Anna festgehalten wurde.

Den ganzen Nachmittag über rief ich immer wieder bei Paul zu Hause an, in der Hoffnung zu hören, daß mit Anna alles in Ordnung war, doch niemand ging an den Apparat. Dann fiel mir eine weitere Person ein, die in Gefahr geraten könnte, falls Anna Aussagen machte: Jamshid, der Partner meines Mannes, der mit mir zusammen Teppiche geschmuggelt hatte. Wir fuhren zu seinem Haus.

»Sie müssen heute nacht noch den Iran verlassen«, rief er, dermaßen verängstigt, daß er nicht mehr klar denken konnte. »Ich komme mit Ihnen. Meine Frau muß später nachkommen.«

»Einen Moment mal«, sagte Kamal. »Sie sprechen zufällig mit meiner Frau. Wir haben gerade erst geheiratet. Ich möchte nicht, daß sie so plötzlich weg muß. Machen Sie Ihren Einfluß bei den Aminis geltend. Vergessen Sie nicht, auch Sie haben eine Menge zu verlieren.«

»Es gibt nur einen Weg, um sie aufzuhalten«, sagte er zu mir gewandt. »Geben Sie ihnen Ihren Sohn. Das ist es, was sie wirklich wollen. Bis dahin wird Ihre Freundin im Gefängnis bleiben, das kann ich Ihnen versprechen.«

Kamal schien das für einen vernünftigen Vorschlag zu halten. »Warum überläßt du ihnen Farhad nicht für ein paar Tage, bis Anna entlassen ist? Er wird heulen und ein Riesentheater machen, so daß sie froh sind, wenn sie ihn wieder loswerden.«

Jamshid versuchte mich weiter zu beruhigen. »Dr. Ali plant, Farhad auf eine Schweizer Schule zu schicken. Sobald er dort ist, wird es für Sie viel leichter sein, das Sorgerecht zu erhalten. Sie können tun, was Sie wollen, wenn er erst das Land verlassen hat.«

Beide schauten mich an, als hielte ich den Schlüssel zur Lösung all unserer Probleme in Händen. Ich sagte ihnen, ich würde es mir überlegen, aber ich bräuchte Zeit dazu.

Als wir um halb elf wieder anriefen, waren Paul und Anna endlich zu Hause. Ich kannte Anna seit Jahren; sie hatte viele meiner Parties besucht. Mit ihren über dreißig Jahren war sie immer noch ein mageres, kindliches Geschöpf. Von Schluchzen und hysterischen Anfällen unterbrochen, erzählte sie uns, was geschehen war. Nach der Ankunft in meinem Haus hatten Jalal Agha und Farah ihr geholfen, die Möbel auf den mitgebrachten Kleintransporter zu laden. Doch nach wenigen Minuten schon tauchten Dr. Ali, meine Schwiegermutter und Bijans ältere Schwester auf und beschuldigten sie des Diebstahls. Sofort riefen sie die Polizei.

»Ich erklärte ihnen: ›Sie kennen mich. Ich bin Sousans Freundin. Ich bin keine Diebin.‹ Daraufhin sagte die Mutter: ›Sie ist es nicht wert, eine Freundin zu haben. Sie ist eine Hündin. Sie hat nichts weiter als Parties veranstaltet in dem Haus, für das sich mein Sohn in der Wüste die Seele aus dem Leib geschwitzt hat. Woher nimmt sie das Recht, sich mit dem Geld zu vergnügen, für das er gestorben ist?‹

Auf meinen Knien flehte ich sie an, nicht die Polizei zu rufen, aber sie taten es trotzdem, und die Polizei brachte mich auf das Revier. Ich war so verängstigt, daß ich es nicht wagte, ihnen zu sagen, daß ich mit einem Ausländer verheiratet war, weil ich nicht wußte, ob das nicht noch größere Probleme mit sich bringen würde. Also erzählte ich ihnen, ich sei gar nicht verheiratet. Ich hatte ja keine Ahnung, daß Paul gekommen war, um mich gegen Kaution herauszuholen. Er hatte ihnen gesagt, daß ich seine Frau sei. Mein Gott, ich dachte, ich würde da nie wieder rauskommen. Und noch was, Sousan. Sie haben so ein kleines Büchlein von dir. Ich bin sicher, daß diese Farah es ihnen gezeigt hat. Dann hörte ich, wie deine Schwiegerfamilie mit der Polizei über Schmuggel sprachen. Diese Familie haßt dich, Sousan.«

Farah. Jalal Agha. Vieles, das bis jetzt unerklärlich gewesen war, ergab nun einen Sinn: warum die Aminis so viel über mich gewußt hatten; warum das Komiteh immer dann aufgetaucht war, wenn es mich in einer kompromittierenden Situation mit einem Mann überraschen konnte; warum der Chauffeur und seine Frau in der Nacht, in der das Haus durchsucht worden war, so nervös gewesen waren. Fürchteten sie schließlich doch, entlarvt zu werden? Die Spitzel, wahrscheinlich von den Aminis bezahlt, hatten sich in meinem eigenen Haus befunden. Hätte ich im Gefängnis auf meine Akte gewartet, dann hätte ich ihre Namen aufgelistet gesehen als diejenigen, die Klage gegen mich erhoben hatten.

Die Polizei hatte Anna unter der Bedingung entlassen, daß sie sich gleich früh am nächsten Morgen bei ihnen meldete. Sie sollte verhört werden, bis entweder ich bei der Polizei erschien und die Möbel als meinen Besitz identifizierte und mich wegen meiner Teppichschmuggel-Aktivitäten befragen ließ oder die Aminis ihre Anzeige zurückzogen. Wenn ich mich bei der Polizei meldete, dann war das gleichbedeutend, als würde ich mich dem Komiteh stellen. Die Todesstrafe erwartete mich, wenn die Aminis beweisen konnten, daß ich Teppiche außer Landes geschmuggelt hatte – und mit dem kleinen Büchlein, das ich so sorgfältig aufbewahrt hatte, würde das nicht schwierig sein. Wenn ich ihnen dagegen meinen Sohn für einige Tage überließ, würden sie vielleicht Anna und mich in Ruhe lassen.

»Ich kann nicht zurück zur Polizei«, kreischte Anna. Ich hatte das Gefühl, als würde mein Herz langsam zusammengequetscht. Entweder mein Sohn oder meine Freundin. Einen von beiden mußte ich für meine Freiheit opfern.

Tagelang lief ich im Haus herum, ohne zu merken, daß ich laute Selbstgespräche führte.

Einmal bekam Farhad mit, daß ich mit Onkel Fayegh über die schreckliche Entscheidung sprach, die ich treffen mußte. Danach kam er mit Tränen in den Augen zu mir.

»Mami, ist dir Tante Anna wichtiger als ich? Liebst du Tante Anna mehr als mich?«

»Nein, mein kleiner Liebling«, erwiderte ich, während mir fast das Herz brach. »Wie kommst du denn auf die Idee? Es ist nur so, daß du vielleicht für ein paar Tage zu deiner Großmutter mußt, damit Tante Anna nicht ins Gefängnis muß.«

Er löste sich von mir. »Du liebst sie mehr, sonst würdest du mich nicht wegschicken.«

Wie sollte ich einem Sechsjährigen erklären, daß wir einfach kein normales Leben mehr führen konnten? Daß ich alles in meiner Macht Stehende getan hatte, um ihn bei mir zu behalten, daß ich aber vielleicht den Kampf verlieren würde?

Jeder in meiner Familie riet mir, Farhad den Aminis auszuliefern.

»Verzichte für eine Weile auf ihn«, sagte mein Onkel Kurosh. »Die Aminis werden gut für ihn sorgen. Sie werden ihn auf die beste Schule schicken.«

»Ja«, fügte eine Freundin hinzu. »Du bist noch so jung. Du hast einen guten, neuen Ehemann. Du kannst eine neue Familie gründen. Vielleicht wirst du bald froh sein, daß für Farhad gesorgt ist.«

Beinahe wäre ich aufgesprungen und hätte sie geschlagen. Begriffen sie denn nicht? Dies war mein einziges Kind, mein Baby, von dem sie sprachen. Eher würde ich sterben als ihn im Stich lassen. Wenn ich ihn aufgab, dann nur für kurze Zeit, bis ich alle Vorbereitungen für unsere Flucht getroffen hatte.

Acht Tage nach Annas Verhaftung traf ich meine Entscheidung. Ich übergab Farhad den Aminis, die sich daraufhin einverstanden erklärten, die Anzeige gegen Anna fallenzulassen. Trotzdem mußte ich der Polizeistation noch einen offiziellen Besuch abstatten und die Anschuldigung des Teppichschmuggels zurückweisen; falls sie meine Erklärungen nicht akzeptieren, mußte ich mit der Todesstrafe rechnen. Ich hatte viele Berichte über die Exekution von Schmugglern gelesen, die in der Nähe der türkischen Grenze gefaßt worden waren. Ein angeheirateter Verwandter, der zufällig den Polizeichef gut kannte, ebnete mir den Weg, indem er versicherte, daß ich eine ehrliche Frau aus guter Familie sei. Als ich im Polizeipräsidium ankam, blickte ich mich nervös um. So halb und halb rechnete ich damit, daß das Komiteh plötzlich auftauchen und mich wieder verhaften würde. Gegen mich lag immer noch ein Haftbefehl vor, und ich fragte mich, ob die unabhängig agierende Polizei informiert war. Ich wurde in das Büro des Polizeichefs geführt. Drei Stunden lang beschuldigte er mich des Versuchs, Eigentum meines Mannes verkauft zu haben, und verhörte mich wegen des kleinen Büchleins. Ich setzte all meine Fähigkeiten ein, um ihn davon zu überzeugen, daß ich nichts Böses geplant hatte, daß die zum Verkauf anstehenden Möbel mir gehört hatten und daß mir jeder Gedanke an Schmuggel fern lag. Während der ganzen Zeit saß er mit steinernem Gesichtsausdruck da und gab mir nicht den geringsten Hinweis, wie seine endgültige Entscheidung lauten würde. Als ich dachte, ich würde nun mit Sicherheit hinter Gitter gesteckt werden, erhob er sich schließlich und entließ mich abrupt.

Der Abschied von Farhad war der schlimmste Teil. Er klammerte sich bis zum letzten Augenblick an mich und weinte bitterlich.

»Und vergiß nicht, was ich dir gesagt habe«, erinnerte ich ihn. »Jammere und beklag dich ständig. Mach nachts ins Bett. Verlang, daß du nach Hause geschickt wirst. Schikanier sie. Und merk dir unsere Telefonnummer, aber erzähl ihnen nicht, wo wir wohnen oder wie die Nummer lautet.«

Nach der Hochzeit hatten Kamal und ich den Aminis aus reiner Vorsicht nichts über unseren Aufenthaltsort mitgeteilt, für den Fall, daß sie uns unter irgendeinem fadenscheinigen Vorwand das Komiteh auf den Hals hetzen wollten. Später erzählte mir Farhad, daß er sich die Nummer, die ich auf einen kleinen Zettel geschrieben und in seiner Tasche versteckt hatte, ganz fest eingeprägt hatte. Tagelang hatte er das Papier nicht vernichten können, weil ständig seine Tante oder seine Großmutter in seiner Nähe gewesen sei. Doch eines Morgens, als der Schulbus ihn zu seiner neuen Schule brachte – die näher beim Haus seiner Großmutter lag –, hatte er das Papier in winzige Fetzen gerissen und in den Gully geworfen, als seine Tante gerade nicht aufpaßte. »Das Wasser hat die Papierchen ganz schnell fortgespült. Sie hat gar nichts mitgekriegt.«

Ich haßte mich selbst, daß ich ihm solch eine schwere Last aufbürden mußte.

Anfangs waren die Aminis so glücklich, Farhad zu haben, daß sie versprachen, ich könne ihn jederzeit besuchen oder an den Wochenenden zu mir nehmen. Ich könne ihn anrufen, wann immer ich wollte, sagten sie. Doch bald wurden ihre wirklichen Absichten offenkundig. Sie beschränkten meine Besuche bei Farhad auf Freitag 10 bis 16 Uhr, und anrufen durfte ich nur einmal täglich. Wenn wir uns verpaßten, weil ich außer Haus oder er beschäftigt war, dann erlaubten uns die Aminis an diesem Tag keinen weiteren Anruf. An Wochenenden erfanden sie irgendwelche Ausreden, damit ich ihn überhaupt nicht sehen konnte – er hatte eine Erkältung oder war zu müde, oder sie wollten mit ihm aufs Land fahren.

Während der ersten paar Wochen weinte Farhad am Telefon und schrie, daß er nach Hause wolle, bis ihn seine Großmutter fortzerrte. Doch allmählich sprach er vorsichtiger mit mir, als hätte er Angst. Er murmelte nur noch einsilbige Antworten auf meine Fragen. Seine Stimme klang flach, fast deprimiert. Seine typische jungenhafte Fröhlichkeit verschwand. Selbst bei den wenigen Gelegenheiten, die ich mit ihm allein war, schien er nicht mit mir über sein Leben bei den Aminis reden zu wollen.

Schließlich fragte ich ihn eines Tages: »Mein Liebling, hast du vor irgendwas Angst? Was ist denn mit dir?«

In einem Sturzbach von Tränen brach es aus ihm heraus, daß ihm die Aminis eingehämmert hatten, er dürfe nicht reden, wenn er nicht in ihrer Nähe war.

»Ich habe Angst, es dir zu sagen. Überall haben sie Kameras, und sie können alles sehen, was ich tu. Sie können hören, was ich dir jetzt erzähle, und wenn ich dann wieder zu ihnen zurückkomme, werden sie furchtbar wütend auf mich sein. Sie werden es wissen.«

Mein Junge war so davon überzeugt, daß die Aminis ihn überall bespitzeln konnten, daß ich mehrere Stunden brauchte, um ihn zu beruhigen und ihn davon zu überzeugen, daß ihn niemand so genau beobachten konnte. Als er mir allmählich Glauben schenkte, erzählte er mir unter Tränen, daß er jeden Tag eine Stunde mit Onkel Parviz, dem Psychologen, verbringen mußte. Die Aminis bemühten sich ernsthaft, meinen Sohn gegen mich aufzuhetzen.

»Sie erzählen mir, du seiest eine schlechte Mutter, weil du mir nichts zu essen gibst und mir nicht bei meinen Hausaufgaben hilfst«, sagte er.

Als Farhad an diesem Nachmittag gegangen war, weinte ich stundenlang und sagte schließlich zu Kamal: »Mein armes Baby. Er wird buchstäblich in Stücke gerissen. Jeden Tag verliere ich ein Stückchen mehr von ihm. Ich muß den Iran verlassen. Bereite dich darauf vor, denn ich gehe mit oder ohne dich.«

So viele von uns verließen den Iran. Zahlreiche Statistiken belegen den ungeheuren Wandel, der in nur wenigen Jahren stattgefunden hat. Über eine Million Iraner der Mittel- und Oberschicht sind zu Emigranten geworden – eine häufig zitierte Zahl. Mehr als zehntausend wurden unter dem Banner der Revolution hingerichtet. Der Krieg mit dem Irak hat weit über 100000 Opfer gefordert, während die Zahl der Flüchtlinge in die Millionen geht.

Der Iran, den ich verlassen wollte, war in jeder Hinsicht ein einziges Chaos. Khomeini und seine Mullahs hatten es geschafft, jegliche Bedrohung ihrer Regentschaft auszulöschen – ihnen drohte weder Gefahr von der Mittelklasse noch von den Kommunisten, den Geschäftsleuten oder den gemäßigteren Religionsführern. Die Säuberung der Streitkräfte und der Zivildienste war umfassend und blutig verlaufen. Khomeini hatte den Iran in eine islamische Republik verwandelt. Eine gutausgerüstete Revolutionsgarde kämpfte Seite an Seite mit der regulären Armee an der Front; das Komiteh hatte einen Großteil der Polizeiaufgaben übernommen; Revolutionstribunale und islamische Richter setzten islamisches Recht durch. Jeder, der Widerstand leistete, der eine Opposition aufzubauen suchte, wurde von Totschlägern, dirigiert von der einzig zugelassenen Partei, der Islamisch-Republikanischen Partei, niedergeknüppelt und zum Schweigen gebracht.

Selbst alte Khomeini-Anhänger wie der frühere Präsident Abol-Hassan Bani-Sadr verließen still und leise das Land. Er flüchtete, nachdem er im Parlament angeklagt worden war, kein treuer Anhänger der Revolution zu sein. Einer seiner Fehler war der Wunsch gewesen, einige zivile Freiheiten bewahren zu wollen. Im Juli 1981 gründete Bani-Sadr in Paris eine Exilregierung und wetterte, daß die von ihm mitgetragene Revolution außer Rand und Band geraten sei. Khomeinis ehemaliger Außenminister, Sadeg Gotbzadeh hatte weniger Glück. Im April 1982 wurde er, während ich Fluchtpläne schmiedete, verhaftet, unter die Anklage des Putschversuchs gestellt – eine Beschuldigung, die er nur teilweise zurückwies – und anschließend erschossen.

Die Universitäten waren für zwei Jahre geschlossen worden, während die Professoren sich mühten, Khomeinis Befehl nachzukommen und den Lehrplan zu islamisieren. Tatsächlich bemühte sich der

Staat, alle Aspekte der Gesellschaft dem islamischen Glauben anzupassen. Die Strafgesetzgebung sollte entsprechend den islamischen *Hadd*-Strafen umgestellt werden: Im Falle eines Diebstahls sollte die Hand abgehackt, im Falle eines Ehebruchs gesteinigt werden.

Im Frühjahr 1982 brachte die Regierung außerdem eine neue Offensive gegen die Kurden im Nordostteil des Landes in Gang. Diese Volksgruppe hatte die Verwirrung der Zentralregierung genutzt, um ihrem langgehegten Wunsch nach einem autonomen Staat Nachdruck zu verleihen.

Die Staatsgewalt tobte sich ungehindert weiter aus. Erst nach meiner Flucht wurden einige Versuche unternommen, die Massenverhaftungen und Exekutionen, die illegalen Hausdurchsuchungen und die Beschlagnahmung von Eigentum einzuschränken. Es war nicht so, daß das Regime sich nachgiebiger zeigte; die Unterdrückung wurde nur in ordnungsgemäße Bahnen gelenkt.

Mein erster Versuch, einen Kontaktmann zu finden, der uns aus dem Land schmuggeln könnte, endete in einer Katastrophe. Ich lernte auf einer Party einen Mann kennen, der an Hamids Flucht beteiligt gewesen war. Er – ein unversöhnlicher Feind Khomeinis – leitete einen Ring, der es sich zur Aufgabe gemacht hatte, politische Aktivisten, die vom Komiteh gesucht wurden, außer Landes zu schmuggeln. Er war schon häufig illegal über die türkische Grenze gegangen und war nur zu gern bereit, einer Freundin Hamids zu helfen. Wann immer ich flüchten wollte, sagte er, würde er die Sache arrangieren. Ungefähr drei Monate später las ich in der Zeitung, daß er vom Komiteh gefaßt worden war, als er sich in der Stadt versteckte. Ein Nachbar hatte den Behörden einen Hinweis gegeben. Als er sie kommen sah, unternahm er zwar einen tollkühnen Fluchtversuch, wurde dabei aber verwundet und gefangen. Nachdem er gefoltert worden war und sich bis zum Schluß geweigert hatte, in aller Öffentlichkeit zu widerrufen, wurde er erschossen.

Im Mai 1982 wandte ich mich hilfesuchend an meinen Vater. Wenn wir über die Türkei flüchteten, mußten wir das furchterregende, schneebedeckte Zagros-Gebirge entlang der Grenze durchqueren; hier kontrollierten die aufständischen Kurden die Bergpässe und Hunderte von kleinen Dörfern. Die hügeligen Ebenen von Aserbaidschan – die Gegend, in der die Familie meines Vaters so einflußreich gewesen war – reichten bis an die gebirgige Grenzregion. Bestimmt kannte mein Vater jemanden, der Beziehungen zu den Kurden in den Bergen hatte.

Es war gefährlich, über solche Dinge am Telefon zu sprechen. Ich telefonierte mit meinem Vater in Sabbalon und machte ihm einige verschlüsselte Andeutungen.

»Höchste Zeit, daß du deine Tochter besuchst, um einige Familienangelegenheiten zu besprechen« sagte ich. Er versprach, in der folgenden Woche in die Stadt zu kommen.

Aus vorangegangenen Gesprächen wußte er sehr wohl, was ich brauchte, und kam gleich mit dem Namen eines guten Kontaktmannes an: ein ehemaliger Senator der Schah-Regierung; Großgrundbesitzer wie mein Vater, der sich nun auf andere Weise seinen Lebensunterhalt verdienen mußte. Er hatte sich die ideale Branche ausgesucht – Schmuggel von menschlicher Fracht – und verdiente nun dank seiner alten Kontakte zu den Kurden, die früher als Bauern für ihn gearbeitet hatten, noch mehr Geld. Er verlangte ein hohes Honorar allein für eine Einführung bei den Kurden, die einen dann über die gefährliche Gebirgsroute sicher in die Türkei brachten.

Die Kurden benötigten das Geld nicht für Luxusgüter. Sie führten ein schlichtes Leben, züchteten Ziegen und stellten Joghurt und Käse her. Doch sie mußten ihren langen und bis jetzt erfolglosen Unabhängigkeitskampf finanzieren.

Gemeinsam mit meinem Vater besuchte ich Marjani, den Großgrundbesitzer, in seinem Luxusapartment in Teheran. Wir warteten in einem Raum, während er eine Gruppe von Leuten abfertigte, die zweifellos aus demselben Grund wie ich hier waren. Das Schmuggelgeschäft lief so gut wie eine Zahnarztpraxis. Als er uns schließlich empfing, entpuppte sich Marjani als geselliger Mann – kahlköpfig, rundlich und fröhlich – mit sehr viel Geschmack in seiner Kleidung.

»Sie aus dem Iran herausbringen?« dröhnte er erfreut.

»Überhaupt kein Problem. Ich werde alles mit einem Kurden, den ich gut kenne, arrangieren. Sie werden den ganzen Weg über VIP-Behandlung bekommen. Innerhalb eines Tages werden Sie in der Türkei und am nächsten Morgen in Istanbul sein. Sie können sogar noch am gleichen Tag weiter nach Paris.«

Aus seinem Mund hörte sich alles so einfach an – bei einem Preis von 6000 Dollar pro Erwachsenen und 3000 Dollar für Farhad. »Normalerweise berechnen wir den vollen Preis, doch als Gefälligkeit gegenüber Ihrem Vater . . .« Kamal zahlte nur zu gern. Mir war fast kein Bargeld mehr geblieben, und nach meiner erneuten Heirat verfügte ich auch über keinen Besitz mehr, den ich hätte verkaufen können. Mit Sicherheit konnte ich nichts zu Geld machen, was Farhad gehörte. Wir mußten mit dem auskommen, was ich bereits aus dem Land geschmuggelt hatte.

»Es gibt ein Problem«, unterbrach ich seine zuversichtliche Aufzählung des Fluchtablaufs. »Ich kann mich nicht an den Zeitplan der Schmuggler halten. Ich weiß, daß sie sich stets erst in letzter Minute melden und erwarten, daß man bereit ist, doch ich muß auf ein Wochenende warten, an dem mein Sohn bei mir ist. Ich habe Schwierigkeiten, ihn auch nur zu besuchen, deshalb muß ich erst einen Weg finden, ihn von meinen Schwiegereltern zu holen. Ohne ihn gehe ich nicht.«

»Das ist in Ordnung«, sagte er überschwenglich. »Für Sie werden wir eine Ausnahme machen. Lassen Sie uns wissen, wann Sie bereit sind, und wir machen es noch am gleichen Tag. Wir bleiben in Wartestellung, und wenn Sie den Plan absagen müssen, dann warten wir eben auf das nächste Wochenende. Um Ihres Vaters willen mach' ich diese Ausnahme.«

Wir setzten den Termin versuchsweise in zwei Wochen an, und Kamal und ich begannen wie verrückt alles zu erledigen, um rechtzeitig fertig zu sein. Shery, eine alte Freundin meiner Familie, sollte sich uns noch anschließen. Schon vor einiger Zeit hatte sie mich wissen lassen, daß sie mich gern begleiten würde, wenn ich über die Türkei zu flüchten versuchte. Den merkwürdigen Gesetzen der neuen Herrscher entsprechend hatte Shery folgende Sünde begangen: Ihre Schule für Behinderte war von der Frau des Schahs, der Schahbanou Farah Diba, gefördert und unterstützt worden. Kaum hatte Khomeini die Macht übernommen, da hatte der Staat Sherys Schule aufgelöst mit der Begründung, sie müsse korrupt gewesen sein, sonst hätte sie kein Geld aus der Pahlavi-Stiftung erhalten. Der Schah hatte diese Stiftung zum Zwecke der Wohltätigkeit gegründet – oder um sich, seine Familie und seine Freunde zu bereichern, wie seine Kritiker meinten. Seitdem hatte sich Shery bei ihrer Schwester in Teheran versteckt gehalten, während das Komiteh in regelmäßigen Abständen ihr altes Zuhause durchsuchte.

In diesen zwei Wochen mußten sowohl Kamal als auch Shery ihre Häuser verkaufen und ihr Vermögen in transportable Wertgegenstände verwandeln – in Kamals Fall waren das einige alte Briefmarken, deren Kauf sein Cousin arrangierte. Ich sammelte die mir noch verbliebenen Wertsachen ein. Zu Beginn meiner Flucht hatte ich bei einem meiner ersten Besuche in meinem Haus einen Beutel mitgenommen, in dem sich all der Schmuck befand, den ich noch nicht verkauft oder in Pauls Diplomatengepäck außer Landes geschickt hatte. Der italienische Schmuggler, der meine Teppiche herausgebracht hatte, war auch in der Lage gewesen, drei Pelzmäntel und andere Kleidungsstücke zu befördern. Dank Dara ruhten alle Wertsachen, die ich in die freie Welt hatte hinausschmuggeln können, sicher in einem Tresor in Westeuropa.

Die zwei Wochen vergingen wie im Flug. Dutzende von neureichen Iranern inspizierten Kamals Haus. Die restliche Zeit verging damit, ausländische Währung auf dem Schwarzmarkt zu kaufen (schließlich ließen wir Marjani die Devisen für uns kaufen, die er bekommen konnte); dann verabschiedeten wir uns still und leise von unseren Verwandten, die keine Ahnung hatten, daß es ein endgültiger Abschied war. Außerdem bemühten wir uns verzweifelt um ein Visum irgendeines Landes, das bereit war, uns vorübergehend aufzunehmen.

Im neuen Iran war es fast unmöglich, ein Visum zu erhalten. Mit Ausnahme der Türkei und Spaniens verlangten nun die meisten Staaten von Iranern ein Visum für die Einreise. Doch der Staat hatte angeordnet, daß Botschaften keine Visa ausstellen durften. Außer ein Iraner besaß ordentliche, vom Komiteh ausgestellte Ausreisepapiere. Das bedeutete, daß jedermann, der Probleme mit dem Staat hatte, kaum eine Chance besaß, ein Visum zu erhalten. Aus diesem Grund saßen bereits Tausende von Iranern in der Türkei fest und warteten darauf, daß ihnen ein anderes Land eine Daueraufenthaltserlaubnis zugestand. Wir hatten uns für Paris entschieden: Farhad besaß dort ein Apartment, und Kamals Eltern lebten ebenfalls dort. Und jetzt mußten wir irgendwie in den Besitz von Visa kommen, bevor wir ebenfalls in der Türkei strandeten.

Ich stellte dabei das Haupthindernis dar. Die Polizei hatte mich zwar laufen lassen, und der Mullah versuchte mich nicht mehr aufzuspüren, doch das Komiteh hatte immer noch einen Haftbefehl gegen mich. An dem Tag, an dem Anna verhaftet worden war, hatte sie gehört, daß im Komiteh-Hauptquartier Fahndungsfotos von Farhad und mir existierten. Das unglaubliche Chaos im iranischen Justizsystem hatte es mir ermöglicht, einem Arm zu entgehen, während mich ein anderer immer noch zu fassen suchte. Aber es war bei weitem zu riskant für mich, einfach hinzugehen und ein offizielles Ausreisedokument zu beantragen.

Ein französischer Geschäftsmann, ein Freund von Kamals Eltern, besuchte zu der Zeit zufällig Teheran und überbrachte neue Anweisungen, wie Kamal die Baugesellschaft zu führen hatte. Ich überredete Kamal, ihn zu fragen, ob er uns nicht behilflich sein könnte, ein Visum zu erhalten. Wir benötigten einen Mittelsmann in einer westeuropäischen Botschaft, der mir ein Visum ausstellen würde, ohne nach Ausreisepapieren zu fragen.

»Es ist merkwürdig, daß Sie mich fragen«, sagte er. »Ich saß in der Maschine nach Teheran neben einem Botschafter. Er meinte, er würde nur zu gern Iranern helfen, die das Land verlassen wollten. Ich bin sicher, daß er Ihnen ein Visum geben würde. Ich habe mich mit ihm ziemlich angefreundet. Ich werde ihn anrufen und fragen, ob er Sie empfängt.«

Während wir auf Nachricht von ihm warteten, versuchte ich verzweifelt den letzten – und wesentlichsten – Teil meines Planes zu arrangieren. Bevor meine Flucht beginnen konnte, mußte ich Farhad übers Wochenende bei mir haben. Ich mußte es nicht nur schaffen, ihn für die üblichen sechs Stunden am Freitag zu bekommen, die die Aminis mir zugestanden, ich brauchte auch ihre Einwilligung, daß er bereits am Donnerstag abend zu mir kommen dürfe. Die Schmuggler würden uns am Freitag morgen um sechs Uhr abholen. Ich fragte die Aminis, ob er die Geburtstagsparty eines guten Freundes am Donnerstag abend besuchen dürfe, doch meine Schwiegermutter sagte: »Ich lasse es nicht zu, daß sein gewohnter Tagesablauf gestört wird, bloß weil du ihn auf eine Party mitnehmen willst.«

Voller Verzweiflung wandte ich mich an meinen Anwalt, der als einer der wenigen von meinen Fluchtplänen wußte. Er hatte eine Lösung parat.

»Wir teilen ihnen mit, daß wir juristisch gegen sie als Bevollmächtigte für das Vermögen Ihres Sohnes vorgehen werden. Das sollte sie ein bißchen erschüttern. Mal sehen, ob wir Ihren Sohn auf diesem Weg loseisen können.«

Er hatte recht. Kaum waren die juristischen Papiere zugestellt – drei Tage vor unserer Flucht –, da erhielt ich einen Anruf von Jamshid. Die Aminis waren besorgt. Bis jetzt hatte ich sie in keiner Weise bekämpft. Ich war die perfekte persische Frau gewesen und hatte auf mir herumtrampeln lassen.

»Sousan, was machen Sie da für Albernheiten?« sagte er. »Wir können uns doch bestimmt auch ohne Gerichte einigen, ohne viel Geld für Anwälte hinauswerfen zu müssen. Wir wollen doch nicht, daß wir ins Blickfeld des Komitehs geraten, oder? Hören Sie, Sie sagten, Sie wollen Ihren Sohn mit zu der Geburtstagsparty seines Freundes nehmen. Ich bin sicher, daß ich sie überreden kann, Ihnen Farhad übers Wochenende zu überlassen, wenn Sie ein Dokument unterzeichnen, daß Sie die Klage zurückziehen.«

»Einverstanden. Am Samstag unterschreibe ich. Aber zuerst will ich meinen Sohn.«

So Gott wollte, war ich am Samstag über alle Berge.

Jetzt, wo ich sie in Bedrängnis gebracht hatte, würde ich auf jeden Fall weitermachen – auch wenn ich das Land verlassen hatte.

»Sie bekommen Ihren Sohn. Ich rufe Sie an«, sagte er. Meine Wartezeit begann.

Mittlerweile war es Mittwoch geworden, zwei Tage vor unserer geplanten Abreise. Farhad war immer noch nicht bei mir, Kamal und Shery hatten ihre Häuser noch nicht verkauft, und wir besaßen noch keine Visa. Die Anspannung machte sich bemerkbar. Ich konnte weder essen noch schlafen. In zehn Tagen nahm ich zehn Pfund ab. Es sah so aus, als würden wir es nie rechtzeitig schaffen. Insgeheim entschloß ich mich zur Flucht, falls die Aminis mir Farhad für das Wochenende überließen, ganz gleich, ob wir Visa besaßen oder Kamal und Shery ihre Häuser verkauft hatten. Mir genügte es, wenn ich Farhad hatte; eine zweite Chance würde ich nicht bekommen.

An diesem Morgen erfuhren wir von dem Franzosen, daß alles bereit war. Wir sollten einfach nur zur Botschaft gehen – er teilte uns den Namen der hilfreichen Botschaft mit – und unsere Visa abholen. Als ich dort ankam, sah ich die lange Schlange der wartenden Menschen – mittlerweile ein typisches Bild vor aller ausländischen Botschaften. Stellte ich mich ebenfalls an, dann würde ich bis zur Mittagszeit, zu der geschlossen wurde, vielleicht noch nicht einmal in der Botschaft sein. Ich nahm meinen ganzen Mut zusammen, marschierte nach vorn und erklärte dem Wachposten am Eingang, daß mich der Botschafter erwarte. Ich wurde in einen Empfangsraum geführt, wo sich eine zweite Schlange gebildet hatte.

Wieder fragte ich eine Sekretärin, ob ich den Botschafter sprechen könne. Sie forderte mich auf, mich am Ende der Schlange anzustellen. Nach ungefähr einer halben Stunde rief eine Frau meinen Namen. Ich verkrampfte mich innerlich und kam mir richtig entblößt vor. Wenn sich nun ein Khomeini-Spitzel im Warteraum befand? Es hieß, daß in jeder Botschaft Spione lauerten, um herauszufinden, wer das Land verlassen wollte.

Ich eilte auf die Frau zu, die hinter einem Schalter stand. Mit lauter Stimme sagte sie: »Dürfte ich bitte Ihre Dokumente haben?«

Ich war sprachlos. Die Botschaft mußte doch wissen, daß ich keine Papiere besaß. Ich tat so, als würde ich in meiner Tasche danach suchen. »Irgendwo muß ich sie haben«, sagte ich, falls jemand lauschen sollte.

Die Frau, eine Iranerin in mittleren Jahren mit einem Anflug von grauen Haaren, wurde ungeduldig. »Nun, haben Sie die Papiere? Sonst kann ich Ihnen kein Visum ausstellen.«

»Ich muß sie zu Hause vergessen haben«, sagte ich lahm.

»Dann müssen Sie noch mal wiederkommen. Der Nächste.«

Einen Moment lang stand ich völlig starr. Eben hatte ich unsere letzte Chance vertan, ein Visum zu erhalten, bevor wir das Land verließen. Die Botschaft hatte nur noch am morgigen Donnerstag für einige Stunden geöffnet; am Freitag sollten wir aufbrechen. Ich mußte entweder jetzt die Visa bekommen oder mich mit einer monatelangen Wartezeit in der Türkei abfinden. Ich entdeckte eine weitere Sekretärin, die durch den Empfangsraum auf eine Tür zuging, die zu den bewachten Büros führte. Ich war mir des Risikos wohl bewußt, das ich einging, als ich sie aufhielt und ihr in gedämpftem Ton den Grund meines Besuchs erklärte.

Sie sagte mir, ich solle warten, und verschwand hinter der Tür. Ich wartete zwanzig Minuten; die ganze Zeit über rechnete ich mit dem Auftauchen des Komitehs. Dann erschien eine weitere Sekretärin und ließ sich noch einmal alles von mir erklären. Jedesmal wenn ich meine Bitte äußerte – drei Visa ohne Dokumente für drei Personen –, fühlte ich mich in dem überfüllten Warteraum mehr und mehr entblößt. Ich hatte den Verdacht, daß der Franzose gar nicht mit dem Botschafter gesprochen hatte – warum sonst waren die Papiere nicht fertig?

Als sich die Öffnungszeit ihrem Ende zuneigte, ging ich wieder auf die gesicherte Tür zu und klopfte. Die gleiche Frau, die mich ursprünglich weggeschickt hatte, spähte hinaus. Sie machte einen vorsichtigen, ja fast ängstlichen Eindruck, als sie mich erkannte.

»Wer sind Sie? Was tun Sie immer noch hier? Ich habe Sie doch fortgeschickt.«

Schnell versuchte ich sie zu beruhigen. Ich wußte, was sie dachte – daß ich eine Terroristin war oder zu Khomeinis Leuten gehörte und Ärger machen wollte.

»Ich will nichts Böses«, flüsterte ich. »Ich bin hier, weil mir der Botschafter ein Visum versprochen hat. Ich flüchte am Freitag morgen mit meinem kleinen Sohn. Bitte helfen Sie mir.«

Augenblicklich wich der erschrockene, ärgerliche Ausdruck auf ihrem Gesicht, und Mitgefühl zeigte sich. Sie öffnete die Tür ein Stückchen weiter und nahm mich bei den Armen. »Meine gute Frau, kommen Sie herein, und setzen Sie sich. Wir werden uns um alles kümmern.«

Sofort holte sie Papiere hervor, die ich unterschreiben mußte, dann erklärte sie mir, ich solle am nächsten Morgen noch einmal vorbeikommen. Bis dahin seien die Visa fertig.

An diesem Abend kam mein Vater aus Aserbaidschan, um endgültig Abschied zu nehmen. Ich hatte ihn vor einigen Tagen angerufen und ihm eine verschlüsselte Nachricht durchgegeben.

»Deine Tochter ist krank.«

»Ist es kritisch? Ich hatte für nächsten Monat einen Besuch geplant.«

»Ich glaube, sie muß schon an diesem Wochenende operiert werden.«

»Dann komme ich sofort.«

An diesem Abend trafen wir uns alle in Kamals Haus – mein Vater, Kamal und meine Cousine Fariba. Alle meinten sie, ich hätte in der Botschaft zu viel riskiert.

»Es könnte eine Falle sein«, sagte Kamal. »Vielleicht wartet morgen früh das Komiteh auf dich. Geh nicht hin.«

Doch ich mußte. Ich wollte nicht mit Farhad monatelang in der Türkei leben und mich fragen, welches Land wir wohl einmal als Zuhause betrachten konnten. Am Donnerstag morgen, dem Tag vor unserer Abreise, hatte ich immer noch keine Nachricht, ob ich Farhad an diesem Nachmittag bekommen würde. Kamal und Shery hatten ihre Häuser auch noch nicht verkauft, obwohl einige potentielle Käufer Interesse angemeldet hatten. Als ich zur Botschaft ging, rechnete ich jeden Moment damit, daß Männer in Kampfanzügen und mit automatischen Gewehren hervorstürzen und mich verhaften würden.

Doch als mich die Frau von der Botschaft sah, holte sie mich schnell herein und reichte mir die drei kostbaren Visa. Dann umarmte sie mich. »Gott segne Sie. Ich wünsche Ihnen eine sichere Reise.«

Schnell und ohne mich umzusehen verließ ich die Botschaft, doch ich werde mich immer daran erinnern, wie mutig es von dieser Frau war, mir zu vertrauen. In einem Land, in dem auf nichts mehr Verlaß war – weder auf Diener, Kinder, Freunde oder Verwandte –, war ein solches Vertrauen selten und mutig.

Gegen Mittag kam ich in Kamals Haus an. Er war aufgeregt und nervös. Er hatte einen Käufer für sein Haus gefunden, doch sie feilschten noch um den Preis. Erst am Nachmittag würde er erfahren, ob der Verkauf klappte. Sämtliche wertvollen Antiquitäten hatten wir bereits verkauft, und sein Cousin stand mit einer Sammlung alter persischer Briefmarken bereit, um das Geld für das Haus schnell anzulegen. Shery, die kurz darauf anrief, befand sich in einer ähnlichen Situation – ein Interessent, aber nichts Endgültiges.

Nachdem wir unsere restlichen Habseligkeiten in zwei kleine Taschen gepackt hatte, die Farhad, Kamal und ich mit auf die Reise nehmen durften, überprüfte ich noch einmal, ob ich auch meinen

Schmuck gut versteckt hatte. Meine goldenen Halsbänder, meine Armreifen und Ohrringe, meine Diamanten und Perlen, all das hatte ich in die Kleidungsstücke, die ich mitnahm, eingenäht.

Den ganzen Nachmittag über hörte ich nichts von Jamshid. Vielleicht würde es doch nicht klappen. Gegen vier Uhr läutete dann das Telefon. Es war Jamshid, der recht selbstzufrieden klang.

»Die Aminis sind einverstanden. Sie können Farhad um 5 Uhr abholen. Sie sehen, sie sind durchaus zur Einsicht fähig«, schnurrte er.

Es fiel mir schwer, nicht laut aufzujubeln. Ich dankte ihm höflich und legte auf.

Wir hatten vereinbart, unsere letzte Nacht im Hause meiner Cousine Fariba zu verbringen, denn mit etwas Glück würde Kamals Haus bis dahin verkauft sein. Ich nahm mir einen Moment Zeit, um einen letzten Blick des Abschieds auf das Haus zu werfen, das nur für wenige Wochen mein Heim gewesen war, ein Juwel von einem Haus, weiß und zierlich mit seinen Ecken und Innenhöfen. Ich wußte, daß ich, ganz gleich, was geschah, nicht wieder zurückkehren würde. Um 4 Uhr 45 ging ich hinaus auf die Straße und hielt ein öffentliches Taxi an – ich vermied ein privates Taxi, weil ich verhindern wollte, daß man später meine Spur zu leicht verfolgen konnte. Als ich bei den Aminis ankam, wartete Farhad draußen vor der Tür. Seine Tante stand neben ihm. Ich verabschiedete mich von ihr, nahm Farhad in die Arme und setzte ihn ins Taxi. Ich warf keinen Blick zurück.

Wieder und wieder küßte ich Farhad.

Verwirrt fragte er schließlich: »Stimmt etwas nicht, Mami?«

Ich wagte es nicht, ihm von meinem Fluchtplan zu erzählen, bevor wir nicht in Sicherheit waren. Das Taxi setzte uns einige Blocks von Faribas Haus entfernt ab, damit wir sie nicht in Gefahr brachten. Den restlichen Weg gingen wir zu Fuß, glücklich unsere Arme durch die Luft schwingend.

Abgesehen von meinem Vater, Fariba und ihrem Mann wußte niemand, wo wir übernachteten. Für meine Onkel und Tanten war ein Besuch zu gefährlich, und so sagten wir uns am Telefon auf Wiedersehen, sorgfältig darauf bedacht, keine Einzelheiten verlauten zu lassen. Schließlich rief Kamal an. Er hatte eine wunderbare Neuigkeit: Das Haus war verkauft. Nur fünfzehn Minuten später rief Shery an und sagte: »Der Patient ist kuriert.« Auch sie hatte ihr Haus verkauft.

Später erzählten sie mir, daß sie sich mit viel weniger als dem geforderten Preis hatten zufriedengeben müssen, doch das spielte jetzt keine Rolle mehr. Die letzten Hindernisse waren aus dem Weg geräumt.

ZWÖLFTES KAPITEL

Flucht auf dem Pferderücken

O Reisender, falte die Zelte der Morgendämmerung zusammen:
Schon zieht der Führer von dieser Karawanserei weiter.

MANUCHERI

Unsere letzte Nacht in Teheran war ein einziges langes, trauriges
Abschiednehmen. Als wir am nächsten Morgen erwachten, unterhielten wir uns nur noch im Flüsterton. Marjani und der Kurde kamen pünktlich an und klopften leise an die Haustür. Sie gaben ein
seltsames Paar ab: der kleine, untersetzte ehemalige Politiker in
einem perlgrauen Anzug und der große, hagere Kurde mit seiner von
Wind und Wetter gegerbten Haut. Wir erfuhren nie den Namen des
Kurden – eines Stammesführers aus den nördlichen Bergen –, und er
sprach auch die ganze Zeit über kaum ein Wort. An diesem 4. Juli
hatten wir bereits gegen sechs Uhr morgens Faribas Haus verlassen,
nachdem sie sich davon überzeugt hatte, daß niemand in der Nähe
war, der uns hätte beobachten können. Marjani am Steuer seines
Range Rovers brachte uns durch fast verlassene Seitenstraßen der
Stadt. Es herrschte eine angespannte Ruhe, nicht der frühmorgendli-
che Frieden, den wir einst gekannt hatten. Aus der Ferne sahen wir
gelegentlich einen patrouillierenden Komiteh-Wagen. Die wenigen
Fußgänger, denen wir begegneten, blickten erschrocken auf und
schauten dann schnell wieder weg. Doch bevor wir die Stadt verließen, mußten wir einen langen, gefährlichen Umweg zu Marjanis
Haus machen, um die DM-Devisen abzuholen, die er leichtsinniger-
weise vergessen hatte. Während wir uns durch die Nebenstraßen der
Stadt schlängelten, sorgte ich mich, daß unsere Flucht schon beendet
sein könnte, noch bevor wir die Autobahn erreichten.

Doch niemand kümmerte sich um uns, und wir kamen unbehelligt
bei Shery an. Um 7 Uhr befanden wir uns auf dem Weg aus der Stadt

und erreichten die Autobahn Richtung Nordosten auf Aserbaidschan zu. Von dem Fluchtplan wußten wir so gut wie nichts. Unser Leben lag in den Händen von Männern, die wir kaum kannten.

Die Siebenhundert-Kilometer-Fahrt nach Täbris verlief ereignislos. Wir mußten einige Kontrollposten überwinden, doch unsere Geschichte, wir würden Verwandte auf dem Land besuchen, klang einleuchtend. Da die Autobahn eine ganze Anzahl von Gemeinden miteinander verband und stark befahren war, durchsuchten die Posten unseren Wagen nur flüchtig und winkten uns dann weiter. Jenseits von Täbris rechneten wir mit einer verschärfteren Situation. Jedermann – das Komiteh eingeschlossen – wußte, daß die bevorzugte Fluchtroute über Aserbaidschan führte und von da aus weiter über das zerklüftete, sich über vierhundert Kilometer erstreckende Zagros-Gebirge. Aus Täbris führte nur eine Straße in Richtung der Grenze. Täbris war ein religiöses Zentrum; hier sah man keine Frau auf der Straße ohne Tschador. Ungefähr eine Stunde von der Stadt entfernt legte Shery ihren Tschador wieder an, und auch ich zog meinen hervor, den ich für eine derartige Gelegenheit eingepackt hatte.

Den ersten Hinweis, daß die Reise nicht so einfach werden würde, wie Marjani es versprochen hatte, erhielten wir, als wir die Randbezirke erreichten.

»Hier verlassen wir euch, ihr wechselt den Wagen«, verkündete Marjani. »Es ist zu gefährlich für uns, noch weiter zu fahren.« Dann griff er nach unten und zog eine große Schachtel hervor. »Hier sind eure Pässe und eure ausländischen Währungen.«

»Was soll das heißen?« wollte Kamal wissen. »Das sollten wir doch erst auf der anderen Seite der türkischen Grenze bekommen. Sie sagten selbst, wir sollten unterwegs mit den Sachen nicht erwischt werden.«

Aber wir hatten keine Zeit zu argumentieren. Mit viel Gestoße und Geschiebe versuchte Marjani uns in einen wartenden Paycan zu befördern. Dabei fiel die Schachtel zu Boden, und Geldscheine flatterten heraus.

»Das ist gefährlich«, schrie er. »Sammelt das Geld ein, und haut ab!«

Wir stürzten uns auf die Scheine – ungefähr 13 000 Dollar in türkischer Lira und D-Mark. Dann drängten wir uns immer noch protestierend in den Wagen, und unser neuer Fahrer raste los. Die Stadt war das reinste Minenfeld. Kontrollposten schienen hinter jeder Kurve aufzutauchen. Zum Glück war der Fahrer ein Einheimischer, der wußte, wie man die Posten umkurven konnte.

»So können wir nicht weitermachen«, wiederholte Kamal ständig. »Wir müssen zurück. Sie sollten uns den ganzen Weg bis zur Grenze bringen. Und jetzt plötzlich tauschen sie die Wagen und drücken uns unsere Pässe in die Hand.«

Der Fahrer war gleichermaßen nervös. »Ich hab' den Leuten gesagt, ich arbeite nicht mehr für sie, wenn sie weiter so operieren. Mit diesen Pässen und dem Geld riskier' ich mein Leben. Ich habe eine Frau und ein kleines Kind.«

Ungefähr zwanzig Minuten lang überlegten wir, während sich der Wagen durch die Nebenstraßen der staubigen, überfüllten Stadt schlängelte.

Der Fahrer schrie unentwegt: »Stopft das Geld in eure Kleidung. Unter dem Tschador können sie es nicht sehen.«

Wir bemühten uns verzweifelt, aber das Geld bauschte so auf, daß ich meine Hosen nicht mehr zubekam, und so gaben wir die Idee auf. Mit viel Glück kamen wir aus der Stadt heraus, doch unsere Erleichterung hielt sich in Grenzen, weil uns immer noch die Entscheidung bevorstand, wie es nun weitergehen würde. Umkehr bedeutete für mich, daß ich Farhad für immer verlieren würde. Und doch konnte ich nicht verlangen, daß die anderen ihr Leben für mich aufs Spiel setzten. Ich sagte wenig und betete insgeheim, daß sie sich zur Fortsetzung der Flucht entschließen würden.

Auf der aus der Stadt führenden Autobahn bemerkte der Fahrer plötzlich einen Mercedes, der sich uns schnell von hinten näherte. Aus den Fenstern ragten Gewehrläufe.

»Mein Gott, sie sind uns gefolgt«, sagte der Fahrer und wäre beinahe ohnmächtig geworden. Er verlangsamte abrupt das Tempo.

»Nicht langsamer werden. Das macht uns noch auffälliger«, schrie ich, aber er weigerte sich, wieder schneller zu fahren. Er fuhr an den Straßenrand, laut keuchend, als wäre er völlig außer Atem. Der Mercedes – das neueste Modell – zischte vorbei. Einige bärtige Männer, ganz offensichtlich Komiteh-Angehörige, schauten ohne Interesse zu uns herüber.

Nachdem die Gefahr vorüber war, bog unser Fahrer in eine kleine Seitenstraße, die zu einem Obstgarten führte. Da blieben wir stehen und diskutierten unsere Zukunft. Anfangs war Kamal fest entschlossen, umzukehren. Die Fahrt durch die Stadt hatte an seinen Nerven gezerrt. Er war äußerst unzufrieden, weil Marjani nicht das gehalten hatte, was er versprochen hatte. Ich war noch nicht lange mit ihm verheiratet und merkte erst jetzt, wie pedantisch genau er war. Irgendwelche Abweichungen von festen Plänen waren ihm ein Greuel. Shery war viel ruhiger, riet zur Vorsicht, war aber bereit, ein Risiko einzugehen und sich den Gegebenheiten anzupassen. Ich dankte Gott für ihre beruhigende Gegenwart.

Wo konnten wir Geld und Pässe einigermaßen sicher unterbringen? Nachdem wir Auspuff und Motor nach irgendwelchem Stauraum abgesucht hatten, kam Kamal auf die Idee, den Rücksitz auseinanderzunehmen und das mittlerweile in einem Leinensack untergebrachte Geld zwischen die Sprungfedern zu stopfen. Es schien ein perfektes Versteck zu sein, falls wir an einem der Kontrollposten gestoppt werden sollten. Zu meiner großen Erleichterung entschloß sich die Gruppe zur Weiterfahrt. Die Aminis erwarteten Farhad an diesem Nachmittag zurück. Inzwischen war es zwei Uhr geworden, und die Grenze befand sich immer noch vier Fahrtstunden entfernt.

Marjani hatte uns gesagt, daß wir ganz in der Nähe der Grenze abgesetzt würden; dann käme ein dreistündiger Pferderitt durch die Berge und über die Grenze. Auf der anderen Seite würde ein Wagen auf uns warten, der uns nach Istanbul brächte. Alles hatte so einfach geklungen. Aber ich begann zu ahnen, daß Marjani sich nicht ganz an die Wahrheit gehalten hatte. Kein Wunder, daß er ein solch erfolgreicher Schmuggler war – und es meines Wissens nach immer noch ist. Er sorgte dafür, daß seine Kunden das gesamte Risiko zu tragen hatten. Was für weitere Überraschungen mochten wohl noch auf uns warten?

Der Fahrer, der immer noch Angst hatte, mit uns in seinem Wagen erwischt zu werden, erklärte uns, daß unser nächster Kontaktmann direkt außerhalb von Schahpur auf uns warten würde, einer kleinen Stadt ungefähr fünfzig Kilometer nordwestlich von Rezayeh gelegen, die letzte größere Ansiedlung vor der Grenze. Wären wir legal ausgereist, dann hätte er uns von Schahpur aus noch weitere achtzehn Kilometer direkt bis zur Grenzstation gefahren. So mußten wir nun von der Autobahn hinunter auf eine schmale Straße, die ständig vom Komiteh kontrolliert wurde. Wir sollten um Punkt sieben Uhr abends an der Kreuzung sein. Auf der Autobahn waren wir so schnell vorangekommen, daß wir eine Teepause einlegen mußten, damit die Zeit verging. Wir hatten es dem Können des Fahrers zu verdanken, daß wir nur einmal angehalten wurden. Er schaffte es, die Kontrollposten gerade dann anzusteuern, wenn die Wachposten sich in Richtung der Heiligen Stadt Mekka verbeugten, tausend Meilen entfernt in Saudi-Arabien gelegen, zu einem der fünf Tagesgebete, oder wenn sich eine lange Autoschlange gebildet hatte und wir einfach durchgewinkt wurden. Einmal versteckte er sich hinter einem riesigen Lastwagen. Während die Posten mit dem Laster beschäftigt waren, flitzte er im letzten Moment vorbei, den Wachen zuwinkend, als wäre er bereits kontrolliert worden.

Während wir in dem Café dankbar unseren Tee tranken, tauchte ein Polizist auf und setzte sich an unseren Tisch. Wir brachten kaum ein höfliches Nicken zustande, doch unser Fahrer unterhielt sich sehr freundlich mit ihm, und der Polizist lächelte und nickte uns von Zeit zu Zeit zu. Ich versteckte mich tiefer und tiefer unter meinem Tschador aus lauter Angst, er könnte mich von meinen Fahndungsfotos her erkennen. Doch der Polizist ging, wie er gekommen war. Als wir unsere Rechnung bezahlen wollten, hatte er dies bereits für uns getan.

Als wir wieder in der Sicherheit des Wagens saßen, fragten wir unseren Fahrer, wer der Mann gewesen sei.

»Ein Freund von mir.« Er lachte. »Er weiß, daß ich euch hinausschmuggle. Er wollte euch bloß Glück wünschen.« An solche Gesten erinnere ich mich am liebsten, wenn es um meine letzten Stunden im Iran geht.

Den ganzen Tag über hatte Farhad keine einzige Frage gestellt. Er muß erkannt haben, daß wir nicht zu einem Picknick ins Dorf seines Großvaters fuhren, aber unsere Heimlichtuerei mußte ihm klargemacht haben, daß es besser war, nicht zu fragen. Es war typisch für ihn, daß er in angespannten Situationen still und introvertiert wurde und alles kommentarlos hinnahm. Stundenlang starrte er schweigend aus dem Fenster und beobachtete die Obstgärten, die Weizenfelder und die Dörfer mit den roten Lehmziegeln.

An der Gabelung knapp hinter Schahpur sollte ein Mann stehen, falls die Weiterfahrt zu riskant war. Als wir uns näherten, strengten wir unsere Augen an, um die Gestalt eines Mannes im Schatten einer kleinen Baumgruppe auszumachen, doch da war niemand. Wir bogen in eine Seitenstraße und hielten schließlich neben einem von Mauern umgebenen Obstgarten. Direkt vor uns konnten wir einen flachen, aber schnell strömenden Fluß erkennen. Wir waren in einer Sackgasse angelangt.

»Wir sind da«, sagte der Fahrer.

Doch wo war unser Kontaktmann? Ich hatte fünf großgewachsene, schwerbewaffnete Kurden mit Pferden erwartet, die uns über die Grenze bringen würden. Der Fahrer machte einen nervösen Eindruck, und wir begannen eine Falle zu wittern. Nach einigen Minuten bemerkten wir ein paar Arbeiter in einem nahegelegenen Qanat – wahrscheinlich versuchten sie, den Fluß des Wassers zu verändern, um die Felder zu bewässern. Handelte es sich dabei um verkleidete Komiteh-Männer? Oder um Räuber?

»Ihr geht auf den Fluß zu«, schlug Kamal vor. »Nehmt die Taschen mit. Ich hole das Geld raus.« Wenn es zum Schlimmsten kam, mußten wir durch das Wasser flüchten.

Shery und ich nahmen unsere Tschadors ab – jetzt würden sie uns nur noch behindern. Die Verzögerung ließ den Fahrer ungeduldig werden, und er machte sich auf die Suche nach den Kurden. Nach einer Weile kam er mit zwei Männern zurück. Wir nahmen unser Gepäck auf, angespannt und fluchtbereit. Die Arbeiter am Qanat schauten in unsere Richtung. Die Neuankömmlinge stellten sich als unsere Kontaktleute heraus. Das Kontingent an Kurden, das uns in die Freiheit führen sollte, bestand aus zwei Jungen, Teenagers, die mit dunklen Hosen und Pullovern bekleidet waren. Trotz ihrer Jugend übernahmen sie schnell das Kommando und führten uns zum Flußufer. Der Reihe nach trugen sie uns über den Fluß, damit wir nicht naß wurden. Als wir auf der anderen Seite waren, sagte einer der Kurden: »Sie werden Ihre Taschen und Beutel nicht tragen können, also überlassen Sie das mir.« Und damit schnappte er sich das Gepäck und rannte in ein nahegelegenes Weizenfeld.

»Ich hab' alle wichtigen Sachen in der Tasche. Sei vorsichtig«, rief ich ihm nach. Ich steckte voll böser Ahnungen. Kamal hatte bis jetzt den Fluß noch nicht überquert. Shery, Farhad und ich standen allein am Flußufer. Voller Erleichterung sah ich, wie schließlich auch Kamal über den Fluß gebracht wurde. Wir faßten uns an den Händen und rannten durch das gewaltige Weizenfeld. Obwohl es bereits acht Uhr abends war, herrschte immer noch helles Tageslicht; das Feld war auf drei Seiten von Hügeln umgeben, von denen aus wir deutlich sichtbar waren. Ständig wurden wir von unseren Führern ermahnt, uns zu ducken, damit unsere Köpfe nicht über die Weizenhalme hinausragten. Auf Anweisung von Marjani hin hatten wir Stadtschuhe angezogen, da Wanderstiefel im Falle einer Kontrolle Aufsehen erregt hätten. Deshalb waren wir auch nicht auf einen schnellen Lauf durch ein Feld voller Löcher und stacheliger Disteln vorbereitet. Wir stolperten und stürzten mehrmals, doch die beiden Jungen weigerten sich anzuhalten.

»Wie weit ist es noch?« fragte ich immer wieder.

»Nur noch ein paar Minuten bis zu den Pferden, nur noch ein paar Schritte«, erwiderten sie. Während der ganzen Reise mußten Shery und ich fast die gesamte Unterhaltung bestreiten, denn unsere einzige gemeinsame Sprache mit den Kurden war Türkisch, das Farhad und Kamal nicht beherrschten. Diese paar Minuten dehnten sich auf beinahe drei Stunden aus, die wir in gebückter Haltung rennen mußten, stets in der Erwartung, von hinten beschossen zu werden. Als ich einmal dicht neben Kamal lief, flüsterte ich ihm zu, daß ich das Verhalten des Kurden, der mit meiner Tasche davongerannt war, sehr merkwürdig fände. »Wenn wir halten, werde ich sofort meine Tasche überprüfen, ob etwas fehlt.«

Es dunkelte, als wir den Rand des Feldes erreichten: Hier begann der Boden auf die Berge anzusteigen.

»Wir sind da«, sagte einer unserer Führer. Wieder war weit und breit niemand zu sehen. Wir fühlten uns furchtbar ungeschützt, wie wir da auf dem Boden unter einem kräftigen Kastanienbaum saßen, irgendwo im Niemandsland, und die Nacht sich über uns senkte. Die beiden Kurden fragten uns, ob wir etwas zu essen hätten. Es widerstrebte mir zwar, unsere wenigen Nahrungsmittel mit ihnen zu teilen, aber mir blieb nichts anderes übrig, als ihnen einige unserer kostbaren Sandwiches anzubieten.

Nach ungefähr einer halben Stunde hörten wir das dumpfe Stampfen von Pferdehufen und konnten in der Dämmerung drei Reiter erkennen. Sie trugen traditionelle Kurdenkleidung – große, bauschige Hemden, weite Hosen mit Taillenschärpe und darüber weitgeschnittene, bunte Jacken – und paßten eher zu dem Bild, das ich mir von den starken Männern gemacht hatte, die uns in die Freiheit führen sollten. Ohne auch nur einen Gruß auszusprechen, zog einer der Männer mich und Farhad auf sein Pferd; der zweite übernahm Shery, während der dritte Kamal hochzog. Immer noch wortlos galoppierten wir davon. Die beiden jungen Kurden rannten neben uns her. Wir ritten parallel zum Westrand der Stadt Schahpur, deren Lichter unter uns funkelten, doch nach einer Weile riefen sich die Kurden etwas in ihrer eigenen Sprache zu, und wir änderten die Richtung und verschärften plötzlich das Tempo, als müßten wir vor einer Gefahr flüchten.

»Was ist los? Was ist passiert?« fragte ich vergeblich den Rücken des Reiters vor mir.

Ich schaute mich um; von Kamal war nichts zu sehen. Er und sein Reiter waren von der Nacht verschluckt worden. »Wo ist mein Mann? Stoppen Sie, bis er uns eingeholt hat.«

»Keine Sorge, er wird uns schon einholen«, erwiderte mein Reiter angespannt, doch ich hatte wenig Veranlassung, ihm zu trauen. Versuchten sie uns von dem einzigen Mann in unserer Gruppe zu trennen, um uns dann in aller Ruhe berauben zu können? Nach ungefähr einer halben Stunde tauchte Kamal mit seinem Reiter hinter uns auf, und ich fühlte mich vorübergehend erleichtert. Doch ich bedrängte sie weiterhin, uns zu sagen, wo sich der Wagen befand. Mein Reiter sagte: »Bald, bald. Nur noch ein kleines Stückchen.« Viereinhalb Stunden lang ritten wir in flottem Tempo ohne Sattel, auf einem im Sternenlicht kaum erkennbaren Pfad. Es ging höher und höher hinauf. Mir taten bereits sämtliche Knochen und Muskeln weh.

»Wir müssen heute nacht aus dem Iran draußen sein«, beharrte ich. »Wir können hier keine einzige Nacht mehr bleiben.«

Ich bekam keine Antwort. Schließlich näherten wir uns einem Kurdendorf hoch in den Bergen. Wir mußten absteigen.

»Noch näher können wir mit den Pferden nicht ran«, sagte einer der Kurden. »Wir wollen nicht, daß uns die Dorfbewohner hören.«

Wieder nahmen sie uns bei der Hand und rannten mit uns durch dunkle Felder und durch schmale Dorfgassen, bis wir vor dem niedrigen Eingang einer kleinen Lehmhütte standen. Sie klopften leise und stießen uns dann wortlos ins Innere. Es dauerte einen Moment, bis sich unsere Augen an die rauchige Düsternis gewöhnt hatten. In einem großen Raum, der sowohl als Küche als auch als Schlafzimmer diente, saßen sechs zigarettenrauchende Männer. Eine Frau, die über einem kleinen Feuer Wasser für den Tee zum Kochen brachte, blickte auf und lächelte. Sie machten uns Platz und luden uns zu einem heißen Getränk ein. Als meine Augen besser zwischen den Grautönen und Schatten im Raum unterscheiden konnten, zählte ich mehr als fünfzehn Menschen, die sich in der überfüllten Hütte zusammendrängten und wärmten.

Ich versuchte unsere Situation abzuschätzen. Die Kurden sind generell gutaussehende Menschen – in der Regel großgewachsen, schlank, mit hohen Backenknochen und dichtem Haar. Das kräftige Grün ihrer Augen verstärkt ihre Schönheit. Die Frauen schmücken sich mit dem gesamten Gold der Familie; im Grunde stellt Schmuck den einzigen wertvollen Familienbesitz dar, von den Tieren einmal abgesehen. Kurden bevorzugen transportable Werte. Die Frauen tragen mehrere Kleider übereinander und binden ihre geblümten Röcke in der Taille fest zusammen, was ihre Schlankheit und Geschmeidigkeit noch betont. Die Gruppe wirkte freundlich und wesentlich entspannter, als wir es waren. Dankbar nahmen wir den Tee an und begannen mit ihnen zu plaudern.

Ein älterer Kurde erklärte uns die Situation. »Sie müssen den Rest der Nacht im Dorf verbringen, aber Sie können hier nur ein paar Stunden schlafen. Dann müssen wir Sie aus dem Dorf rausbringen. Wir können jetzt niemandem mehr trauen. Khomeini hat eine bewaffnete Spezialtruppe eingesetzt, die in dieser Gegend patrouilliert. Sie kommen ins Dorf und bezahlen Kurden tatsächlich dafür, daß sie sich gegenseitig bespitzeln.«

Die Nachricht, daß wir noch in der Nacht hinaus sollten, entsetzte mich. Ich kannte die Berge von Aserbaidschan und die vielen Giftschlangen, die da hausten.

»Ihr könnt uns nicht einfach so im Freien stehenlassen«, protestierte ich. »In dieser Höhe ist es sehr kalt, und von den Schlangen droht uns auch ständig Gefahr.«

Die Männer schienen das Problem zu überdenken, und nach kurzer Beratung meinte schließlich einer von ihnen: »Ich schäme mich, es Ihnen zu sagen, aber das einzige, was wir haben, ist unser Stall. Dort wären Sie sicher.«

Dankbar nahm ich das Angebot an. Nachdem wir ihre Essenseinladung abgelehnt hatten, breitete die Frau für uns eine kleine Decke zum Schlafen aus, und wir legten uns nieder. Ich überprüfte meine Tasche; der größte Teil der türkischen Lira fehlte. Als ich Kamal davon erzählte, wollte er sofort den jungen Kurden zur Rede stellen, der höchstwahrscheinlich das Geld gestohlen hatte, doch ich bat ihn: »Tu nicht so etwas Närrisches. Es ist doch bloß Geld. Wir können froh sein, wenn wir lebend hier herauskommen.«

Wir waren so müde, daß Kamal, Shery und Farhad bald schon fest schliefen, doch ich hielt ein wachsames Auge auf die anderen Kurden, die sich ebenfalls zum Schlaf niederlegten. Die Müdigkeit überwand bald die Furcht, und schließlich fiel ich in einen unruhigen Schlaf.

Zwei Stunden später wurden wir geweckt und in eine mondlose Nacht hinausgeführt. Noch ganz benommen vor Erschöpfung, schleppten wir uns zu dem Stall, einige Meilen außerhalb des Dorfes. Der nahende Morgen färbte den Horizont mit einem ersten Hauch von Licht, als wir ankamen. Der Stall bestand aus einem einzigen, mit getrockneten Dungfladen vollgepackten Raum. Als Toilette diente ein Loch im Boden. Eine kleine freie Fläche mit einer groben, schmutzigen Decke stellte für uns alle das Bett dar. Wir schliefen bis acht Uhr morgens, während zwei Kurden Wache hielten. Dann weckte uns die Kurdin, die wir in der vergangenen Nacht gesehen hatten, zusammen mit zwei jüngeren Mädchen, offensichtlich ihren Töchtern. Sie nickten uns lächelnd zu, da sie sich in unserer Sprache nicht verständlich machen konnten, und boten uns heißen Tee, Joghurt, Käse und Brot an, alles frisch zubereitet. Dazu kam noch eine Flasche mit Wasser, um die ich gebeten hatte. Voller Entsetzen hörten wir, daß wir den ganzen Tag in dem Stall zubringen mußten.

»Ihr dürft kein einziges Mal raus, Ihr dürft nicht mal den Kopf rausstrecken«, sagte einer der Männer. »Redet so wenig wie möglich und nur im Flüsterton. Das Kind darf keinen Krach machen. Die Dorfbewohner kommen normalerweise nicht hierher, doch wenn sie etwas Verdächtiges hören, schauen sie vielleicht nach.«

»Aber was ist mit dem Auto? Wir sollten doch ein Auto bekommen«, erkundigte ich mich. »Wenn ich den Iran nicht so schnell wie möglich verlasse, suchen sie nach mir.«

Mittlerweile hatten die Aminis bestimmt all ihre Beziehungen spielen lassen, um Farhad zu finden. Sie hatten Kamals Adresse entdeckt, möglicherweise über Jamshid, und festgestellt, daß das Haus verkauft worden war. Damit waren sie zum Komiteh gegangen, das Nachricht an alle Posten durchgegeben hatte, nach mir und Farhad Ausschau zu halten. Laut Plan hätten wir zu diesem Zeitpunkt bereits außer Landes sein sollen.

»Keine Sorge«, sagte der Kurde. »Niemand kann Sie hier finden. Der Wagen steht nicht weit von der Grenze entfernt. Wir können erst bei Dunkelheit hin.«

Nachdem ich erfolglos versucht hatte, weitere Informationen aus ihm herauszuholen, machten wir uns daran, die Zeit totzuschlagen. Shery machte sogar Aufnahmen von den Frauen, die nie zuvor fotografiert worden waren. Gelegentlich spähten wir zwischen den Holzlatten der Tür hindurch. Es war ein herrlicher Tag mit wunderbar blauem Himmel. Die üppigen grünen Felder waren mit zierlichen Blumen gesprenkelt; selbst von unserem engen Pferch aus hatten wir einen großartigen Blick auf die Hügel und Täler. Die strahlende Helligkeit des Tages stand in scharfem Kontrast zu der Düsternis unseres Zufluchtsortes. Beim Anblick von so viel Schönheit jenseits meiner Reichweite fühlte ich mich noch mehr wie eine Gefangene.

Im Laufe des Tages kamen mehrere Kurden, um mit dem Schmugglern zu beratschlagen, einschließlich eines freundlichen jungen Mannes, der sich stundenlang auf türkisch mit uns unterhielt. Kamal, der die Sprache nicht beherrschte, ging rastlos auf und ab, rauchte eine Zigarette nach der anderen und beklagte sich über die lange Verzögerung. Farhad genoß die Geschichten, die überschwenglich erzählt wurden, auch wenn er die eigentliche Bedeutung nicht verstand, und beobachtete gebannt die Darbietungen des jungen Mannes. Der Kurde kauerte zufrieden auf dem Boden und berichtete von einigen Überfällen auf Khomeinis Streitkräfte, als eine Frau die Tür aufriß und ihn am Arm packte.

»Das Komiteh ist im Dorf, sie fragen nach dir.«

Der junge Kurde erklärte uns, daß die Dorfbewohner wegen der Nahrungsmittelcoupons von der Regierung abhängig seien. Doch um die Gutscheine zu erhalten, mußten sie dem örtlichen Komiteh ihre Geburtsurkunden vorlegen. »Sie benützen die Urkunden, um uns im Auge behalten zu können. Wir brauchten das Essen, also gab ihnen meine Familie meine Geburtsurkunde. Doch jetzt wissen sie, daß ich alt genug für den Krieg bin, und möchten wissen, warum ich nicht an der Irak-Front kämpfe.«

Er war es offensichtlich gewohnt, dem Komiteh aus dem Weg zu gehen, und beschloß, den restlichen Tag mit uns in der Hütte zu verbringen, bis die Männer des Revolutionskomitees wieder verschwunden waren. Der Gedanke erschien mir unglaublich, daß wir nach allem, was wir durchgemacht hatten, vielleicht wegen eines anderen Flüchtlings gefaßt werden sollten. Im Augenblick konnten wir nichts weiter tun als warten. Nach vier endlosen Stunden, in denen das Komiteh das Dutzend Dorfhütten durchsuchte, unseren schlichten Stall jedoch übersah, kehrte die gleiche Frau zurück und teilte uns mit, daß die Revolutionswächter endlich verschwunden seien.

Kaum war es dunkel, da tauchten die Kurden getreu ihrem Versprechen auf und führten uns zu den angepflockten Pferden. Die Nachtluft war bereits kühl; die älteren Kurden zogen beim Anblick unserer dünnen Sommerkleidchen ihre riesigen Jacken aus und warfen sie uns über. Wir umarmten und küßten uns zum Abschied, und sie wünschten uns eine sichere Reise. Wir waren noch nicht lange unterwegs, da begann es heftig zu regnen, und innerhalb von Minuten waren wir bis auf die Haut naß. Wir rannten eine halbe Stunde, meist hügelaufwärts, und ich konnte Shery keuchen hören, als sie mit uns Schritt zu halten suchte. Wir segneten das Geschenk der Kurden und versprachen, die Jacken mit den Reitern zurückzuschicken. Am verabredeten Treffpunkt warteten drei Männer mit drei Pferden auf uns. Wieder stiegen Farhad und ich zu einem Reiter aufs Pferd, mein Sohn vorn, ich hinten, die beiden unbequemsten Positionen auf einem Pferd. Weil unser Pferd auch noch unsere Taschen tragen mußte, wurden meine Beine äußerst unangenehm abgespreizt. Es wurde ein vierstündiger Ritt in vollem Galopp. Ich habe keine Ahnung, wie die Kurden in der Finsternis ihren Weg fanden. Sie schienen ihn mehr zu riechen als zu sehen. Der Ritt war für uns alle ein Alptraum. Farhad bekam solche Schmerzen, daß er mich bat, ihn vom Pferd steigen zu lassen.

Mein Reiter warnte mich. »Bringen Sie ihn zum Schweigen. In den Bergen tragen Stimmen weit. Bringen Sie ihn zum Schweigen, sonst tu ich's.«

Ich versuchte Farhad zu beruhigen, obwohl mein eigener Leib sich wie eine einzige Wunde anfühlte.

In der Dunkelheit konnte ich Kamal gelegentlich jammern hören. »Wir müssen halten. Meine Magengeschwüre. Mein Bauch. Mir wird schlecht. Laß mich runter. Meine Beine sind ganz taub.«

Shery sagte nichts, aber ich wußte, daß sie litt; immerhin war sie bereits sechzig und hatte viele Krankheiten hinter sich.

»Wir können nicht halten. Los, weiter.« Das war alles, was die Kurden dazu sagten. Gelegentlich meinte einer, um mich zu beruhigen: »Der Wagen ist ganz in der Nähe. Nur noch ein paar Minuten.« Einmal warf unser Pferd den Kopf zurück und traf Farhad voll an der Nase. Schmerzerfüllt wollte er aufschreien, doch unser Reiter preßte ihm einfach die Hand auf den Mund und sagte: »Ich hab' es ernst gemeint. Du sollst still sein.«

»Farhad, bitte«, flehte ich ihn an, »wir sind bald da.« Farhad muß so verängstigt gewesen sein, daß er keinen weiteren Laut von sich gab, doch gelegentlich hörte ich ein leises Wimmern und wußte, daß er die ganze Zeit über still vor sich hin weinte.

Gegen ein Uhr dreißig nachts erreichten wir eine Stelle, an der fünf weitere Kurden mit sechs Pferden warteten. Es war so finster, daß wir kaum die Umrisse der Pferde erkennen konnten. Als wir näher kamen, sah ich, daß sich die Männer ihre Kopftücher um die Gesichter gewickelt hatten, so daß nur noch ihre Augen zu erkennen waren.

»Ihr geht mit ihnen weiter«, sagte mein Reiter.

»Was ist los? Wo ist unser Auto?« fragte ich.

»Noch ein Stückchen«, erwiderte er, hob mich von seinem Pferd und setzte mich auf ein anderes. Da genügend Pferde zur Verfügung standen, nahm jeder Reiter einen von uns aufs Pferd. Kamal bekam ein eigenes Pferd, da man von einem Mann erwartete, daß er gut reiten konnte. Doch Kamal war nie viel geritten; vor lauter Kälte zitterte er unkontrolliert und klagte über das taube Gefühl in seinen Beinen.

Shery flüsterte mir zu: »Wir müssen auf ihn aufpassen. Vielleicht bekommt er einen Herzanfall.«

Als ich das hörte, fühlte ich mich noch elender. Ich hatte den Kontaktmann aufgetrieben und die Flucht in Gang gebracht. Alles hatte so leicht über die Bühne gehen sollen, und jetzt sah es so aus, als hätte ich unser aller Leben aufs Spiel gesetzt.

Shery und ich stiegen vom Pferd und massierten Kamal von Kopf bis Fuß, um seinen Blutkreislauf anzuregen. Wir waren so mit Kamal beschäftigt, daß wir uns gar nicht darum kümmern konnten, ob Fahrads Nase gebrochen war. Die Kurden wollten unbedingt weiter und drängten uns aufzusteigen.

Kamal konnte keinen Pferderücken mehr sehen und blieb einfach auf dem Boden sitzen. »Ich reite keinen Schritt mehr«, sagte er. »Macht ohne mich weiter. Ich bleibe hier. Ich kann es nicht mehr ertragen.«

Ohne große Umstände packten die Kurden Kamal, setzten ihn auf sein Pferd und ritten los.

»Er hat das beste Pferd«, sagte mein Reiter. »Wir möchten nicht riskieren, noch jemanden auf dieses Pferd zu setzen. Es könnte sich die Beine verletzen.«

Ich bot ihnen jeden Betrag, damit sich noch ein Reiter auf Kamals Pferd setzte, doch sie wollten nichts davon wissen.

Über kleine Pfade ging es höher und höher in die Berge, vorbei an steilen Abgründen und über schnell dahinschießende Flüsse. Wir waren naß, durchfroren und erschöpft. Als ich die Steilabfälle sah, begann ich meinen Reiter zu drängen, Farhad zu uns aufs Pferd zu nehmen. Wenn wir abstürzten, dann wollte ich ihm nahe sein, um seinen Fall zu dämpfen. Nachdem ich ihm damit eine Stunde lang ständig in den Ohren gelegen hatte, packte der Mann im Vorbeireiten Farhad und setzte ihn vor sich aufs Pferd.

Es war ein beängstigender Ritt: Wir kämpften uns höher und höher, und die Luft wurde kälter und kälter und biß sich immer tiefer in uns fest. Gelegentlich tauchten zwischen den Wolken Sterne auf, und ich konnte Kamal sehen, der auf seinem Pferd haltlos hin und her schwankte: Vor lauter Erschöpfung war er eingeschlafen und konnte jeden Moment in den sicheren Tod stürzen. Ich rief ihn an, aber er starrte mich nur kurz an und schloß dann wieder die Augen.

Zum Glück schien sein Pferd den Weg genau zu kennen und folgte dem vorangehenden Tier.

Der Pfad schraubte sich im Zickzack höher, und ich bemühte mich, nicht hinzuschauen, wenn der Hang steil abfiel. In meiner Phantasie sah ich verborgene Täler und düstere Schluchten vor mir, Hunderte von Fuß unter uns. Der Pfad war mit Felsbrocken übersät, über die die Pferde stolperten. Ich klammerte mich an meinem Reiter fest, fest entschlossen, ihn mit in die Tiefe zu reißen, sollte ich abstürzen. Inmitten all dieser Gefahren begann mein Reiter mit seiner Hand über mein Bein zu streichen. Am liebsten hätte ich ihn geschlagen, wagte es aber nicht, ihn zu verärgern; möglicherweise hätte er mir oder meinem Sohn etwas angetan. Jedesmal nahm ich sanft seine Hand und beförderte sie zurück zu den Zügeln, wo sie hingehörte. Mein Zorn war um so größer, weil ich mich nicht richtig wehren konnte.

Nach einem mehrstündigen Ritt ohne Unterbrechung tauchten plötzlich fünf Kurden zu Pferd aus dem Nichts auf, die Gesichter sorgfältig bedeckt und in der Finsternis kaum erkennbar. Ein paar Minuten ritten sie mit uns mit und verschwanden dann mit der gleichen Plötzlichkeit.

Nach einer Weile erklärte mir mein Reiter, wer die Männer gewesen waren und warum sie so geheimnisvoll aufgetaucht und wieder verschwunden waren. »Sie haben gerade eben zwei Iraner über die Grenze gebracht. Wir sollten alle gemeinsam hinüber, doch wir haben uns um einige Stunden verspätet, deshalb sind sie schon vorausgegangen.«

Mit der Zeit wurde das Gelände noch unwegsamer. Wir mußten absteigen und unsere Pferde durch kalte Flüsse und an schlammigen Uferbänken entlang führen. Unsere Jeans starrten vor Schlamm. In regelmäßigen Abständen rief ich leise. »Farhad, bist du in Ordnung? Kamal? Shery?« Ihre schwachen Antworten in der vollkommenen Dunkelheit beruhigten mich. Ansonsten aber durften wir nicht sprechen.

Wir ritten die ganze Nacht hindurch. Gegen sechs Uhr dreißig wurde es hell. Wir blickten uns um und stellten fest, daß der Boden weiß war und wir uns oberhalb der Schneegrenze befanden. Plötzlich stoppten die Reiter. Einer von ihnen sagte: »Hier ist es. Das ist die Grenze zur Türkei.«

Ich merkte, daß ich bei einem anderen Reiter auf einem anderen Pferd saß als zu Beginn des Rittes. Kamal saß nicht länger auf einem Pferd – die letzte halbe Stunde war er zu Fuß gegangen. Ich hatte keine Ahnung, wann der Wechsel stattgefunden hatte. Ich konnte mich einfach nicht mehr daran erinnern. Erschöpfung, Verwirrung, aus der Finsternis auftauchende Schatten – das alles hatte seinen Preis gefordert.

Endlich drangen die Worte des Reiters in mein Bewußtsein. Ich sprang vom Pferd, riß Farhad in meine Arme und herzte ihn, bis er keine Luft mehr bekam.

»Wir sind frei, Farhad, wir haben es geschafft. Wir sind aus dem Iran draußen. Du mußt nie wieder zu den Aminis zurück. Wir werden in einem freien Land leben. Niemand wird mich mehr verhaften.«

Zwei Tage und zwei Nächte lang hatte Farhad mit keinem Wort danach gefragt, wohin wir unterwegs waren. Vielleicht hatte er nicht zu hoffen gewagt. Doch jetzt fragte er: »Mami, heißt das, daß ich bei dir bleiben kann? Daß ich nicht mehr zu meiner Tante und meinem Onkel zurück muß?«

»Nie wieder, mein Liebling«, sagte ich. »Nie, nie wieder. Wir werden nach Europa und Amerika gehen. Erinnerst du dich an all die Sachen, von denen ich dir erzählt habe? Wir besuchen Disneyland und alle unsere Verwandten in Kanada und den Vereinigten Staaten. All das und noch viel mehr werden wir unternehmen.«

Merkwürdig, auf dem Gipfel eines verlassenen, schneebedeckten Berges in Vorderasien über Disneyland zu reden. Aber es blieb keine Zeit, die eigenartige Qualität dieses Augenblicks zu erfassen. Anscheinend befanden wir uns nun in Begleitung von zwei türkischen Kurden: große, schwergebaute Männer mit Stoppelbärten und buschigen Augenbrauen. Eine weitere, schwierige Phase unserer Flucht lag vor uns. Entgegen allen Versprechungen war immer noch kein Wagen zu sehen – nun, da wir müde, hungrig und unglaublich durstig an der Grenze angelangt waren. Es gab keine Straße. Wir waren Meilen entfernt von irgendeinem Karrenweg und mußten langsam auf der anderen Seite des Berges, den wir so mühsam erklettert hatten, hinabsteigen.

Sofort baute sich die nächste Schwierigkeit vor uns auf. Der abwärts führende, glitschige Pfad war zu steil zum Reiten, und so mußten wir die Pferde führen. Der ältere Türke, der offensichtlich der Anführer war, ging voraus; er rutschte auf dem schmierigen, feuchten Boden aus und stürzte. Da wir einen möglicherweise tödlichen Sturz nicht riskieren wollten, setzten wir uns auf den Hosenboden und rutschten so nacheinander ungefähr eine halbe Stunde lang bergab. Plötzlich hörte ich hinter mir Shery aufschreien.

Ich drehte mich um und sah, wie sie ihren Kopf gegen die Knie preßte, mit beiden Fäusten gegen ihn schlug und laut aufschluchzte.

»Ich habe alles verloren. Alles. Ich gehe nicht weiter. Ich rühr' mich nicht mehr von der Stelle. Laßt mich hier sitzen. Mir ist alles egal.«

Vorsichtig kroch ich zurück zu der Stelle, wo sie schlammbedeckt und tränenüberströmt saß. Mühsam holte ich aus ihr heraus, was passiert war. Nach dem Diebstahl meiner türkischen Lira hatte sie all ihre Wertsachen in einen schwarzen Beutel gesteckt, den sie ständig bei sich behielt. Doch weil sich der Beutel nicht hatte richtig schließen lassen, war ihr unterwegs die Brieftasche herausgefallen. Sie hatte 25 000 Dollar in ausländischer Währung verloren – ihren gesamten Besitz –, ihren Paß und ihr Rund-um-die-Welt-Flugticket. Von einigen in den Saum ihres Rockes eingenähten Schmuckstücken abgesehen, hatte sie alles verloren, was sie aus dem Iran hatte hinausschmuggeln können.

»Wo kann ich denn ohne Paß noch hin?« fragte sie. »Laßt mich hier sitzen.«

»Seien Sie nicht albern«, mahnte der jüngere Türke. »Wir sind nah an der Grenze. Wir müssen weiter. Sie erschießen uns, wenn sie uns hier entdecken.«

Ich versuchte Shery zu überreden, mitzukommen, ich versprach ihr, wir würden in der Türkei unsere Probleme gemeinsam lösen, doch sie weigerte sich hartnäckig, bis einer der Kurden meinte, er würde zurückgehen und nach der Brieftasche suchen.

»Ein Stück bergab warten frische Pferde auf uns, außerhalb des Grenzgebietes. Ich reite zurück und suche Ihre Brieftasche. Sie ist schwarz und im Schnee gut zu sehen. Und jetzt los.«

Nach diesem Versprechen rutschte Shery weiter den Berg hinab. Nach einer Stunde fanden wir wie vorausgesagt frische Pferde, an einem Felsen angepflockt. Der Türke galoppierte zurück, und wir ritten weiter. Kamal befand sich in einem benommenen Zustand und sagte nichts, während Farhad zwar erschöpft war, sich aber für die Umgebung begeisterte. Ich war so müde, daß ich bei jedem Schritt dachte, er sei mein letzter. Und Shery . . . Ich schaute zurück. Ihre einst stolze Gestalt hing vornübergebeugt auf der dreckigen Pferdedecke, die einer der Türken ihr gegeben hatte. die Absätze ihrer Schuhe waren abgebrochen und standen in verrücktem Winkel weg, das kurdische Kleid, das sie trug, war bis zur Hüfte verdreckt. In diesem Moment haßte ich Khomeini mehr denn je, ihn und all das, was er meinem Land angetan hatte. Früher einmal hatte Shery für ihre Arbeit mit Behinderten einen internationalen Ruf gehabt. Ihr Leben lang hatte sie denen geholfen, die sich nicht selbst helfen konnten. Und als Belohnung war sie von Khomeinis Strauchrittern belästigt und gepeinigt und schließlich zur Flucht getrieben worden.

Während der nächsten zwei Stunden wurde kein Wort gesprochen. Dann hörte ich Sherys zarte Stimme, die ein Lieblingslied der Schulkinder sang. »Woher kommst du, und wohin gehst du, und wie willst du dort hingelangen?«, sang sie wieder und wieder.

Welch ein Mut, dachte ich, welch unglaubliche Entschlossenheit. Sie brachte es fertig zu singen, nachdem sie alles verloren hatte und nur noch eine Zukunft im Exil auf sie wartete. Doch dann erkannte ich, daß sie den Refrain immer wieder mechanisch wiederholte, als hingen sie fest und könnte nicht weiter. Shery war noch in Bewegung, doch tief in ihrem Inneren war dort hinter auf dem schlammigen Abhang etwas zum Stehen gekommen.

Schließlich kam der Türke, der die Brieftasche suchen gegangen war, angaloppiert und schrie im Vorbeireiten: »Konnte nichts finden. Beeilt euch. Ich sage ihnen, sie sollen den Wagen für euch bereitmachen.«

Shery und ich tauschten einen langen, leeren Blick. »Er hat sie gefunden. Ich weiß es. Und jetzt beraubt er mich.« Sie sagte es ohne jeden Zorn in stiller Ergebenheit.

Ich wußte darauf keine Antwort, denn womöglich hatte sie recht, doch was konnten wir tun? Falls die türkischen Kurden uns plötzlich im Stich ließen, irrten wir vielleicht tagelang in den Bergen herum.

Müde, wie ich war, drängte sich mir die Schönheit der Landschaft um uns herum doch ins Bewußtsein: Hügel, mit gelben und purpurnen Blumen bedeckt, deren atemberaubender Duft überall war.

Nach einer Weile erreichten wir ein kleines Plateau; unten im Tal konnten wir ein Dorf sehen. »Wir warten hier«, sagte der Türke. »Das Auto soll hierherkommen. Einige Iraner kommen auch.«

»Was soll das heißen, das Auto kommt hierher?« rief ich verzweifelt. »Es gibt ja nicht mal eine Straße. Wir sind oben auf einem Berg. Wie soll ein Auto hier hochkommen?«

Störrisch schüttelte er den Kopf. »Es kommt. Sie müssen mir Ihr ganzes Gepäck geben. Ich verstecke es unter einem Heuhaufen. Sie müssen sich flach hinlegen, damit die Dorfbewohner uns nicht sehen können.«

Jetzt war es ungefähr neun Uhr morgens, und tief unter uns konnten wir einige Aktivitäten entdecken: Bauern gingen auf die Felder. Schäfer zogen mit ihrer Herde dahin, Rauchwolken stiegen träge aus winzigen Lehmhütten auf. Die Luft war immer noch kühl und feucht, auch wenn sich nun die ersten Sonnenstrahlen ihren Weg durch den morgendlichen Dunst bahnten. Wir drängten uns eng zusammen, um uns gegenseitig zu wärmen. Einzig und allein die Pferdedecke bot uns etwas Schutz vor dem kalten Boden. Da ich mit weiterem Verrat von unseren Führern rechnete, verstaute ich unter einem Vorwand unser Gepäck direkt neben uns, anstatt es dem Türken zu überlassen, der ein Stück weiter unten Wache hielt. Kurz darauf befahl er uns einen Stellungswechsel, und wir marschierten über einen Kamm und sahen nun ein weiteres Tal vor uns, das versteckt hinter einer von Menschenhand geschaffenen Steinmauer lag, die von den Schmugglern offensichtlich errichtet worden war, um ihr Gut vor den Blicken der Dorfbewohner zu schützen. Zweimal stürzte ein schwerer, eiskalter Regen auf uns herab, und wir mußten unsere Decke als Schutz verwenden. Nachdem wir vier Stunden lang frierend gewartet hatten, rebellierte ich schließlich.

»Hören Sie, wir sind hungrig, durstig und müde, und wir frieren. Wir haben seit fast drei Tagen nicht mehr richtig geschlafen. Achtzehn Stunden haben wir nichts mehr gegessen. Wir wollen ins Dorf runter und dort auf den Wagen warten.«

»Nein«, rief er zornig. »Wir sind Schmuggler. Für uns ist es zu ris-

kant, hinunterzugehen. Wartet. Der Wagen wird bald da sein.« Etwas
nachgiebiger fügte er hinzu: »Wenn der andere Mann zurückkommt,
schicke ich ihn nach Wasser.«

Es kam uns wie Stunden vor, bis der andere Türke zurückkehrte. Er
gab keine Erklärung ab, wo denn nun der versprochene Wagen wäre,
holte uns aber Wasser. Die Kurden tranken zuerst aus einer dreckigen, zerbeulten Metalltasse und reichten sie dann an mich weiter. Ich
war viel zu durstig, um zimperlich zu sein. Meine Lippen waren aufgesprungen, und meine Zunge fühlte sich geschwollen an. Ich behielt das Wasser eine Weile im Mund, genoß den Geschmack des
kalten Bergwassers. Egal, wieviel ich trank, das Durstgefühl wurde
ich nicht los.

Langsam kam mir der Verdacht, daß der Wagen gar nicht existierte, daß er nie existiert hatte. Als die Sonne ein bißchen Wärme
spendete, zog ich Farhad Schuhe, Socken und Hosen aus und breitete
sie auf dem Boden zum Trocknen aus. Ich überredete Kamal und
Shery, das gleiche zu tun. Beide waren in eine Art Erstarrung verfal-
len und schienen unfähig, irgend etwas aus eigenem Antrieb zu tun.
Nach einer Weile fielen Kamal und Farhad in einen unruhigen Schlaf,
während Shery und ich Wache hielten. Farhads kleiner Leib zuckte im
Schlaf, ob vor Kälte oder Furcht, ließ sich nicht sagen. Dann traten
Schweißtropfen auf sein Gesicht, und er begann sich krampfhaft her-
umzurollen, als hätte er Schmerzen. Mit einem Ruck richtete er sich
auf, die Augen weit geöffnet, aber ohne etwas wahrzunehmen. Er begann laut zu jammern. »Ich will nicht auf das Pferd. Bitte nicht. Ich
will nicht. Meine Füße tun weh. Laß mich in Ruh. Laß mich in Ruh.«
Seine Schreie hallten von den Hügeln wider. Die beiden Türken
blickten sich nervös um, doch ich wollte Fahrad nicht zu grob auf-
wecken. Ich befeuchtete ein Tuch, legte es ihm vorsichtig auf die
Stirn und redete mit sanfter Stimme auf ihn ein.

»Farhad, mein Liebling. Du bist auf keinem Pferd mehr. Du hast
bloß einen schlimmen Traum. Bald wirst du aufwachen und sehen,
daß kein Pferd mehr da ist. Du bist hier bei mir.«

Shery beugte sich zu mir und sagte: »Es ist besser, ihn nicht aufzu-
wecken. Er muß das aus sich herauskriegen. Er ist einfach übermü-
det.« Gemeinsam badeten wir sein Gesicht, und nachdem er eine
Weile hemmungslos geweint hatte, fiel er wieder in tiefen Schlaf.

Der Morgen ging in den Nachmittag über, und allmählich bekam ich es mit der Angst zu tun. Warum hielten sie uns hin? Wollten sie den Anbruch der Nacht abwarten und uns dann umbringen? Weit unter uns konnte ich eine Straße erkennen. Warum brachten sie uns nicht dorthin? Bald würde es dunkel sein, und wir waren nicht in der Verfassung, noch eine Nacht ohne Nahrung und ohne schützende Kleidung bei Temperaturen unter Null zu verbringen. Unsere letzte Chance bestand darin, noch vor Einbruch der Dunkelheit diese Straße da unten zu erreichen.

Nachdem wir es innerhalb unserer kleinen Gruppe durchgesprochen hatten, verkündete ich den beiden Männern: »Wenn Ihr nicht die Absicht habt, uns hinunterzubringen, dann gehen wir alleine. Wir warten nicht länger auf euch.«

Als sie unsere Entschlossenheit bemerkten – selbst Kamal war inzwischen wieder etwas aufgelebt –, wurden die Türken lebhaft. »In Ordnung. In Ordnung. Wartet einen Moment«, schrie der Anführer. Der andere griff nach unserem Gepäck und band es auf den Pferden fest. Als wir mit dem Abstieg begannen, zogen erneut dunkle Wolken auf und überschütteten die Berge mit einem Regenguß. Der Regen trieb die Bauern von den Feldern ins Dorf zurück, und unsere Führer wurden wieder nervös.

»Den Weg können wir nicht runter«, sagte der Anführer. »Wir müssen wieder ein Stückchen hoch. Dort gibt es eine Höhle. Wir können dort eine Weile rasten, bis die Dorfbewohner zu Hause sind. Dann geht's weiter.«

Als wir in einer kleinen Höhle, in der wir kaum Platz fanden, untergebracht waren, bemerkte Shery, daß Kamal am ganzen Leib zitterte. Wieder verpaßten wir ihm eine kräftige Massage. Kamal konnte kaum sprechen, machte aber einige Versuche, ein Feuer in Gang zu bringen. Unglücklicherweise war alles, mit dem man ein Feuer hätte machen können, naß. Die beiden türkischen Kurden hatten in einiger Entfernung von uns ein Fleckchen für sich allein gefunden. Als ich sah, daß es Kamal nicht besser ging und daß Farhad immer noch bis auf die Haut durchnäßt war, rannte ich hinaus in den Regen. Ich kam mir wie ein wildes Tier vor, mein Gesicht regenüberströmt, meine Kleider nach Wald riechend. Ich schrie laut nach den beiden Türken, ohne mich um ihre Reaktion zu kümmern. Irgendwie mußten wir diese Straße erreichen. Eine Verlängerung des Aufenthalts hier bedeutete den Tod.

Als meine Schreie durch das Tal hallten, kamen die Türken angerannt. »Was tun Sie da? Sind Sie verrückt? Man kann Sie bis ins Dorf runter hören«, zischte der Anführer.

»Das ist mir egal. Wir erfrieren. Wir brechen auf.«

»Also gut. Wir bringen euch runter.«

Diesmal meinten sie es anscheinend ernst. Zwei Stunden lang marschierten wir über glitschige Pfade bergab, bis wir auf eine kleine, ungepflasterte Straße stießen, die von einem Wagen befahren werden konnte. Obwohl es allmählich dunkel wurde, war von einem Auto immer noch weit und breit nichts zu sehen.

»Das Auto, das Sie hier abholen sollte, hat es nicht geschafft«, sagte der ältere Türke schließlich. »Aber für zusätzliche 2000 Dollar kann ich Ihnen einen Wagen besorgen.« Das war die reine Erpressung. Ich spuckte Gift und Galle. »Was soll das heißen? Wir haben für alles bezahlt. Wir sollten nach Istanbul gefahren werden.«

»So ist's nun mal. Wenn Sie ein Auto haben wollen, dann kostet Sie das 2000 Dollar.«

Während des Abstiegs hatten die Türken gesagt, wir seien nur noch eine halbe Autostunde von einer Stadt entfernt. Doch zu Fuß würden wir es niemals schaffen; Farhad wimmerte vor Erschöpfung, und Kamal hatte sich vor lauter Müdigkeit einfach auf den Boden fallen lassen. Ich würde nachgeben müssen. Ich begann um den Preis zu feilschen, doch sie blieben hart. Nach längerem Streit erklärten sie uns, daß wir bald mit den beiden Iranern zusammentreffen würden, die kurz vor uns über die Grenze geschmuggelt worden waren. Vielleicht waren sie bereit, sich die Kosten für die Fahrt mit uns zu teilen.

Wir saßen wieder auf und ritten den Weg entlang auf ein kleines, von nackten Felswänden umgebenes Tal zu. Als wir die Talsohle erreichten, bemerkte ich, daß Shery mitsamt ihrem Reiter verschwunden war. Wieder und wieder rief ich ihren Namen. Keine Antwort. Voller Entsetzen rechnete ich mit dem schlimmsten: daß sie heruntergefallen war oder daß die Türken uns zu separieren begannen. Eine Stunde schien vergangen, als sie endlich auftauchten. Wir bekamen keine Erklärung, weshalb der Reiter sich so weit hatte zurückfallen lassen.

Wir näherten uns einem aus Steinen erbauten, halbzerfallenen Stall, vor dem mehrere erschöpfte Pferde angebunden waren. Rauch stieg träge aus der offenen Tür und versprach zumindest etwas Wärme. Schnell stieg ich vom Pferd und rannte auf den Stall zu. In der Mitte des baufälligen Gebäudes saßen zwei junge Iraner und acht türkische Kurden und wärmten sich am Feuer.

»Wollen Sie sich die Kosten für einen Wagen bis zur nächsten Stadt mit uns teilen?« erkundigte ich mich hastig ohne Begrüßung oder Vorstellung bei den Iranern. »Sie verlangen 2000 Dollar für ein Auto. Wir können einfach nicht mehr.«

Die beiden jungen Männer, die einen viel ruhigeren, vernünftigeren Eindruck machten, blickten leicht amüsiert auf. Ich mußte ihnen recht merkwürdig vorgekommen sein: Das nasse Haar klebte mir in der Stirn, meine Jeans waren schlammverkrustet, die Kurdenjacke verdreckt. Kamal, Farhad und Shery betraten hinter mir den Stall, verlorene, zerzauste Reisende aus einem fernen Land.

»Kommt, setzt euch ans Feuer«, sagte der eine, der sich später als Mahmoud vorstellte. »Wir haben gerade Tee gemacht. Bitte bedient euch.«

»Wir sind nur Studenten«, sagte der andere, der Sina hieß. »Wir haben kein Geld für einen Wagen. Wir haben die Hälfte unserer Transportkosten bezahlt, und sie sollen uns nach Istanbul bringen, wo wir die andere Hälfte bezahlen. Bis sie sich dazu entschlossen haben, bleiben wir hier bei ihnen.«

Unsere beiden Führer schlossen sich dem Kreis der Kurden an und begannen eine Diskussion in ihrer Sprache. Nachdem wir uns etwas aufgewärmt, unsere verdreckten Schuhe und Socken ausgezogen und zum Trocknen hingelegt hatten, machte ich den Studenten auf persisch einen Vorschlag, damit uns die Türken nicht verstehen konnten.

»Hört zu. Ich werde ihnen sagen, daß wir uns alle entschlossen hätten, den Wagen zu nehmen. Ihr braucht nichts beizusteuern, wir bezahlen, aber ich möchte nicht, daß sie es erfahren, nach all dem Gefeilsche, das ich hinter mir habe.«

Sie waren damit einverstanden. Ich wandte mich an unseren Anführer, den älteren Türken, der das Kommando zu haben schien, und sagte: »Wir bezahlen die zweitausend. Sie können jetzt losgehen und den Wagen holen.«

Er sah mich an, als wäre ich verrückt.

»Was für einen Wagen?« fragte er, während sein Blick nervös die anderen türkischen Kurden streifte. »Es gibt keinen Wagen. Ich hab' Ihnen niemals einen Wagen versprochen. Wir müssen hier eine Weile warten und dann wieder auf die Pferde steigen.«

Unsere Führer hatten uns also doch berauben wollen. Sie hätten noch etwas Geld aus uns herausgeholt und uns in den Hügeln bis zum Beginn der Nacht warten lassen; dann wären sie verschwunden und hätten uns im Stich gelassen. Doch meine lauten Rufe und ihre Angst, die Dorfbewohner könnten bei Tag noch hochkommen und nachsehen, hatten sie schließlich gezwungen, uns ins Tal zu bringen. Vor ihren Schmugglergefährten, die möglicherweise ehrlicher waren, benahmen sich die beiden nun wesentlich vorsichtiger. Die Kurden unterhielten sich lebhaft. Dann erhob sich plötzlich einer von ihnen und erklärte uns, sie hätten sich entschlossen, jetzt sofort mit uns aufzubrechen, anstatt noch länger zu warten. Wir sollten zusammenpakken und uns beeilen.

Bei der Erwähnung der Pferde begann Farhad zu weinen. Er wollte auf gar keinen Fall wieder reiten; ich versuchte es ihm zu erklären, aber er wollte nicht einsehen, daß es keine andere Möglichkeit gab. Er mußte mit Gewalt aufs Pferd gesetzt werden. Sosehr ich den Türken auch haßte, der versucht hatte, uns zu betrügen – den anderen türkischen Kurden gegenüber gab er sich als Ali aus –, er war der beste Reiter und verfügte über das beste Pferd. Ich bestand darauf, daß er Farhad und mich gemeinsam auf sein Pferd nahm.

Draußen war es Nacht geworden. Die Wolken hingen so tief, daß uns weder Mond noch Sterne den Weg erhellen konnten. Nur das Geräusch der Pferdehufe war zu hören, als wir über schlammige Bergpfade ritten. Dann begann der Regen niederzuprasseln: Einmal drohte er eine ganz schmale Stelle des Pfades fortzuspülen. Oft genug mußten die Pferde hart herangenommen werden, um über einen dahinschießenden Bach zu springen. Jedesmal übernahm Ali die Führung, da sein Pferd am besten sprang und er am besten abschätzen konnte, ob die anderen in der Lage waren zu folgen. Alle anderen stürzten mehrmals vom Pferd in dieser Nacht, doch ich war so entschlossen, Farhad sicher ans Ziel zu bringen, daß wir kein einziges Mal vom Pferd fielen, obwohl wir die größten Risiken eingehen mußten.

Später, bevor sie uns verließen, sagte Ali zu mir: »Für eine Frau reiten Sie gut.« Das war ein ganz schönes Kompliment – immerhin stammte es von einem Räuber und Meister der rauhen Bergpfade –, aber in dem Moment konnte ich es nicht so recht würdigen.

Wir ritten die ganze Nacht durch. Gelegentlich bekam ich mit, daß Kamal vollkommen benommen auf seinem Pferd saß und sich nicht mal die Mühe machte, sich an seinem Reiter festzuhalten. Ich rief seinen Namen, und er schaute mich nicht einmal an. Ich drängte ihn, sich anzuklammern, doch er schien über den Zustand der Angst längst hinaus zu sein, und die Stürze bereiteten ihm offensichtlich keinen Schmerz mehr.

Die Kurden trieben uns zur Eile an, da unser Wagen auf der Landstraße auf uns warten sollte. Ich hatte das Gefühl, wir würden bereits ewig durch die Nacht galoppieren. Ali gab kein einziges Mal Farhads Bitten nach, ihn vom Pferd zu lassen, damit er pinkeln konnte. Als wir dann der Gruppe ein Stück voraus waren, überredete ich Ali, auf der anderen Seite eines Baches, den wir gerade übersprungen hatten, zu stoppen, damit Farhad schnell sein Geschäft erledigen konnte. Wir wollten gerade wieder aufsteigen, als Shery in der Finsternis aufschrie und dann meinen Namen rief.

Die Nacht war so pechschwarz, daß ich überhaupt nichts sah. Mit ausgestreckten Armen stolperte ich in die Richtung, aus der Sherys verzweifeltes Stöhnen drang. Als ich näher kam, hörte ich, wie ein Pferd im Wasser mit den Hufen um sich schlug. Ich watete in den eisigen Fluß. Die beiden iranischen Studenten und Kamal waren ebenfalls abgestiegen und näherten sich Shery. Sie lag auf dem Rükken: Kopf und Schultern ragten gerade noch aus dem Wasser. Ihr Reiter, der auf sie gefallen war, richtete sich gerade wieder auf. Das Pferd hatte sich allein wieder hochgekämpft und sprang nervös ans Ufer. Es war offensichtlich, daß Shery von dem Sturz am meisten abgekriegt hatte. Sie atmete nur sehr mühsam und preßte beide Hände gegen die Brust, als hätte sie große Schmerzen, während Kamal und die beiden Studenten sie hochhoben und an Land trugen. Die Kurden rührten keinen Finger, um uns zu helfen.

»Ich hab' mir die Rippen gebrochen, Sousan. Hilf mir«, rief sie.

In der Finsternis konnte ich kaum sehen, was ich tat. Ich zerrte ihr das nasse kurdische Kleid vom Leib, während Mahmoud in seiner

Tasche nach der Ersatzjacke suchte, die er mitgenommen hatte. Sina bot ein Paar Hosen an. Vor Stunden hatte Shery ihre eigenen Schuhe gegen ein Paar von Kamals Joggingschuhen ausgetauscht, doch bei dem Sturz waren sie verschwunden. Obwohl er genausowenig sehen konnte wie wir, ließ sich Farhad auf Hände und Knie nieder und fand irgendwie beide Joggingschuhe wieder.

Doch Shery war nicht mehr bei klarem Verstand. Sie verlangte nach einem Paar ihrer Schuhe mit hohen Absätzen und begann das Kleid auszuziehen, das sie unter dem Kurdenkleid getragen hatte. Ihre Bewegungen beruhigten mich; trotz ihrer Schmerzen schien sie nichts gebrochen zu haben. Das Kleid, das sie auszog, barg in seinem Saum ihren restlichen Schmuck.

Ich versuchte leise zu sprechen, damit die Kurden mich nicht hören konnten. »Shery, zieh das Kleid nicht aus. Vielleicht brauchst du es noch. Erinnerst du dich nicht?«

Doch meine Worte drangen nicht zu ihr durch. Ihre teuren Chanel-Schuhe, in die sie nun ihre Füße stopfte, wirkten lächerlich klein; ihre Füße waren nicht nur schlammverkrustet, sondern auch furchtbar geschwollen. Sie gab es auf, die Schuhe anziehen zu wollen, und schleuderte sie beiseite. Dann zerrte sie sich trotz meiner Proteste das Kleid vom Leib und warf es zu Boden.

Die Kurden, die mit jeder verlorenen Minute ungeduldiger und nervöser wurden, stiegen wieder auf die Pferde.

»Reiten wir«, flüsterte eine Stimme ärgerlich. »Wir warten nicht länger.«

Wir beeilten uns, Shery anzuziehen. Sie kam wieder zur Vernunft und sagte leise zu mir: »Sousan, mein Kleid. Schau zu, daß du es einpackst.«

Ohne auch nur das geringste zu sehen, tastete ich den Boden mit meinen Händen ab. Ich fand einen Schuh und ein Kleid, das ich hastig in ihre Reisetasche stopfte. Dann reichte ich die Tasche ihrem Reiter hoch, damit er sie festschnallen konnte. Und schon ging es weiter. Immer wieder baten wir die Kurden, Shery eine ihrer dicken Jacken zu geben (diejenige, die ihr der Student gegeben hatte, reichte als Schutz vor der Kälte nicht aus), aber sie weigerten sich. Widerwillig rückten sie schließlich die alte Pferdedecke heraus, auf der Ali, Farhad und ich geritten waren.

Die nächsten drei Stunden ritten wir auf nacktem Pferderücken – jede einzelne Sekunde davon ein Alptraum für Farhad, der immer wieder fragte, wann wir endlich halten würden. Und dann stoppten wir genauso plötzlich, wie wir aufgebrochen waren, und die Reiter erklärten uns, wir seien da. Es war mitten in der Nacht. Weder ein Dorflicht noch eine Straße war zu sehen, kein Laut von irgendwelchen Haustieren war zu hören – nichts. Hier gab es nur einen holprigen Weg – gerade gut genug für einen Traktor –, der durch flaches Land führte.

Die Studenten und Kamal protestierten sofort. Sina und Mahmoud weigerten sich, vom Pferd zu steigen. Doch wir befanden uns in der Minderzahl und wurden gezwungen abzusteigen.

»Ihr seid fünf Minuten von einer Stadt entfernt. Geht einfach in diese Richtung«, sagte Ali und deutete nach links. In erster Linie schien es den Kurden darum zu gehen, wieder in ihren Dörfern zu sein, bevor ihre Nachbarn erwachten und entdeckten, daß sie unterwegs gewesen waren. Es hatte den Anschein, als würden nicht alle Kurden den Schmuggel billigen.

Als letzte Kränkung nach all dem Lug und Trug verlangten die türkischen Kurden die Jacken zurück, die uns die iranischen Kurden freundlicherweise überlassen und die uns während der eiskalten Nacht möglicherweise das Leben gerettet hatten. Kamal bot an, für die Jacken zu bezahlen – wir hatten Minustemperaturen, und Shery war immer noch völlig durchnäßt –, doch sie rissen uns die Jacken vom Leib. In vollem Galopp sprengten sie davon; wir blieben wie betäubt auf dem unbekannten Weg in der Nähe einer unbekannten Stadt stehen, irgendwo in der Türkei.

Wir waren ungefähr zehn Minuten marschiert – Kamal und einer der Studenten stützten Shery –, da wurde uns klar, daß wir so nicht weiterkommen würden. Wir waren gerade dabei, den letzten Rest an Mut zu verlieren, da hörten wir aus einiger Entfernung das rumpelnde Geräusch eines sich nähernden Traktors. Es konnte ein Türke sein, der uns der Polizei übergeben würde; vielleicht würden wir dann bald wieder im Iran vor einem Exekutionskommando landen. Oder es konnte ein Bauer sein, der gern einer entkräfteten Gruppe von Flüchtlingen helfen würde. Uns blieb keine Wahl. Wir mußten das Risiko eingehen und den Traktor anhalten.

Von uns beiden, die wir türkisch sprachen, besaß nur noch ich genügend Kraft. Wir beschlossen, ich sollte die Anhalterin spielen, während sich die anderen neben dem Weg versteckten. Es war ein verrückter Einfall. Selbst unter Moslemländern besitzt die Türkei einen üblen Ruf – für alleinreisende Frauen ist es ein äußerst unsicheres Land. Doch ich stellte mich mitten in den Weg, winkte wie wahnsinnig und schrie lauthals, um das Motorengeräusch zu übertönen, während der einzige Scheinwerfer mich anstrahlte.

Der Fahrer stoppte, und ich rannte an seine Seite. Kaum war ich aus dem blendenden Lichtkegel draußen, da sah ich, daß nicht nur ein Bauer auf dem Traktor saß, sondern viele Personen, die frühzeitig auf die Felder fuhren. Auf dem Traktor selbst befanden sich drei Männer, doch in einem Anhänger saßen noch weitere fünf Personen.

»Bitte, können Sie mir sagen, wie weit es noch bis zur Landstraße ist?« fragte ich den überraschten Fahrer. »Ich versuche den Bus nach Van zu kriegen.« Der Rest unserer Gruppe war inzwischen herangetreten. Der Fahrer wurde ein wenig nervös.

»Nun ja, warten Sie . . . ungefähr fünfundvierzig Kilometer.«

»Das schaffen wir nie. Könnten Sie uns hinfahren?«

Der Fahrer starrte unsere Gruppe an, dann seine Leute und sagte schließlich: »Nein, das geht nicht. Wir sind auf dem Weg zur Arbeit.«

»Wir fahren nur so weit mit, wie Sie fahren. Hören Sie, wir haben ein Kind und eine kranke alte Frau bei uns. Sie müssen uns helfen.«

Wieder schaute er sich um. Dann erklärte er sich einverstanden, Shery und Farhad mit unserem Gepäck mitfahren zu lassen. Aber wir durften nicht zulassen, daß sie mit all unseren Wertsachen von uns getrennt wurden. Wir konnten auch nicht zulassen, daß dieses Wunder – dieser aus dem Nichts aufgetauchte Traktor – uns entglitt.

Auf persisch befahl ich den anderen, einfach aufzuspringen. Dann bedankte ich mich überschwenglich bei dem Fahrer. Innerhalb von Sekunden befanden wir uns alle an Bord. Nachdem die Entscheidung gefallen war, zuckten die türkischen Bauern – nach ihrem Aussehen zu schließen Kurden – lediglich mit den Schultern, und wir ruckelten los.

Die ganze zweistündige Fahrt über pfiff ein unbarmherzig kalter Wind. Der Wagen war mit gebündeltem Weizen beladen, der zu einem harten, feuchten Sitz für uns wurde. Mahmoud und Kamal schützten Shery mit ihren Leibern vor dem schlimmsten Wind. Gegen sechs Uhr morgens verkündete der Fahrer, daß er nun vom Weg abbiegen und uns absetzen müßte. Ich war fast dankbar, daß wir nun aus dem eisigen Wind herauskommen würden.

Der Fahrer behauptete, die Landstraße sei nur noch zehn Minuten entfernt, und ich gab ihm ein großzügiges Trinkgeld. Er hatte uns geholfen zu überleben. Die nächtlichen Temperaturen lagen unter null Grad. Wölfe trieben sich in den Bergen und Hügeln herum. Wir besaßen weder was zu essen noch zu trinken. Ich war überzeugt davon, daß wir ohne seine Hilfe die Nacht nicht überlebt hätten. Lag es wirklich erst drei Tage und Nächte zurück, daß wir so voller Hoffnung aufgebrochen waren?

Und jetzt sah es so aus, als würden uns kurz vor unserem Ziel – die Stadt Van war nur noch dreißig Kilometer entfernt – die Kräfte verlassen. Shery konnte aus eigener Kraft nicht mehr laufen: Mahmoud und Sina griffen ihr unter die Arme und schleppten sie mit. In ihrer freien Hand trugen sie ihr Gepäck. Kamal, der widerwillig eine Tasche nahm, fiel immer weiter zurück. Farhad umklammerte meine eine Hand, während ich in der anderen meine Tasche trug. Kein einziges Mal beklagte sich Farhad. Nie verlangte er nach Dingen, von denen er wußte, daß ich sie ihm nicht geben konnte. Dreimal mußten wir kalte, glitschige Bäche durchqueren. Nachdem ich Farhad hinübergeholfen hatte, mußte ich wieder zurück und Kamal holen. Jedesmal drohte Kamal, stehenzubleiben und sich in sein Schicksal zu ergeben, und ich mußte ihn überreden, noch ein paar Schritte zu machen. Irgendwo tief in mir zapfte ich Kraftreserven an, von deren Existenz ich keine Ahnung gehabt hatte. Ich fing wieder mit dem Spiel an, das wir in unerträglichen Situationen unserer Flucht schon öfter gespielt hatten. »Denkt dran, wenn wir angekommen sind, dann wartet das beste Hotel der ganzen Welt auf uns. Wir werden ein ausgedehntes Bad nehmen und in sauberen Laken schlafen. Wir werden eine üppige Mahlzeit zu uns nehmen – alles, was wir uns nur vorstellen können . . .« Meine Stimme verhallte ohne jede Überzeugung.

Die Sonne stand schon ein gutes Stück über dem Horizont, als wir zwanzig Minuten später endlich die Landstraße erreichten. Wie Schiffbrüchige ließen wir uns zu Boden sinken, erschöpft und dankbar, das sichere Land erreicht zu haben. Nach einer Weile versuchten wir uns zu säubern, so gut es ohne Wasser und Seife ging. Wir wollten nicht zu sehr auffallen, wenn der Bus kam. In diesem Moment machte Shery ihre schreckliche Entdeckung. Das Kleid, das ich in ihre Reisetasche gestopft hatte, war nicht das Kleid mit ihrem Gold, sondern das wertlose kurdische Kleid. Ihre Klageschreie hallten durch die Luft, aber wir konnten ihr kaum Trost bieten. Selbst ihre Chanel-Schuhe, die sie nun in dem verrückten Versuch, sich wieder in die angesehene, gutgekleidete Dame verwandeln zu wollen, die sie einst gewesen war, hervorkramte, waren nutzlos. Es war nur noch ein Schuh übriggeblieben, und auch der war schlammverkrustet.

Während wir warteten, schlief Farhad am Straßenrand ein; noch einmal durchlebte er den Alptraumritt durch die Berge. Als er schließlich aufwachte, sah er mich mit wachsbleichem Gesicht an und fragte schwach: »Könnte ich einen Schluck Wasser haben? Nur einen kleinen Schluck.« Es war ein fürchterliches Gefühl zu wissen, daß es vielleicht noch Stunden dauern würde, bis ich ihm etwas zu essen und zu trinken besorgen konnte.

Es war noch sehr früh, und die Straße lag verlassen da. Nur selten fuhr ein Wagen vorbei. Die Bauern hatten uns erklärt, daß ein Bus uns mit in die Stadt nehmen würde, aber wir hatten keine Ahnung, aus welcher Richtung er kommen und in welche Richtung er fahren würde. Damit unsere Gruppe nicht zu groß und auffällig war, verließen uns die beiden Studenten und marschierten ein Stück die Straße entlang, um an einer anderen Stelle zu warten.

Wir diskutierten, wie wir auf Fragen nach unserer Herkunft reagieren sollten. Da Shery die einzige von uns war, die Türkisch ohne Akzent sprach, sollte sie sich als Türkin ausgeben. Sie würde in erster Linie die Unterhaltung bestreiten und mich als eine Verwandte ausgeben, die sehr lange im Iran gelebt hatte (was mein Türkisch mit iranisch gefärbtem Akzent erklären würde).

»Kamal, du spielst den Tauben«, sagte Shery. »Und Farhad tut so, als würde er schlafen oder sich einfach nur langweilen.«

Der Vorschlag stellte für Kamal eine Beleidigung dar. »Ich werde nicht die Rolle eines Tauben spielen.«

»Aber du mußt«, beharrte ich. »Es ist die einzige Möglichkeit.« Seine mangelnde Anpassungsfähigkeit machte mich langsam zornig. Was kümmerte ihn überhaupt eine solche Sache? Es war nichts weiter als dummer Stolz.

Schließlich tauchte ein kleiner öffentlicher Bus aus einer der Nebenstraßen auf und setzte ein Paar an der Stelle ab, wo wir warteten. Auch sie wollten den Bus in die Stadt erreichen. Wie sich herausstellte, befanden wir uns tatsächlich auf der richtigen Straßenseite. Von dem Mann erfuhren wir, daß sich ganz in der Nähe eine Frischwasserquelle befand. Bis zur Ankunft des Busses blieb uns noch genügend Zeit, Wasser zu holen. Obwohl uns der Gedanke an einen wenn auch nur kurzen Spaziergang abschreckte, marschierten wir die zehn Minuten zu der Quelle und tranken dann zum erstenmal seit Stunden wieder wunderbar frisches, kühles Wasser.

Als wir zurückkehrten, begann uns das Paar sehr freundlich auszufragen. Wir sagten, wir kämen aus der Nachbarschaft, aber ich bin sicher, daß sie mißtrauisch wurden, als sie uns nach dem Namen unseres Dorfes fragten und wir ihn nicht nennen konnten. Als der Mann Kamal eine Frage stellte, erklärte Shery dem Fremden, er sei taub.

»Armer Mann«, sagte die Frau. »Dabei sieht er doch so gut aus, nicht wahr?«

Bevor Kamal vor Zorn explodierte, erkundigte sich Shery schnell: »Den Armeekontrollpunkt haben wir schon hinter uns, ja?«

»O nein«, erwiderte er. »Der liegt genau vor uns.«

Entsetzt schauten wir uns an. Wurden wir an dem Kontrollposten angehalten, dann konnte es uns passieren, daß uns die Behörden in den Iran zurückschickten. Wir beschlossen, dem Paar zumindest teilweise die Wahrheit zu sagen.

»Ich bin Türkin«, sagte Shery. »Aber meine Freunde hier stammen aus dem Iran, und ich versuch' sie nach Istanbul zu bringen. Fragen sie am Kontrollpunkt nach Ausweisen?«

Der Mann schien kein bißchen überrascht. Statt dessen begann er zu überlegen, wie wir sicher durch den Kontrollposten kommen konnten.

»Meine Frau und ich besitzen beide Geburtsurkunden. Ich könnte meine Urkunde Ihrem Freund hier geben, und sie gibt ihre der Frau. Den Jungen wird niemand fragen, und Sie könnten so tun, als wären Sie zu alt, um noch auf irgendwas zu achten. Uns wird niemand verdächtigen, weil wir hier aus der Gegend sind. Sollen wir es probieren?«

Es war ein sehr großzügiges Angebot. Die Freundlichkeit, die uns einige Leute in den schlimmsten Zeiten der Flucht entgegenbrachten, erstaunt mich immer noch. Dankbar nahmen wir an, doch kurz darauf tauchte ein neues Problem auf. Ein Wagen hielt, und Shery fragte die Insassen, ob sie wüßten, wann der Bus komme.

»Moment mal«, sagte der Fahrer. »Ihr seid Iraner, nicht wahr?«

Erschrocken fuhr Shery zurück; zu spät wurde ihr klar, daß es sich bei den Männern möglicherweise um Polizisten in Zivil handelte. Sie wich zurück, doch die beiden Männer auf dem Rücksitz riefen ihr nach.

»Keine Angst«, sagte einer von ihnen, »wir sind ebenfalls Iraner. Die Polizei wird euch verhaften, aber dann läßt man euch wieder laufen.«

Wir waren uns über die Bedeutung dieser Episode noch gar nicht klar geworden, als plötzlich ein Lastwagen angebraust kam. Soldaten sprangen ab, umringten uns und richteten ihre Gewehre auf uns. Beim Anblick der bewaffneten Männer rannte das Paar, das sich uns gegenüber so hilfsbereit gezeigt hatte, davon und versteckte sich. Wir blieben bewegungslos sitzen.

»Auf den Wagen«, befahl ein Soldat, der das Kommando zu führen schien.

Wortlos stiegen Shery, Farhad und ich vorne in das Führerhaus, während sich Kamal nach hinten zu den Soldaten setzte. Als wir auf den Armeekontrollposten zufuhren, war ich zum erstenmal während unserer Flucht völlig verzweifelt. Nach all den Mühen hatten wir es doch nicht geschafft, Khomeinis Griff zu entkommen. Die Soldaten würden uns wahrscheinlich zur iranischen Grenze zurückschicken, wo uns ein Exekutionskommando erwartete. Shery versuchte mich zu trösten, aber ich konnte keine leeren, inhaltslosen Ermutigungen mehr hören. Unser langer Kampf war vorbei.

Innerhalb von Minuten erreichten wir die am Kontrollpunkt gelegene Polizeistation. Wir nahmen vor dem örtlichen Kommandeur Platz, der uns sorgfältig musterte. Er wollte wissen, wer wir waren, woher wir kamen, wohin wir wollten. Soso, nach Paris, eh? Nachdem er sich unsere Geschichte angehört hatte, erhob er sich hinter seinem

Schreibtisch. Das war's also, dachte ich. Dann kam er entschlossen auf uns zu – und schüttelte uns die Hände!

»Willkommen in unserem Land«, sagte er mit einem breiten Lächeln unter seinem Schnurrbart. »Ich wünsche Ihnen Glück.«

Hatte ich recht gehört? Dieser Mann, der uns eben mit vorgehaltenen Waffen verhaftet hatte, wünschte uns tatsächlich Glück? Ich war so durcheinander, daß ich einfach nicht glauben konnte, was hier geschah.

»Bring diesen Leuten Tee«, befahl er einem Untergebenen.

»Soll das heißen, daß Sie uns nicht zurückschicken werden?« fragte ich ungläubig.

»Selbstverständlich. Ich heiße Sie willkommen. Wenn ich könnte, würde ich persönlich losgehen und Khomeini umbringen. Ihr ganzes Volk tut mir leid.«

Als ich merkte, wie aufrichtig seine Worte gemeint waren, begann ich zu weinen. Das waren die Tränen, die ich während der schrecklichen Stunden auf dem Pferd zurückgehalten hatte; als Farhad mich um Wasser gebeten hatte und ich ihm keines geben konnte; als ich sah, wie Shery vor meinen Augen zerfiel; als Kamal vor lauter Müdigkeit fast den Verstand verlor. Jetzt erst konnte ich diesen Tränen freien Lauf lassen.

»Ihnen wird nichts geschehen«, fuhr der Kommandeur fort. »Wir bringen Sie lediglich ins Polizeipräsidium nach Istanbul, wo man Ihnen ein paar Fragen stellen wird. Dann steht es Ihnen frei, an jeden Ort der Welt zu reisen.«

»Übrigens«, fügte er hinzu und deutete auf das Zimmer nebenan, »da sind ein paar Freunde von Ihnen.«

Als ich in den Nebenraum schaute, sah ich Mahmoud, der seine Schuhe putzte, und Sina, der sich gerade rasierte. Wieder einmal verblüffte mich die erstaunliche Gelassenheit der beiden Studenten.

Alles lief so ab, wie es der Kommandeur vorausgesagt hatte. Nach einem kurzen Verhör bei der Polizei wurden wir in ein Hotel der nahe gelegenen Stadt Van gebracht, wo wir zwei Wochen blieben, während wir auf den Weitertransport nach Istanbul warteten. Das Hotel war eine Station für emigrierte Iraner – für Arme und Reiche gleichermaßen. Die ersten beiden Tage taten wir nichts weiter als schlafen, doch später lernte ich viele der Iraner näher kennen und erfuhr ihre herzzerreißende Fluchtgeschichten. Eine Familie war einen Monat lang in den Bergen gefangen gewesen, während das Komiteh und ihre kurdischen Führer sich heftige Kämpfe lieferten. Eine andere Gruppe wartete immer noch auf ihr Gepäck; die Führer hatten versprochen, es später zu bringen, doch mittlerweile waren sechs Wochen vergangen, und von dem Gepäck war immer noch nichts zu sehen. Es gab schwangere Frauen, die kurz vor der Geburt standen, und alte, sterbende Männer – doch alle sehnten sie sich so sehr nach der Freiheit, daß sie die ungewisse Reise gewagt hatten. Viele Juden waren darunter, für die ein Leben unter Khomeini unmöglich geworden war.

Eine junge Frau war mit zwei kleinen Kindern unterwegs: einem zweijährigen Mädchen und einem gerade drei Monate alten Baby. Als ich sie fragte, wie sie allein eine derart schwierige Reise hatte unternehmen können, erklärte sie mir, daß dies für ihre Familie die einzige Möglichkeit gewesen sei, den Iran zu verlassen. Die Behörden hatten ihrem Ehemann, einem Geschäftsmann, eine Dienstreise nach Westdeutschland zugestanden in der Meinung, daß seine Rückkehr durch Frau und Kinder gesichert wäre. Es war ihre Entscheidung gewesen, ob sie die illegale Ausreise auf sich nehmen wollte, damit die Familie sich im Westen vereinigen konnte. Zum Glück waren ihre Führer sehr nett gewesen, und ihre Reise war zwar beschwerlich, aber ansonsten glatt verlaufen. Und ihr Ehemann wartete bereits in Istanbul auf sie.

Während unseres Aufenthaltes war Kamal die meiste Zeit über krank. Vielleicht war es der Schock der Flucht, der ihn so anmaßend werden ließ. Er beschwerte sich über das Essen und weigerte sich, das Zimmer zu verlassen. Weil es ihm so schlecht ging, schlug ich vor, daß Farhad und ich in einem anderen Raum schlafen würden, um ihn nicht zu stören. Doch er forderte ohnehin ein eigenes Zimmer für sich, da er kein Kind um sich haben wollte.

Wir waren alle erschöpft. Wir waren alle krank. Vom stundenlangen Reiten war die Haut auf meinem Steiß weggescheuert. Es war so schmerzhaft, daß ich mich kaum setzen konnte. Die Schmerzen in meinen Armen und Beinen verschwanden erst nach zwei Monaten.

Während Kamal sich in seinem abgedunkelten Raum versteckte, erkundeten Shery, Farhad und ich die kleine Stadt. Bis auf ein paar

Restaurants und Läden gab es nicht viel zu sehen, doch uns bereitete es schon Vergnügen, eine bescheidene Mahlzeit einnehmen und uns mit anderen Emigranten unterhalten zu können. Shery wirkte immer noch apathisch, doch die Erholung und die regelmäßigen Mahlzeiten trugen viel zu ihrer schnellen Genesung bei. Sie beweinte nicht mehr ihre Verluste. Sie begann ihre Zukunft zu planen und überlegte, wie sie zu einem neuen Paß kommen könnte. Farhad erholte sich am schnellsten. Er rannte herum, schloß Freundschaften mit anderen iranischen Kindern, und die alptraumhafte Reise verwandelte sich zu im Flüsterton erzählten Geschichten.

Bis zu unserem allerletzten Tag in Van machte ich mir Sorgen, wir könnten in den Iran zurückgeschickt werden. Vielleicht neigten wir emigrierten Iraner zur Paranoia, aber regelmäßig gingen Gerüchte in unserer kleinen Gemeinde um. »Die Türken meinen, wir seien zu viele.« – »Ab und zu schicken sie eine Gruppe zurück.« – »Wer weiß, wann sie uns satt bekommen? Ob wir zu denen gehören, die zurückgeschickt werden?« Und so fort und so fort. Ich kam nicht zur Ruhe, obwohl uns keine direkte Gefahr drohte.

Schließlich stellte die Polizei einen Konvoi aus vierzig Autos und Bussen für die achtunddreißig Stunden dauernde Fahrt nach Istanbul zusammen. Als wir nach mühseliger, schweißtreibender Fahrt ankamen, rief Shery in der Stadt lebende Verwandte an. Sie wohnte bei ihnen, bis ihre Paßprobleme geklärt waren. Kamal bestand darauf, daß wir ins Hilton zogen, wo wir wieder zwei Zimmer nahmen, obwohl ich mir wegen des Geldes, das wir so großzügig ausgaben, allmählich Sorgen machte. Kamals Abneigung, Farhad im gleichen Raum zu dulden, versprach nichts Gutes im Hinblick auf eine gemeinsame Zukunft. Farhad durchlebte die Hotels und Polizeistationen, als wäre dieses momentane Vagabundenleben ein einziges Abenteuer. Doch auch er wurde des ständigen Ortswechsels allmählich müde, und man konnte deutlich sehen, daß er sich nach der Sicherheit eines festen Haushalts sehnte.

Mit ihren Kuppeln und Minaretten und engen Gassen ist Istanbul eine wunderschöne Stadt. Doch in der Woche, die wir hier waren, schliefen wir fast ständig. Noch konnte ich meine Freiheit nicht wirklich genießen. Vermutlich glaubte ich gar nicht, tatsächlich frei zu sein. Die Visa, die ich in Teheran mit so viel Mühe erhalten hatte, stellten nun unseren kostbarsten Besitz dar. Die Hotels waren voll von gestrandeten Iranern. Ich konnte nicht abschätzen, wie viele davon sich 1982 in der Stadt befanden. 1987 bezifferte eine türkische Zeitung die sich im Land befindenden Iraner auf über eine halbe Million. Viele von ihnen waren junge Männer, die der Einberufung zum Militär hatten entgehen wollen. Es konnte Jahre dauern, bis man bei einer westlichen Botschaft ein Visum erhielt. Während der ganzen Zeit lebten die emigrierten Iraner in einer Art Vorhölle: Wenn sie Glück hatten, wurden sie von Verwandten im Westen unterstützt oder schlugen sich mit dem Verkauf der Wertsachen durch, die sie hinausgeschmuggelt hatten. Ich war so dankbar, daß uns diese Qual erspart blieb. Wir konnten in ein westeuropäisches Land fliegen, dessen Botschaftsangehörige in Teheran mutig genug gewesen waren, uns zu helfen. Ich werde das Land, das uns so großmütig aufgenommen hat, nicht nennen, damit seine Botschaft keinen Repressalien ausgesetzt werden kann. Aber sie halfen uns beim ersten Schritt auf der Suche nach einem neuen Zuhause.

Eines Morgens dann brachen wir endlich zum Flughafen auf. Ein örtlicher Polizeichef, der uns während unseres Aufenthaltes in der Stadt viele Freundlichkeiten erwiesen hatte, fuhr uns persönlich hin und geleitete uns zum Flugzeug. Nie werde ich seine ritterliche Art vergessen, sein freundliches Lächeln, mit dem er uns verabschiedete.

»Allah sei mit Ihnen«, sagte er und winkte uns nach. »Mögen Sie in Ihrem neuen Zuhause mehr Glück haben.«

Als die Maschine abhob, blickte ich zurück. Doch es war nicht die Türkei, die ich sah. Die Sonne verwandelte die schneebedeckten Gipfel der Alborz-Berge über Teheran in funkelnde Diamanten; rubinrote Tulpen wuchsen wild in den Tälern von Aserbaidschan; rote Lehmziegeldörfer duckten sich unter dem Wind, der aus der großen Wüstenebene heranbrauste unter dem türkisfarbenen, strahlenden Himmel über Sabbalon. Es war der Iran, das Land meiner Geburt, das Land meines Vaters und meiner Mutter, das ich vor mir sah.

Und immer noch frische ich täglich meine Erinnerungen auf.

Der Finger bewegt sich und schreibt:
Nach vollendetem Werk bewegt er sich weiter:
Weder deine Frömmigkeit noch dein Scharfsinn
Können ihn zurücklocken, um auch nur eine einzige Zeile
Zu löschen.
Noch können all deine Tränen
Ein einziges Wort fortspülen.

OMAR KHAYYAM

Wie so viele andere lebe ich nun ein Leben im Exil. Überall findet man emigrierte Iraner; die Mittelklasse, die ihre Söhne vor einem Krieg retten wollte, dessen Blutstrom nicht gestillt werden kann; die Reichen, die geflüchtet sind, um zu überleben, versuchen nun einen neuen Sinn in dem zu finden, was ihnen noch geblieben ist; die Intellektuellen, die durch Intoleranz aus dem Lande gejagt wurden. In der Türkei, Spanien, der Schweiz und England, hauptsächlich aber in den Vereinigten Staaten und Kanada gibt es große Gemeinden von Iranern.

Für Kamal, Farhad und mich waren die ersten sechs Monate nach unserer Flucht eine traurige Zeit. Wir ließen uns in Paris nieder, wo Kamals Eltern lebten, und mieteten uns ein kleines Studioapartment. Den ersten Schock bekamen wir, als Kamal Händler aufsuchte, um seine kostbaren alten Briefmarken zu verkaufen. Man hatte ihm gesagt, sie seien annähernd 300000 Dollar wert. In Wirklichkeit brachten sie lediglich 6000 Dollar ein. Er war von einem iranischen Landsmann übel betrogen worden. Einige Tage nach unserer Ankunft in Paris erhielt ich eine schlimme Nachricht: Mein Vater war vom Komiteh verhaftet und sein Besitz beschlagnahmt worden. Drei Wochen lang wartete ich voller Angst und Schrecken auf die Nachricht von seinem Tode, bis er schließlich ohne weitere Erklärung entlassen wurde. Gerade als ich mich langsam häuslich einrichtete, hörte ich, daß mein Onkel Fayegh wieder an Krebs litt. Bald darauf starb er.

Es gab auch noch andere Nachrichten aus dem Iran. Die Aminis hatten sehr schnell reagiert, als Farhad zur verabredeten Zeit am Freitag nachmittag nicht wieder auftauchte. Innerhalb von Stunden suchten das ganze Komiteh und jede Grenzwache nach uns. Sie belästigten meine Onkel und Tanten. Sie stießen Drohungen gegen meine Familie aus und schworen, daß sie uns Meuchelmörder auf den Hals hetzen würden, ganz gleich, wohin wir gingen. Wir nahmen ihre Drohungen ernst. Selbst jetzt noch halte ich meine Adresse und meine Identität geheim.

Die Aminis bekamen fast alles, was sie begehrt hatten, einschließlich meines Hauses, der Villa, Farhads Millionen in bar und noch vielen anderen Dingen. Die Villa gehört zwar noch ihnen, doch das Haus wurde schließlich vom Komiteh konfisziert. Soweit ich informiert bin, benützen sie es als lokales Hauptquartier. Die beiden Gärtner leben noch von den Früchten des Obstgartens, und Jalal Agha und seine Frau, die Verräter innerhalb meines eigenen Heimes, genießen immer noch das Haus, aus dem sie mich verjagt haben.

In Paris mußten Kamal, Farhad und ich lernen, viel bescheidener zu leben, als wir es gewohnt waren. Ich hatte nicht das Recht, die Apartments meines Sohnes in Europa zu benutzen. Sein Besitz liegt selbst heute noch auf Eis, weil er erst mit achtzehn die Kontrolle darüber erhält – also in fünf Jahren. Und ich hatte Schwierigkeiten, die Teppiche zu verkaufen, die ich aus dem Land geschmuggelt hatte, da viele Iraner das gleiche getan hatten und der Markt überschwemmt war. Bald schon forderte der Druck, den das Leben auf engem Raum und mit viel weniger Geld mit sich brachte, seinen Preis von unserer ohnehin zerbrechlichen Ehe. Wie die meisten iranischen Männer konnte sich Kamal nicht mit dem Verlust seiner gesellschaftlichen Position und seines Besitzes abfinden, auch konnte er sich nicht für irgendeine neue Karriere entscheiden. Unter der Belastung der ständigen Probleme schien ihn alles zu reizen. Er wurde mürrisch und schweigsam und verbrachte die meiste Zeit allein in Cafés. Doch ohne jeden Zweifel war ich in diesen traurigen, zerrissenen Tagen genauso gereizt.

Ich schaffte es, Farhad in einer Privatschule unterzubringen. Von uns dreien paßte er sich am schnellsten den neuen Umständen an. Doch mit jedem Tag, der verging, wurde ich verstörter und verzweifelter. Ich sorgte mich um Ereignisse zu Hause und vermißte meine Familie aus tiefstem Herzen. Wir lebten von einigen Ersparnissen, die ich Monate zuvor aus dem Iran gesandt hatte; dann wollte ich noch etwas von dem Schmuck verkaufen, den ich in Wildlederbeuteln im Ofen versteckt hatte. In dem kleinen Apartment war dies das einzige Versteck. An einem Tag, an dem ich besonders niedergeschlagen war, beschloß ich, einen Braten zu machen, um uns aufzuheitern. Ich war den ganzen Tag mit der Zubereitung einer herrlichen Mahlzeit beschäftigt, und Kamal aß sogar ausnahmsweise mal mit gutem Appetit. Erst am nächsten Tag, als ich eine meiner Goldketten anlegte, fiel mir ein, daß ich vergessen hatte, den Schmuck aus dem Ofen zu nehmen. Ich rannte zum Ofen und fand eine schmierige, klebrige Masse vor; was einst meine Perlen gewesen waren, war nun Asche; das Gold war geschmolzen, und die Diamanten waren von den Wildlederbeuteln geschwärzt. Ich weinte.

Bei anderer Gelegenheit ließ ich meinen Paß – das einzige Dokument, das über meine Identität Auskunft geben konnte – in einem Fotokopierladen liegen. Ich rannte sofort zurück, aber der Paß war und blieb verschwunden. Shapour Bakhtiar, der letzte Premierminister unter dem Schah, mußte intervenieren, damit die französischen Behörden neue Reisedokumente ausstellten. Die iranische Botschaft in Paris, die nun unter der Kontrolle der Mullahs stand, hätte das ganz gewiß nicht getan.

Bald darauf traf ich die schwierige Entscheidung, Kamal zu verlassen. Ich beantragte und erhielt für mich und Farhad die Einreisegenehmigung nach Kanada, wo sich mein Onkel Ardeshir und meine Tante Guity niedergelassen hatten. Ein Jahr später kehrte ich für die Scheidung kurz nach Paris zurück.

Für die ehemals Reichen und Mächtigen des Irans war es nicht leicht, sich an die Rolle von Außenseitern mit spärlichen Mitteln zu gewöhnen. Hamid und Sufi berichteten mir beide, daß sie von früheren amerikanischen Geschäftsfreunden, mit denen sie zu der Zeit, als sie im Iran noch etwas zählten, befreundet gewesen waren, die kalte Schulter gezeigt bekommen hatten. Dies geschah teilweise auch deswegen, weil sich der Zorn der Amerikaner nach dem Geiseldrama von 1979 hauptsächlich auf uns konzentrierte – teilweise aber auch, weil viele Leute den Taghouti die Schuld an der Revolution gaben.

Meine Freunde sind nun in alle Winde verstreut. Shery schaffte es schließlich doch noch, aus der Türkei herauszukommen, wieder dank

Bakhtiar, der ihr bei der Beschaffung eines französischen Visums behilflich war. Sie lebt nun in den Vereinigten Staaten. Sie hatte davon geträumt, daß die ausländischen Sozialarbeiter und die internationalen Stiftungen, mit denen sie während ihrer Tätigkeit für die Behinderten im Iran zusammengearbeitet hatte, bei der Suche nach einem Job behilflich sein würden. Doch die Menschen, die ihr einst so freundschaftlich begegnet waren, weigerten sich ihre Anrufe entgegenzunehmen. Sie muß nun mit sehr wenig Geld auskommen.

Hamid habe ich nicht wiedergesehen. Als er von meiner Hochzeit mit Kamal hörte, heiratete er ebenfalls und lebt nun glücklich in Kalifornien, wo er sich nach und nach ein neues Geschäft aufbaut.

Sufi lebt mit seiner Frau in Europa; er ist und bleibt mein beständiger, wahrer Freund. Paul, mein Freund aus der Botschaft, und seine Frau Anna reisten ganz legal aus, froh darüber, wieder in ihr eigenes Land zurück zu können. Und selbst Jamshid, der Partner meines Mannes, flüchtete schließlich ebenfalls über die Türkei, um nicht doch irgendwann wegen Teppichschmuggels verurteilt zu werden. Chloe und Darvish sind immer noch zusammen in Kalifornien. Meine Cousine Firouzeh und ihr Mann teilen ihre Zeit zwischen den Vereinigten Staaten und England auf; sie leben weiterhin in guten Verhältnissen. Und die Studenten, denen wir auf dem letzten furchtbaren Teil unserer Flucht begegnet waren, schafften es schließlich bis in die Vereinigten Staaten, nachdem sie Monate in Spanien zugebracht hatten. Mahmoud studiert, und Sina arbeitet und unterstützt ihn. Sie sind wie eh und je unzertrennlich.

Was mich anbelangt, so lebe ich nun zusammen mit Farhad mein eigenes Leben. Ich entwerfe und verkaufe Schmuck und kann uns so unseren Lebensunterhalt verdienen. Ich möchte wieder heiraten, aus Liebe und nicht aus Notwendigkeit, aber es eilt mir nicht. Ich wünsche mir einen Mann, der meine Rechte und mein Kind akzeptiert. Ich möchte eine Ehe auf Dauer.

Farhad hat vielleicht am meisten durch den ständigen Wandel gewonnen. Er spricht gut englisch und kommt in der Schule gut mit. Ich glaube, es war die richtige Entscheidung, ihn aus dem Iran herauszubringen – obwohl es durchaus möglich ist, daß er nie wieder in seine alte Heimat zurückkehren kann.

Ich denke immer an mein Land. Die Tragödie, die den Iran heimgesucht hat, reicht so weit und berührt so viele Leben und so viele Länder, daß mein eigener Kummer in einer viel größeren, umfassenderen Sorge untergeht. Jedesmal, wenn ich eine Zeitung zur Hand nehme, lese ich von neuen Greueltaten. Es scheint außer Frage zu stehen, daß der Iran radikale Gruppen im Libanon unterstützt, die mit Menschenleben schachern. Für uns, die wir gemäßigte Ansichten vertreten – ganz gleich, ob im Exil oder in einem Gefängnis im Iran –, ist kein Ende des Khomeini-Regimes in Sicht. Täglich schottet sich der Iran noch weiter von der Außenwelt ab, täglich wächst das Mißtrauen. Jeder, der sich zu nähern sucht, fällt der nationalen Paranoia zum Opfer.

Ich habe jede Hoffnung auf eine Rückkehr aufgegeben. Ich nehme mir die Worte unseres Poeten Mollah-Beli Vidadi zu Herzen: »Der Tag wird kommen, da wirst du an zu Hause denken und weinen.«

ENDE

Ich bin Sufi gegenüber in tiefer Schuld für seine wahre Freundschaft, Liebe und Führung in Zeiten von Freude und tiefem Kummer und für das immerwährende Licht, das er in meinem Herzen entflammt hat. Das gilt auch für Mansoureh – ich werde nie vergessen, wie sehr sie mir im Iran geholfen hat, als ich sie am meisten benötigte. Ebenso möchte ich meinen Onkeln J, J, K und F und meinen Tanten S, H und F danken für ihre Hilfe und ihren Zuspruch, die sie mir so freigebig boten, als ich sie brauchte. Besonderen Dank schulde ich Pavine, Diana und Syrous für die Mithilfe an diesem Buch.

Dankbar bin ich auch meiner Agentin, Lucinda Vardey, meinem Anwalt, Michael Levine, und ganz besonders natürlich Angela Ferrante für die Zusammenarbeit, der sie sich mit voller Hingabe widmete.

S. A.

Ich danke Val, Mary, Pavine, Carole, Michael und Christopher.

A. F.

Lucy Irvine
Eva und Mister Robinson

358 Seiten, gebunden,
mit Schutzumschlag

Alles begann mit einer Anzeige in einem
Londoner Magazin: »Schriftsteller sucht Frau für ein Jahr
auf tropische Insel.«
Die 27jährige Lucy ließ alles stehen und liegen
und stürzte sich mit dem 51jährigen Gerald Kingsland
in das Abenteuer ihres Lebens. Was wie
die Rückkehr ins Paradies begann, artete jedoch bald
in einen harten, unmenschlichen Überlebens-
und Geschlechterkampf aus.

Erhältlich bei ihrem Buchhändler!

SV international
SCHWEIZER VERLAGSHAUS

Ruedi Leuthold

Das schwächste Glied der Kette
Frauen zwischen Koka und Kokain

184 Seiten, Broschur

Ruedi Leuthold zeigt am Beispiel südamerikanischer
Drogenschmugglerinnen, die in unseren Gefängnissen
sitzen, die Kälte, die sich durch alle Bereiche
unserer Gesellschaft zieht. Er rückt ein exotisch
scheinendes Thema in unsere unmittelbare Nähe
und zeigt, daß die Probleme der Dritten Welt unlösbar
mit unseren eigenen verknüpft sind.

Erhältlich bei Ihrem Buchhändler.